公共预算译丛

联邦预算——政治、政策、过程

（第三版）

[美] 艾伦·希克 Allen Schick 著

苟燕楠　译

苟燕楠　喻楠　校

中国财政经济出版社

图书在版编目（CIP）数据

联邦预算/（美）希克（Schick，A.）著；苟燕楠译.—3版.—北京：中国财政经济出版社，2011.11

（公共预算译丛）

书名原文：Federal Budget

ISBN 978-7-5095-3171-6

Ⅰ.①联…　Ⅱ.①希…　②苟…　Ⅲ.①国家预算-研究-美国　Ⅳ.①F817.122

中国版本图书馆CIP数据核字（2011）第202092号

责任编辑：张晓彪　　责任校对：胡永立　　封面设计：陈　瑶

The Federal Budget：*Politics*，*Policy*，*Progress*，*Third Edition*

ORIGINAL ENGLISH LANGUAGE EDITION PUBLISHED BY

The Brookings Institution，Washington，DC，U. S. A.

中国财政经济出版社 出版

URL：http：//www.cfeph.cn

E-mail：cfeph @ cfeph.cn

社址：北京市海淀区阜成路甲28号　邮政编码：100142

发行处电话：88190406　财经书店电话：64033436

北京富生印刷厂印刷　各地新华书店经销

787×1092毫米　16开　19.5印张　425 000字

2011年12月第1版　2011年12月北京第1次印刷

定价：48.00元

ISBN 978-7-5095-3171-6/F·2681

版权合同登记号：01-2010-0259

（图书出现印装问题，本社负责调换）

本社质量投诉电话：010-88190744

"公共预算译丛"总序

预算是现代政府治理的重要手段之一，是财政收支的全面反映，是发展战略的货币表现，是管理者的工作计划，同时也是一系列重要的利益协调机制。从某种意义上讲，当我们谈论预算时，我们是在谈论对政府的控制、管理、计划。

与美国长达一百多年的预算改革史相比，我国的预算改革才刚刚开始。上世纪90年代末以来预算管理制度改革的目标很简单，控制政府收支，规范财政管理；手段很朴素，预算内外资金统筹平衡，一个部门一本账，细化预算编制。实践证明，此项改革颇具前瞻性，在财政规模从五千亿元左右急速扩张到八万亿元的过程中，风险重重，严格控制至关重要。

预算改革的一小步，可能是政府改革的一大步。在机遇和挑战并存的今天，预算下一步向哪里去？如何从投入控制走向结果导向？如何实现管理的科学化精细化？如何从自我约束走向共同治理？本译丛面对的就是这些问题，所以在选择上慎之又慎，要经典，也要前沿，要基本，更要创新。《公共预算体系》（第八版）是美国公共预算领域中使用最为广泛的经典教材，体系完备，操作性强。《联邦预算》（第三版）的作者是公共预算研究领域最著名的学者艾伦·希克，素有化繁为简的美誉，在这本书中，他以简明通俗的语言，介绍了美国预算的发展变迁、现代预算的基本框架和主要内容。《国会和钱》是艾伦·希克的经典名著，要了解立法部门在预算中的作用，它无疑是最好的选择。

本译丛的目的很简单：介绍现代预算的基本事实和最新进展。目的不在于说教，因为这个浮躁的时代说教已经太多，各位早已失去耐心；目的也不在于指导实践，因为不管你如何花言巧语，实践者自有主张。目的仅在于提供一种选择和借鉴的可能性，用之则行，舍之则藏，如此而已。

中文版前言

对绝大多数国家而言，制定并执行国家预算都是一个错综复杂的过程，牵涉到大量利益、观点各不相同的参与者。在各个职能部门和其他行政机关工作的诉求者为了获取额外的资源展开活动，中央部门的审计者们寻求限制公共支出的数量与目的。在大多数议会制国家，当政府将预算呈交至全国立法机构时，冲突将会终结或减少。然而，在总统制体系下，预算呈交给立法机构后，冲突通常仍会继续。在美国，国会收到总统预算后，共享权力并制定收入或支出决策的多个委员会之间的斗争常常会升级。

本书旨在描述并阐释美国预算过程中的诸多步骤；它既涵盖了技术特征，如关键术语的定义，又包括了政治特征，如参与者之间权力与责任的分配。美国实行的是年度预算程序，这就意味着，本以为可以在上年度解决的问题通常会在下一年被重新考虑。这一预算程序开始于行政机构总统预算的形成，数月后，以立法机关预算相关立法和年度拨款的通过为终点。预算的一个重要特征在于，总统预算仅仅是向国会提出的一项建议，通常是对其所收到的支出计划进行调整。不会根据总统预算征税或支出公共资金，这些需要国会的一项立法。因此，总统最先就预算发出声音，但国会拥有最终发言权，这就意味着这两个分支会进行不断拖延的协商，而这样的协商有时会在财政年度开始后才结束。总统有时占上风，由国会做出的决策仅与他的提案略有不同，而在其他时候，国会实际上会忽视总统预算（这被视为“到达即死亡”），并将其自身偏好制定为法律。选举周期、经济状况、总统在民意调查中的地位及其协调能力都会决定谁能够在年度预算战争中领先。

联邦预算的另一个重要特征在于它由两种截然不同的支出形式构成：永久性立法中所包含的强制性支出；以及由年度拨款提供的选择性支出。强制性项目几乎占到支出总额的三分之二，包括社会保险和医疗保险——两个规模最大的联邦项目。这些项目不断持续到下一年，只有在总统和国会想修改合格规则或支付公式时才需要实施新的立法。不论政府财政状况如何，这部分预算会根据人口和价格趋势自动增长。30—50年的长期预测显示，如果美国政府不能缩减承诺的保险金或增加税负，预算赤字和联邦债务的水平将会飙升至无法持续的水平。而这两种选择都会带来政治风险和两党之间的冲突，对于如何稳定政府财政状况，共和党人与民主党人持有不同的观点。

由于权利性项目改革因政治僵持无法进行，政治注意力便集中于选择性支出，它们通过年度拨款获得资金。这些拨款用于支付国防和政府机构的运作支出。与权利性项目相反，这些拨款需要国会采取行动，以便政府能够为自身运作提供资金。本书有时会详述联邦政府的一些部门因国会未能在财年开始前通过拨款法案而被强行关闭。观察家们通常将这些僵局归咎于美国预算的复杂性。然而，真正的原因在于有关税收和支出政策的深层冲突。

本书读者可能会留下一个最重要的问题：美国政府是否有政治决心来稳定公共财政？对这个问题的回答也许决定着未来美国在全球事务中的角色。对美国而言，要保持它在全世界的领导地位，及时、大胆的预算纪律必不可少。

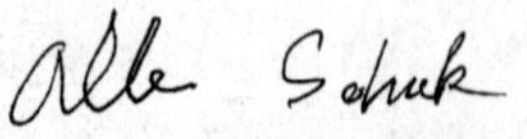

2011年10月

前　言

当本书第一版在1995年出版时，联邦政府刚刚终结了连续第25年的预算赤字。对许多观察家来说，预算的困境了无希望。这个国家的领导者和领导机构看上去缺少政治意愿和财政工具来限制支出，创造更多的收入以平衡账簿。这个国家未来的经济处于风险之中——如果预算在老年人占人口比例较少的时候都不能实现平衡，政府怎样才能在21世纪实现它的承诺？到那时，老龄化社会将大大加重政府负担。

到本书第二版于2000年出版时，联邦政府已经开始积累盈余。根据当时的官方预测，这些盈余可以让政府在婴儿潮一代涌入退休潮流之前付清公共债务。像其他预测一样，那些预见了美好未来的预测很可能都不着边际。预测建立在对未来经济表现和政治行动的假设基础之上。对预期经济轨道的偏离会影响未来的预算结果，国会和总统的决策也会对此造成影响。在联邦预算中，唯有一件事是不变的，那就是变化。

在四年的盈余之后，赤字在2002财年重现，并在2004年创下记录，名义赤字高达4130亿美元。尽管赤字在随后几年有所下降，但根据基本的人口状况，预计赤字会在从现在开始的十年内出现令人瞩目的增长。

是什么造成了如此短时间内赤字的大幅摆动？预算变化是政治、政策和过程的混合物；所有这三个因素都对预算命运的转变以及随后的倒退产生作用。在20世纪末，政府分裂的政治控制缓和了对更高支出的需求，阻碍了减税的努力。政策变化——尤其是在乔治·H. W. 布什和克林顿时期通过的增税——增加了联邦收入。预算规则和程序在20世纪90年代被重新改造以加强财经纪律。在乔治·W. 布什的总统任期内大规模减税的通过，“9·11”恐怖袭击后国防和国土安全支出的增加，2001年比较缓和的经济衰退，以及其他因素都导致了赤字的回归。不管美国正经历着怎样的经济增长，如果没有这些政治的、政策的、程序的变动，就不会有盈余的出现；类似地，政策和政治方向的变动，伴随着对财经纪律兴趣的下降，使盈余再次消失。

关于即将到来的有关2008年选举的辩论，很多都围绕着未来的预算政策。预算的政治重要性在一定程度上是规模问题，因为联邦政府每年入账3万亿美元——约等于这个国家国内生产总值的1/5。预算还很重要是因为它是政府设立优先权，定义项目的主要手段之一。

预算的另一面比较不为人所知，但也同样重要。预算需要复杂的规则和程序，这些规则和程序影响着政府的政策和财政结果。有的规则是关于事实的政策，有的则是关于预算在行政机构编制、在国会投票的方式。这本书描述了在行政和立法行为中的每一步——从编制总统预算到拨款和支出资金——预算如何进行，还评价了针对政策决定的预算规则的影响。本书解释了预算如何从赤字转向盈余，然后又回归赤字，还讨论了各种改变规则的提案。

作者要感谢国会研究处的罗伯特·凯斯和国会预算局的爱德华·戴维斯，他们对近期一些预算实践的创新做出了解释，并为本书新版提供了帮助。在编辑方面，斯塔·贝斯基编辑了手稿，英奇·洛克伍德做了校对，伊尼德·扎弗兰准备了索引。

艾伦·希克

2007 年 7 月

华盛顿 DC

目　录

第一章

联邦预算中的冲突与决议

本书关乎联邦预算的政治和过程，以及源于它们的政策。除非考虑它所有的三个方面，否则关于预算的讨论不可能全面。许多政府活动融合了政治和过程，但预算不同，因为每年必须完成一定的基本工作。不论选择多么困难或前景多么不确定，总统必须提交一份预算，国会必须拨款。如果总统或国会断定改变税收政策的时机不成熟，或者要按照某一特定的立法提案行事，任何一方都能拖延行动，直到达成一项协议。但他们不能在决定预算的责任上拖延。在他们拖延时，联邦项目和部门会因资金短缺而关闭，政府工作会停止。然而，即使关闭发生，最近是在1995—1996财年，在总统和国会之间最终还是会达成协议。

因此，冲突和决议存于预算之中。政治和过程在引起冲突和促使主要参与者将他们的分歧放在一边方面扮演着双重角色。年复一年，冲突如何升级以及如何解决的方式不同，但在联邦预算中仍然可以区分出两种大致的模式。在其中一种当中，预算程序占据优势地位，而在另一种模式中，政治因素居于主导。本书的相当部分会详述预算决策制定的过程。这个预算的世界是一个有规律性且可预见的世界，参与者知道对他们的期望是什么并遵照执行，冲突被缓解，预算决策在边际上制定，并且现状占据优势。

然而，还有另一个预算世界，受程序的束缚不那么强，无法预测且骚动不安。这是一个重大政策发生变化的世界，或者至少在寻求重大的改变——在这个世界里，民主党人和共和党人，有时包括每个党内的成员，斗争不仅在于增量问题，还包括过去的决策和承诺。这是一个被分裂威胁笼罩的世界，决议常常来自总统和国会之间的高层协调。在这里，参战者在前进过程中书写规则和剧本。但是，正如那个拥有预算秩序和平静的世界，这也是一个最终会有决议的世界。

冲　突

联邦预算是一个非常复杂的事业。它需要总统、核心顾问以及国会大量成员的积极参与；它需要行政和立法部门数以千计员工的参与，以及大量利益集团的关注。它包括数以千计的大小决策，复杂的规则和程序，以及关于公共收入和支出结构与总量的争论。该过程常常是紧张且容易引起争论的，因为这么多利益休戚相关，并且在制定预算决策时，这么多机构和利益集团受到影响。政府每年收取并支出 3 万亿美元——一个约等于国内生产总值五分之一的数量。对于数以百万计的美国家庭而言，联邦政府是最大的收入来源，并且是物质和人力资本的最大投资人。管理联邦债务使联邦政府成为资本市场上最大的参与者。

然而，预算远不止是钱的问题。它为联邦项目和部门提供资金，并且是建立和追求国家利益的一种至关重要的方式。从本质上讲，联邦政府即是它的支出。通过预算，政府帮助数以百万计的家庭应对基本开支，并为生病、年老以及其他被赡养的人提供财政安全网络。预算通过道路和其他有形资产、教育和其他人力资源改进方面的支出，投资于国家的未来。它向同盟者和对手传达美国在世界上的责任，它还是一个调控经济政策和稳定家庭收入的核心工具。

有这么多利害攸关，毫不奇怪，预算常常是一个困难的、充满冲突的过程。不论预算有多大，永远没有足够的钱满足所有的需要。制定预算就是在钱和钱能买到的东西之间斗争。斗争在民主党和共和党之间（以及常常在它们内部）、立法部门和行政部门之间展开。预算在国会授权委员会（它们在联邦项目上有管辖权）、拨款委员会（它们控制着一大部分联邦支出）以及负责税收立法的委员会和那些负责支出决策的委员会之间引发冲突。

随着预算增长并且在美国政治和经济生活中变得更加重要，冲突的范围扩大了。数以千计的预算制定者和影响者在华盛顿工作，许多是国会委员会和行政部门的职员。其他人则代表着国有企业、商业组织、州和地方政府、外国政府以及其他利益集团，致力于保护或扩大他们在预算开支中的份额。新闻媒体密切关注预算斗争和问题，报道行政部门和立法机构内的进展。在有的年份，预算是总统议程的核心部分和落实大量国会立法结果的工具。对国家政治而言，现在是预算的时代。

但是，随着预算在规模和范围上的增长，它的灵活性下降，限制增加。一个继承了 3 万亿美元预算的新千年总统拥有的真正选择可能要少于与 1000 亿美元预算同行的前辈。一代人之前的 1970 年，本书作者参与了一个布鲁金斯研究会的项目“建立国家优先权”，分析和解释总统的预算选择。那本出版物的名字和语气乐观地暗示，通过预算，政府能够制定会对美国及其公民福利带来重大改变的优先权和政策。在那些并不遥远的岁月，预算仍被认为是一个可延续的、授权的过程，它提升了政府的治理能力。通过明智的决策，预算可以改善经济状况，购买有成本效益的国防，富有人情味地分配成本和收益，并创造一个更加丰裕的未来。现在，预算常常体现为一个受限的过程，限制在旧的承诺中缩小了政府可以选择的范围。一位 21 世纪的总统在社会保险上的权力比富兰克林·罗斯福总统 1935 年建立该项目时要小，在卫生保健方面的选择比林登·约翰逊总统 1965 年实施老年保健医疗制度和公共医疗补助制度时要少。在有些年份，预算似乎排挤了真正的选择，并迫使明天的机会让位给昨天的选择。

怎么会这样？预算怎么会同时变大却又变弱？怎么会有更多的资源却更小的自由，更多的项目却更少的选择？对这些问题的充分考虑将需要对美国民主在 21 世纪初期的状况进行探寻。预算不是受能力丧失困扰的唯一过程——根据公共法规的数量来衡量，国会立法也同样遭遇困境。二者均因公共信任和信心的下降而被削弱，一个美国人希望从政府那里得到的和他们愿意给予政府的政治和财政支持之间的不平衡，描绘了围绕政府职能的冲突，联邦行为无法治愈的社会弊病，等等。当政府无法自信和有效时，预算也不能。

主张联邦政府和预算机制比以往更弱并不是说创新和改变不可能。1981 年的罗纳德·里根和 1993 年的比尔·克林顿证明，总统领导权和预算资源是调整国家政策、改变税收法律以及重新配置联邦资金的潜在力量。他们证明预算能够成为一种变革的工具，它没有必要被锁定在旧的政策和优先权之中，治理的机会能够被扩大，政府机制能够被用于追求新的政治目标。尽管接受现状是条更容易的道路，两位总统却都通过探索预算规则和程序来改变已有的政策。每位总统都在他的第一份预算中投入了大量的稀缺政治资源，并且每位都引起了广泛的预算冲突。最终，每位总统都调整了他的目标以实现他能够实现的，而将其他的问题留给未来的预算斗争。

在预算中，变化和冲突携手并肩。没有后者，也不大可能会有前者。1981 年和 1993 年是总统就职年，来自某个政党的总统接替了来自另一个政党的总统，毫不奇怪，变化是那时的秩序。然而，近期还有好几个其他充满冲突的年份：1995—1996 年，国会中一个新的共和党多数寻求更新国家的优先权；1997 年，国会和总统在消除赤字的标准上斗争并最终达成一致；以及 1998 年和 1999 年，总统和国会在拨款草案上意见分歧。冲突在乔治·W. 布什总统的首届任期内也逐步升级，总统寻求并赢得了重大税收削减的实施，随后在他的第二届任期内，伊拉克和阿富汗军事行动的成本攀升，而先前减税的失效日期逐渐逼近。

决 议

视剧烈冲突为不可避免会忽视在许多年里——近期比以往几十年更少见——预算问题被平静地解决，政府政策过程的重大改变几乎不需要过多地鼓吹和努力。冲突的消失与缓和如同冲突的突然爆发和扩大一样，是预算所固有的。20 世纪 90 年代的十年中有三年（1991 年、1992 年、1994 年）的预算季节风平浪静，总统申请，国会审议，几乎没有什么政策变化。

预算有两个内在特征——一个扩大了冲突的范围，另一个缩小了它。冲突在谁应当支付和谁应当获益方面，在税收负担应如何分配方面，以及在哪个项目应当扩大和哪个项目应当缩小方面扩大了。预算是一个分配过程，其中却永远没有足够的钱供分配。它还是一个再分配过程，有的人得到，其他人失去——有的人得到的比他们缴纳给政府的税收多，其他人则相反。它是一个在众多公共资源申请中的选择过程，即使是在繁荣时期也无法满足全部的需要。它是一个理性的过程，通过在其资金中剔除某些申请者来确定预算。在这个过程中，政府明确或间接地决定其职能并设定优先权。所有这些特征都拓展了冲突的可能，不论是在美国政治的大舞台上（在共和党与民主党之间，以及在总统与国会之间），还是在数以千计的后台，在拟定最初预算时的政府内部，在制定计划以分享蛋糕中更大部分的利益集团和游说公司，以及在视联邦财政为一个庞大的资金池以获取公正份额的州和地方政府。

但预算还有另一个特征，将其拖向相反的方向，这个特征包括冲突和受限的雄心。这个特征源于第一段提到的特征，即预算必须达成决议。当申请人要求的比他们所需要的少时，冲突控制在过程的最初阶段就已经开始了，并且一直持续到最后阶段，此时竞争者将分歧放在一旁以达成一致。预算极少是全力以赴的战争，如果是，即使是竞争者的最佳表现也无法了断。

使预算能够得出决议的不仅仅是克己。预算过程本身为预算需求和决策带来了秩序和规范。通过分解工作和职责，为行动设置预期和最后期限，并且限制考虑问题的范围，预算程序规制了冲突。预算中的惯例和参与者的行为模式缓和了冲突，年复一年，重复性工作在很少有变化或无变化的情况下被完成。在其他问题上存在争议时，预算制定者通常会表现出一种妥协的意愿。当缺乏这一调节性的处置时，正如在 1995—1996 年，惯例失灵，程序崩溃。

预算的两个世界

很容易得出有两个预算世界的结论——在政治的世界，冲突无处不在，政策变化是根本性的和雄心勃勃的，在程序的世界，秩序居于主导地位，政策变化是缓和的和渐进主义的。在现实中，政治如同在预算争论中一样，是预算决议中的一部分。类似地，预算规则和程序就像内生于预算和平中一样，内生于预算冲突。渐进主义作为控制冲突的首要策略，就像吞没 90 年代预算的战火一样，是预算政治的一部分。并且当存在广泛冲突时，各政党必须依赖预算机制以达成一致。

正如专栏 1－1 详细描述的，实际上有两个预算世界——一个雄心勃勃且激烈冲突，另一个抱负有限且冲突较少。第一个是变化的世界，另一个是维持现状的世界。在大多数年份，联邦预算中二者的成分均有；没有渐进主义惯例的预算将是混乱的，而毫无变化的预算则是无法接受的。

专栏 1－1　预算中的冲突与平静：1993 年与 1994 年对比

在 1993 年，克林顿总统提出了重大的税收和支出调整，民主党控制的国会不情愿地遵从。随后的一年，由于卫生保健改革主导了议事日程，双方都选择了维持现状的预算。1993 年的预算决议包括了一个意见一致的决定，1994 年却没有。为了维持政府运转，1993 年需要持续决议，但是在 1994 年，所有的常规性拨款在财政年度开始前均已经明确。

1993 年	1994 年
克林顿总统的预算	
就职预算在 4 月 8 日发布，建议大幅度增税、调整可选择支出、以及在 5 年内净赤字削减 5000 亿美元。	当前预算仅对可选择支出进行了微调；克林顿重组卫生保健体系的建议占据了国会的大多数时间。

国会的预算决议

控制性的协调指导，以及1976年以来首度在法定期限之前通过。

仅对总统需求进行了微调，众议院5月5日通过，参议院一周后通过。

协调草案

8月5日，会议报告在众议院通过，218票对216票；经副总统戈尔的追加投票，参议院51票对50票通过该法案；克林顿8月10日签发。

卫生保健改革

没有协调草案，参议院多数党领袖乔治·米切尔（D－Maine）在9月26日宣称卫生保健计划在该年不可能通过。

拨　款

13个常规拨款草案中只有2个在财政年度开始前完成，最后一个在12月10日完成。

所有的常规拨款草案在10月1日，即财政年度开始前均已在国会完成。

在1992年的选举中，克林顿谈到了工作、大学教育、拥有一所住房的能力、可负担的卫生保健、以及经济上安全的退休。但当关注点转向赤字控制时，克林顿不顾关系密切的政治顾问们的建议，调整了他的日程，提出了一个包括增税、削减部分支出、以及刺激投资在内的一揽子计划。他提议在五年内将总赤字削减7000亿美元，削减国防支出，部分削减国内支出，向高收入纳税人和公司增税，寻求2000亿美元的新支出和特定的税收优惠。最终，克林顿在他的大多数要求上如愿以偿，但他被迫改变了他的能源税并放弃了他的刺激项目。

1994年，克林顿的预算除了重新安排少量的可选择支出外，没什么太大的变化。管理与预算局的局长里恩·巴纳特说："这份预算的真正目的是遵循去年的所作所为。"国会中的很多人持同样的观点。参议员肯特·肯雷德（D－N. Dak.）说："事实上，去年我们有一个重大的一揽子减税。这提醒我今年我们应当维持现状。"一个更为全面的解释是，克林顿1993年的计划几乎全军覆没，并且他耗费了大量政治资本来实施一个调整后的版本。1994年，他的力量更弱，并且不希望卷入另一轮与他自己的党派成员之间的预算冲突。

不仅如此，当关注点集中在卫生保健改革时，预算退居边缘。不顾在其执政之始即颁布卫生提议的压力，克林顿一直等到1993年的一致性法案实施之后才公开庞大的、长达1342页的检查。众议院和参议院在整个1994年都专注于卫生保健改革，尽管两院均未就该计划表决。正如1993年的预算，克林顿的卫生保健计划排挤了其他提议，在中期选举之前，一项实质性的立法也没有实施，其代价是民主党失去了对国会的控制。

在国会讨论1993年的一揽子协议时，共和党反对增税和削减国防支出，联合起来反对它。克林顿不得不在自己的政党成员间进行交易，以寻求对其主要立法的足够支持。尽管民主党人均不希望如此，正如参议员鲍勃·凯利所言："投票击败（克林顿的）总统制。"自由主义者希望为社会项目提供额外的支出，保守主义者寻求更小的税收增长和更多的削减。克林顿、副总统戈尔、以及其他内阁官员通过全力以赴的个人游说来确保国会中的微弱多数；41 位民主党议员和所有的共和党议员投票反对这个一揽子提议。在参议院，米彻·麦克可耐（R – Ky.）认为“比尔·克林顿唯一实现的是他对变革的承诺——他改变了所有令他当选的政策，让中产阶级花费更多。”6 位民主党议员与共和党议员站在一起来反对这个办法，但副总统戈尔的追加投票确保了它的通过。

在 1993 年的拨款过程中，国会提出了赤字削减的承诺，但冲突延缓了法案的通过。在财政年度开始时，13 个常规拨款中的 11 个没有完成。随后是三个持续性解决方案，并且，在 20 年内国会首次将可选择支出控制在与上年大致相等的水平。与此同时，民主党人重新分配资金给大多数克林顿先前削减掉的投资项目。

在随后的一年，国会在财政年度开始前理清了所有的年度拨款法案（自 1948 年以来这种情况仅发生过 3 次），最值得关注的是，拨款委员会主席们决定按时完成各项拨款，而克林顿则希望在会议结束前对卫生保健改革采取措施。

第二章

联邦预算的演化：从盈余到赤字再到盈余

预算过程和政治的进化围绕着两个主要的政府权力机构展开：总统和国会。联邦预算的演化就是一部很长的关于这两个政治分支为夺取对资金的控制而相互竞争的历史。他们的武器就是预算的规则和程序；每一方都通过调整公共资源来指导政府规模应多大以及应如何花费资金，以此寻求将自己的政策和优先考虑的事项强加给另一方。在过去的两百多年里，这两个机构一直都在争夺政治权力，有时合作，有时冲突。有时国会拥有优势；其余时间总统拥有优势。双方很少平等地享有预算权力。相反，一方的优势对应着另一方的劣势。这种斗争导致两个机构都建立了自己的预算程序，每一方都有自己的预算工作人员和操作规则。

演化不仅导致了总统和国会截然不同的预算角色——而且它还赋予联邦政府两种不同的支出公共资金的方式：一个围绕年度拨款，另一个围绕强制性立法。虽然拨款是先法预想的国会控制形式，但在20世纪的后半期里，国会和总统越来越依靠授权立法赋予美国人民从财政部获得支付的权力。拨款和权利性项目以不同的途径通过国会，并且服从于不同的预算规则和约束。然而，为了展示总的联邦支出，两者在总统和国会预算中被合并在一起。

权利性项目的增加与另外一个重要的预算发展——持续的赤字支出有关。长期赤字是一种近期才出现的现象，它在很大程度上受到权利性项目要求的刺激，即不管财政状况如何，政府都必须为权利性项目提供支付。国会和总统花费了很长时间适应“权利国家”的财政现实。直到20世纪快结束时，他们才成功地实现了这种调节，并且在连续的赤字之后实现了平衡预算。然而，这些盈余在不到五年的时间里就消失了，而赤字重新成为新世纪初期的准则。

这一章从迄今提到的三个有利角度讲述了联邦预算的故事：总统和国会之间在预算权力方面的竞争，变化的联邦支出构成，以及从盈余到赤字再返回到盈余的变化。编年史被分成三个时期，它详细记述了联邦预算中重要的里程碑。第一个时期从1789年第一届国会召开直到1921年。国会的统治地位、小政府和频繁的盈余是这一时期的主要特征。第二个时期以1921年的《预算会计法案》为起点，并且一直持续到1974年的《国会预算法案》。总统的统治地位、政府规模的增长、主要权利立法的制订、以及频繁的赤字是这一时期的主要特征。最近的时期，从1974

年到现在，这个时期赤字迅速增长然后消失，联邦支出和权利性项目继续增加，总统和国会在预算政策上反复争论。由于本书的焦点在于当前的预算程序、策略和政策，对前两个时期的描述会很简单，但对当前的描述却会又长又详细。在讨论当前时，本书特别关注为什么在80年代出现大规模赤字，截止到90年代末期，赤字是如何偿付的，为什么赤字会在21世纪初期重现，以及预算如何适应权利规定的永久化及总统和国会之间持续的冲突。

在预算中，最后的章节向来不写。下一个财年就在不到12个月之后，随之而来的将是预算数字的变化与预算参与者之间关系的新转折。从远处看，预算过程看起来可能是年复一年不断的重复，但是对那些斗争的参与者来说，每一年都会产生新的机会和问题。在2001年，最新赢得的预算盈余看起来是保险的，官方预测21世纪的前十年将实现不断增加的盈余。三年后，政府面临的却是超过4000亿美元的赤字，而这一规模预计将在下一个十年达到几万亿美元。预算的历史不是由承诺和预测，而是由结果和经验组成的。另外，实际的预算结果很少能与期望保持一致。预算充满了冲突和意外，这将建立一段新的预算未来，这一预算未来在政治上和财政上都将不同于千禧年开始时的前景。

立法统治：1789—1921年

宪法赋予国会征税的权力，并且规定资金只能按照法律制订的拨款来开支。它没有具体规定这些权力将如何实施，也没有规定要有一个联邦预算或为总统规定在国家财政事务中的角色（除了规定总统签署或否决国会通过法案的权力）。实际上，当宪法写成时，预算实践还不为人知。现代预算19世纪在欧洲出现，并在20世纪早期被引入美国。

尽管预算不为人知，国会在决定收入和支出方面的角色仍然被很好地建立起来。在英国，议会与君主之间在资金权力问题上的世纪之争在一个原则上达到顶峰，即政府征税和支出的权力必须由法律授予。在英国，这一原则的灌输花费了几个世纪，但在北美殖民地为独立展开斗争之前，大西洋此岸对上述原则的接受已经成为有限、民主政府的一个基本信念。

国会对钱包的控制权旨在限制行政机构的权力：除非获得国会的事先授权，否则宪法禁止总统和联邦机构支出资金。但国会限制的不仅是总额，它通过制定详细的拨款，限制着支出的每一个科目。附录2-1来自财政部1799年的拨款，展现了一个典型的分项拨款。每一行都分别是允许用于某特殊目的的具体数量的限制。在有的年份，国会赋予支出机构在科目之间转移资金的有限的决定权；在其他时候，它坚决主张资金应该严格按照拨款开支。

在美国政府的早期，众议院赋税委员会和参议院财政委员会处理收入和支出立法，以及别的财政事务。虽然政府很小，但在形成年代设计的实践为接下来两个世纪的国会行为树立了榜样。起初，众议院在收入和支出法案上都采取主动，参议院只有在众议院已经完成它的工作之后才有所行动。拨款每年在一段时间内制订，在法案中它的唯一目的是为联邦机构提供资金。立法处理的方法有所不同，拨款和立法不能放在同一个法案中被视为理所当然。因此，第一届国会通过一部法案建立了战争部，并通过另一部法案为它提供拨款。第一届国会将所有拨款放在一个法案之中，后来的国会通过许多独立的法案拨款。

附录 2－1　分项拨款：18 世纪的模式

对财政部部长、办事员、以及他办公室雇佣的工作人员的补偿 5850 美元。

财政部部长办公室的木柴、文具、打印、租金、以及其他零星支出 600 美元。

财政部租借几个办公室的租金费用（除了财政部部长的办公室）2730.66 美元。

财政部几个办公室的木柴和蜡烛支出（除了财政部部长的办公室）3500 美元。

记录、打印 1799 年度公共账目的费用（包括因收入和支出增加导致的 200 美元的增长）1200 美元。

财政部的资料和记录在该年夏天从费城搬到特伦顿的费用 1798 美元（包括几个官员、办事员和邮递员的额外支出），4400 美元……

不同部门雇佣融化、精炼、压印、木工、机械安装和铁匠人员的工资（包括每年补助给一个助理造币匠和热铸匠的 800 美元，他还负责监督炼铁厂的运转）7000 美元。

购买建造铸币局所需的五金、铅、毛料、煤、文具、办公家具和其他支出的资金 6300 美元。

资料来源：United States Statutes at Large，5th Cong.，3d sess.，March 2，1799，chapter 25，P. 717.

（a）分项拨款直到 20 世纪都很常见，但科目的划分每年都有区别，有的会比这里列出的更加详细。

（b）根据分项拨款，国会常年面对的一个问题是它要如何向支出部门授权，以便在不同项目间转移资金。由于每个项目都是对支出的法定限制，这些转移只能在国会批准下进行。

（c）随着政府规模的扩大，每个条目的重要性变小，国会被迫将它们归类到范围更广的类别之中。今天大多数联邦部门只获得一项覆盖所有运营费用的拨款。

虽然宪法没有规定任何具体的预算结果，但每年支出不能超过收入的观点却被广泛接受。如图 2－1 所示，平衡预算的标准在 1789 年到 1916 年的时期内占据了 2/3 的时间，而大部分例外都发生在战争期间，联邦支出的激增导致了赤字。但是赤字规模很小并且周期很短；战争结束时，预算平衡得以恢复。赤字偶尔也在不利的经济情况下发生，而这很容易在经济复苏时消失。

平衡预算与政府应该很小并且有限的观点并存。还有一个被广泛认可的观点是，政府规模在年度之间不应该发生明显的变化，去年的支出数目应该在微调后用于决定下一年度的拨款数额。在当代政府中，编制年度预算的目的通常是为机构项目扩张寻求资金，与此相反，在 19 世纪的大部分时间里，预算过程通常只是评估正在进行的活动下一年的成本。增长是适度的，并且增长更多地是一种领土扩张和人口增长的反映，而不是政府的扩张。不过，1900 年的联邦支出（5210 万美元）

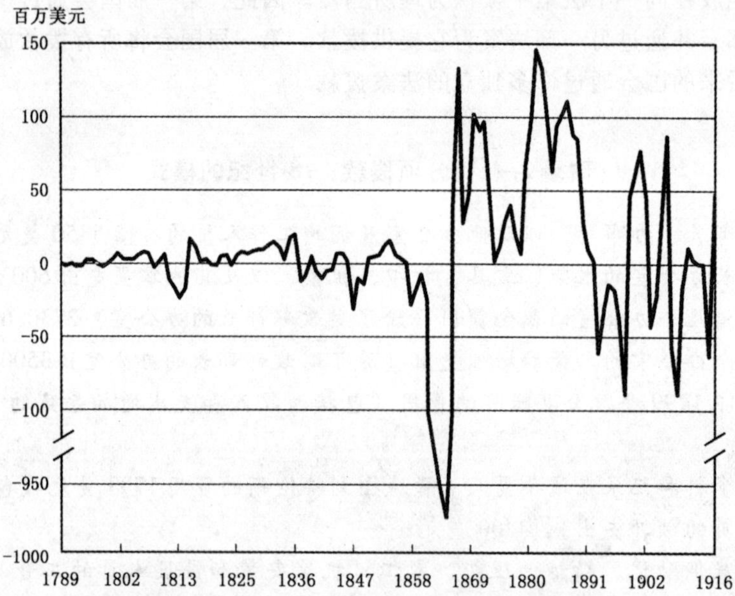

图 2-1 1789—1916 财政年度的赤字与盈余

资料来源：*Historical Statistics of the United States：Colonial Times to 1970*，93d Cong.，1st sess.，H. Doc. 78，part 2，Y 335-38.

还是明显高于 1800 年的支出（110 万美元）。

按名义价值计算，联邦支出在 1812 年战争期间增长了 3 倍，在墨西哥战争期间增长了 1 倍，在南北战争期间增长了 19 倍（见表 2-1）。每一次战争之后支出会下降，但是一直较好地保持在高于战前的水平之上。在战争期间，它的组成发生了变化，总支出保持稳定。例如，联邦政府在 1867 财年花费了 3.58 亿美元（南北战争后第一个完整的财政年度），并且在 1897 财年只花费了 3.66 亿美元（在西班牙—美国战争之前最后一个完整的财政年度）。政府通常在战争期间积累债务，在战争结束以后承受支付利息的负担，并且随着债务的清偿和利息费用的降低，逐步着手新的支出。在 19 世纪的最后 10 年中，公共债务的支付由足够覆盖和平时期总支出的收入承担。随着联邦预算持续保持在平衡点附近，公共债务从 1866 年的 28 亿美元降至 1900 年的 13 亿美元。

表 2-1　　1811—1974 年期间战争对联邦支出的影响　　单位：百万美元

战争	战前			战争顶峰			战后		
	支出	财年	盈余或赤字	支出	财年	盈余或赤字	支出	财年	盈余或赤字
1812 年战争	8	1811	6	35	1814	-24	22	1817	11
墨西哥战争	23	1845	7	57	1847	-31	45	1849	-14
国内战争	63	1860	-7	1298	1865	-964	358	1867	133
西美战争	366	1897	-18	605	1899	-89	521	1900	46
第一次世界大战	713	1916	48	18493	1919	-13363	6358	1920	291

续表

战　　争	战　　前			战争顶峰			战　　后		
	支出	财年	盈余或赤字	支出	财年	盈余或赤字	支出	财年	盈余或赤字
第二次世界大战	13653	1941	-4941	92712	1945	-47553	34496	1947	4018
朝鲜战争	38835	1949	580	76101	1953	-6493	68444	1955	-2993
越南战争	118528	1964	-5915	183640	1969	3242	269359	1974	-6135

资料来源：*Historical Statistics of the United States*：*Colonial Times to 1970*，93d Cong.，1st sess.，H. Doc. 78，part 2，Y *335 - 38*；*AND Budget of the United States*，*Historical Year 2000*，*table 1. 1*，*pp. 19 - 20.*

尽管缺少一个可以协调收入和支出的总统预算系统，财政的稳定性仍然维持着。只要政府很小并且其财政需求适度，一个国家的预算就没有必要去制造可以接受的结果。国会通过对影响联邦财政的法案采取行动，成功地协调了联邦收入和支出决策。但是两个相互联系的发展使这种令人满意的局面（没有协调控制的协调结果）终结。一个是在国会中日益加剧的分裂；另一个是联邦支出的增长和和平时期赤字的出现。

分裂国会行为的第一步是作为南北战争的副产品出现的，它极大地增加了政府的成本和国会的工作量。为了减轻众议院赋税委员会和参议院财政委员会的工作负担，众议院在1865年，参议院在1867年通过建立新的拨款委员会将收入和支出的权限分离开来。第二步，19世纪70年代先在众议院中出现，后来又扩展到参议院的是立法委员会对超过半数拨款法案的扣押。这些委员会想获得支出权限，因为他们对新的拨款委员会强加的严厉限制极为不满。一些学者曾指出，这种支出权力的分裂导致了更高的联邦支出。

立法的分裂可以通过行政部门中的分权反映出来。总统在监督联邦财政方面作用有限。许多机构直接将他们的支出申请提交给国会委员会，不需要经过总统的事先检查。各种各样的申请被财政部编入一本“年度评估”之中，但在协调各机构支出，或确保这些支出的总额可以接受并符合国家政策方面却几乎无所作为。

联邦支出的分裂和逐渐增加（在1894—1915年期间增加了一倍）导致了持久的和平时期赤字。在从1894年到1910年17年中的11年里，支出都超过了收入。为了减少这些赤字，政府引入了一项全国性的所得税，并且创建了一个行政预算程序。当所得税修正案在1913年被批准时，预算提案（由前任总统塔夫托领导的国家委员会推动）引起了相当大的争议。在国会创建一个行政预算程序前，第一次世界大战爆发了，由于战争，联邦支出从1914年的7.26亿美元剧增到5年后的190亿美元。在这5年里，公共债务也遵循着相同的趋势，从10亿美元逐步攀升到260亿美元。在战后不久，国会承认它需要一个用于控制支出的强有力的总统领导权。国会通过了1921年预算与会计法案，它建立了一个在以后80多年里一直都在运行的总统预算系统。专栏2-1列出了这个里程碑以及联邦预算中其他的里程碑。

专栏 2-1　1789—2006 年联邦预算中的里程碑

1789	宪法 赋予国会提出和征税以及借款的权力；在从财政部得到资金之前，需要国会拨款
1802—1867	国会委员会 众议院赋税委员会在 1802 年作为常设委员会建立；参议院财政委员会在 1816 年建立；众议院拨款委员会在 1865 年建立；参议院拨款委员会在 1867 年建立
1837，1850	众议院与参议院规则 众参两院禁止没有授权的拨款
1870，1905—1906	反赤字法案 要求分配资金防止超支
1921	预算与会计法案 提供一个行政预算；设立隶属财政部的预算局和审计总署
1939	第 1 号重组规划 把预算局转移到新成立的总统行政办公室，扩大预算局职能
1967	总统预算概念委员会 采用统一预算，包括信托基金
1974	国会预算与扣押控制法案 建立国会预算过程，扣押立法审查程序，众参两院预算委员会，以及国会预算局
1980	综合协调过程 第一次在国会预算过程中应用协调程序
1985，1987	格拉姆—拉德曼—霍林斯法案 设立赤字削减目标，创立扣押程序
1990	预算执行法案 建立可选择性支出上限，为收入和直接支出设置量入为出规则，为直接和担保贷款设置新规则
1990	首席财务官法案 要求所有主要部门的首席执行官监督财务管理，整合会计与预算
2002—2006	预算执行法案规则到期，重返赤字 预算执行法案规则到期，在经历了四年盈余（1998—2001 年）后，赤字重现，名义值达到创纪录的水平，2004 年达到顶峰 4130 亿美元。参议院内部关于量入为出和选择性支出上限的规则已经运行超过十年。2007 年，众议院采纳了量入为出规则，参议院对其原有的量入为出规则进行了修订，与众议院的版本保持一致

总统支配：1921—1974 年

1921 年法案并没有明确变更国会制订收入和支出决策的方式，但是，为了将所有支出法案的权限归还拨款委员会，众议院和参议院修改了各自的规则。主要的变化是在国会影响拨款草案之前，在预算中赋予总统一个正式角色。1921 年法案要求总统向国会提交一份年度预算，并且禁止机构将它们的申请直接提交国会。

该法案还创建了预算局（1970 年被重命名为管理与预算局），帮助总统确定拟申请的数额。总统的年度预算会提出影响国会的收支建议，尽管国会并不一定要遵守这些建议。对预算中的每个部分而言，国会拨款可以比总统申请的高或比总统申请的低。类似地，国会还可以偏离总统的收入立法偏好。

1921 年法案没有要求平衡预算，但它在非常强烈的预期下作出预言：总统协调将会限制联邦支出。实际上，预算与会计法案使总统成为国会预算控制的代理人。因为国会在制定决策前会先审议总统申请，所以预期中的总统预算应该以更遵守纪律，更协调的方式进行，尤其是与部门直接对额外资金开展游说活动相比。有了白宫对各部门支出的严格限制，国会就可以提供更少的拨款，进而使政府账簿平衡。

在总统预算的早期，这些期望已经产生。新的过程在管制联邦财政方面取得了立竿见影的成功。在 20 世纪 20 年代，税收减少了，支出和公共债务也下降了。这些结果可能部分是由于战后美国的保守心态，但是，由新系统施加的严肃的财经纪律也是一个重要因素。在整个 20 年代，总统热衷于预算控制者的角色，在机构支出方面维持一种严厉的控制，要求效率，并且坚决主张各部门要在少于或不多于上年度资源的情况下工作。

接着到来的是大萧条和新政——一场在政府范围、规模和成本方面巨大持久的扩张。在 1929 年大萧条前夕，联邦支出共占 GDP 约 3%；10 年后，在二战前夕，这个比例是 10%。虽然支出在 30 年代增长到原来的三倍，但是收入却没有保持同步增长，政府在这十年遭受了人规模的赤字（见图 2－2）。然而，二战带来了一个巨大的收入流，因为国会将个人所得税变成大众税（mass tax），征收非常高的税率（达到了应纳税收入的 91%），并且建立了一个源自薪水的预提税新系统。这些以及别的规定使收入激增，1945 年的收入是 5 年前收入的 7 倍。

按照此前战争结束后建立的模式，国会在和平时期减税，但却通过保留战争期间获得的额外收入来为政府规模的永久性扩张融资。国会坚持宽税基、高税率的个人所得税，以及预提税系统。部分是因为战争而在政治上可以接受的税收，大政府保留下来。20 世纪 50 年代，联邦支出平均占 GDP 的 18%，是 30 年代水平的两倍。收入急剧上升使总统和国会能够编制出处于或接近平衡点的预算。

新的资金将总统的预算角色从支出控制者转变成项目计划者。在 20 世纪 50 年代和 60 年代，由总统在年度预算之后准备一个立法计划成为惯例。总统利用预算提出支出建议，决定国会的议程和媒体的报道。只要总统的建议不是由现在的收入和通过借款或者新税支付，总统有更多要求也并不是一件不光彩的事情，并且几乎没有政治成本，国会也随之通过更多的授权和拨款——有时抵制或者削减总统的提议，其他时候则为总统提供超出他申请总额的资金。

这是“帝王总统”的时代，学者们利用这个术语来描述总统对国家政策的支配。预算是总统的主要工具之一，使他能够规划项目，推动支出政策，指挥政府新

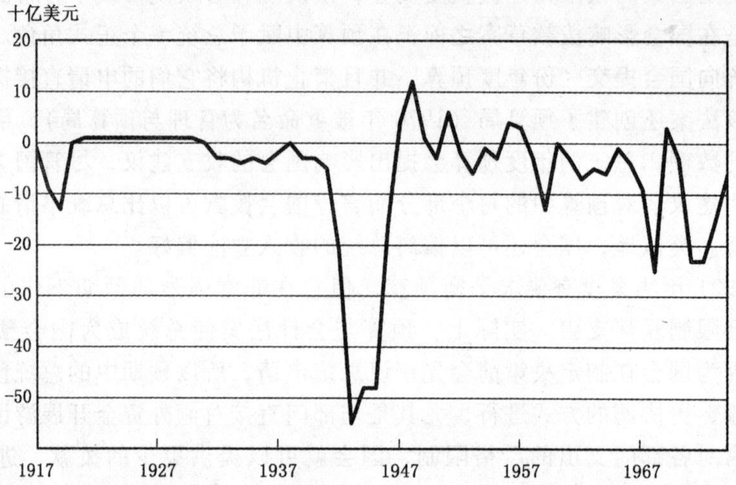

图 2-2 1917—1974 财政年度的赤字与盈余

资料来源：*Budget of the United States Government*, *Fiscal Year 2008*, *Historical Tables*, table 1.1, pp. 21—22.

一轮的扩张。这轮扩张在 1964 年和 1965 年通过的伟大社会立法中达到顶点。

随着收入和支出在 GDP 中所占份额的增长，总统开始利用预算调节经济（使经济维持在高就业、低通货膨胀的状态），通过调整预算以刺激或抑制总需求。预算应该平衡经济的观点取代了平衡预算的观点。为刺激经济使其在最大潜力上运转并且减少失业，赤字是可以接受的。只要经济繁荣，小额赤字被认为是提高国家福利的一种明智手段。

但是，越南战争和权利性项目的增长终结了这个国家政治的美好时期。战争向总统的领导权发出挑战；权利性项目使现有预算工具的充分性受到质疑。因为战争是不受欢迎的，国会不愿增加税收来为战争买单。国会的确在 1968 年通过了小额的附加税，但这时距林登·约翰逊总统提出该申请已过了一年多，而且税率只有总统想要的一半。附加税和持续的经济增长在 1969 财年产生了很小的盈余，这也是政府在大约 30 多年中取得的最后盈余。

对越战普遍的厌倦感染了人们对预算赤字的态度。许多美国人认为赤字支出是因战争引起的财政不负责任及因战争引起的不稳定和政策扭曲的明证，而非认为赤字支出是一种为军事行动融资的适当手段。更糟糕的是，在战争结束时，联邦支出并没有像以往那样减少，并且预算也没有恢复平衡。实际上，并没有联邦支出低于 1966 财年水平的后越战年度——没有和平红利。

越南战争期间的预算情况与在以前战争中建立的模式有所不同，其原因在于联邦支出的构成发生了变化。图 2-3 比较了从 1940 年到 2000 年（以 20 年为间隔的）联邦支出中对个人支付以及其他支出类别所占的比例。在这段时期内，强制性支出与选择性支出所占比例发生了根本性的逆转，支付给个人的开支在 1940 年占总支出的 18%。在 1960 年，政府每支付 1 美元给个人，就有大约 3 美元用于选择性的国防和国内项目；今天，政府在选择性支出上花费 1 美元，就有大约 2 美元被用于强制性项目。越南战争以后没有出现战争红利是因为强制性支出的增长超过了国防支出的减少。1969—1973 年，国防支出下降了 60 亿美元，但支付给个人的开支却剧增了将近 500 亿美元。结果，预算因大规模、持续的赤字而步履蹒跚（见图 2－2）。

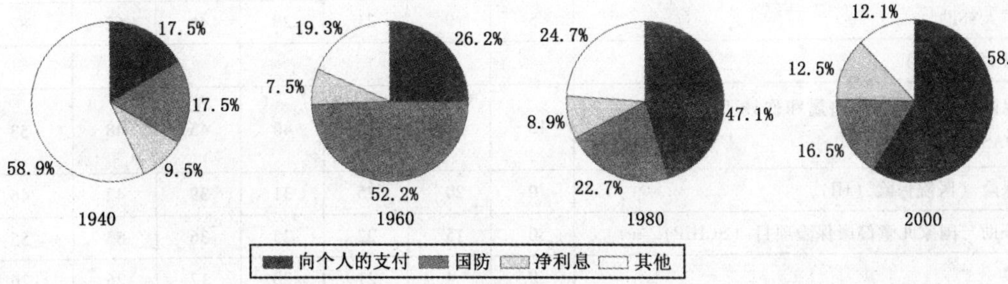

图 2－3　1940、1960、1980、2000 财政年度的联邦支出构成[a]

资料来源：*Budget of the United States Government, Historical Tables, Fiscal Year 2008*, table 6.1, pp. 118－125.

a. 总额超出 100% 是因为“未分配抵消收入”没有包含在内。

由资格规定和支付公式决定的部分在预算中日益增加的比例弱化了总统的预算能力。如表 2－2 所示，对个人的联邦支付占总支出的比例持续增加。在有的年份，总统预算更多地是一种评估过去承诺在下一年成本的手段，而不是对政府财政政策和项目提出的建议。破坏了总统公信力及其与国会良好关系的越南战争和水门事件同时也削弱了总统的预算权力。

表 2－2　　选定项目上对个人的联邦支付

（1960　2000 年每隔 10 年，2005 年，以及 2010 年）

项　目	1960	1970	1980	1990	2000	2005	2010[a]
对个人的支付							
总额（10 亿美元）	24	65	279	586	1055	1490	1950
定值美元（2000 年）总额（10 亿）	117	249	545	733	1055	1340	1532
占总支出的百分比	26	33	47	47	59	60	64
占 GDP 的百分比	5	6	10	10	11	12	12
选定项目支出（10 亿美元）							
社会保障［联邦老年、遗属和伤残人士保险信托基金（OASDI）］[b]	11	30	117	246	406	518	677
医疗保险［医院保险（HI）］	0	7	34	107	215	334	513
医疗补助与国家儿童健康保险项目［国家儿童健康保险项目（SCHIP）］	0	3	14	41	118	182	233
食品券	0	1	9	16	18	33	39
家庭支持［有子女家庭补助计划（AFDC）/贫困家庭暂时补助（TANF）］[c]	2	4	7	12	18	21	21

续表

项　　目	1960	1970	1980	1990	2000	2005	2010a
公务员与退休军人	2	6	27	53	78	94	118
补充保障收入	0	0	6	11	30	35	42
退伍军人补助[d]	5	9	21	29	46	62	82
收入（百万美元）							
社会保障（联邦老年、遗属和伤残人士保险信托基金（OASDI））	15	26	36	40	45	48	53
医疗保险（医院保险（HI））	0	20	25	31	39	42	46
医疗补助与国家儿童健康保险项目（SCHIP）	0	15	22	25	36	53	55
食品券	0	4	21	20	17	26	26

资料来源：*Budget of the United States Government, Historical Tables, Fiscal Year 2008*, tables *11.1–11.3*, pp. *194–229*; *Budget of the United States Government, Analytical Perspectives, Fiscal Year 2008, table 25.5, p. 375*; *Budget of the United States Government, Analytical Perspectives, Fiscal Year 2002, table 14.3*; *Social Security Bulletin, Annual Statistical Supplement, 1998, tables 5A4, 8E1, and 9HI.*

a. 估算。

b. 缩写：OASDI，老年人，遗属，残疾人保险；HI，住院保险；SCHIP，国家儿童健康保险项目；AFDC，对有子女家庭补助计划；TANF，贫困家庭临时补助。

c. AFDC 在 1997 年被 TANF 取代。

d. 包括预算功能分类中退伍军人保险与服务（700）覆盖的所有活动。

国会对总统：1974—2000 年

在 20 世纪 70 年代早期，当尼克松总统与国会就预算优先权交战，并拒绝支出国会拨付的数十亿美元时，事态到了摊牌的地步。受到对预算失控的担心与对总统领导权抵制的刺激，国会通过创立新的法定预算过程来加强其作用。

国会对预算独立性的追求在 1974 年国会预算和扣押控制法案中达到顶点。尼克松总统将该法案签署成法律，当时距离水门事件将他驱出白宫不到一个月。这一措施授权国会采用一个年度预算决议，该决议设置了收入、支出、盈余或赤字，以及债务总额，并在 20 个功能分类中分配支出。

在扩张国会预算责任的同时，1974 年法案并没有改变总统的正式角色。像以前一样，总统每年提交一份预算，而国会可以选择接受或拒绝总统的建议。但是，现在国会拥有自己的预算蓝皮书、经济假设、项目分析、支出优先权以及它对收入和支出变化的看法。

在制定 1974 年法案时，在某种程度上可能未预见到新系统制度化并且扩大了预算冲突。总统和国会都有自己的预算，并且均无权对对方的所作所为指手画脚。国会拥有自己的国会预算局，并且不必再依靠管理部门的经济预测和项目评估。当然，为了制定拨款并对收入和权利性项目的变动立法，这两个分支必须解决分歧，但他们首先展开斗争。此外，与以前在细节上争斗不同，今天，他们在重大的政策问题上开战——政府规模、国防还是国内项目、总收支在下一年度要增加多少、通过减支还是增税来削减赤字，等等。

如果新的国会预算过程打开了冲突的大门，那么长期分裂的政府和疲软的经济表现则让这扇冲突的大门长期敞开。表2-3表明从1969—2000年，除了6年以外的所有时间，白宫都被一个政党控制，而议会中至少有一个议院被另外一个政党控制。不但政府被分裂，而且民主党和共和党在预算政策上持续发生冲突——特别是在处理长期赤字将要采取的步骤上面。

表2-3 政府分裂的时代（1969—2008年）

年 份	白 宫	众议院	参议院
1969—1976	共和党人	民主党人	民主党人
1977—1980	民主党人	民主党人	民主党人
1981—1986	共和党人	民主党人	共和党人
1987—1992	共和党人	民主党人	民主党人
1993—1994	民主党人	民主党人	民主党人
1995—2000	民主党人	共和党人	共和党人
2001	共和党人	共和党人	共和党人
2001—2002	共和党人	共和党人	民主党人
2003—2006	共和党人	共和党人	共和党人
2007—2008	共和党人	民主党人	民主党人

国会预算过程运气不佳，它在国家经济表现日益恶化时开始实施。战后的经济繁荣带来了国民收入和其他国家福利的大规模稳定增长，这一切在1973—1974年的第一次石油危机中突然结束。通货膨胀、失业和利率剧增、生产能力停滞以及实际可支配收入的下降，新的术语像停滞和贫穷指数进入经济学语言以描述这种不利状况。疲软的经济不可避免地会增加联邦预算的负担，而在国会预算过程建立时较小的赤字规模变得愈益庞大。

1974年预算法案并没有规定预算应当平衡，也没有禁止国会采纳有巨大赤字的预算决议。但新过程在预算赤字会更小的预期上实施，因为国会必须对它们明确投票。这一期望受到经济困境的阻挠：在新过程运行的第一个10年中（1976—1985年），平均赤字是1130亿美元（GDP的3.6%）而在前一个10年（1966—1975年）则是160亿美元（GDP的1.4%）。

分裂的政府和长期赤字把宾西法尼亚大街的两端锁定在长期的预算冲突之中。总统有他自己的预算；国会拥有它的预算决议。每个部门都单独采取行动，但他们每年也以这样或那样的方式交流。虽然存在预算冲突，但也存在预算决议。

20世纪80年代，预算冲突的解决通过增加赤字的方式实现。图2-4显示了20世纪80年代赤字令人瞩目的增长。在1982财年以前，赤字的最高峰是790亿美元（1981财年）；1982财年之后的12年间，最小的赤字规模是1500亿美元（1987

财年）。要寻找赤字扩张的根本原因，根本无需走远。它来自里根总统时期的政策错误与政治僵局。1981 年入主白宫后的几个月内，里根就让国会采纳了一个影响深远的经济项目，包括削减税率，增加国防支出，并且只是适度地削减国内项目。个人所得税税率被减少了 25%，几十项税收减免被加入税法，而未来税率也会自动根据通货膨胀指数化。根据当时的官方预测，之后五年的收入损失预计将达 7490 亿美元。通过拨款过程，国会在年度国防支出中增加了 1000 多亿美元。而且，尽管国会对国内支出进行了大幅度削减，但许多项目随后又卷土重来。

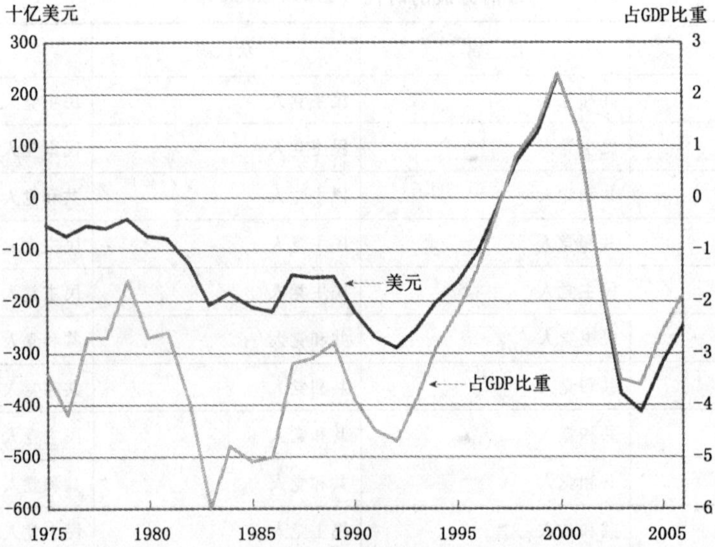

图 2－4　1975—2006 财政年度的赤字与盈余[a]

资料来源：*Budget of the United States Government*, *Historical Tables*, *Fiscal Year 2008*, table 1. 1, pp. 21－22, and table 1. 2, pp. 23－24.

a. 1976 到 1977 预算年度变更衔接期内的数据是平均分配得出。

里根的预算计划受到了供给学派的有力支持。供给学派认为减税可以刺激经济，进而在未来产生更高的收入。但事情并没有按照这种道路发展。1982 年的经济不景气和总统与国会之间的预算僵局使 2000 亿美元的年度赤字——引用里根时代预算局局长大卫·斯托克曼的名言，“近在眼前”。为了对赤字危机做出反应，国会通过了 1985 年的平衡预算和紧急赤字控制法案。该法案通常根据其主要发起人命名，被称为格拉姆—拉德曼—霍林斯法案（GRH）。该法案要求从 1986 年至 1990 年间的每个财政年度逐步减少赤字，并且在 1991 年实现平衡。这一目标通过预算资源的自动取消机制来实施，如果预测的赤字超过财政年度目标 100 亿美元，那么预算资源将被自动取消。当最高法院宣布最初的 GRH 法案违宪时，国会通过了一个修正的版本，它将实现平衡预算的目标时间推迟到 1993 年。

尽管受到扣押的威胁（当赤字目标被超过时不提供资金），但在 GRH 生效的每一财年，实际赤字都超过了 GRH 水平。虽然在赤字削减方面可能有一定的影响，但 GRH 存在严重缺陷。它并没有要求实际的赤字应该在目标范围之内，而只是要求每个财年预测的赤字应保持在每年允许的水平以内。财政年度中赤字的任何增长，无论是因为估算错误，经济情况的变化，还是新政策，都不需要国会或总统采取行动予以抵消。对预测而不是实际赤字的信任导致预算评估被操纵，记账把戏代替了真实储蓄，实际赤字比预测水平高得多。实际上，GRH 最后一年（1990 年）的预算赤字比 GRH 实施前的 1984 年还要高。

虽然 GRH 是一个财政上的失败，但它为预算实践留下了一个持久的印记。图 2－5 列举了 GRH 和其他用于控制赤字的法规。在政府分裂的时代，GRH 开拓了这样一种观念：在制订收入和支出决策时政客们应受到预算规则的限制。1921 年预算与会计法案和 1974 年国会预算法案授权总统和国会在他们认为合适的时候可以采取任何预算行动。相反，GRH 的前提是，政客们要受到预先设定的，禁止他们作出某些预算选择的规则的约束，因为人们无法信任政客可以独立去做正确的事情，当然也不可能信任他们会作出约束联邦收入和支出所需的艰难抉择。

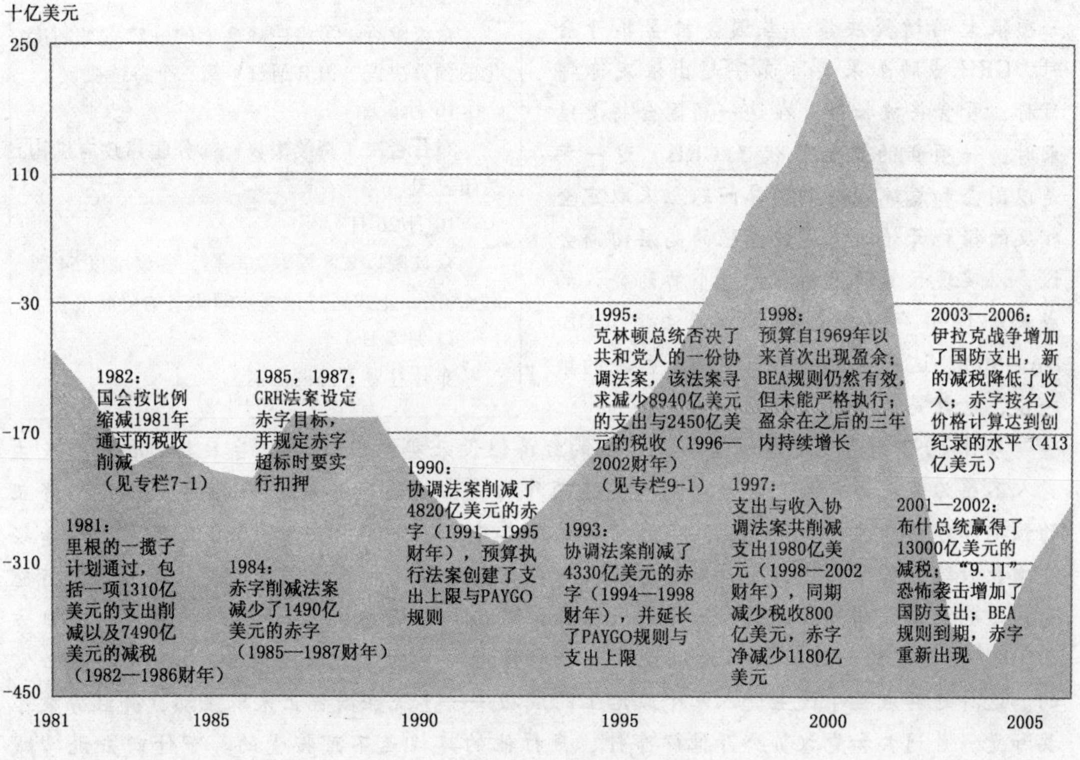

图 2－5　1981—2006 年的预算战争

资料来源：*Congressional Quarterly Almanac*，2004；*and Budget of the United States Government*，*Historical Tables*，*Fiscal Year 2008*，table 1.1，pp. 21－22.

预算执行规则

1990 年，国会和总统被日益逼近的预算危机所困扰。GRH 目标只允许 1991 财年赤字规模为 640 亿美元，但 1990 年 7 月的预算预测显示，赤字将高达 2300 亿美元——远远高于在不对国防、社会项目、贫困家庭支付带来严重危害的情况下应被扣押的额度。艰难的协商带来了综合性的一揽子增加税收、减少支出，以及新的预算执行规则（见专栏 2-2）。据估计，收入和支出上的变化在接下来的五年中削减了 4960 亿美元的赤字。但是，由于国家陷入了 1990 年（一揽子协议最终生效的时间）的萧条，赤字继续增加，并在 1992 年达到 2920 亿美元的最高点。

专栏 2-2 走向消灭赤字之路：1990 年预算峰会

格拉姆—拉德曼—霍林斯法案（GRH）许诺要平衡预算和平息民主党控制的国会与共和党控制的白宫之间的预算冲突，但却在 1990 年挑起了这两个势不两立的机构之间新的冲突。1 月，乔治·布什总统强调他将否决任何税收增长；在 11 月份，他签署了一项很大的增税法案。当国会被召集开会时，GRH 威胁如果实际赤字超出法定赤字目标，资金将被扣押；在这一届国会将要结束时，一项新的规则替代了 GRH。这一年是以国会和总统在每个预算问题上采取完全相反的措施开始的，通过紧张的高层协商会议，以实现预算和平结束。这个协商会议的成果是 1990 年的综合预算协调法案（OBRA-90），这是将大规模赤字转为盈余的第一步，也许是最重要的一步。

> 6 月 26 日
> 布什宣布有必要增税
> 9 月 30 日
> 在预算峰会建议上达成一致；第一个持续决议通过
> 10 月 5 日
> 众议院否决了将使峰会上的一致意见制度化的预算决议，国会通过了第二个持续决议
> 10 月 6 日
> 布什否决了持续决议；部分联邦政府机构关闭三天
> 10 月 26 日
> 众议院以 228 票对 200 票，参议院以 54 票对 45 票，正式通过预算协调法案的协商报告。
> 11 月 5 日
> 布什签署了协调法案。

布什 1991 财年的预算依靠一个乐观的经济假设来实现 GRH 的赤字目标。但是，民主党人不愿为实现目标率先建议增税或实施额外的支出削减。随着 1991 财年的临近，修正的预期赤字将急速增加——比 6 个月前布什预算中发布的数字超出 1660 亿美元。随着经济增长放缓的信号出现，布什勉强答应在不涉及关于税收和其他预算问题的条件下进行磋商。这些协商最初并没有达成一个一致协议，讨论如何避免由 GRH 引起的在政府项目方面 1000 亿美元的削减。因为无法设计一个合理的替代方案，布什承认“增税”是必需的。这种逆转成就了民主党人两个政治上的成功——总统在增税上采取主动，并且分裂了共和党。普通共和党议员公开批评布什，声称他的建议是不可接受的。布什回击说“减少赤字，维持经济持续发展和就业”比竞选承诺更重要。

但是，一份综合了增税、削减支出、以及一个新的赤字目标的协议仍需达成。布什和国会中的共和党议员们提倡削减资本所得税；民主党人坚持高收入阶层的所得税方面要有相应的增长。参议院少数派领导人罗伯特·道尔提醒各个派别，“如果我们不能达成一个预算协议，那么我们将陷入困境。我是指每个人——国会、总统。我们必须解决这个问题。”在新财政年度的前夕（预算中最重要的截止日期），协商者宣布已经达成一项协议。

当获得高层认可的预算决议被带到众议院时，保守的共和党人和自由的民主党人就像众议员汤姆·德雷讽刺的那样，把“政府的第四个分支——首脑会议”关在门外，联合起来以254—179的投票挫败它。为了避免政府关门，国会通过了一个持续决议。愤怒的布什总统通过否决这一决议对国会施压。总统的否决权策略是有效的——政府办公室关门，并且国会被迫采取行动。

在通过一项预算决议后的三个星期内，国会批准并且布什签署了一项协调法案——通常情况下，这项任务要耗费几个月时间。对投票结果的检查表明该法案向民主党的立场走了多远。在众议院中，仅有47名共和党人支持该提议，但却有126人反对它；181名民主党人支持这项提议，同时有74人反对它。在签署时，布什宣称该提议是“一项值得通过的妥协”。OBRA－90的核心部分是整合收入和支出方面的变化，在未来5年前所未有地减少4820亿美元赤字。协调法案还设定了5年的选择性支出上限并建立了量入为出规则，但在国会未明确增加赤字之前允许其增长。然而，这个新程序束紧了钱包上的绳子，并使预算踏上8年后实现盈余的道路。

OBRA的道路付出了政治方面的代价。布什经历得最多：在一年内，他放弃了没有新税的竞选承诺，并且降低了资本收益税，与他政党内的保守派疏远，并且重创了其与民主党的关系。最后，布什付出了最严重的政治代价：在签署OBRA两年后，他在竞选连任中失利。

尽管在赤字方面有所提高，但是1990年预算执行法案（BEA）中设计的新规则并没有要求在赤字超过既定目标水平时实施扣押，或者做出其他的反应。国会和总统从GRH的失败中吸取的一个教训是，设置不能随经济情况变化或项目支出重估调整的固定的年度赤字没有任何意义。固定的限制可能因为未预见到的发展被超过并且变得不可行，例如1990—1991年的经济萧条。政治领袖开始理解，他们必须通过控制收支来控制赤字。为了与这个推论保持一致，BEA建立了一个新的赤字控制程序。它可以区分由年度拨款控制的选择性支出和由实质性立法控制的直接支出。BEA规则最初只是在1991—1995财年起作用，但它们被延长到1998财年，之后又再度延长，直到它在2002财年过期。由于这些规则的政治吸引力，它们可能会被再建；扩大了BEA规则的国会内部控制也不时被更新，最近的一次是在民主党人2007年重新控制国会之时。

BEA规则并不复杂，但是执行它们需要承担复杂的预算计算和程序。BEA有三个基本规则：可调整的赤字/盈余目标，选择性支出上限，以及用于收入和直接支出的量入为出规则。虽然BEA的设计旨在应对赤字，但其中的规则也适合那些预算存在盈余的年份。这些规则和它们的含义将在第四章讨论。

克林顿时期的预算

1992年，克林顿通过强调对重建经济和治理社会问题的需要而参加总统竞选。然而，在他入驻白宫不久，克林顿即将赤字削减放在日程表的首要位置，赋予它比医疗改革更高的优先权，而医疗改革是他主要的竞选承诺之一。克林顿在1993年8月签署的增税和支出削减组合只有短期的政治成本，但却给总统带来了长期的政治收益。它确保克林顿总统从国会的共和党手中取得预算领导权，并主持了一个联邦预算环境的真正特别的转变。实际上，有几个将预算从赤字转向盈余的主要因素与克林顿几乎没有关系。但是，因为发生在他任上的预算改善使他得到好评，所以没有人可以对此加以指责。毕竟，在他执政期间，如果国家财政情况恶化，他也会倍受责难。

克林顿最初的预算活动并没有带来直接的政治收益，因为从 1993 年至 1995 年赤字一直保持在较高水平（虽然比一开始小），这也是因为总统将他的政治注意力转移到存在争议的全民健康保险计划上。这个计划从 1993 年秋开始引进，到 1994 年夏最终破产，一直吸引着华盛顿的注意力；它的失败为共和党在 1994 年中期选举中成功夺取两院创造了条件。共和党在 40 年里第一次控制了国会，并且通过批准削减税收和福利项目的预算来与总统对抗。当克林顿否决了这项法案时，共和党就在年度拨款方面与克林顿进行对抗，促成了联邦政府的两次部分关闭，这延长了克林顿的总统任期，并对当前的预算产生了深远的影响。

历史学家将争辩谁应该为部门关闭负责——克林顿，他否决了一项可以使政府办公室保持开放的法案，或者国会中的共和党人，他们打算将主要的预算改革强加给一个不顺从的总统。但有一点毫无疑问，即共和党应该在公众意见的法庭上受到指责。克林顿的民意支持率剧增，并且在接下来的预算斗争中始终保持着很高的支持率。然而，共和党却在 1996 年和 1998 年选举中失去了众议院席位，他们与克林顿之间预算战争的策划者众议长纽特·金利奇从国会辞职。

随着克林顿政治运气的上升和国会中共和党人运气的变坏，总统和国会之间存在着大量的年度预算斗争。1996 年，克林顿成功窃取了共和党最中意的竞选主张——福利改革，并在这场斗争中获得改革的领导权，从而取得了全面胜利，以此结束了 1996 年的战争。1997 年，共和党通过协商达成了一份预计在 2002 年消灭赤字的协议，并认为他们是唯一可以平衡预算的政党，斗争以克林顿废除此项主张告终。在 1996 年和 1997 年，克林顿强迫国会为他的优先权提供了超过共和党领导人期望的数以亿计的拨款。在 1998 年中期选举前的几周里，很多相同的事情发生，即他迫使共和党同意一个为他的项目增加几十亿美元拨款的综合拨款法案。在这些事件中，共和党为他们的优先权获得了更多的资金，但是，他们因为在争取选票上花费太多而备受指责，而克林顿却因为忙于国家的社会需求而受到赞许。作为克林顿胜利的终点，预算在 1998 年实现平衡，比在 1997 年预算中预计的提前了四年，从而给了克林顿鼓吹其非凡功绩的资本。

在 1999 年，虽然他无视选择性支出上限，并强迫国会中的共和党人提供了超过上限约 700 亿美元的资金，克林顿还是取得了另外一项成就，因为在教育这类国家优先权方面的支出再次获得声望，而同时共和党却因为为了把支出控制在上限以内不得不使用的预算手段而备受指责。确保克林顿取得成功的因素不仅仅是他的政治策略，更主要的是一个允许他花费更多资金，同时维持预算盈余的比较合作的经济。帮助克林顿成功的原因还在于尽管收入一直与 GDP 高度相关，但他却没有因为否决共和党通过的税收削减法案而受到惩罚。

预算平衡与不平衡

消灭赤字是美国历史上最高的预算成就之一。赤字在消失仅仅四年后又卷土重来，也是美国预算史上最大的倒退之一。

要解释赤字如何被消灭以及它们为什么又卷土重来，必须考察经济的表现，税法的变动，国防支出的趋势以及政客们被预算规则限制的程度。这些是当代预算总量的关键推动因素。如表 2－4 所示，所有这四种因素都推动赤字在 20 世纪 90 年代被消灭，及其在接下来的十年重现。这四种因素在同一时间内处于相反方向的事实导致了预算结果的巨大差异，接下来的段落会对每一种因素进行考察。

表 2－4 克林顿总统任期与乔治·W. 布什总统（第一个）任期预算总结果的主要驱动因素

驱动因素	克林顿总统任期：1993—2000 年	布什总统（第一个）任期：2001—2004 年
经济状况	克林顿总统任期内，实际 GDP 每年保持增长；当克林顿离任时，实际 GDP 比他上任时高出 1/3。但经济在他任期的最后几个月有所减弱。	在布什总统任期之初，经济增长缓慢，经济经历了一个短暂的不景气（2001 年 3 个季度的负增长），但在后几年得到恢复。
税收政策	克林顿上任时增加了税负；由于 1990 年第一位布什总统签署的增税法案，预算收入也得到提高。	布什以大规模减税开始其任期。更多的大规模减税在 2003 年通过。
国防支出	20 世纪 90 年代的开端是柏林墙的倒塌和冷战的结束。名义国防支出保持稳定，实际国防支出下降。	21 世纪的开端是“9.11”恐怖袭击、伊拉克战争和阿富汗战争。实际国防支出显著增长。
预算纪律	20 世纪 90 年代开始时通过了预算执行规则，限制了支出。对这些规则的服从在克林顿总统任期末被削弱，因为预算盈余的出现刺激国会增加支出。	预算执行规则经常被搁置，并在 2002 年到期。所有类别（国防、非国防选择性项目，强制性项目）的支出都有显著增长。

经济状况

每个预算都是经济绩效的人质。在国民产出下降，失业率上升时，总统和国会不可能平衡预算。预算收入对经济状况的变动高度敏感，对支出的敏感性相对较弱。但即使是经济表现的一个小小不足，都可能产生较大的预算影响。CBO 曾经估算，如果未来十年实际增长率比预期低 0.1 个百分点，2016 财年的预算赤字将比目前估计的水平高出 600 亿美元。

当赤字在 1992 年达到顶点时，美国正在摆脱从这个十年之初就开始的经济衰退。当预算在 1998 年实现平衡时，经济正在经历连续第 7 年的增长，在此期间，1300 万个就业机会被创造，平均通货膨胀低于 3%。预算从经济的成功中获益匪浅：随着公司和个人所得税的增加，政府收入不断攀升，随着福利项目申请者的减少，支出也在下降，银行业的危机被解除，卫生保健部门的通货膨胀放缓。

但是，只有良好的经济不足以完成预算意料之外的转向。如表 2－5 所示，根据增长率衡量，20 世纪 80 年代连续八年的扩张（从 1982 年里根时代经济衰退的结束到1990年布什时代经济不景气的开始）超过了90年代的扩张。80年代扩张时期的实际平均增长率每年大约是4.0%，但在90年代的繁荣时期，只有3.6%。两次扩张的结构有所不同，这也可以部分解释它们不同的收入影响。80年代的增长以一个较高的增长率开始，接着逐渐停止；而90年代的扩张以较低的增长率开始，随着扩张的持续而逐渐提高。90年代创造了更多的工作岗位，失业率也更低。对这两个十年进行公正的比较不能不考虑一个事实，即80年代的经济繁荣是在10年的“滞涨”之后发生的，而90年代的扩张是在经历了一段长时间的增长之后发生的，尽管这段增长期曾被1990—1991年经济的不景气短暂地中断过。

表2-5　1983—1990年和1992—1999年经济表现对比（按选定指数）

经济指数	1983—1990年	1992—1999年
平均实际GDP增长率[a]	4.0	3.6
平均年度城市失业率[b]	6.7	5.6
增加的工作总量（百万）	18.0	15.0
实际人均可支配收入累计增长百分比[a]	20.5	14.5
平均年度消费价格指数[b,c]	3.9	2.6
平均十年期国库券利率[b]	9.5	6.3
生产力累积增长百分比[d]	12.5	13.9

资料来源：*Economic Report of the President*，February 2000；Bureau of Economic Analysis；Bureau of Labor Statistics.

a. 根据1996年定值美元。

b. 按日历年平均值。

c. 对所有城市消费者。

d. 商业部门中所有人每小时产出。

收入政策

这两个十年之间最大的区别在于收入政策。20世纪90年代，国会通过，总统签署了两次大规模的增税，而在下一个十年，总统和国会则实施了两次大规模的减税。20世纪90年代的开端是一个赤字削减的一揽子计划，该计划组合了1800亿美元的预期收入增长（1991—1995年）和3000亿美元的支出削减（包括减少利息支付）。接下来是1993年（克林顿总统任期的第一年）的又一个赤字削减一揽子计划。该计划预计会在未来五年增加约2400亿美元的联邦收入。值得注意的是，这些数字是在赤字削减一揽子计划通过时所做的预测。它们来自第四章所描述的基线方法。实际收支的变化当然会偏离这些预测。

乔治·W. 布什总统在2001年用一个在未来11年内1.3万亿美元的减税计划开始了他的总统任期，并在2003年又实施了3500亿美元的削减。这些收入损失的规模可能会被低估，因为日落条款使某些减税措施看上去具有临时性（见第七章关于税收立法中日落条款的讨论）。不过，毫无疑问的是，税收政策的显著转变先把预算带回盈余，随后又让预算回到赤字。

收入政策的变动被经济环境的变化所强化。20世纪90年代增税之后是带来收入增长的经济繁荣。新世纪实施减税时，收入正受到经济衰退的反向影响。在克林顿执政时期，总收入从GDP的18%上升到超过20%。到2004年，这一比例又下降到略高于16%。虽然这些变动看上去不大，但它们确实规模庞大。因为对今天的经济来说，GDP一个百分点的变动对应的是超过1000亿美元的金额。图2-6根据联邦收入的年度变化描绘了经济和政策的混合影响。1993—2000年间，年度收入的增加令人瞩目，随后发生的年度收入下降也是如此。

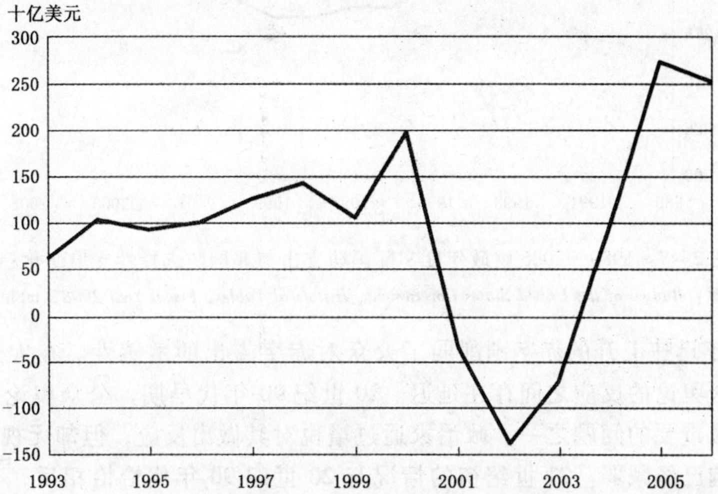

图2-6　1993—2006财政年度联邦收入年度变化

资料来源：Calculated from data in *Budget of the United States Government, Historical Tables, Fiscal Year 2008*, table 1.1, pp. 21-22.

国防支出

20世纪90年代的开端是苏联解体和冷战的结束。下一个十年的开端则是针对美国的"9.11"恐怖袭击和伊拉克战争。在20世纪90年代的大部分时间里，曾在80年代后半期趋于平稳的国防支出开始减少，按实值计算和根据其在预算总支出中所占比例来看均是如此。图2-7说明实际国防支出在1989年达到顶点，约为4000亿美元，但十年之后，这一数字少于2850亿美元。实际国防支出随后走上了相反的轨道，在2005财年超过了4000亿美元。国防支出在总支出中所占比例从28%（1987年）下降到16%（1999），随后又重获它失去的部分预算份额，在2005年占到总支出的20%。

也许国防支出波动中最特别的一点在于这些起伏与税收政策的变动并不一致。直到20世纪90年代，所得税的变化通常符合国防支出的趋势。所得税税率在战争期间上升，在战后又降低。如果这种模式能在近期实行，所得税税率应该在20世纪90年代下降，并在之后十年上升。而事实上，1990年最高的个人所得税税率为28%，在这个十年结束时为39.6%，2004年则为35%。对这种异常现象最可能的解释是，20世纪90年代早期的赤字增加了人们对政府财务状况的担心，而1998—

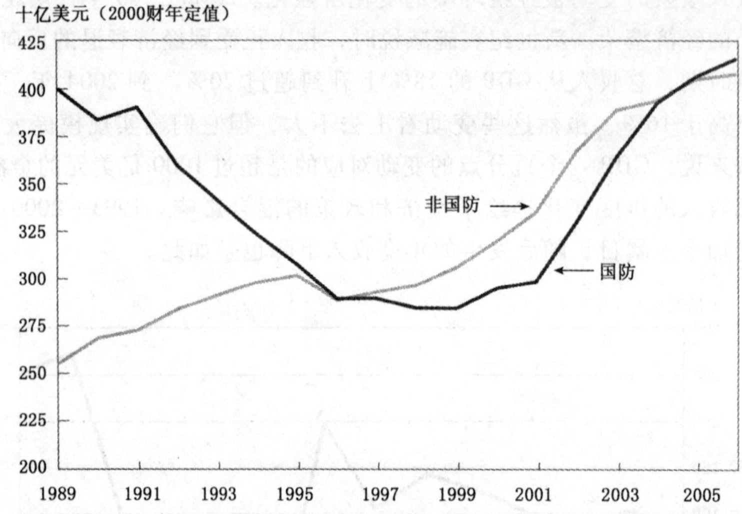

图 2－7　1989—2006 财政年度实际国防支出与非国防选择性支出变化趋势

资料来源：*Budget of the United States Government, Historical Tables, Fiscal Year 2008*, table 8.2, p.134.

2001 年迅速上升的赤字则削弱了公众对赤字支出的敏感性。在大规模赤字的出现和公众舆论的反应之间存在延迟。20 世纪 90 年代早期，公众舆论把赤字选为这个国家最重要的问题之一，政治家通过增税对其做出反应，但却无视赤字对国家经济的影响已经减弱。21 世纪初的情况与 20 世纪 90 年代恰恰相反，公众盼望赤字减少，而总统不顾对国家安全的新威胁，推动减税在国会获得通过。这个解释说明如果高额赤字在未来持续，税率将会有所上升。

预算纪律

公众舆论的转移通过减弱或增加白宫与国会的预算纪律而对预算产生影响。20 世纪 90 年代以预算执行法案（BEA）为开端，该法案设置了选择性支出的年度限额，建立量入为出规则，即要求会增加赤字的权利性项目和收入立法的变动必须通过其他强制性支出的削减和收入的增加抵消。很可能，即使没有 BEA 规则，大规模赤字也会阻止国会与总统设立新的权利性项目，并促使他们在旧的权利性项目中寻求结余。但 BEA 运用规则，通过帮助那些希望限制联邦支出持续增长的政治家，确实在有的年份发挥了作用，成功抵制了对预算的新要求。

BEA（将在第四章详述）在 1991 财年到 2002 财年间生效。它对选择性支出的影响在 12 年间不断变化。起初，它没有限制国内支出，因为作为对接受上限的交换，拨款委员会获得了大规模的预先增长。在克林顿总统任期的大部分时间内，BEA 规则都非常有效。如图 2－7 所示，实际选择性国内支出在 1998 年比 1994 年更低。然而，到了 2003 年，这部分支出增加了 30% 以上，因为大规模盈余的到来破坏了预算纪律，释放了白宫和国会的支出需求。这些增长中的大部分发生在乔治·W. 布什总统的第一个任期之内，说明当预算形势发生变化时，一个保守的共和党人能比自由的民主党人花得更多。总之，预算规则有效，但只是在上限设置较高之后和盈余放松了预算纪律之前。

本节讨论的四个因素的影响在表 2-6 中进行了总结。该表根据 CBO 数据制作，说明 2001 年预测的未来十年 5.6 万亿美元的盈余如何在短短几年后就变成了数万亿美元的赤字。有的观察家认为这种不同寻常的波动是预算估测不可靠的证据；而一个更为重要的教训是，预算受到外部环境和政策选择的影响。经济确实有影响，但盈余消失大部分要归咎于总统和国会做出的决策。

表 2-6　预计中的预算盈余怎么了？[a]　单位：十亿美元

年份	2002	2003	2004	2005	2006	2007	2008	2009	2010	2011	2002—2011
CBO 预计盈余（2001 年 1 月）	313	369	397	433	505	573	635	710	796	889	5609
预计收入的减少											
实施的减税	-75	-179	-265	-212	-178	-166	-167	-166	-180	-110	-1698
收入再估算	-308	-381	-308	-301	-299	-292	-280	-279	-285	-276	-3009
更高的预计支出											
更多拨款	50	120	171	188	151	138	137	140	144	148	1388
强制性支出的增加	21	51	49	49	69	73	79	84	86	87	649
支出再估算	25	15	-3	-10	-20	-25	-40	-50	-64	-58	-230
净利息	-9	-10	19	61	103	189	247	299	354	406	2679
对盈余的总影响	-471	-737	-809	-801	-800	-834	-870	-918	-986	-967	-8193
CBO 预计的赤字（2005 年 1 月）	-158	-378	-412	-368	-295	-261	-235	-207	-189	-80	-2583

资料来源：Congressional Budget Office（unpublished database）.

a. 负的收入数字和正的支出数字代表预计盈余的减少。

自我修正是否足够

从大规模赤字到盈余，再回到赤字的转变说明预算本质上是一个自我修正的过程。在这个过程中政治压力（要么逃避对不良预算结果的指责，要么做出正确的选择）恢复平衡。自我修正不仅包括收入和支出政策的变化，还包括用于重新平衡预算结果的立法和程序变化，如预算执行法案。自我修正的假设使人警惕预算中的重大变化会剥夺选举出来的多数派的力量，为他们的政治意愿服务。不仅如此，还要注意的是，自我修正有缺陷且成本高昂，对预算不同特征的修正可能会改善预算结果或减少政治摩擦。

有时，预算看上去根本无关管制与自我修正。就像 20 世纪 80 年代以及 90 年代早期那样，当时联邦支出每年超过收入上千亿美元。赤字看上去如此顽强，以致于事实上所有的观察家（包括本书作者）都看不到预算重返平衡的希望。但平衡预算确实实现了，而在本书上一版完成的时候，华盛顿的政治家们正在就新千年第一个十年内出现超过 3 万亿美元的盈余展开斗争。使赤字规模扩大的政策失误之后是恢复了预算平衡的政策修正，随后又是新的政策失误，导致新千年早期创纪录的赤字。在预算命运中变化不会终结。在预算中，自我修正同时在两个方向上工作，消灭大规模赤字和大规模盈余。政治家们会在感到赤字规模过大时采取行动，并在盈余看上去过大时花更多的钱，征更少的税。

这些调整既不是自发的，也不是没有痛苦的。它们不会遵循一个固定的套路，而政策和经济环境的变动可能会减缓或加速调整。通往自我修正的道路上有微妙的转折，调整的时机和完成的方式都不可预知。以 20 世纪 90 年代为例，这个十年以分裂的政府开始，以分裂的政府终结。在这个十年的早期，赤字逼近 3000 亿美元，预算专家抱怨分裂的政府要对糟糕的预算结果负责。民主党人和共和党人则更愿意互相指责，而不是做出艰难的抉择来减少赤字。但在这个十年结束时，盈余出现，专家们又把它归功于分裂的政府，解释说这样可以同时阻止共和党人减税的企图和民主党人增加支出的提案。

所有人都说，两个政党间的分裂一直是美国近代政治历史的关键特征，但让选举官员同时憎恶大规模赤字和盈余的政治动机最终获胜，并超越了华盛顿的政党界限。联邦税收在 1990 年被提高，其时共和党人控制白宫，而民主党人控制国会；这些税收在 1993 年又被提高，此时民主党人同时控制着立法和行政机构。为什么税收被提高？答案因两位签署增收法案的总统而略有不同。国会民主党人和总统助手向布什施加压力，总统知道，税收必须增加以避免扣押的风险。克林顿则主动提议增税；他认识到，如果不采取措施减少赤字，长期赤字将困扰他的总统任期。尽管动机不同，两位总统都使预算走上了自我修正的道路。

自我修正并不意味着收入和支出会保持稳定，不管是以名义和实际值衡量，还是相对于国内生产总值。这些总量在过去的六十年里急剧增长；它们几乎不可能再退回到新政前或第二次世界大战之前，甚至 20 世纪 50 年代之前的水平。政府的规模反映了对美国人想要的项目和愿意支付的金钱的政治考量。自我修正的是收入和支出之间的平衡，不是政府的绝对或相对规模。政府的规模是一个政治问题，由民主选举的领导人决定，而不是由预先设定的收入或支出限额决定。

有的观察家声称，收入和支出的急剧增长是因为民主政治的内在不平衡，而政府规模的扩张是因为支出的福利被集中到相对较少的受益人当中，而成本却被整个纳税人群体分担。因此，比起反对高税率的纳税人，福利项目受益人更有动机去支持高额支出。但如果预算如此明显地偏向高支出，为什么 21 世纪第一个十年里联邦支出在美国经济中占的份额比二十年前小？为什么美国政府支出在 GDP 中所占比重比其他发达国家都更小？假设没有针对政府支出和征税的政治压力将是错误的。如果没有这样的压力，政治家们将能够轻易地逃避宪法或法律对他们征税和支出权力的限制。

在预算中规则十分重要，因为它们使政治家采取修正行动变得更难或更容易。自 1975 年国会预算过程建立以来，其中做出的大部分规则变动都鼓励自我修正。这些规则包括延长预算决议的时间框架、协调过程、选择性支出上限、对收入和直接支出立法的量入为出规则限制、基线以及对预算行为的评估。但并非所有改革都获得了成功。失败的 GRH 法案提供了充足的证据证明，政治家们有时会用记账策略来替代真正的调整。

自我修正可能是痛苦的，特别是因政策失误导致预算不稳定，必须进行调整的时候。20 世纪 90 年代从赤字到盈余的转变花费了两个十年以及总统和国会之间、还有国会内部数不胜数的预算斗争。回顾这段漫长的斗争，可能会使人好奇，预算机制的变动以及参与者行为的变化能否缓和这一过程，阻止严重的政策失误，减少分裂与伤害，加速修正。从赤字到盈余的修正是一个很难应付的过程，几乎所有的参战者均受到伤害。政治信任与能力受到打击，预算过程也同样如此。如果在一开始就能够避免赤字的出现，为什么还要经历多年的赤字与冲突？更重要的是，为什么不实行更严格的预算控制，进而阻止数万亿美元债务的积累？

预算战争的代价还有其他标志。自 20 世纪 80 年代早期，立法辩论和项目政策主要由其预算影响而非实际内容决定。预算冲突使许多国会授权过程失效，导致主要立法被塞入综合预算协调和拨款草案。最近几十年来，预算已经变成政治斗争边缘的游戏，在总统与国会领导人高层峰会的最后时刻解决关键分歧。这些协商破坏了国会正常的委员会程序。条款经常在没有事先立法审议的情况下，在综合法案中被通过。党派间的互相指责，以及有时为了实现预算和平而使用的谎言和伎俩付出了沉重的代价，如公众对国家政治机构信任与信心的逐渐减少。几十年预算战争的伤疤促使人们得出结论：一定还有更好的办法。

平衡预算修正案

预算是一个适应的过程，它不断重塑自己以应对财政和政治环境的变化。但这个适应的过程是难以应付的和痛苦的。本节考察的是要求平衡预算的提议。

在 20 世纪 80 年代和 90 年代的高额赤字时代，不断有人提出要制定宪法修正案，在修正案中要求平衡预算。1995 年，众议员以 300 票对 132 票通过了一个平衡预算修正案，但参议院以一票之差没有获得通过该宪法修正案所必需的 2/3 多数（该修正案文本见附录 2－2）。当预算实现平衡后，要求修正宪法的呼声减弱，但当赤字重现后，修正宪法的努力也再次出现。不过，制定预算平衡修正案的最佳时机可能是预算出现盈余且无需采取极端手段之时，而非赤字猖獗且平衡无望的时候。

附录 2－2　要求平衡预算的宪法修正案提议

第 1 节，任何财年的总支出不得超过当年的总收入，除非国会各院所有成员中的 3/5 以实名投票方式依法同意一个支出超过收入的具体额度。

第 2 节，不得增加公众持有的美国债务上限，除非国会各院所有成员中的 3/5 以实名投票方式依法同意这一增加。

第 3 节，在每个财政年度之前，总统需向国会提交当年美国政府预算提案，其中总支出不得超过总收入。

第 4 节，任何增加收入的法案不得通过成为法律，除非国会各院所有成员以实名投票方式通过。

第5节，当宣战生效时，国会可为任一财政年度搁置本条中的条款。

当美国卷入会对国家安全造成迫近和严重军事威胁的军事冲突并通过一个联合决议宣布时（该决议经由国会每一院全体成员中的多数通过而成为法律），本章中的条款可为任一财年搁置。

第6节，国会应当通过适当的立法规定并实施这一条款，该条款可建立在支出和收入预计的基础之上。

第7节，总收入应该包括美国政府的所有收入，除了那些来自借款的收入。总支出应该包括美国政府的所有支出，除了那些偿还债务本金的部分。

第8节，本条款应自2002财年或本法案通过后的第二个财政年度起生效，视较晚者而定。

资料来源：Balanced Budget Amendment, H. J. Res. 1, 104th Cong., 1st sess., 1995.

平衡预算修正案有几种形式。有的只要求在作出预算决定时计划实现平衡；其他的可能要求更多，需要事实平衡。大部分版本都会在战争期间搁置平衡要求，或者通过参众两院的绝对多数（如3/5的票数）来搁置。不去考虑文本上的差异，本节进行的讨论将关注两个最重要的问题：自我修正的不足是否足以证明宪法限制的正当性？一个有关预算程序和结果的预算平衡规则可能会产生什么影响？

修正宪法的例子建立在不论规模与起因如何，所有赤字都是不负责任的，以及法定补救无效的信念基础之上。一个宪法规则将不会区分赤字的规模，或区分赤字是来源于经济周期性的疲软还是收入与支出的结构性不平衡。

纵观美国历史，认为赤字对国家福利不利的观点一直占据上风。这里主要担心的是，当支出超过收入，政府将让未来几代人承受更多的负担，而这些人在决策时没有发言权，也无法从现在的支出中直接获益。有时，争论会涉及道德问题，似乎政府用借来的资金运营是完全错误的。这种道德立场在战争期间会有所放松，因为支持军事力量被认为比平衡账簿更重要。而且它已经被经济衰退时期的事件所超越，收入的减少迫使政府借债。

改革者需要对施加给民主上多数的宪法限制保持警惕。法律补救措施有很多好处，例如20世纪90年代预算执行规则的成功实施所证明的。法定规则可以更容易地区分赤字的规模，区分不平衡是来源于周期性混乱还是结构性问题，区分不平衡是临时的还是持久的，区分不平衡是基于有意的误算还是因为总统与国会在制定预算时无法预见的情况。随着经验的增加和政治家开始知道何种规则能够发挥作用，法定要求可以进行微调。

即使平衡预算修正案被写入宪法，它的执行也要依靠那些定义预算范围、建立收支和其他交易的会计规则、规定如何应对计划外赤字的立法。立法实施将不得不考虑错误的估测，变化的经济环境，紧急状况以及其他预算通过时无法预见的事件。这要求制定规则以确定哪些主体属于联邦并包括在预算之中，哪些主体并非如此。并且它将不得不应付对资本投资、贷款、资产出售及其他几种类型交易的预算处理。

多年来，经济在确定预算是否平衡时有最终的发言权。在经济疲软从较缓到严重的时期，宪法在面对经济现实时将不得不退避三舍的可能性很大。实际上，大部分平衡预算规则允许国会在紧急情况下搁置平衡预算要求。但搁置不会自动发生，它需要得到国会多数（或绝对多数）的支持，这也就留下了另一种可能，即搁置不会被批准，而平衡预算的目标也不会实现。如果平衡预算法案可能被经济上的必要性忽视，它可能也会被政治利益所忽视。

宪法修正案最麻烦的一个方面也许在于它可能导致政府瘫痪。当国会既没有获得足够多数以通过平衡预算，也没有得到绝对多数以批准赤字支出时，规则仍然可以让政府继续运作。而平衡预算修正案侵害的是一个基本的民主原则，即由选举官员制定政策。在我看来，如果政治过程产生了不必要的赤字，应该通过法定的补救方法来寻求校正。

小　结

预算的历史体现了总统和国会之间关系的周期性变动。有时，政府的一个分支居主导地位；其他时候情况则恰好相反。宪法把控制钱包的权力赋予国会，旨在限制行政权力。但在20世纪早期，国会通过扩大总统的职责来限制联邦支出。当许多人认为国会完全控制了预算过程时，对游戏规则的调整又重塑了政府的角色。虽然并不存在永久性的权力平衡，每个分支都将继续重新定位自身以扩展它的影响。

联邦预算曾经只是为公共事业项目、国防、以及部门运营提供资金。虽然不是强制性的，但预算的标准应该位于或接近平衡点。当政府规模较小，且几乎没有成本很高的义务责任时，这个标准是可能实现的。今天，联邦支出中的大部分被用于个人支付。随着这些支付和利息开支迅速增长并吸收了预算资源的2/3，要避免持续的和平时期赤字看上去是不可能的。对于采取何种手段使联邦财政状况重新恢复秩序，存在持续的冲突。

20世纪80年代和90年代，新的规则和法律被加入以指导聚焦于一个前提的预算政治、过程与实践——政治家应该在作出财政选择时受到限制。政治家们有时会靠自己作出一些艰难的决定（例如，对高收入者增税，限制选择性支出），以帮助预算朝盈余方向前进。在一个出人意料的短时期内，赤字被消灭，但这种转向并未持续，也没有结束预算战争。在本书写作时，已经有预测指出，新世纪第一个十年里，将出现数万亿美元的赤字。对这些预测，惟一可以确定的是，它们将与实际情况有很大的偏差。也许政府会在未来很多年里保持赤字。如果真是这样，总统和国会之间永无止境的预算战争将会进入一个新阶段。

第三章

预算变动的边界

在使用和理解任何预算时的一个基本步骤是理解数字的意义是什么。在联邦预算中，并非收到的每1美元都被算作收入，也并非付出的每1美元都被算作支出。说政府每年征收或支出了3万亿美元意味着这些是根据现行预算规则报告的官方总额。但是，几种类型的数字在联邦预算中同时存在。下一章将解释预算中的政治计算和规则。本章解释建基于会计准则的技术数字，即各种交易如何确认和记录，如何界定预算的边界，描述哪些交易包括在预算中，哪些交易不包括。

收入、预算资源以及支出

在计算收入和支出方面，联邦政府有各种各样的会计准则和惯例。这些实践影响着预算中记录的数量，以及参与者的行为和他们的产出。一些核心概念包括收入、预算授权和其他预算资源以及支出。术语“收入”与“财政收入”同义，行政部门偏好前者，国会偏好后者。

收入

政府收到的大多数资金被记录为收入，有一部分不是。基本的规则是，政府通过统治权筹措的资金（比如征税或管制的权力）被计做预算收入；政府通过从事商业性活动筹措的收入被计做补偿性收入。借款不计入收入，并且归还债务本金不计做支出。约3万亿美元的年度收入中大部分来自于所得税和社会保障税，而关税、罚款、以及强制性使用费也包括在内。商业性收入，例如出售资产和某些使用费，并不出现在预算的收入方，但却通常用于抵消筹措资金的部门或账户的支出。这些补偿性收入减少了总预算支出，但却并未增加收入。政府所有企业的收入抵消了它们的支出，净额被记录为收入或支出。

预算授权和支出

联邦政府有一个以责任为基础的预算系统。决策和控制的关键与责任的授予或发生有关，而非年度中的支出拨付。当国会拨付资金时，它给予部门预算授权，使其开始承担责任。国会还可以通过法律进行预算授权，使部门能够开始承担责任。当部门签订合同、执行一个购买指令、或采取任何使政府承诺支出的行动时，责任便发生了。有的责任，例如因贷款担保产生的责任（本章后面会谈到），可能会发生违约或其他问题。根据法律，或有负债被排除在预算之外，但贷款担保除外。在这些情况下，贷款的预计补贴成本被包括在预算授权的估算中。

某一特定财年首次用于某责任的资金被算作该年预算中的新预算授权。在这一规则下，当国会为某一未来财年制定预先拨款时，新预算授权会被计入该笔资金首次被用于履行责任的年度。例如，如果国会在2008财年的拨款法案中为2009财年做出了10亿美元的预先拨款，这笔资金不计为2008财年预算授权的一部分。在第四章中讨论的这项规则使国会能够在支出限制以内拨款更多。

有的项目，特别是那些由信托基金提供资金的项目，拥有永久性的预算授权，即每年都可在没有国会立法的情况下生效。根据法律，社会保险基金（以及大多数其他信托基金）中的所有资金都可用于履行责任，但只有在某一财政年度中可用的那笔资金才被计为新预算授权。

行政和国会预算文件有时谈到“预算资源”，这个术语包括新预算授权以及在某个基金或账户中可用的所有其他资金。这些资源可能来自转移支付、存放在账户中的使用费、来自上一年未指定用途的结余、以及其他资源。

当资金以支票、电子转账、或现金等形式支出时，就产生了支出。预算盈余或赤字是现金收入和支出之间的差额部分。（一小部分与直接或担保贷款和某些其他交易有关的支出，在现金制基础上不予计算。）尽管支出通常比预算授权得到更多公众关注，但后者对于管理政府财政而言更为重要。国会并不直接控制总支出或那些联邦部门的支出；毋宁说它是通过提供预算授权来管理支出的。每年，支出主要来自新的预算授权，但也有一部分来自以前年度预算授权的延续。例如，2008财年预计当年的支出总计为29020亿美元。预计这一数量的2/3（23130亿美元）来自新预算授权；其余部分（5890亿美元）来自以前年度通过的预算授权。

为了弄清预算授权与支出之间的关系，把它们看作类似于存款和提款权之间的关系可能是有用的。当国会提供预算授权时，它将财务资源存入某个部门的账户。在该部门承担责任时，它便对这些资源的使用负责，而这些资源也不能再用于其他任何目的。最后，当部门要对其责任进行支付时，再从该账户中提取资源。

预算授权和支出之间的关系在联邦项目之间差别很大，这要视预算资源的支付率而定。在支付率高的项目上，大部分新的预算授权在提供资金的年度即被支付。工资和其他运营费用的预算授权通常支出率较高；提供给建设或政府采购项目的资源支出率相对较低。例如，超过95%的军事方面的新预算授权在年度内支付，但分配给造船的资金只有不到5%在其被提供的年度内支付。支出率被用于强制执行选择性支出上限（在第四章中讨论），该上限同时限制了新预算授权和支出。

为了估计来自拨款的支出数量，国会预算局使用支出率（基于历史趋势）来计算年度内将会被用于支付的新资金。由于以支出率为基础，当前或未来财政年度预算中的支出（仅有部分例外）只是对将要产生的支付的估测。实际支出要到财政年度结束后才知道。

在有的项目中，预算授权与支出之间的数量关系为财政趋势提供了一个有用的线索。当新的预算授权比支出上升得快时，增加的资源要超过使用的资源，因而，未来的项目活动可能会扩展。然而，当新预算授权持平或下降，而支出在上升时，未来的项目活动就可能会下降，因为资源的使用要快于获得补充的数量（这种模式不适用于几乎将其所有资源都用于工资和其他运营支出的信托基金或项目）。图3－1描述了国防支出从1977年到2006年的趋势。注意在这一时期的开始，预算授权和支出几乎同步增长。然而，在80年代初里根执政的早期，预算授权上升得很快，它与预算支出之间的差距扩大。在那个十年中的后一个五年，相反的情况出现了：国防预算授权水平下降，而支出却上升，缩短了它们之间的差距。在90年代，国防预算授权和支出在名义上保持稳定，并且它们之间的差距很小。然而，在“9.11”恐怖袭击后，它们之间的差距再度扩大，因为用于伊拉克和阿富汗军事行动的新预算授权上升了。

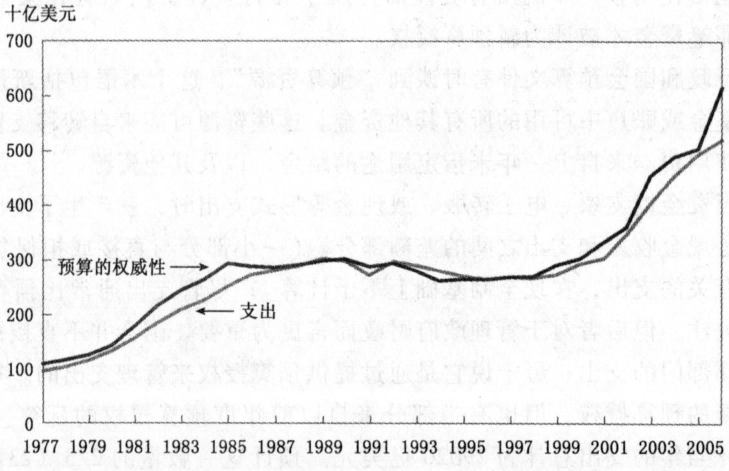

图3－1　1977—2006财政年度国防预算授权与支出

资料来源：*Budget of the United States Government*, *Historical Tables*, *Fiscal Year 2008*, table 3.1, pp. 46－54, and table 5.1, pp. 85－99.

预算的范围

2008财年的总统预算预计联邦政府当年将支出29020亿美元；它还预计政府当年将仅支出24390亿美元——少4630亿美元。这两个预测都是准确的。同一年包括两个不同的支出预测并非错误。第一个预测是在一个综合的基础上计算得出；第二个仅计算预算内支出。预算收入和支出的多少要视包括什么和不包括什么而定。根据某些指标得出的总额要比综合预算中所报告的高得多。

1968年，政府采纳了综合预算原则，计算所有联邦部门的收入和支出。由总统预算概念委员会阐明的这一原则代替了将信托基金剔除在预算之外的老方法。该委员会成功地说明综合预算可以为财政交易提供一幅更为完整的画卷，有利于预算作为经济政策工具的应用，同时使政府能够在资金来源不同的项目间建立优先级。

综合预算包括一般性基金和信托基金，经常支出和资本支出，国有企业的交易，以及政府发行或担保的债务。尽管范围广泛，但预算还是无法对政府的收入和支出进行真正综合性的反映。某些基金和交易，例如国有企业和各种政府保险项目未来的成本都不包括在内。而另一些人则认为预算包括的范围太广——自收自支的信托基金如社会保险和高速公路信托基金，不应包括在预算之内。

预算范围不仅仅是一个如何划分收入和支出的问题。它影响着报告出的预算赤字和盈余规模，它涉及到针对社会保险和其他信托基金预算处理的冲突。有人认为预算会计规则影响了政府在资本改进项目上的投入，因为它将这些投资视同于日常运作支出；另一些人则认为该规则未能认识到当前预算承诺在未来的成本，例如在联邦雇员退休时为其支付养老金的责任。

预算中的基金

预算包括四类主要的基金：一般、特殊、信托、以及循环。一般基金并未在法律上规定特定用途；因此在缴税和服务提供方面并没有直接联系。几乎所有的个人和公司所得税、以及部分销售税和使用费均被存入一般性基金。国防、公共债务利息、大多数联邦机构的运作费用、对州和地方政府的许多补贴、以及一些权利性支出均在一般性基金中支付。它大约占联邦收支的2/3。

与一般性基金相反，信托基金由法律规定用于某些特定用途。但是，正如国会可以建立这些基金，国会也可以废止这些基金，改变缴纳或支出的数量，改变该基金资产的用途。例如，收入分享信托基金（由一般基金提供资金）在20世纪80年代被终止。某些高速公路信托基金的资金已经被转移到公共交通项目。在某些年份，联邦汽油税的一部分被放入一般性基金，而在其他年份，所有的汽油税收入都进入高速公路信托基金。联邦政府不承担代表那些为基金付款或从基金中获益的人的利益管理信托基金的信托责任。唯一一个重要的例外是印第安部落拥有的信托基金，联邦政府为了他们的利益进行管理。考虑到印第安部落信托基金的特殊地位，管理与预算局从2000财年开始将它们从预算中剔除。

如果联邦政府能够单方面处置信托基金，为什么还要建立它们？一般基金中的资金与信托基金中的钱到底有什么区别？这些问题的答案更多存在于政治而非法律领域。政治家可能会在几个方面偏好信托基金：当资金被规定用于某一特定目的时，征税更加容易。信托基金可能在竞争稀缺的预算资源时有利，并且，拥有一项信托基金可为资金用于预期目的提供一定的保障。信托基金在一定意义上比不上合同承诺，但却比一个空洞的姿态强得多。尽管信托基金有时会被挪用，但在绝大多数情况下，资金被用于指定用途。

尽管信托基金并非不可调整，但用于它们的法定收入确实会影响预算决策。这些基金会形成比较强烈的预期效果，它们在某些情况下类似于授权支出，资金只能被用于指定用途。不仅如此，当收入被置于信托基金中时，有意的受益人能够更容易地监控政府支出，因而反对资金用于其他方面。但一个信托基金只有在其受益人强大时才是安全的。当受益人强有力时，政府可能不愿意冒险承担剥夺信托基金的政治成本。当受益人力量比较薄弱时，通常很少存在这样的风险。由于有5千万美国人每月从社会保险中得到支付，并且有超过 1 亿的劳动者预计会在未来得益，社会保险在政治上是敏感的。它在预算之外有自己的预算执行规则，不需要遵循协调过程。相反，收入分享基金缺乏自己的收入来源，为州和地方政府而非个人或家庭提供支付。在国会想把钱用于其他项目时，其支持者因过于软弱而无法阻止。

信托基金是预算争论中反复出现的主题。其中一个议题是这些基金是否应包括在预算中。然而，社会保险在预算外的状态使其被排除在预算总额的计算之外。尽管如此，大部分有关预算的官方和媒体报告一直把社会保险信托基金计入其中，包括其他预算外机构如邮政局。某些批评的观点认为，通过将社会保险和其他信托基金包括在综合预算中，联邦政府可以用信托基金上的盈余支持其一般性的运作。长期的实践是，政府借用所有信托基金上的盈余，并且按通行利率支付到期债务。信托基金在这个问题上没有选择，它们必须将其盈余借给政府。这些盈余一度相对较小，但自 80 年代开始，它们从 2000 亿美元急速上升到 3 万亿美元，主要是由于社会保险结余的积累。在 2006 财政年度，政府在各类信托基金的利息上支付了约 1700 亿美元。

有的人认为这只是账务上的处理，使信托基金能够赚取利息以维持平衡。另一些人则认为在预算和信托基金之间应当保持一定的距离。他们认为对信托基金的管理应是为了获取市场回报率（似乎比国库券赚得多）并且合并信托基金和一般基金掩盖了联邦基金的真实状况。这个问题的解决方案似乎与涉及社会保险的未来决策有关（这个问题在本章的后面还要讨论，与预算盈余和赤字的预计有关，在最后一章也会讨论）。

专用基金兼具一般基金和信托基金的特征。大多数专用基金，例如水土保持基金和国家珍稀野生动物基金，由使用费和其他指定用途的收入提供资金。尽管它们被分别记录，但专用基金和一般基金被共同归在“联邦基金”的标签之下。专用基金之间的资金转移比信托基金更普遍。

最后一类是循环基金。多数循环基金履行商业性活动，出售货品和服务，并且利用收入维持它们的运转。循环基金在净额基础上记入预算——收入减支出。因此，如果某个循环基金有 10 亿美元的收入和 12 亿美元的支出，综合预算上将记作 2 亿美元的支出。

政府所有或主办的企业

联邦政府拥有并运作各种产业，包括美国邮政局、政府国家抵押协会以及退休金担保公司。所有政府完全或部分所有的公司在净额基础上记入预算——从收入中减去费用以体现其对预算的净影响。例如，博纳维尔电业管理局在太平洋西北岸制造和出售水电，它在 2006 财政年度的费用是 24 亿美元，均由收入来抵消。

预算中包括针对大多数政府所有企业的特定结算表，包括一份有关收入和支出的结算表，以及一张资产负债表。由于这些结算表建立在企业会计准则的基础之上，与联邦机构提交的财政数据不同，无法与常规的表格进行合并。

与政府所有的企业不同，政府建立而非所有的企业不包括在预算中，因为它们被认为是私营企业。在这些政府主办的企业（GSEs）中政府没有任何股份，它们的资金主要来源于私人。最大的政府主办企业如联邦国家抵押协会（房利美）和联邦住宅贷款抵押公司（房地美）从事信贷活动，为农业、置业安居、学生贷款、以及其他活动提供资金。

尽管 GSEs 服务于公共目标，并且从政府主办中获益（它们可以以非常优惠的利率借款，并且有的可享有特殊的税收优惠），但总统和国会均不审查它们的财务。GSEs 的总资产和负债达数万亿美元，并且它们的年度借款超过 1 万亿美元。尽管 GSEs 自我融资，但有的 GSE 在国库有一个信贷的应急通道，并且大多数都有政府提供无条件担保的责任。GSEs 的财务报表在预算附录中公开，但不包括在总额中。

几个最大的 GSEs 在 2008 财年中的报表是空白的，它们未包括任何财务数据，因为一些受影响的机构在会计上违规操作，它们必须重新评估其前几年的财务活动。财务上的虚报高达数十亿美元，这引发了华盛顿对某些 GSEs 管理的关注。在加强联邦监管和限制某些 GSE 能够从事的交易数量方面施加了压力。有人担心如果某些 GSEs 遇到困难，联邦政府的财务信息会被大量披露出来，还有人担心高度依赖于资产（主要指房屋）可获性的部门可能会受到 GSEs 不良管理的影响。

直接和担保贷款

政府参与两类贷款交易：它直接借钱给借款人，以及为其他借款提供担保。1990 年联邦信贷改革法案调整了对这两类借款的预算处理，从现金制基础（付款被记录为支出）转向一个新系统，将这些贷款预期的补贴成本列为支出。

这一体系需要为基金编制预算并拨款，为贷款的预期补贴成本提供资金。1990 年法案中的补贴被定义为，“以净现值基础计算的政府直接贷款或贷款担保的预计长期成本，不包括管理成本。”净现值通过对预计未来现金流（政府的支付以及对它的归还）的贴现来计算。通常，只有在国会已经拨出资金支付补贴成本时，才能够负债或担保。

估计这一成本是一个复杂的工作，每个信贷账户每年都要做一次。被补贴的贷款部分（政府的成本）和没有补贴的贷款部分（将被归还、弥补、或未拖欠的部分）所适用的程序不同。在直接贷款的例子里，补贴成本可能源于借款者的拖欠或低于市场的利率。在贷款担保的例子里，补贴成本可能是因为拖欠。

针对这些贷款的预算需要三类账户：项目账户为贷款的补贴成本和相应的管理支出接收拨款，财务账户为直接贷款和担保贷款处理所有的现金流，结算账户管理来自 1992 年以前贷款的现金流。表 3－1 解释了这些账户的目的和预算情况。

尽管 1990 年法案规则复杂并包括有关拖欠、弥补以及支付数量和时间上的假设，对信贷预算体系而言，还是存在一个政治维度的。通过从现收现付制转移到补贴成本，信贷改革使得直接贷款对预算制定者而言较廉价，而担保贷款则更昂贵。过去，对直接贷款支付的全部金额在预算上被视为支出。现在只有补贴部分在预算中显示为支出。对于担保贷款而言，旧系统只有在拖欠发生且政府根据其责任做出补偿时，才记为支出。现在，针对拖欠的预计支出在预算中也被记为支出。2006 财年，联邦政府发放了 580 亿美元的直接贷款，并且承诺了 2810 亿美元的新贷款担保。为了弥补这些交易的补贴成本，国会为直接贷款拨款80亿美元，为贷款担保补贴240亿美元。由于联邦政府在其贷款组合上通常令人满意的表现，这个数字并不高。在2006财年，政府在直接贷款上仅损失了1%，由于拖欠，仅终止了1%的贷款担保。

表3－1　直接与担保贷款会计

描述	项目账户	财务账户	结算账户
账户目的	接受用于贷款补贴支出和相应管理支出的拨款	管理贷款和担保的所有现金流	管理1992财年前发生的贷款
预算地位	包括在预算授权与支出中的补贴成本	不包括在收入或支出中的融资手段	包括在预算中的现金收入与支出
现金流	把用于补贴支出的拨款转移到财务账户	接收来自项目账户的补贴 从财政部借来贷款中未获补贴的部分 向借款者筹措还款、使用费和利息 支付新的贷款，偿还到期贷款担保滞纳金，偿还财政部利息	筹措旧贷款的还款、利息和使用费支付旧贷款的滞纳金和利息补贴

预算测量

在预算中包括某些项目并排除另一些项目的事实提出了收入和支出总量如何测量的问题。报告盈余或赤字并不是唯一有效的衡量手段，媒体通常讨论的数字也不是。盈余或赤字通常被定义为政府筹措的总收入与其总支出之间的差别。但这不是测量联邦预算中交易的方式。官方的盈余或赤字记录预算中收入和支出之间的差别。结果是，预算的范围影响着被报告的预算结果。如果收入和支出预算并非在现金制基础上编制，盈余和赤字也不是。如果某些科目被排除在预算之外，它们也就被排除在总量之外。实际的总额可能要相差数百亿美元，这取决于预算中包括什么或排除什么。图3－2所示的替代性指标可被用于多种预算目的。

综合预算

综合预算衡量范围最广，即使它没有包括政府可能承担的所有支付。综合预算包括预算外机构、信托基金、以及资本和运行账户，但它不包括政府主办的企业或（除贷款外）当前预算承诺的未来成本。它不包括或有负债（除了贷款担保），例如那些政府承诺的银行存款和私人补贴保险，它也没有确认来自于社会保险、医疗、以及其他权利性项目的支出责任。联邦政府财政部对未来承诺的数量实际上是非常庞大的。据某些估计，政府提供给各类保险计划资金超过5万亿美元。我们将在第十章回到这个主题，以资产负债表的方法讨论联邦财政。

预算内总额

预算内总额与综合预算的区别在于它们不包括社会保险和邮政服务。这些机构

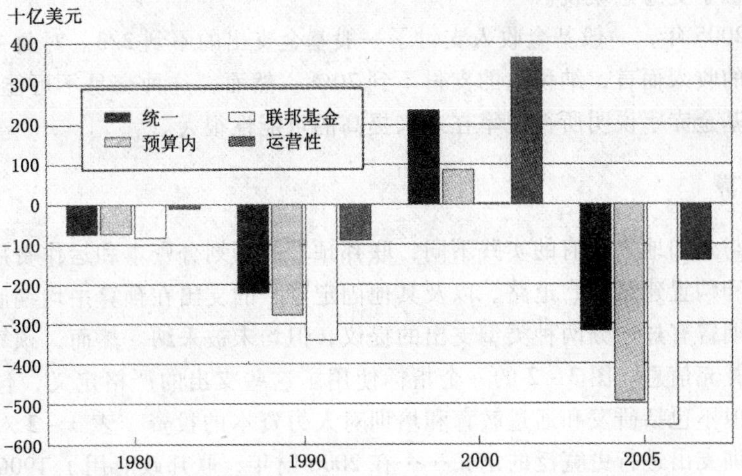

图 3-2　1980—2005 财政年度以十年为间隔的赤字与盈余替代性指标[a]

资料来源：*Budget of the United States Government*, *Historical Tables*, *Fiscal Year 2008*, table 1.1, pp. 21-22, table 1.4, pp. 27-28, and table 9.2, pp. 165-167.

a. 运营预算数没有根据折旧或其他贬值因素进行调整。

的预算外状态旨在避免其余预算中的支出限制。就预算外状态自身而言，区别并不大。然而，社会保险被保护的状态因其免于协调和扣押而得到加强，这是政府削减预算的两项工具。因为社会保险规模很大，将其排除在预算总额之外将损害政府衡量预算决策带来的财政影响的能力。实际上，社会保险几乎总是被包括在关于预算的政府和媒体报告之中。

自 1983 年以来，当社会保险终于被彻底审查后，预算内总额与那些在综合基础上报告的数字相比，变得不那么可取。例如，在 2006 财年，综合赤字是 2480 亿美元，而预算内赤字是 4340 亿美元。这两套数据的区别几乎完全是由于为了应对 21 世纪退休人口的急剧上升，社会保障盈余上的积累。在当前的政策下，当社会保险结余下调，与预算内总量相比，综合预算将有一个更小的盈余或一个更大的赤字。然而，当大多数婴儿潮时期出生的人加入退休潮流时，社会保险及其预算状况都可能发生重大变化。

联邦基金预算

联邦基金预算不包括所有的信托基金。正如前面所提到的，它包括一般基金和专用基金。2005 财年的联邦基金赤字为 5550 亿美元，比该年度综合预算赤字高 2000 亿美元。

联邦基金的高额赤字是未来财政压力令人担忧的预兆。几乎所有的非信托基金支付都来源于此，包括公共债务的利息、政府机构的运作成本、国防支出、以及大多数对州和地方的补贴。大多数联邦基金收入来自个人和公司所得税。赤字揭示了政府可用资源及对其需求的极大不匹配。联邦基金的重大短缺还揭示出美国人或其领导者不愿意为其得到的来自政府的所有一般性服务付费。但当资金被用于指定用途如社会保险和卫生，而非存入一般基金（缴税和收益之间没有明确的联系）时，他们似乎更愿意缴税。

2005 年，一般基金收入支付了一般基金支出的不到 2/3。对每一美元来自政府项目的收入而言，纳税人的支付不到 70%。然而，这种交易不可能永远持续下去，联邦基金赤字说明所得税率在未来提高的可能性很大。

资本和运作预算

与州和地方政府的实践不同，联邦预算并不划分资本和运作费用。当前运作的支出和购置建筑物、道路、以及其他固定资产的支出在预算中均编制为支出。在不同时期曾有过区分两种类型支出的提议，但均未被采纳。然而，预算为资本投资提供了补充信息。图 3-2 的一个指标使用了这些支出的严格定义，包括购买实物资产，但不包括研发和通过教育和培训对人力资本的投资。表 3-2 对研发投资和教育培训支出进行更宽泛的定义……在 2006 财年，联邦政府用了 1900 亿美元购置实物资产，其中一半用于国防。在这一总额中，640 亿美元用于为州和地方政府购置资产。1230 亿美元用于研发，大多数是为了军事武器，其余 1120 亿美元用于教育和培训。

表 3-2　　2006 财年联邦投资支出　　单位：十亿美元

描　述	数　量
实物资产	
国防	97
非国防	29
补助	64
研究与开发	
国防	73
非国防	50
教育与培训	
联邦直接支出	61
补助	56

资料来源：*Budget of the United States Government*, *Historical Tables*, *Fiscal Year 2008*, table 9.2, pp. 166-167, table 9.7, p. 181, and table 9.9, pp. 189-191.

很明显，与综合预算相比，拥有一个独立的投资预算使政府的财政状况显得更令人满意。但是，从运作预算中减去在实物资产或人力资本上的总投资，会使人误读政府的财政状况。如果引入独立的资本预算，由运作预算负担资本资产的折旧和核销就是适当的。如果做了这些调整，运作盈余或赤字将会与在综合基础上所报告的不同，仅仅是因为政府实物资产或人力资本存量会发生净变化。

将运作和资本投资支出合并的主要理由是要体现预算对经济活动的总影响。然而，有人认为，仅有一个预算阻碍了对资本改善的计划和融资，缩短了预算决策者的时间范围，并且在预算较紧时会导致政治家削减投资支出。但是，如果资本预算被重点考虑，则会引发许多难题。资本预算是应仅限于实物资产上的投资，还是应当扩展到包括人力资本投资。如果政治家能够将支出从运作预算转向资本预算，一个更广义的投资界定是否会削弱预算控制？联邦政府应当如何为那些由其提供资金，但却由州和地方政府拥有的道路和其他设施编制预算？联邦政府是否应当承担折旧、军事设备损耗、以及在公允会计准则下核销其他成本的预算？

当联邦政府出现高额赤字时，某项资本预算上的利息会趋于最大值。有人认为，将投资支出区分开来会使政府减少报告的赤字。当政府有盈余时，某个独立资本预算上的利息减少，但盈余可能为针对投资支出的预算处理提供最有利的机会。在无法掩饰赤字时，政府可以将其决策建立在谨慎的会计准则基础之上，而不是那些削弱预算控制的行为。

小　结

经过两个世纪的适应，预算仍处于不稳定的状态之中。它的边界并不确定，而且存在几种测量政府财务流量和存量的可选择方案。盈余或赤字如何衡量取决于预算如何定义。然而，仅用一套预算测量体系替代另外一套无法解决这个问题。预算有多种衡量手段是因为它有多重用途。每种手段都讲述着不同的故事；没有哪种手段能够从所有适当、有利的视角给出一个概括。一个建立在现金流基础上的预算在政府的财务需求上提供了必要的信息，并且以一种政治家能够理解和处理的方式呈现。但现金流预算很少揭示政府未来的财务要求。为了这个目的，一张资产负债表可能会更有用，特别是对它进行优化后，用来谨慎预计与保险项目和其他或有负债有关的风险。从其他目的出发，根据资金或在资本和运作支出之间划分预算可能更恰当。

尽管有很多种方法可以用来讲述预算的故事，但确定预算时只能有一个基础。国会不可能在某天审查预算，在现金制基础上实施分配，又在第二天独立决定应当投资多少资金用于资本改良，并且在另一天重新再来，决定如何处置各类预算基金。在一代人之前，政府认定综合预算提供了预算决策制定与报告的最综合的基础。然而，社会保险的短期盈余和长期赤字已经对综合预算能否胜任提出了质疑。一方面，它使政府能够从其他用途中借用盈余；另一方面，它掩盖了为人口老龄化所付出的代价。

国会尽力将社会保险从预算中分离出来以应对这些压力。未来，它可能会排除其他信托基金或建立一个独立的投资预算。但这些可能的发展不会终止关于预算适当边界的争论。只要有联邦预算，每种交易应当在预算中列入还是排除的问题就会被提出。某一时期列入预算的，在另一时期可能会被剔除，这就是预算的历史，它也将是预算的未来。

第四章

政治规则和预算计算

每一种预算都是关于政府收入、财政资源、债务、支出、借款、赤字、盈余等数字的汇编。在美国联邦财政预算中，有数以万计的数字要以多年累积下来的规则和实践的经验为基础去计算和上报。这些规则并不总是和一般公司或其他政府使用的说明方法一致。有些规则源于国会立法，比如 1974 年国会预算法案（CBA）以及 1990 年预算执行法案（BEA）；另外一些虽然没有出现在法案或会计准则之中，但却决定了如何在预算中记录财务事项。可以说不同的规则产生了不同的数字。预算数字的增长不一定就意味着今年比去年获得或者使用更多的钱，反之亦然。联邦预算中独特的假设和预测可以测量出收入和支出的变动情况。本章将为大家解释用于计算收支活动预算影响的主要规则。首先，我们将对联邦预算做一个简要的概述，对两种支出形式—可选择性支出（discretionary spending）和直接支出（direct spending）进行比较，并阐明它们各自不同的执行过程。然后，我们将关注基线预测和假设，以及关于记录的复杂世界——测量立法或其他活动对预算产生的影响。鉴于预算直接受制于经济表现，本章也将评估经济在预算中的角色。

年度预算周期概览

两个世纪的演化形成了一个复杂的预算过程，伴随着众多参与者和他们的舞台，明确的规则与角色，以及程序的不同分层。每一次改革都积淀了独特的要求，有的已经消失，其他的则被融入当前预算活动之中。这些不同的要求以年度周期为中心。这一周期始于行政部门中总统预算的形成，包括四类不同的国会活动，接着转入各部门，由它们执行获批的预算，并以支出审查和审计结束。表 4 - 1 罗列了 2008 财年预算周期中的主要活动。当然，这个时间表建立在每一个活动都按时完成的假设之上，因为国会和总统都很可能会错过某些期限。尽管特定的过程会随着总统的领导方式，他与国会之间的关系，以及政治经济状况的变化而变化，但基本的步骤却年复一年地重复而没有太大的改变。

表 4 - 1 表明，联邦政府的年度预算过程大约要持续数年，这就意味着在任何给定的时点上，联邦政府通常要同时应付三个财政年度：进行中的年度（当前年

度），国会在审议的年度（预算年度），以及各部门正在编制预算申请的年度（第一个“未来年度”）。数个财政年度的重叠使预算工作变成一项艰巨、全年无休的活动，以至于没有时间暂停和反思，也没有机会对联邦项目的和方向进行战略性思考。

在预算工作中，日程表就是国王，因为它告诉参与者应该做什么以及什么时候做。即使规定期限错过时，日程表也将引导活动和期望，并明确那些制定预算和花费资金的人的角色与行为。预算日程表中最重要的日期是10月1日，即新财年开始的日子。各部门留意从这天起开始编制预算，总统关注立法行动所需时间，向国会提交预算，国会围绕这一日期组织其众多工作，并且，各部门以10月1日为起点，开启或封闭它们的账户。

表4－1　**2008财政年度预算周期时间表**

日　历[a]	活　动
2006年	
3—6月	制定预算指导方针和初步政策；部门预算办公室要求运作单位开始进行预测。
7—9月	各部门形成详细的申请，提交给管理与预算局。
10—12月	管理与预算局审查各部门申请并做出反馈；各部门向管理与预算局或总统进行申诉；最终形成决策。
2007年	
1月	国会预算局发布2008—2017财年《预算和经济展望》。
2月	在2月的第一个星期一之前，总统向国会提交2008财年总统预算。
3月15日	国会各委员会将其对预算的看法和预测提交给预算委员会。
4月15日	预算规则要求国会在这个日期之前采纳2008财年的预算决议。
5月15日	如果预算决议仍未被采纳，众议院可能会考虑拨款事宜。
6月—8月	参众两院审议2008财年常规拨款草案；管理与预算局和国会预算局发布新的关于2008财年收支的预测。
9月	会议报告和常规拨款规定。
10月1日	2008财年开始；如果常规拨款法案尚未制定成为法律，通过持续决议。
2007年8月—2008年9月	各部门开支并落实国会授权的活动；国会可能要为2008财年制定补充拨款法案。
2008年	
2月	新的2008财年收支预测包括在2009财年的预算之中。
9月30日	2008财年结束。
10—12月	各部门、财政部、以及管理与预算局关闭2008财年账簿。
2009年	
1—12月及以后	各部门编制财务报告；开展事后审计和评价。
2月	2008财年实际收支数据将包括在2010财年预算之中。

a. 这里所列的期限代表的是一个标准的时间表。然而，在过去的30多年里，某些时间目标被错过的时候比被遵循的时候多。

总统预算

总统预算的编制一般以一种分散的方式进行，每个部门运用它自身的程序和指导方针组织申请。预算的形成通常需要8到10个月——在规模较大的部门中时间会更长；在小部门中，时间会稍短一些。由于间隔时间较长，各部门必须在对资金实际使用时的状况存在很大不确定的情况下做出预算决策。

部门的预算编制集中在日历年的春夏之交，在提交给国会之前。管理与预算局（OMB）在秋季审查部门的预算申请，之后提出项目建议和支出金额。各部门只有短暂的时间来向管理与预算局要求更多的资金。一旦所有的问题都得到解决，预算就会被打印出来，分发给国会和感兴趣的公众。

国会预算决议

国会预算活动涉及四类委员会，它们的职能如表4－2所示。每一类众议院和参议院委员会各自监管着下述四类预算活动之一：年度预算决议、收入措施、授权立法以及拨款法案。表4－3列出了三个法定部门［国会预算局（CBO），政府责任办公室（GAO）和国会研究局（CRS）］，它们协助国会完成这些任务。

每年，参众两院预算委员会会准备一项涵盖五年（甚至更久）的决议，详细说明预算总额（包括收入总额、预算授权、支出、赤字或盈余、以及公债），并在20个功能分类间分配支出，包括国防、农业、卫生等。此外，预算决议通常包括协调指令来指导参众两院的专门委员会报告与决议有关的政策相一致的收入、支出法案的变化。由各委员会制定的与指导意见相关的立法将被打包在一揽子调节法案中，由参众两院根据特殊规则进行审议，加速其通过。

预算决议不是成文法，不具有法律效力，也不能详细规定联邦资金的筹集或支出。但是，预算决议为国会提供了一个框架，使其可以在该框架内考虑收支措施。作为一份蓝图，预算决议的效力每年都不一样，在有的年份，它可以强有力地影响预算决策；然而在另一些年度，它的影响却较为有限。

表4－2　　国会委员会的预算职能

预算	授权	拨款	收入
· 编制预算决议 · 起草协调指南以及汇编协调草案 · 把新的预算授权、支出以及其他总量分配给各委员会 · 监管预算并就立法的预算影响向国会提出建议	· 编制授权支出和直接支出的立法 · 监管执行机构的工作 · 向预算委员会提交对自己管辖范围内事务的意见和评估 · 根据协调指南对法律的修改提出建议 · 在其立法报告内加入国会预算局的成本评估	· 编制定期以及补充性拨款法案 · 审查提议的撤销案和延期案 · 向预算委员会提交意见和评估 · 在其小组委员会之间进行预算授权和支出的再分配 · 建立联邦机构的账户框架、制定重新立项的规则 · 为行政机构使用资金提供指南	· 编制收入立法 · 编制关于社会保障以及其他权利性项目的立法 · 向预算委员会提交意见和评估 · 根据协调指南对法律的修改提出建议 · 报告对公共债务法定限制的立法调整

表4－3 国会支持部门的预算职能

国会预算局（CBO）	政府责任办公室（GAO）	国会研究局（CRS）
· 颁布十年预算规划和经济趋势报告 · 预测报告草案的5年和10年期成本；编制预算基线预测，维护财政记录数据库 · 为预算、拨款及其他委员会提供帮助 · 发布改变联邦收支政策选择性方案的报告 · 审查总统预算和其他议案	· 颁布会计指导条例以及审查行政部门的会计系统 · 审计联邦机构的运作情况；评估项目并提出改进建议 · 颁布资金使用的法定意见 · 审查延期和废除，确定它们是否得到适当报告，以及资金是否按要求拨付 · 应国会委员会要求对行政机关的运作及支出情况进行调查 · 解决某些索赔和债务筹措问题及争议	· 分析立法议题和会对部门、项目产生影响的提案 · 通过提供一些数据和有关他们立法责任的分析来协助委员会和议员的工作 · 编辑特定立法和项目的立法记录 · 颁布关于立法情况的报告 · 分析改变联邦预算实践的提议

税收立法

尽管国会几乎每年都会采取行动影响税收，但它并没有固定的日程表。在有的年份，国会几乎不采取行动；但在另一些年份，国会则会对税法做出相当重大的调整。

税收立法的职责被赋予众议院赋税委员会和参议院财政委员会，它们是国会中最古老和最有权力的委员会。赋税委员会通常先采取立法行动，因为按照宪法规定，税收措施必须从众议院产生。尽管参议院在众议院之后接管这些措施，它却往往会对税收立法做出较大改变，为协商委员会搭好舞台。

授权

根据参众两院的规定，在任一议会拨款之前，接收拨款的项目或部分必须经过法律授权。也就是说，在给这个项目拨款之前，国会必须先通过一项法案，设定项目并对项目运作进行详细阐述。不过，这一过程也会有许多变数，我们会在第八章着重讨论。

大部分国会委员会是授权委员会。它们通过立法来建立或调整联邦项目与部门，规定它们运作的期限和条件，监督它们的运作。有的授权委员会非常活跃，有的则只针对一个或数个条款，无需报告主要立法。对授权立法来说，不存在标准的结构或方式；每一个在联邦项目和部门上有管辖权的委员会均以他们自己的方式开展工作。

拨款

年度拨款由常规拨款法案提供，每一个拨款法案都受到平行的参众两院小组委员会管辖。常规拨款法案的数量多年来固定在13个，但109届国会小组委员会重组使得常规拨款法案在众议院的数量减少到10个，在参议院减少到12个，并消除了参众两院内一些小组委员会的平行性。在110届国会中，新的多数党——民主党再次对小组委员会进行改组，最后形成12个平行的小组委员会。

总统向国会提交预算后，不同的小组委员会就立即召开听证会，让各部门官员为部门预算申请辩护。尽管小组委员相互独立，但是它们都要受到选择性支出上限或者年度预算决议中设置的限额的限制。为了保证上述限额被遵守，参众两院的拨款委员会将选择性支出总额分配给它们各自下属的小组委员会去执行。参议院或众议院审议某拨款法案时，该法案中的支出额度要与相关小组委员会分配到的额度进行比较。在某些情况下，如果一项拨款法案将导致相关小组委员会的分配限额超支，参议院或众议院将停止审议该拨款法案。然而，这样的情况很少发生，因为负责拨款的小组委员会通常会把支出控制在他们的限额以内。如果不得已超出支出上限，他们会采取一些记账策略。本章稍后会涉及这些策略。

预算执行

直到管理与预算局按时间或计划分配资金，各部门才能支出它们获得的拨款。大部分联邦部门也有自己的分配程序，把可用资金分配给下属的行政单位。除了某些例外，不允许各部门担保超过拨款或分配额度的资金。

尽管各部门必须按照国会规定的期限和条件支出，他们有时会通过在同一账户内将资金从一个目的转向另一个来重新调整资金。如果总统或者其他执行官员以拖延支付或寻求撤回原先拨款的方式扣押资金，对授权支出水平的偏离也会发生。第十章将会介绍一些特殊的用于调整资金扣押情况的程序。

审查和审计构成了财政预算周期的最后阶段。由于联邦政府规模庞大，财务管理的职能被分散到各个部门去执行，包括对部门开支的适当性和有效性负责，以及保存完整、精确的财务记录。

选择性支出和直接支出

事实上，联邦政府有两个截然不同的预算过程，相应地也有两种不同的运作方式和参与者。一个包含了选择性支出，由拨款程序控制；另一个包含了直接收入和支出，由授权立法和税法来控制。选择性支出约占联邦支出的三分之一，包括了所有的国防支出，大多数联邦部门的运作成本，以及很多补助项目。从1991财年到2002财年之间，选择性支出被拨款的法定上限所限制。近年来，拨款上限已经被包括在年度预算决议当中，方便了参议院而不是众议院对拨款的执行。这些法定的上限都涉及到预算授权和支出，本章稍后会进行讨论。直接支出被有关法律而不是年度拨款法案所控制，这些法律旨在针对申请资格建立评判标准，以及确定支付公式，或者使政府承担某些义务。直接支出很大程度上由权利性项目组成，当然也包括了其他由授权性法律所提供的预算资源。大部分权利性支出由永久拨款法案自动提供，这些拨款法案被包括在设立该权利性项目的法律中。一些关于权利性项目的法律如医疗补助制度，没有包含经费补助的机制，以至于要靠年度拨款法案来提供这笔开支。每当国会为这些权利性支出拨款时，它会提供充足的资金来完成政府职责。对于这些项目来说，拨款委员会提供的资金不能少于政府应该支付的金额。

20世纪90年代以来，法定的和基于规则的量入为出（PAYGO）程序已经被用于执行直接支出和收入立法。在表4-4中，我们可以清楚地看到对这两种量入为出程序主要特征的比较。法定的量入为出程序在2002年底已经正式终止，但是基于规则的量入为出目前还在参众两院中得到有效应用。尽管法定的量入为出赋予总统和管理与预算局局长一定的责任，参议院和众议院的量入为出规则只在两院内有效。

表4-4　　法定的量入为出与基于规则的量入为出（PAYGO）

特征	法定的量入为出	基于规则的量入为出
立法基础	1990年[a]的预算执行法案（BEA）	条例21，第10款（众议院）；年度预算决议的款项（参议院）
量入为出的要求	某个时期内制定的所有直接支出和收入草案的净影响不能在量入为出积分卡上增加成本	包含直接支出和收入变化的单个法案必须赤字中性
适用时段	预算年度（以及任何本年度的结余）	6年期和11年期，包括本年度（众议院）；预算年度，第一个5年，以及接下来的5年（参议院）
实施期限	国会会期的最后15天以内	当直接支出或者收入立法被审议时
实施措施	基于管理与预算局局长的扣押报告，通过总统扣押令实施全面的开支削减	议事程序问题（point of order）
暂缓措施	指定（在BEA指导下的）紧急请求条款；指导性的（特别）记录条款[b]	规则委员会编制的特殊规则（众议院；要求简单多数票）；弃权行为（参议院；要求60票）
有效期限	1992—2003[c]财年	1994—2017财年（参议院）；第110届国会中的2007—2009财年（众议院）

a. 1990年预算执行法案中的量入为出条款包括1985年平衡预算和紧急赤字控制法案的修正案，合并了该法案中的第252修正条款。这项条款被1997年的预算执行法案及其他立法拓展和修订。

b. 通常来说，一个指导性的记录条款指导管理与预算局局长减少一个或一个以上财年量入为出记分卡上特定资金额度的平衡，或将它们直接减少至零。在应用量入为出的最初几年，指导性的记录条款从积分卡上剔除结余；在以后的年度，它们剔除成本。

c. 法定的量入为出直到2006财年仍有影响，这项立法2002年9月30日制定（公共法107—312），2002年12月被签署。正如管理与预算局最终的扣押报告所述，通过将积分卡上的结余减少至零，有效地终结了法定的量入为出。

在1991年至2002年间生效的法定量入为出要求：新的立法造成的直接支出的增加或税收的减少必须被完全抵消，避免财政赤字的增加以及结余的减少。如果违背了量入为出，补救措施是支出扣押：总统将根据管理与预算局局长准备的财政扣押报告，颁布总统令来全面削减甚至是取消一些直接支出计划。许多直接支出项目被排除在量入为出以外。量入为出不对与现行法律相关的收支变化进行抵消。因此，由于医疗开支的增加而引起的总支出的上升，或是由于经济不景气而引起的收入的减少，都不会触发量入为出。此外，量入为出不会阻止国会通过一些可能造成赤字增加或结余减少的收支措施。更确切地说，它要求所有制定出来的政策对一个财年的净影响必须是赤字中性的，否则某些资金就会被扣留（自动取消）以达成这个目标。管理与预算局是法定量入为出的正式记分员，他们要做的是评估直接支出和税收立法对一个多年期量入为出记分卡的预算影响。国会预算局（利用来自税收联合委员会收入立法的信息）也要准备量入为出评估，并保存量入为出记分卡，不过仅建立在咨询的基础之上。直到20世纪90年代晚期，收入和直接支出立法才普遍与法定量入为出规则相一致。但是，伴随着1998财年到2001财年间的预算盈余，以及偏好大幅度减税的预算政策变化，量入为出规则常常会因经过授意的记录（要求预算局局长不计算某些立法的量入为出影响）和其他技术手段而被回避。

参众两院采用其内部的量入为出规则，与法定的量入为出规则运作不同。一个关键的不同点在于，国会的量入为出规则可在很长的时间范围内适用于单项措施(10年，如果不算当前年份)。众议院自2007年第110届国会开始，接受了量入为出规则。参议院从1993年开始就已经采用了量入为出规则并经过多次修改。2007年，参议院修订了其量入为出规则，修订方向在某种程度上与众议院量入为出规则一致。参众两院量入为出规则的执行有赖于国会预算局和税收联合委员会准备的成本评估报告。

选择性支出的预算编制与直接支出的预算编制有所不同。选择性支出预算编制的基本任务是决定未来支出的水平；而强制性支出预算编制的任务则是评估过去一系列决策产生的开支。尽管这两种过程在某些环节上有共同点，如总统预算以及国会预算决议，但它们在很多核心的体制和财政维度上存在很大区别。表4－5列出了这两种预算的区别，尽管存在例外，但这种概述提供了针对这两种预算情况的有用的对比。接下来的段落将详细阐述表中的条目。

表4－5　选择性支出与直接支出的比较

特　征	选择性支出	直接支出
授权立法的预算影响	拨款措施的授权审议	提供预算资源
拨款委员会的职责	提供预算资源	很少或不控制预算资源
行动的频率	每年	不定期，没有固定的日程表
执行预算决定	第302（b）款分配案	协调程序
计算预算影响的基础	把拨款额度与本年度预算水平、总统对下一年的预算申请作对比	基线预测和对政策变化效果的预估
经济敏感性	较低，不直接	直接，通常自动
政治敏感性	变化不定：对某些项目影响很大，对另一些则很小	通常影响很大
预算支出与实际支出的一致性	对预算授权而言通常很高，对开支则很低	有时候低

授权立法的预算影响

对选择性支出的授权只是进入拨款过程的一个许可证（在参众两院的规则指导下）。所花费的授权金额只能与拨款金额一致。相比之下，直接支出的授权（就像权利性立法一样），不但提供了资金，也能有效地要求从预算资金里拨出款项。在授权委员会而不是拨款者确定支出额度后，支出控制便不断弱化，因为这些委员会通常会成为其管辖范围内项目的支持者。例如，农业委员会的政治角色就是维护农民的利益。与拨款委员会不同，授权委员会重新对农业项目进行授权时，不会考虑其他预算需求。

拨款委员会的角色

拨款委员会对所有的选择性支出都有有效的管辖权；他们制定的拨款法案会详细规定可用资金的额度。然而，这些委员会并不能控制强制性支出。一些强制性的项目由永久性拨款法案提供资金，并且可以绕过年度拨款过程。其中很多项目由年度拨款提供资金，但是，因为这类支出由法律强制规定，拨款委员会也无法自由控制他们拨出款项的数目。

国会立法的频率

除了极少数的例外，国会每年都会投票决定下一财年（或本财年）的选择性拨款。然而，直接支出通常在永久性法律中获得通过，这些永久性法律会一直生效，直到该法律被废止或被随后的立法所修改。许多权利性项目由年度拨款来提供资金这一事实，不会削弱那些管理支出金额的法律的永久性。比如像医疗保险这样的权利性项目，就要服从于频繁的立法行为；而一些其他的补助项目，如社会保障，已经多年没有新立法了。

执行预算决定

国会通过年度预算决议来传达它的预算政策，包括它在现行收入或支出法律中寻求的改变。鉴于这份决议不是成文法，国会必须通过其他措施来执行预算政策，对于选择性支出，国会通过年度拨款案来实施政策；对于直接支出和税收，国会通过新的立法执行政策。对以上两种情况，国会都需要一个机制来确保这些财政行为与它的预算政策一致。一项被称为第302款分配条例（section 302 allocations）的程序将年度拨款与国会预算决议联系在一起。通过这一程序，参众两院拨款委员会被给予预算决议支出总额中它们的份额〔1974年国会预算法案第302款（a）项规定〕；每个拨款委员会在其下属的小组委员会之间进行分配〔该法案第302款（b）项规定〕。大多数情况下，每个拨款法案的总支出必须控制在相关小组委员会所分配到的额度以内。近年来，总的选择性支出上限被包括在预算决议中，通过一个议事程序在参议院（而非众议院）变得可以执行。

针对直接收入与支出，国会依靠和解程序来实施预算决定；但它并没有把和解规则用于选择性支出。尽管和解规则可能成为一个有力的手段，但只有在国会想要改变现行的税收或直接支出法律时才可能被用到；在有的年份，当国会接受了因现行法律产生的预算结果时，和解规则就不再适用。参众两院还把那些与直接支出立法相关的决策作为国会内部的量入为出规则执行。

计算预算影响的基础

实际上，所有选择性拨款都有明确的额度。在制定并呈报他们的拨款决定时，拨款委员会常常把上一年拨款中所推荐的数目与总统要求的数目进行比较。因此，如果上一年有1亿美元的拨款额，而总统要求下一年的拨款额是1.2亿，而拨款只提供1.1亿，那么这个拨款行动就被记作同时发生0.1亿的增加和0.1亿的减少。然而，直接支出立法会影响基线预测的数额，基线预测评估现行法律不作任何调整的情况下将要支出的数量。此外，鉴于大多数强制性支出是个无底洞（那些涉及权利性项目的法律通常没有详细规定或者限制条款来约束支出金额的数目），所以，对预算影响的计算只是基于假定的而非真实的支出水平。

经济敏感性

预算决定对经济状况的变化非常敏感，但是选择性支出项目对于经济状况改变的反应弱于强制性项目的反应。选择性支出不一定会机械地随着经济的改变而作出调整。当价格上涨时，国会可能会拨出更多的款项，但也可能仅要求各部门用与上一年度相同的资金来消化通货膨胀的压力。但是，直接支出通常有自动调节机制。价格的上涨会触发社会保障以及其他转移支付方面关于生活成本的调整机制；失业率的上升也会增加领取失业救济金及其他救济措施的人数。随着对经济的表现越来越敏感，直接支出可能会对预算状况做出更少的反应。

政治敏感性

政治考量影响着所有的预算。选择性支出和直接支出项目都拥有从联邦资金中获益的选民，他们积极维护自己的利益。但是选择性支出中的政治利益变化莫测。一些项目有强大的政治选民，他们会开展院外活动游说更多资金；另外一些项目则很难得到关注。直接支出本质上就具有敏感性，因为它可以影响太多美国人的财务状况。对于那些每个月享受社会保障的5000万美国人以及登记在医疗保险中的4400万美国人来说，来自华盛顿的资金流是决定他们生活水平的关键。削减以上这些或者其他的权利性项目对那些家庭财务状况的影响就好比削减工人的工资对工人的影响一样。这些影响是可见的、直接的、迅速的、并极有可能引起强烈抗议。不仅仅是这些抗议的数量规模增加了强制性项目的政治重要性。一旦国会设立某个权利性项目，它就赋予那些受众获得资金的法定权利。当这些支付与价格上升挂钩时，它可以保护受益人免受通货膨胀的影响。这些法定权利有政治价值，但也增强了对预算的要求。如果国会削减这些权利性支付，不仅意味着从项目受益人那里拿走资金，同时也侵害了他们应有的权利。

预算支出和实际支出的符合度

表4－5中列出的最后一项区别关乎实际支出金额。选择性支出通常与拨款水平非常接近，但强制性支出却常常与预算额度出入很大，这可能与事先的估计偏差、预料之外的经济状况变化、以及政策的改变有关。实际支出出现严重偏差很可

能是因为外部环境与制定预算评估时相比发生了很大变化。

预算计算的政治

预算的计算过程其实是政治的计算过程——它影响了预算政策和预算结果，反过来又被总统、国会和其他有预算筹码的参与者所影响。即使计算的数目严格按照技术规则和已有经验汇编，他们还是会产生政治后果。这些数字影响着公众对预算的认知，如赤字、盈余的规模。通过使某些类型的交易比其他交易价格更高或更低，或通过增加或减少特定措施预期的预算影响来促进或阻碍立法的通过，这些数字能够影响政客的行为。尽管记录收支的规则总是非常重要，但拨款上限和量入为出规则使其更为突出。立法如何被评价可能会决定审议中的（或者国会通过的）某项措施是否服从现行预算规则。

这些规则的执行很少简单明了，它在很大程度上取决于对那些受现行或新政策影响的企业和个人的行为假设。例如，每个预算中都详细计算了下一年（或者未来）医疗保险、失业保险和其他福利项目的支出。众所周知，这些数字并不是确定的；它们基于以下假设：未来经济状况，参保率，以及向符合补助条件的人提供的支付。在大多数情况下这些假设都是错误的，有时偏差较小，但有时却很大。然而，即使它们是错误的，预算决定仍然建基在它们基础之上，就好像它们不可避免一样。

预算编制关乎未来，既然未来不确定，预算就只能靠假设。基本假设上的细微误差会对整个预算造成极大的影响。然而，预算更多地是关于数字，而不是假设。政治投机主义和幕后操纵常常发端于预算假设之中。行政分支（OMB）和立法分支（CBO）中的预算编制人员负责处理这些关于预算的规则和假设。每个员工对于维持预算过程的一致性均有浓厚的兴趣，但谁都无法避免预算过程中政治的介入。作为总统下属的最大部门，管理与预算局在其预算的编制和辩护中发挥着领导作用；它不能公开反对白宫的政策。管理与预算局的政治人员和职业人员均设计记账策略使预算数额符合总统的偏好。作为一个民主党人和共和党人均关注的国会机构，国会预算局时时留心维护其独立性。但是，随着立法评价在预算规则执行中愈发重要，国会预算局成为两党以及总统与国会战场的一部分（见专栏 4－1）。在很多预算计算的常规事务上，国会预算局和管理与预算局协同工作、形成相同的数字，但是主要意见的不合常常暴露在公众面前。

这类冲突曾发生在克林顿总统的医疗保险改革上，它显示结果如何被预算计算所支配。当克林顿 1994 年向国会提交医疗改革计划时，他预计这份改革方案可以在接下来的 7 年内减少 600 亿美元的预期赤字。然而，对同一方案进行审查后，国会预算局告诉国会，这项措施会增加 700 亿美元的赤字。这两项预测的巨大差异源自他们对未来医疗保险成本的不同假设。

管理与预算局和国会预算局都声称他们的评估报告不受政治因素影响。不过，管理与预算局的评估数字总是支持总统的意见，而国会预算局的数字则总是表示反对，这绝非偶然。管理与预算局的预测帮助克林顿把他的医疗保险改革和减少赤字的目标结合在一起；而国会预算局怀疑性的数字给了原本就游移不定的国会委员会更多的理由阻碍总统的行动。

面对如此众多数字上的纠缠和潜在假设，重要的是谁的计算更可靠。在预算执行法案生效时，管理与预算局要正式评估立法的预算影响并判定国会的行为是否遵从了法定的预算规则。然而，一旦预算执行法案到期，当国会预算局的估算与管理与预算局的估算出现偏差时，国会预算局便居于优势地位。原因在于国会在审议立法时一般依靠国会预算局的判断；当一项措施获得参众两院通过后，总统决定是投赞成票还是否决票时，管理与预算局的测算才派得上用场。

同时存在两个计算部门并不仅仅是为了获得第二种意见。这种安排源于宪法分权的精神。多数情况下，国会想要保持其在预算问题上的独立性，这是成立国会预算局的主要目的。但是，对于总统而言，使用管理与预算局准备的代表其立法目标的估测和假定符合其利益。克林顿就职总统后，认为民主党同时控制着这两个分支，没有必要分开做出预测。在 1993 年 2 月致国会的预算演讲中，克林顿承诺将依靠国会预算局准备的经济状况估测制定政策。“让我们至少讨论相同口径的数字”，克林顿呼吁，“这样美国人民才会认为我们的工作与他们保持一致”。但是，不出数月，当行政机构的预算和经济假设与国会预算局不同时，他们固执己见。

在两种情况下，一个机构会把自己的预算行动建立在另一个机构的数字之上。其一是国会领袖和总统通过高层协商来解决预算僵局时；另一个是国会发现使用管理与预算局的数据比使用国会预算局的数据更有利时。在高层开展会谈时，除非双方就这些数字的含义达成一致，会谈不可能有进展。双方必须确立相同的出发点、假设和计算规则。否则，任何一致都会很快消失。

在对计算方式的争论中，国会预算局通常更谨慎，预测更低的经济增长和更多的支出。结果，国会有时发现国会预算局的数字会使它处于不利地位。因此，国会有时会指示国会预算局在对立法行为进行计算时，采用管理与预算局的假设。我们稍后将会讨论这种所谓的“受指导的计算”。

计算就像预算编制中的其他部分一样，是程序与政治的混合。如果得出结论，认为预算数字被操纵，被用来为政治利益服务，这显然忽视了预算中的数字在某种程度上由技术性规则所决定。同样，认为数字的估算过程完全不受政治因素干扰的论断也会忽视预算制定者在某种程度上会为了自身利益对数字作出调整。技术与政治因素之间的平衡在预算的不同方面有所不同。当数字代表着实际交易，如拨款数额，技术规则起主导作用。当数字代表着对未来状况的假设，如通货膨胀率，政治影响的范围更大。随着目前预算越来越多地受到假设的支配，相对于上一代，政治计算已经变得更加重要。

专栏 4-1 国会预算局的独立性：挑战和防御

国会预算局在制定基线预测以及评估立法的预算影响时的角色让它陷入与国会成员的冲突之中。议员常常试图在幕后影响国会预算局的预算评估，但其间的争论很少公开。然而，在1998年，从他们来往的信函中可以看出，众议院发言人纽特·金格里奇（Newt Gingrich）（R－Ga.）与国会预算局局长朱诺·奥尼尔（June O'Neill）在国会预算局收入预测的精确性上看法不同。在紧要关头，共和党宣布：一个关于更高收入的预测（带来更多盈余）将会强化减税措施。尽管国会预算局在其1999财年的初步收入预测中新增了720亿美元，但共和党领袖仍然声称这项预测应被提升至更高数额。

众议院共和党领袖在致众议员詹姆斯·沃什（James Walsh）（R－N.Y.）的一封信中首先发难，詹姆斯主管众议院立法分支的拨款小组委员会。信中暗藏威胁：如果国会预算局不在收入评估中作出调整，其获得的拨款将会被削减。

“我们对此感到非常忧虑，国会预算局完全没有能力连续和精确地预测未来收入，或预算政策变化的财政含义。由于这些失误，我强烈要求您指示国会预算局立刻公布这些问题。

“当然，预测是不准确的科学，但也必须遵循一些逻辑要求，国会预算局数字偏低的预测一向是错误的——有时错得离谱。目前，国会预算局预计，长期来看，实际GDP增长将维持在较低的2.1%。但是在过去的16年间里，平均GDP增长已经是3.0%，包括二战后的整个时期。过去，每年GDP增长上升1%的观点造成高估预算赤字和低估盈余。国会预算局1998年公布的赤字估算中，从1996年5月至1998年5月的对比出现了2750亿美元的偏差——2220亿的赤字与530亿的盈余。

“这些预测是国会起草立法的基础。我认为国会不应该如此不负责任地依靠这些不正确的信息来实施立法。国会预算局必须着手解决这个问题。如果不解决问题，我相信我们必须检讨一下国会预算局的组织结构以及在这个拨款周期内对国会预算局的资助。”

国会预算局局长朱诺·奥尼尔在两星期后做出回复，他强调了国会预算局在预算工作中的客观性和独立性：

“我们理解您的忧虑，并且会用事实来消除您的担忧。我们国会预算局非常严肃地履行我们对国会和国家的职责。我们知道以最大可能的精确性提供高水平的、公正的评估、预测及研究的重要性。国会预算局全体工作人员（一群受过良好训练的专家）都在这样努力着……

“但是鉴于联邦政府预算的复杂性，它受到国内外经济形势和其他许多很难精确预测的因素的影响，估算上的偏差，不管大小，都不可能完全排除。考虑到总收入和总支出分别接近1.7万亿美元的规模，国会预算局预测的数目有任何细微的偏差都很容易使预算结果产生上百亿美元的偏差。

“在我们一年两次呈报给国会的经济与预算展望中，特别强调了这些经济和预算预测的不确定性。我们也采取措施为国会提供了一个预警机制，当本财年实际收支情况偏离我们的估计时，这个机制能对此发出信号……”

资料来源：Letter from Republican Ieaders to chair of the House Legislative Branch Appropriations Subcommittee，James Walsh（R-N.Y.），Washington，June 9，1998；excerpts from a Letter to Speaker Newt Gingrich（R-Ga）from CBO Director June O'Neill，Washington，June 23，1998.

基线预测

为了在审议收入或支出立法时实行预算规则，国会必须测量它的行为的预算影响。这一任务对于由年度拨款提供资金的项目来说相对容易；国会把对于上一年的拨款额与总统本年度的预算申请进行比较即可。但是，当国会在进行收入和权利性项目立法时，这一任务就会比较困难。在这种情况下，必须考虑以下影响收支数量的因素：包括经济表现、物价变化、参保率以及受联邦政策影响的各方行为。收入立法产生的收入主要依靠未来经济表现和纳税人对税法改革的反应。权利性项目立法的支出取决于经济变量、人口增长趋势以及那些符合补助标准的人利用这些社会补助的程度。每个项目都有自己的因素使其对立法变化作出预算回应。比如医疗补助制度取决于各州自己登记确定的合格受益人和确定的保险金；而食物券项目则取决于收入趋势；医疗保险制度取决于人口的年龄结构；各州的儿童健康保险项目则根据贫困率、家庭人员结构和新倡议来确定受资助的儿童。一个复杂的项目，比如医疗保险，受很多变量的影响；在估测未来项目支出时，必须对每个变量进行分析。

在编制预算时，需要对未来进行假设，以此估算现行法律下的收支额，并决定对这些法律的调整。国会立法时，依据以下假设估算立法行为的预算影响：（1）在没有新立法的情况下，可能的收支额；（2）立法行为可能改变的未来的收支额。当前预算中，第一组数字是所谓的“基线”，第二组是所谓的“计算”。两组数字都出现在表 4－6 中，该表对基线预测和立法计算作出了假设性的说明。

表 4－6　　假定的基线预测和政策变化　　单位：百万美元

年　份	2008	2009	2010	2011	2012
上一年基线	100.00	107.12	114.74	122.91	131.66
假设					
4% 的通货膨胀	+4.00	+4.28	+4.59	+4.92	+5.27
3% 的工作量上升	+3.12	+3.34	+3.58	+3.83	+4.11
基线预测	107.12	114.74	122.91	131.66	141.04
政策变化					
将通货膨胀增长限制在 2%	－2.00	－4.20	－6.63	－9.30	－12.23
将工作量上升控制在 2%	－1.08	－2.30	－3.67	－5.20	－6.92
预计支出	104.04	108.24	112.61	117.16	121.89
总体政策变化（估测）	－3.08	－6.50	－10.30	－14.50	－19.15

管理与预算局和国会预算局都会准备针对预算总数（包括总收入、总预算授权及其他）、预算的特定科目（如国防、收入补助等）、特定的项目或账户的基线预测。管理与预算局制定的估算报告称为当前服务估测报告，涵盖未来 5 年的情

况。国会预算局制定的估算报告称为基线预算预测，涵盖未来 10 年的情况。他们假定现行政策将继续生效，支出水平完全根据通货膨胀调整。对强制性项目来说，它的基线根据预期工作量的改变而调整，如享受社会保障和医疗保险服务的人数的增加。

一旦一条基线确定下来，任何由立法产生的变动都会被记作政策变动。换句话说，对立法的计算和对预算影响的测量都是根据基线的变化而来的。在表 4－6 假设的案例中，预计基线开支将会从本年度的 1 亿美元增加至未来 5 年后的 1.41 亿美元。这新增的 4100 万美元，就像其他的基线预测一样，是假设发生的；只有该基线的基本假设——4% 的年度通货膨胀和 3% 的年度工作量增长实现了，这部分钱才会真正增加。

在这个假设的案例中，法定政策的变化导致基线下新的预测的产生——第一年中与 1.07 亿基线对比的 1.04 亿，增加到了第五年与 1.41 亿的基线对比的 1.22 亿。尽管这些新的预测显示了名义支出的增加，但它们却被算作削减——第一年 300 万美元的减少，上升至第五年 1900 万美元的减少。通常的实践是计算基线覆盖期内累积的预算变化。在此案例中，计算的结果将是 5400 万美元的支出削减。如果基线延伸至 10 年，计算结果将会更高，因为预计的政策变化在多年期内会更加复杂。

基线的这一特征会影响公众对预算立法的认识。在 1999 年，国会通过但克林顿总统否决了一次税收削减，预计它能在十年内减少 7920 亿美元的联邦收入。这一削减看上去规模庞大，但如果只按照 5 年计算，预计减少的收入将不到这个数字的 1/4。实际上，这次提议的减税额还不到未来十年税收的 3%。

这个假设的例子显示了另一个计算相对于基线的政策变化的有趣特征。立法常常导致开支水平虽然低于基线却高于现行水平。这一特征使那些政客能同时把他们的行动描述为支出削减和支出增加。他们可以利用基线来证明支出已经被减少，也可以根据当前支出水平显示项目已经被保全。以两种方式证实只是政治上的小把戏，它使得多重压力下的政客能满足相互冲突的需要：既精简政府机构，又扩大项目规模。

克林顿总统设法在国会通过的 1993 年赤字削减一揽子计划中说明如何在最小化项目削减的同时实现大规模结余。根据国会预算局在该一揽子计划制定时的估测，未来 5 年内医疗保险将被削减 560 亿美元。表面上看，这项削减计划违背了克林顿在 1993 年 2 月 17 日提出赤字削减计划时对国会做出的承诺。“让我向各位澄清，将不会有新的关于医疗保险的削减措施出台。……允许我重申，因为我知道这对你们双方来说都很重要，这项计划不会引发新的医疗保险福利上的削减，请放心。”

国会和总统如何做到削减那么多开支而又不减少福利呢？医疗保险计划显示这项任务不像人们想的那么难。大约 500 亿美元来自基线中应支付给供应商的资金的减少，如果应用更严格的规则，其中一些资金不能算作削减。例如，外科手术服务费上涨 8.6%，远比社会总通货膨胀率来得高，甚至超过了整个医疗部门费用的上涨幅度。不过，这项增长被算作数十亿美元的削减，因为基线假设了 12.2% 的通胀调整。支付给医院的费用下降了7.4%，比原有法律所提供的费用略少。但是，国会预算局把它算作结余，因为新的支出水平低于基线。通过延续目前的要求，医疗保险B部分中的保费要占项目成本的25%，数十亿美元被节省下来。由各种策略产生的报告支出的减少使国会有理由在削减赤字的背景下通过小幅提高医疗保险的法案。

和预算的其他特征一样，基线的提出有其技术原因（它为国会提供了一个中立的起点，这一起点不受总统预算建议的影响），但它同时也带来政治后果。基线的设立强烈地影响了公众对预算的看法，刺激预算制定者以特定方式建构收入和支出立法，并保护一些项目免受通货膨胀冲击。在选择性支出方面，它加强了关于增加拨款以抵消部门通胀损失的争论；在权利性项目方面，它改变了国会和总统面对的问题，从“该花多少钱”到“该削减多少钱”。

因为基线根据假设制定，通过假设将实现结余，政客有了更大的空间去拯救项目。他们可以制定某些临时条款，每次在这些条款实现时因结余增加而受到好评。他们可以制定在基线覆盖期内不同时段生效的立法，达到操纵立法计算的目的。

由于国会和总统有时会参照不同的基线假设，导致不同基线之间的政策差异被扭曲。这一问题在1995年发生，使克林顿赢得了一个政治上的胜利，在其余下的总统任期内震慑了国会中的共和党人。1995年，管理与预算局和国会预算局绘制了长达7年的支出基线，该图显示医疗保险支出在这一时期内将急剧上升（图4-1）。相对于国会预算局，管理与预算局估测的医疗保险的通货膨胀较低，因而它预计的医疗保险支出增长较少。管理与预算局估计，在未来7年里医疗保险方面的总支出是1.624兆美元；而国会预算局的基线总额是1.692兆美元，足足高了680亿美元。考虑到未来医疗成本估测的不确定性，这两个数字之间的差异其实很小——仅占总支出的4%。但这一差距还是导致双方在医疗削减以何种形式进行的问题上的巨大争议。因为国会应用了国会预算局的基线，导致共和党人要求推行比克林顿提议的更大规模的削减。实际上，国会中共和党人提出的削减比克林顿总统的提议多出1460亿美元，但其中47%的差别来自于他们使用的不同基线，而非政策差异。如果共和党人尝试使用克林顿总统的基线，到2002年，他们提出的削减案的数目约为400亿而不是现在的550亿美元。反过来说，如果克林顿使用了共和党的基线，那么2002年他提出的削减金额可能就变成了500亿而不是350亿美元。就支出而言，这两个计划在2002年的差距大约为100亿美元。

这个故事的教训在于，政治家在选择他要使用的基线时必须仔细斟酌。在国会与总统的争论中，采用更谨慎假设的一方（如较低的经济增长，更高的通货膨胀），往往会被要求对削减支出、增加税收、或者其他一些不受欢迎的预算调整负责。

经济计算

对未来经济表现的假设是建立预算基线的主要变量之一。预算和经济之间的关系是相互的：预算政策影响经济表现，经济形势反过来影响预算结果。预算赤字或

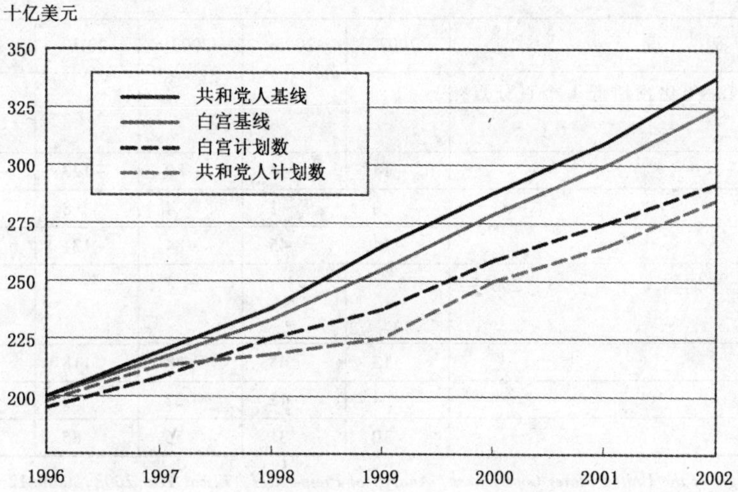

图 4－1　1976—2002 财政年度对医疗保险支出的不同预测

资料来源：Adapted from a graph in the *New York Times*, December 11, 1995, p. A1, based on Congressional Budget Office and White House estimates.

盈余的多少、税收的构成和数量、支出的形式以及债务融资均影响着经济增长、就业率、价格变化、利率以及其他变量。在作出预算决策时，总统和国会必须密切关注预算对经济的潜在影响。同时，他们也要考虑目前以及预期经济状况的影响。他们针对名义和实际经济增长率、通胀和就业趋势以及利率作出假设。总统预算通常会预测目前和下五个日历年度的经济表现；国会依靠国会预算局作出预测，这一预测通常会与总统预测略有差异。

鉴于预算与基线一样，是基于假设作出的预测，预期的收入与支出能在多大程度上实现，主要取决于假设的经济状况是否发生。假设与实际状况之间的差异可能导致预期和实际预算结果之间的显著差异。表 4－7 显示了预算对经济波动的高度敏感性。很多针对经济变化的预算调整是自动发生的，既没有总统或国会的行动，也不管人们是否欢迎这样的调整。政府支出对利率和通货膨胀也很敏感。收入尤其对经济增长率敏感：经济表现的不足不可避免地会造成低于预期的收入，甚至一个小小的差额也会给使联邦政府收入减少一大块。

表 4－7　　预算对经济预期变化的敏感性[a]

单位：十亿美元

假　设	2007	2008	2009	2010	2011	2012
实际 *GDP* 增长率：在 2007 年低于假设一个百分点；其余年度达到预期水平[b]						
收入	－13	－28	－31	－34	－36	－38
支出	3	8	10	12	14	16
赤字增长（－）	－16	－36	－42	－46	－50	－54

续表

假　设	2007	2008	2009	2010	2011	2012
实际 *GDP* 增长率：每年比预期低 1 个百分点，2007—2012[c]						
收入	-14	-44	-80	-123	-168	-216
支出	0	1	4	8	13	19
赤字增长（-）	-14	-45	-84	-131	-181	-235
通货膨胀：每年比预期高 1 个百分点，2007—2012						
收入	13	43	78	118	161	209
支出	4	12	22	34	46	59
赤字增长（+）	10	31	56	85	115	150

资料来源：*Budget of the United States Government*，*Analytical Prespectives*，*Fiscal Year 2008*，table 12-5，P. 173.

a. 由于四舍五入，数字加总可能不等于总量。

b. 假设实际 GDP 水平每下降百分之一，失业率就上升零点五个百分点。

c. 假设失业率不变。

预期经济趋势上的暂时偏离会造成挥之不去的持续影响。根据管理与预算局的估计（表4-7从该报告中摘录），如果2007年实际经济增长率比2007年预计的低1%，但在接下来的五年，每年都达到预期水平，那么2012年的赤字将会比五年前预计的数额高出540亿美元。大约70%的差额将会体现在收入之中。

最近的一次经济衰退发生在2001年。根据标准测算，时间短，影响也小，仅持续了9个月，并导致全年实际 GDP 增长率仅维持在0.5%。虽然此次衰退是长时间增长趋势中的一个断点，但它使收入减少了上百亿美元，并且使财政盈余变成了赤字。衰退给未来五年的预算留下了印记，因为虽然赤字在逐步减少，但如果在这个十年的开端经济增长没有被打断，财政赤字的规模将远低于现在的水平。

经济转向的时间越长，它对预算的影响就越大。如果从2007年到2012年的经济增长率逐年下降一个百分点，那么第六年的赤字将会高出最初预测2350亿美元。随着年度经济的不景气，预算水平的偏差也会增大。经济增长率下降一个百分点将会使联邦政府收入比预期水平减少140亿美元，并在第六年减少2160亿美元；通货膨胀率上升一个百分点将会使联邦政府支出在第一年里增加40亿美元，并在第六年增加590亿美元。

政策变化的经济影响的计算

当国会预算局和管理与预算局对立法进行计算时，他们一般会估测由政策变化而导致的行为变化。例如，当国会增加低收入劳动者所得税抵免额度时，就会刺激更多人来申请这项福利，那么预算计算者就会估测由此产生的成本。然而，作为一个一般性规则，计算者并不考虑新的立法导致的经济活动整体的可能变化。例如，在资本所得税税率被降低时，计算不包括对增加的存款和投资是否可能推动经济进而增加联邦政府收入的估测。但它确实包括对因变卖股票和其他资产而兑现的额外资本收益的估算。

关于哪一种经济影响应该被测量的问题常被置于静态计算和动态计算之争的框架内。静态计算关注能被可靠估算的行为反应，但它不对总体经济表现变动进行测量。动态计算包括宏观经济效应，如国民产出的变化、就业水平和投资。这两种方法的区别可以非常大：静态计算通常认为较低的资本收益率会减少收入；而动态计算认为这样会产生更高的收入。（这一问题将在第七章详述。）

立法通常因为其能够改善经济表现而被推动。如果真是这样，为什么经济对预算的反馈没有被纳入计算之中？为什么没有在计算中加入经济影响的动态模型？那些反对动态计算的人提供了两个主要原因来解释为什么计算体系中没有加入宏观经济影响：第一，这些影响确实非常难以测量；第二，如果把它包括在内，将会为机会主义的计算体系大开方便之门，这会损害预算的可靠性。推至极致，动态计算可能会产生一些荒谬的结论：当联邦政府征税减少时能获得更多的收入，以及，联邦政府增加支出就可以花更少的钱。这就是1981年和2001年大规模减税后联邦政府面临高额赤字的原因之一。

预算计算的政治

计算并不是一个静态的操作，即预算专家要等到立法被提议或制定后才开始着手测算预算的影响。随着计算变得越来越重要，它从该过程的终端被移到开始。立法形成并影响计算，计算者在各备选方案引入前估测其成本。因为立法观念的变动，预算计算者和政客之间会产生很多幕后互动。游说团体和政府机关有时也会参与其中，试图说服预算专家按照他们的建议开展计算。

计算的秘密世界里有规则，也有先例，其中一些已经公布并为人所知（附录4－1），但针对一些特殊案例仍有一些特别的调整。“指纹规则”（附录中规则3）被管理与预算局和国会预算局用来把支出分成可选择性支出或直接支出。该规则指出，立法变化要计入报告该措施的委员会——如果一个拨款委员会报告了某法案，那么接下来的支出就是可选择性支出；如果是其他委员会生成这个法案，则属于直接支出。这条规则的目的在于防止预算控制的缺失，但它也会产生一些奇怪的计算结果。例如在1999年，一个立法委员会提议，只要财政年度开始时常规拨款法案未获通过，一项自动持续决议就将生效。尽管这项措施只涉及拨款，国会预算局还是将它计作5000亿美元直接支出的增加，因为它是由授权委员会报告的；国会预算局的计算阻止了这项议案的通过。

附录4－1　计算指南

3. 直接支出项目：在拨款法律中，对权利性法律或其他强制性支出法律的事实更改或限制将被视为违反国会众议院和参议院拨款委员会第302（b）款分配条例。出于国会预算法案（CBA）计算的目的，拨款法案和调节法案中都包括的直接支出盈余将被计入调节法案而非拨款法案……

6. 重新拨款：对预算授权中将要过期余额的重新拨款将被计入这些资金能够被再次使用的财政年度的新预算授权。

7. 提前拨款：对预算授权的提前拨款将被计入该资金可用（而非拨款被通过）的那个财政年度的新预算授权。

8. 非债务结余的废除（不结转的年终预算结余）：非债务结余的废除将被计作当前预算授权的减少以及该资金被撤销年度中支出的减少。

9. 责任拖延：拨款法案规定了资金可被用于履行责任的日期。这个日期决定了计算哪年的预算授权。如果没有规定日期，则假定该法案自颁布之日起生效。

如果新的拨款规定一部分预算授权直到未来某财政年度才能用于履行责任，那么这部分预算授权就被作为预算授权的提前拨款部分处理……

15. 资产出售：如果某项资产出售对政府的净财务成本是零或者负数（即结余），则应计数额就是在现收现付制基础上估测的每一财年收入和强制性支出的变化。如果政府成本是正数（即损失），根据国会预算法案（CBA）或国会预算扣押和控制法案（GRH），不计算来自该出售的收入。

资料来源：Office of Management and Bubget，“Appendix A：Scorekeeping Guidelines，” in *Circular A－11*，June，2006（www. whitehouse. gov/omb/circulars/a11/current _ year/app _ a. pdf）

（a）参众两院预算委员会、国会预算局、以及管理与预算局使用这些计算指南衡量1974年国会预算法案及其修正案的遵从情况，以及1985年平衡预算与紧急赤字控制法案（BBA）的遵从情况。

（b）这些指南的目的在于确保计算者根据既有惯例和国会预算法案、平衡预算与紧急赤字控制法案关于选择性支出、直接支出和收入的要求，测量立法的预算影响。

（c）任何规则作出变动之前，必须取得所有计算者的同意。只有经过计算者磋商后，新的账户或活动才能被归类。除非所有的计算者都同意，否则不能对账户和活动重新归类。

当国会进行预算交易时，它会不时暂停这项指纹规则。一个这样的案例发生在1998年，涉及1999财年的综合拨款法案（专栏5－4），该综合拨款法案在国会与白宫的高层协商中制定，在一个方案中打包了8项拨款法案以及许多授权性立法。若严格执行指纹规则，该立法条款应被计为选择性支出，但国会授意国会预算局将它们计作直接支出。

计算规则有时会被调整以适应政治利益。20世纪80年代，当计算规则最初成形时，资产出售所得不计为收入；在测量预算影响时，这些额外的收入被忽略。这条规则认识到，政府财务状况不应因为资产的出售而改变，因为这仅仅是资产形式的改变，从一形式（比如地产或者期票）转变为另一种形式（比如现金）。然而到了90年代，这项规则改为记录资产出售的盈余，而不计损失。

当利益集团为了削减税收或者增加支出游说国会时，该提议仅被国会议员认可是不够的，它还必须得到一个好的分数。一些前预算和拨款委员会工作人员正在就如何构建立法提案影响计算提供专业建议。这一游戏的参与者包括两党，包括立法部门和行政部门。有的策略仅适用于直接或选择性支出，有的则两者都适用。虽然有种种不同，但这些策略大致可分为两类：一类是使钱消失（增加支出或削减税收）；另一类则是改变交易时间。接下来的讨论针对支出，但类似的策略同样可以运用在收入立法构建过程之中。

选择性拨款

支出上限促使国会重新安排拨款，使它既能花出更多钱，又可以声称未超过规定的上限。支出上限越紧，越会促使国会极力避开它。接下来的论述将解释一些被用来减少选择性支出计算结果的策略。国会和总统在1999年（为2000财年的拨款）运用了很多这样的策略，因为当年选择性支出上限和支出压力之间存在很大差距。

紧急支出

紧急支出，这个简单有效的方法已成为预算执行规则中的一个重大漏洞。一旦总统和国会想要花费超出支出上限的钱，他们就会把过量的支出定为紧急支出，因为紧急支出的预算授权和相关支出在上限之外。没有任何的标准或者评价被用来确保额外支出确实是用于处理紧急事件，比如全国性的灾难救援。如专栏4－2和专栏5－4所述，一笔210亿美元的紧急支出被塞入1999财年综合拨款法案以解决预选僵局，还有额外的150亿美元由当年补充拨款提供。同样的手段在2000财年的拨款中被再次用到，因为拨款限额内已经没有资金空间来维持现有项目的运作并全力支持优先项目；国会和总统把200亿美元，包括用于宪法规定的十年人口普查项目的资金定为紧急支出。

专栏4－2　规避支出上限：1999年的紧急支出

一项自1999年开始为飓风救援提供常规紧急补充拨款的法案因为超出选择性支出上限150亿美元而告终结。规避资金上限并不是一项特别困难的任务，因为预算执行法案没有定义“紧急事件”；只要总统和国会需要，任何事情都可以成为紧急事件。然而，这里也埋藏着政治地雷；白宫和国会山不得不分享紧急支出带来的好处，想要用其他方面经费的削减来抵消额外开支的立法提议必须被清除，国会还必须将可能遭到总统否决的立法附加条款减至最少。

1999年立法会议召开时，一个最近的先例指导着立法和行政机关穿越预算迷宫。就在几个月前，国会与总统成功谈妥了一项包括多项内容的综合拨款法案，以此结束了1998年的会期，这项拨款法案包括了210亿美元的紧急补充支出（见专栏5－4）。在1998年10月获得通过后，进入新财年仅仅三个星期，这一措施就以总统克林顿要求90亿美元的紧急支出而开始；共和党人在其中增加了一系列总成本达50亿美元的优先项目清单，国会的民主党人又在这一基础上增加了60亿美元。

不过支出的狂热还不足以满足政治胃口。在政治上，紧急支出会产生更多的紧急支出。支出的压力逐步上升：克林顿正在寻求另一项30亿美元的紧急支出资金，收入不断涌入国库，预算盈余不断增长，农民们吵着要求额外补助，飓风侵袭了中美洲的国家，以及美国承诺为以色列—阿拉伯的和平协议提供资金。

国会中的共和党人（因其在上一年度支出狂热中的热心参与而染上污点）开始了对补充拨款的立法审议，要求额外支出需通过其他项目资金的削减来抵消。参议院拨款委员会主席泰德·史蒂文斯（R–Alaska）主张“出于抵消国防支出的目的，只有国防资金（应该）被废除；同样，为了平衡非国防支出，只能使用非国防账户。”然而，克林顿继续认为额外支出是“紧急的，意料之外的，必要的”；因此，它应该“被迅速而全面地提供资金，并且不应要求任何会导致其他重要项目资金减少的抵消措施。”他督促国会“不要为法案增加无关的授权，特别是狭隘的、令人不快的附加条款，这只会产生争议，以及对法案中急需的援助造成不必要的拖延。”

尽管参众两院都不理会克林顿的要求，但他们同时通过了截然不同的法案。众议院法案的成本是参议院法案的一半，并且列出了不同的废除项目。众议院把许多支出定为紧急支出，而参议院则提议对此前制定的综合拨款实施全面削减。克林顿批评了这两个法案，并威胁如果这些抵消措施仍保留在法案之中，他将使用总统否决权。

在参众两院的矛盾通过协商解决之前，美国开始了在巴尔干地区的军事行动，导致总统又申请了另一笔60亿美元的紧急支出。有了这些可以排除法定抵消措施的补充拨款，众议院拨款委员会启动了一场竞标战来提高国防支出。在为数十个五角大楼没有申请的项目增加资金后，该委员会报告了一个130亿美元的紧急补充拨款。众议院发言人丹尼斯·哈斯特尔特（R–I11）对委员会的行为进行了辩护，声称军方在克林顿总统主导的为期六年的预算削减下，财务已经出现“亏空”。对他来说，总统再次要求国会“抵制增加不相关支出的诱惑”。尽管如此，超过半数的众议院民主党人与共和党人联合起来，以压倒性的多数通过了这一法案。

参议院并没有受到军事补充拨款的困扰。相反，它选择在协商中获得它想要的。参众两院会议做的第一件事就是把军事补充拨款打包进飓风救援法案，实际上传达给克林顿这样一个信息：得到后者的代价是接受前者。

在协商会议上，共和党与民主党参议员为法案中大多数代价高昂的附加条款争论不休。参议员佩特·多米尼奇（R–N. Mex.）想得到一个针对石油和天然气公司的5000万美元的贷款项目。为了不被超过，参议员罗伯特·伯德（D–W. Va.）为钢铁企业提出了10亿美元的担保贷款。随着南方阳光地带合作的形成，参议员鲍勃·格雷厄姆（D–Fla.）和凯·贝利·赫金森（R–Texas）主张一项条款，允许各州无限制使用烟草协议资金中的2460亿美元。在玉米和小麦生产的和谐景象下，民主党参议员汤姆·哈金（Iowa）和拜伦·道根（N. Dak.）为针对农民的50亿美元紧急补助进行游说。除了这些支出项目，大量立法的附加条款在协商中被提出，牵涉到阿拉斯加州的捕鱼权、联邦土地上的废弃垃圾、濒危的银白鱼和阿拉巴马鲟鱼等问题。

不出意外，国会中一些未能有幸坐在前排的议员对发生的事情感到失望。代表詹姆斯·里奇（R–Iowa）说，“紧急补充拨款不该成为那些平常会受到很大质疑的措施通过的手段。”但是参议员帕特·罗伯特（R–Kans.）对为什么这些附加条款被放在补充拨款中做出了解释：它“是我们目前可以采取的唯一措施。”

这是拨款协商会议第一次被电视转播，让观众可以一窥妥协达成和立法通过背后的合作与让步。众议员兰迪·坎宁安（R－Calif.）说“大多数观众……被震惊了，它使‘好政府’这个词成为一个矛盾。”很多有争议的条款以及一些附加的支出在协商中被遗漏，但最后达成的一致是150亿美元。参议员斯蒂芬用“紧急支出”这块遮羞布来向他的同事保证，“这笔额外的资金在美国的国库中将会很安全，并且只有总统确定紧急事件存在时才能被使用。”克林顿感谢国会提供了补充拨款，感谢国会保证了政府“将会继续在美国家庭需要时为他们服务。”

在克林顿的领导下，民主党人赢得了90年代紧急支出的争夺赛；他们既因为财政上的谨慎而大获好评，同时也为受欢迎的项目保住了更多的资金。有时，国会中的共和党人认为紧急支出款项应该由其他选择性支出的削减来抵消，但是，他们并没有持续遵从这项政策。通常在被对方的策略打败后，他们也只能勉强赞成增加紧急支出，而有时则是在增加了数十亿国防资金之后。

抵消

使钱“消失”的第二种方法是，通过废除先前的拨款或增加来自使用费或其他资源的抵消收入来抵消某些支出的增加。这就是为什么20世纪90年代国会发起的撤销案数量上升的原因之一（参见第十章）。例如在1999年，一些共和党人提议废除拨付给各州而未支付的数十亿福利资金，以抵消国会超出上限的拨款。尽管各州的抗议阻挠了废除案的通过，这个案例还是说明了资金抵消的操作方式。

在国会预算执行法案规则的指导下，拨款抵消理应只能在选择性资金账户中实现；任何其他抵消将被计入量入为出预算。不过，国会和总统有时会通过劫掠量入为出账户以增加选择性支出。从1992至1998财年，有近百个案例，其中强制性支出的减少被计作对选择性支出增加的抵消。一个这样的案例发生在1998年平衡预算事务上，把出售无线电台得到的30亿美元转移到预算的选择性部分。另一个案例发生在1997年，按揭保险改革资金中的10亿美元被用于抵消收入。克林顿忽视了其2000财年预算中建立的防火墙，其中他提议的拨款已经超出选择性上限数十亿美元之多，但是可以用新增的烟草税来抵消。克林顿的新方法使国会中的共和党人处于两难境地——或者投票同意增税，或者投票反对教育支出。共和党人试图通过把常规支出变成紧急支出从困境中脱身。

受指导的计算

通过指导国会预算局的计算者利用管理与预算局的假设进行计算，可以做到让钱“消失”。此前提到，国会预算局与管理与预算局相比更倾向于采取较为谨慎的假设；这样，如果采用管理与预算局的估测报告，国会看上去就可以比原先支出更多。因此，预算委员会指示国会预算局在计算一些特定的拨款时采用管理与预算局的假设。对国会来说，一个相关的策略就是作出单方面的计算调整，如减缓支出率或加速收入流，这些策略有助于减少总的预算授权和支出。在一些案例中，国会在管理与预算局和国会预算局的假设中做出选择，从每一方中挑出拨款成本较低的选择。

上述这些策略的目的是让拨款消失；接下来的这些策略则用来推迟对它们的计算，直到未来财政年度。

提前拨款

计算指南的第七条规则（参见附录4-1）规定：提前拨款被计作资金生效那一财年的新预算授权。此规则使国会在一个年度进行拨款，计算的却是未来年度的支出上限。这一策略对补助项目来说很有吸引力，因为联邦的财政年度与州和地方的财政年度并不重叠。联邦财政年度从10月到下年9月，而很多州的财年却从7月到下年6月。

国会在1999财年开始较多地采用提前拨款，在随后年份用得更加频繁。在避开某一年度的上限后，提前拨款会使下一年度支出保持在限额以内变得更加困难。例如，如果国会在提前拨款中提供100亿美元，结果将导致下一年度限额内可用资金相应减少。使用提前拨款潜在寄希望于国会迟早会提高上限，提供更多支出。近年来，参众两院把提前拨款的额度包括在年度预算决议之中，并且详细规定了这些提前拨款要供给的单个账户。

克林顿的2001财年预算还保括了隐藏提前拨款的预算影响的另一种方法。他提议，上一年度做出的140亿美元的提前拨款应移回2000财年。在此策略下，这140亿美元既不会计入它获得通过的2000财年的上限，也不会计入支出产生的2001财年的上限。政府又得到了140亿美元可供开支，而总统和国会都可以一本正经地声称他们的支出没有超出预算上限。

拖延承诺

这一策略被用于2000财年对国立卫生研究院和其他部门的拨款之中，这些拨款中的一部分在该财年的最后几天从法定承诺中被扣除。尽管新预算授权在拨款发生那年被计算，但这些支出被拖延至下一年。当支出上限比预算授权更紧时，这个方法便可以发挥作用了。

拖延支付

与拖延支付相关的实践是在拨款法案中声称一些支付将被拖延至下一财年。效果是降低预期支出率以及与拨款相关的支出量的计算。在2000年，一些政府工作人员和军职人员原定于9月最后一个星期六的工资发放日被延至下一财年。仅拖延支付一天，就可以把超过40亿美元的支出转移到2001财年。

支出上限的有效性

相对于之前没有拨款上限的十年，以不变美元计算的非国防类选择性支出（包括国内国际活动）在20世纪90年代的拨款限额下进展顺利。这些项目在80年代减少了9%，但是在接下来的10年又增加了19%。图4-2说明2005财年实际的非国防类选择性支出（4050亿美元）远远高于罗纳德·里根推动社会项目削减运动之前的水平（1980财年的2950亿美元）。尽管预算的这一部分有资金量上的增长，但作为GDP的一部分，它却没有得到恢复；非国防类选择性支出在1980年占GDP的5.2%，但在25年后仅占3.9%。

大多数非国防类项目的增长是以牺牲直接支出的另一个主要部分——国防支

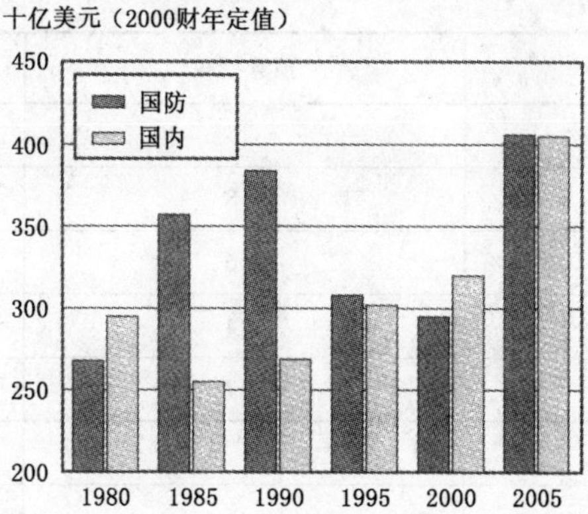

图 4 - 2　1980—2005 财政年度以五年为间隔的选择性支出[a]

资料来源：*Budget of the United States Government*, *Historical Tables*, *Fiscal Year 2008*, table 8.2, p. 134.

a. 非国防类包括国际项目。

出来实现的。根据通胀做出调整后，2000 年国防支出比十年前少了 890 亿美元。国防力量的急剧减少反映了这一下降。20 世纪 90 年代，军队失去了 18 个现役师级部队中的 8 个，空军解散了几乎一半的现役战术编队，海军解散了百分之四十以上的舰队，五角大楼解散了三分之一（近 100 万）的文职和现役军人。与支出上限相比，冷战的结束显然对非国防类选择性支出造成了更大的影响。不考虑支出上限，如果冷战继续下去，可能就不会在 1998 年或接下去的几年里出现盈余。

在 20 世纪 90 年代的大部分时间里，总统和国会设法在选择性支出上限以内存在，但这一约束无法承受收入猛增和经济扩张的好年代。克林顿推动国会投票赞成选择性拨款的小幅增长，并且承诺要控制预算以及减少政府规模。尽管绝对数额规模庞大（选择性支出从 1997 年的 5490 亿美元增长到 2000 年的约 6180 亿美元），但对于实现平衡预算来说这一数字还是太小。在赤字被清偿之后的一年，克林顿和国会采取多种措施，比上限规定多花了 490 亿美元（表 4 - 8）。在接下来的 2001 财年预算之中，克林顿把这部分金额定为"由其他选择性方案融资的支出"，并且提议把 140 亿美元的提前拨款和一些资金转回 2000 财年。

表 4 - 8　　超出限额的支出：2000 财年拨款　　单位：十亿美元

策　略	预算授权	实际支出
指定为紧急支出		
国防部门的运作和维护	7.2	5.4
十年一次的人口普查	4.5	3.8
国防部加薪	1.8	1.8
早教计划	1.7	0.9
其他	8.5	2.6
紧急支出小计	23.7	14.3

续表

策　　略	预算授权	实际支出
抵消		
联邦储备盈余转移	3.8	3.8
加速系列拍卖的收益	2.6	2.6
其他	2.4	2.5
抵消小计	8.7	8.8
拖延责任和拖延支付		
拖延支付	…	3.6
国防项目支付	…	1.3
国立卫生研究院	…	0.9
其他	…	0.8
拖延责任和拖延支付小计	…	6.5
2001 财年的提前拨款		
住房认证基金	4.2	…
特殊教育	3.7	…
培训与就业服务	2.5	…
学校质量改善项目	1.5	…
儿童和家庭管理	1.4	…
其他	1.1	…
提前拨款小计	14.4	…
总　　计	49.3	29.8

资料来源：Office of Management and Budget，*Final Sequestration Report*，January 25，2000，table 2，pp. 4 – 6.

a. 由于四舍五入，数字加总可能与总计有出入。

正如对漏洞提高的信任所显示的，支出上限的运作并非完美。但政治家有强烈的动机去完善它，因为支出上限能促成财经纪律的出现。截至本文写作时，布什总统已经提议把上限再延长 5 年（到 2012 财年）。虽然还没有做出最后决定，但这是一个使支出上限能够被延用的好机会，或者通过预算决议每年做出延长决定，或者通过法律延长一段时间。未来支出上限的有效程度取决于预算的状态。如果预算吃紧，支出上限在限制联邦财政支出上会扮演突出的角色。如果预算收入充足，一部分资金将不可避免地被用于扩张联邦项目。

直接支出

接下来讲到的大多数策略均能被同时用于选择性支出和直接支出。下面的段落将详细讲述一些方法如何被用于影响对直接支出的计算。

后置支出增长

在计算中剔除支出增长的最简单方法是做出安排，使其在基线覆盖期之外继续生效。这一策略使得医疗补助项目在20世纪80年代后期以及90年代初期的大规模膨胀变得容易操作。这次膨胀在超过十年的时间里逐步展开，最终却没有被算作支出增长。该方案被制定时，膨胀的第一年就已经在基线覆盖期之外了；当这一年度最终被放入基线期时，膨胀已经获得了现行法律的授权。随着基线被延长至10年，让新的支出消失变得更加困难。不过，国会仍然可以通过将一部分支出增长安排在基线期末生效来减少额度。

抵消

根据指纹规则的规定：直接支出增长的抵消来自收入或者事实立法，而不是拨款委员会在其管辖权下采取的措施。有时国会会利用医疗保险和医疗补助之间的差异，通过小幅减少前者的支出来增加后者的支出。因为联邦与各州分担医疗补助责任，联邦政府需支付该项目总成本近60%。不过，它需要支付全部的医疗保障费用。这就意味着医疗保障中1美元的削减会为医疗补助预算腾出将近2美元的空间。典型的医疗保障削减包括把给供应商的支付减少到基线水平以下，同时增加保费或延长保期；它很少涉及服务项目的削减。

评估量入为出的影响

为了评估量入为出的影响，除了考虑计算规则和用来减少计算结果影响的策略以外，还必须评估法定的和基于规则的量入为出操作的预算和政治语境。鉴于直接支出变化的计算与基线有关，国会和总统能够为支出的削减腾出空间，通过运用基线上升的假设，这样的支出削减就不会破坏项目活动。这样的策略在医疗保障项目上被反复利用，在计算的削减中生成了数以亿计的美元，却没有造成保金的明显减少。尽管被公布的削减计划中所声称的资金结余是虚幻的，而且对联邦支出通常只有很小的净影响，但是它们却被用来抵消因保金增加产生的成本。

量入为出也已经显著地影响了国会的行为。尽管它不能阻止新的支出或收入立法的通过，但是它能够改变国会政策的类型。以贫困儿童家庭补助法案（AFDC）形式出现的福利项目从敞口的权利性项目变成固定的总额补贴，重要的变化发生在资格认定规则和项目救济之中，它们的目的在于让受助人能从接受救济转向工作。当这些改革法案在1996年制定出后，官方预计在6年内会结余540亿美元。但是，由于福利参与者高出预期地急剧下降（1998年的受助人数比1993年减少了650万），福利改革增加了支出（超出旧项目继续执行所需资金）。对农产品价格的支持也被彻底检查，但预计的结余从未实现。无论何时农业部门陷入麻烦，国会和总统总会为之注入数以亿计的紧急支出。

通过限制新的直接支出立法，以及让政府能够更容易地留住收入红利（量入为出对收入立法的影响将在第七章深入讨论），量入为出可以帮助清除预算赤字。在收入猛增的20世纪90年代，尽管出现了盈余，联邦收入也随着GDP大幅上涨，克林顿还是熟练地运用量入为出来阻挠共和党大幅度减税的要求。然而，如果没有克林顿的强力反对，量入为出不足以阻止全面减税提案，这一点可以从克林顿的继任者布什总统签署全面减税法案中看出。

当政治遭遇经济

总统和国会是经济表现的“人质”。因为预算制定时，未来的经济状况是不确定的，那么在收入和支出预测中就会产生一些错误。但是，由于预算计划建立在假设基础之上，于是便有了一个构造比计划中所保证的更为乐观的未来经济状况的动机。这样的偏差发生在20世纪80年代初，当时里根政府预测繁荣的经济会为税收削减提供资金，同时保证支出的增长，80年代后期又再次发生，当时《格兰姆—鲁德曼—霍林斯赤字削减法》威胁：如果赤字超出法案规定的上限，将自动取消预算资源。里根通过假设经济前景会更好，赢得了更多的税收削减，国会和总统通过公布一个比事实所示更有利的经济前景，避免资金被扣留。

即使并未出于政治利益对经济预测进行操纵，预言经济衰退何时到来，影响多深，持续多久，这些均极为困难。通过对预算近50年的观察，作者举不出任何例子来证明预算能够预测未来的经济衰退或正在进行的经济衰退的恶化。

20世纪80年代的失误足以对90年代的政治家起到警醒作用。在从1991年开始到20世纪末的长期经济扩张之中，总统和国会预算局再三低估了经济增长率以及由此产生的收入。低估部分源于经济出人意料的坚挺，另一部分则来自谨慎的预算。不论原因何在，经济表现胜过预算计划的事实有助于清除赤字。

经济对预算有最终决定作用。经济增长率和预算结果之间存在很大的相关性。持久快速的增长与小额赤字或盈余相联系，较慢的增长伴随着长期的赤字。最近的预算历史教给我们这样一个道理：在经济不景气的时候，削减开支和提高税收不能有效地消除赤字。只有当经济状况足够景气，渐进的收入增速快过支出增速时，预算才能脱离赤字。

但这并不是唯一的教训。第二章提供的证据清晰地说明了政策的重要；预算决策也会影响经济表现以及赤字或盈余的规模。稳定预算需要现实主义的经济假设和财政政策。这两者都没有在20世纪80年代出现，却都在90年代出现了，但是后者又在新世纪初期消失了。当政治遭遇经济时，并不总是前者让后者变坏。对经济良好的感觉促使政治家们做正确的事，这种情况时有发生。如果不是这样，政府的财政状况将会恶化。

小　结

随着预算实施已经变得更加正式，财政规则也愈发详尽，曾经由谈判协商解决的事项如今也常常被法律代替。一些数字是政治性的，它们从属于那些制定或实施预算的人的偏好。另一些数字是经济性的或者程序性的；它们从属于影响预算的外部因素。预算中的许多条目均由三种类型组成。当预算指出，一笔支出将用于食品券项目时，估测的基础是交易的时间、交易确认的技术规则，对食品券享受人数预测的政治影响，以及对参与者应享受福利的程序性要求。

当很多数字在预算的隐蔽世界中被编制时，技术性的考虑常常居于主导地位。但是在公开场合，政治的力量会跃居幕前，相对于技术性规定的严格执行，政治家通过在预算边缘的活动来获得比严格应用技术规则所允许的更多的支出或税收削减。尽管这些只占总额的几个百分点（或者更少），但这是预算的政治战场。它们代表了年复一年渐进式的变化，代表了共和党人与民主党人的区别，也代表了总统和国会之间难以把握的妥协。在预算这场战争中，每一阵营都装备了数字武器，这些数字相互不一致是因为政治斗争的双方不一致。然而到了最后，只有当总统与国会双方的政治计算汇总出了相同的数字，才可以实现预算和平。

第五章

总统预算

美国宪法并没有要求总统编制一份预算，对政府财政的收入与支出提供建议。尽管如此，预算早已成为总统常年需要完成的一项义务。预算也是总统用以设立立法与项目目标的最重要政策工具之一，同时规划出国家的财政进程。在每个国会立法会期的初始阶段（通常是二月的第一个星期一），总统会向国会提交一份年度预算案。这份行政预算案对未来五个甚至更多财年的支出、收入以及其他财政数额进行估算。预算案还包括了与上述有关的当前经济运行状况与预期的未来经济表现两方面估算数据相一致的政策建议与立法建议，并提供了联邦部门与项目财务方面的详细信息。

正如第二章所详细描述的那样，1921 年颁布的预算与会计法案为总统预算系统提供了合法基础。在这项法案颁布之前，联邦政府没有一套综合性的预算系统。当时，各部门会将财政规划提交给财政部部长，财政部部长再将这些规划编制到一份年度评估报告书中。总统并没有正式参与上述过程，尽管有时白宫会通过干预性的行动影响国会的收支决定。通过要求总统每年制定并向国会提交收支评估报告，1921 年预算与会计法案使总统开始对国家预算负责。这一法案成立了预算局，即现在的管理与预算局（Office of Management and Budget, OMB），来帮助总统制定与执行行政预算。尽管已被修订过多次，这项法案仍然是总统预算权力最为重要的合法性来源。法案规定了一部分预算的形式与内容，并界定了总统与相关支出部门在预算过程中的责任。

总统预算案只是向国会的一项请求。联邦部门既不能根据总统建议支出，也不能根据建议启动项目。国会不一定要采纳总统的建议，而且它通常会在拨款与法案通过的过程中对总统的建议作出上百项更改。不过，总统的建议往往还是国会收入与支出行为的起点。然而，总统在这方面的影响程度每年都有所不同，取决于当年的政治、经济环境。

总统的角色与风格

预算与会计法案赋予总统的正式角色并不能完整说明总统对预算过程的参

与。每一位总统就职时都带有个人特质，以及他们的政治技巧和劣势。有的总统对财政事务充满了兴趣，并对收入与支出政策的制定持欢迎态度；有的总统则让自己与预算以及预算之中不计其数的决策与细节保持距离。有的总统拥有强烈的项目野心，这种野心只能在总统依据其个人喜好而推动预算形成的行动中被发现；有的总统则会限制那些现有预算已经可以满足的项目。有的总统会避免年度预算与拨款周期之间发生冲突；有的总统则把这种冲突看作推进其项目目标实现的必要手段。

对比尔·克林顿总统与最近其他几位总统所作的一项比较显示出几位总统在其预算风格与角色上的显著不同（见专栏 5－1）。克林顿并不是为了成为美国首席预算官而竞选总统的。在 1992 年第一次参选时，克林顿集中关注国内问题：就业、经济、教育以及医保。但在当选之后，他使预算成为 1993 年最高级别的立法优先项。在此后的总统任期里，克林顿再次对预算事务优先立法。1995 年他挫败了国会中新的共和党多数为大规模削减各种国内项目所做的种种努力。并且在 1997 年，克林顿与共和党达成了一项协议，包括适当的支出增加，一些减税法案以及对克林顿使用信贷来平衡预算的许可。克林顿对预算的参与程度（向国会提交变革导向的预算，并在国会提出与其预算偏好相左的议案时积极行使否决权），极大地展现了其个人性格与政治考量。

克林顿的前任，乔治·H. W. 布什，却在很大程度上远离预算过程。布什把制定、协商主要预算政策的任务交给了老练狡猾的管理与预算局局长理查德·达尔曼（Richard Darman）。事实上，布什是二战以后唯一一位没有在其提交的预算中放入一些能够传达其主要政策信息的总统。取而代之的是，达尔曼负责签署预算中的那些政策陈述。布什也在 1990 年到 1991 年间发生较缓的经济衰退时袖手旁观，并在 1990 年被诱导签署了一项增税法案。这项法案严重偏离了他此前多次强调的“不加新税”的承诺（见专栏 5－1）。但这位总统为他远离预算的行为付出了政治代价。他在 1992 年美国总统大选中败北，并且从未因为采取重要措施削减赤字而获得政治认可。

他的儿子在 2001 年就职总统，开辟了一条与前两任总统都不同的预算道路。与他的父亲相反，乔治·W. 布什积极投身于预算事务，并主要关注账目中的收入部分。与克林顿的不同在于，布什总统在任期之初对支出事务几乎不感兴趣，并且很少在支出问题上与政府部门负责人或者国会领袖协商。很多观察家认为，总统对预算不平衡的关注导致了不平衡的预算结果。屈服于强大的总统压力，国会在 2001 年和 2003 年削减了联邦税收；然而，布什又让国会制定通过了大幅增加联邦支出的法案。在他第一个任期内，乔治·W. 布什的主要支出兴趣在于把医保项目的覆盖范围扩大到处方药。他的立法胜利显示了总统在愿意利用职位便利来改变收入或支出政策时的预算影响。

然而在他第二个任期里，长期大规模赤字、共和党内部的分裂以及 2006 年国会选举迫使布什对联邦支出增长设立更为严苛的限制。不过布什一般只是限制拨款总额，或者限制提供给追加拨款的额外资金，而不是去处理项目问题或支出明细。

专栏5－1　预算协商时代

里根总统任期：导致1982年增税减支法案颁布的非正式协商

“这一群人［白宫助手与国会成员］在布莱尔大厦、吉姆·贝克的家中、布什副总统的官邸以及其他各种非正式的地方组织团体会议，以求将会议隐瞒在公众舆论以及政府与国会其他成员的视野之外。等到一整套建议被最终呈递给总统［罗纳德·里根］时，它实际上已成为既成事实——这个所谓“过程”给予我们的东西。总统与不在上述群体中的内阁成员和高级顾问一起听取了TEFRA法案（1982年税赋公平与会计责任法）提案的简报，与国会领袖一同参加了决策会议。但整套立法建议以这样的一种势头不断推进（无论是在新闻媒体上还是在国会两党之内），即这套建议的实施在事实上不可能被停止，甚至内容修改也是不可能的。”

乔治·H. W. 布什总统任期：导致1990年调和法案颁布的正式协商

“总统［乔治·布什］在这个下午与国会预算谈判代表们进行了一小时四十分钟的会面，考虑制定联邦预算，该预算计划在多年期的基础上大幅削减赤字，保持经济持续增长，强化预算过程并避免未来可能发生的僵局会带来的经济与程序性影响。总统与谈判代表一致认为尽快达成共识非常重要。总统讨论了进行高层会谈的原因……总统在他的开场白中总结道：‘美国人民已经厌倦了看到预算过程年复一年地失败。他们将欢迎我们进行这一正确的工作，同时欢迎我们对预算过程进行修正。’

国会领袖们则在他们的开场白中表达出对达成一项成功和解的兴趣，并都指出了行政与国会这两个政府分支在达成协议上共有的责任。”

克林顿总统时期：导致1995年到1996年政府部分机构关闭的失败协商

“在周六与一些部门间选出的民主党参众两院议员进行了一次非常好的会谈之后，总统［比尔·克林顿］一直在努力工作以验证我们是否真的无法在打破僵局、推动平衡预算讨论前进的目标下构建出一些预算议题。我们已经开展了一些很好的会谈。在民主党核心存在着几种不同的观点，但总统正在结合民主党核心内的所有观点来努力工作，以验证我们能否找到一个更加一致的预算路径。并且，我们为已经进行过的讨论感到鼓舞。

总统个人在这个方面已经做了大量工作。就像你们所了解的那样，总统在周六与民主党成员进行了一次长时间的会谈。并且，我们坚信这次会谈对于推动平衡预算讨论，取得美国人民所期望的结果非常重要、事关重大……

总统已经有了一些他很乐意在未来考虑的想法。但这必须是一种协商，让双方都可以在其中表现出灵活性。当然，没有人会质疑总统的灵活性，质疑总统解决国会中共和党多数关心的问题的意愿，质疑总统接收共和党人关注的平衡预算时间表的意愿。但迄今为止，我们没有看到任何证据表明共和党人的灵活性，以使他们认识到总统优先事项的重要性。”

乔治·W. 布什总统任期：导致2001年大规模减税法案通过的战争

“总统明天将前往伊利诺斯州的芝加哥。在那里，他将发表演讲，说明他的预算与税赋计划，讨论经济发展的重要性以及我们如何共同应对当前经济。美国经济在过去十年中发生的一个有趣的现象是：不断增长的投资阶层（即当前在市场上进行投资的数量激增的美国中产者）拥有共同基金和其他投资。

还有另外一点可以说明我们是如何共同面对经济的。市场往往是暗示经济未来发展或走向的首要指标。总统相信他的经济计划可以帮助美国经济，而他明天将在芝加哥的交流性会议中大致介绍这项计划。

总统将继续与国会成员会面，就他的经济计划与国会成员进行讨论。我们期待着众议院周四的投票。我们希望它能成为一个非凡的时刻，一个将缓解美国人税负的重要日子。同时，我们很高兴能与这样一个愿意采取行动的国会合作。”

资料来源：Edwin Mess Ⅲ, *With Reagan*: *The Inside Story* (Washington, D. C.: Regnery Gateway, 1992), p. 145; Office of the Press Secretary, White House, "Statement by Press Secretary Fitzwater on the Federal Budget Negotiations," May 15, 1990; Office of the Press Secretary, White House, "Press Briefing by Press Secretary Mike McCurry," December 18, 1995; Office of the Press Secretary, White House, "Press Briefing by Press Secretary Ari Fleischer," March 5, 2001.

就像在其他国家政策和总统行动领域一样，在预算领域，作为首席行政长官的克林顿总统与两位布什总统都不一样。每一项预算都带有克林顿总统的痕迹：他积极参与预算政策的制定，充分了解争议事项的信息，对联邦项目的重要细节都很熟悉（见专栏5-2）。克林顿总统根据政府的规模与发展方向、税法的内容结构以及政策措施的架构来作出决策，他花时间来掌握预算明细，与部门负责人会面并讨论该部门的预算，并着力解决一些经过管理与预算局审查之后仍然存在的问题。

克林顿并不是第一个按照其个人意愿打造预算的总统。鉴于罗纳德·里根成功实现了在收入与支出方面的重要变革，可以说这位前总统在1981年（他就任总统的第一年）在预算上深深地打下了他的烙印。就像克林顿一样，里根也必须竭尽全力使他的预算获得国会通过。但在政策偏好上，两位总统的取向则截然相反。里根减税，克林顿增税；里根大幅度增加国防支出，削减社会项目，克林顿则削减了实际国防支出并增加了对社会项目的投入。不过这些意识形态不同的总统们却都采取了非常相似的方法来处理预算。上述两位总统都深知，政治上的成功仰仗于就职后立刻改变、重塑预算政策，并力求让国会通过总统希望通过的绝大部分法案。两位总统都将大量的时间与政治资源投入预算之中，并且都努力争取赞成票，帮助他们以微弱的优势获得预算胜利。

预算的一次胜利没法支撑整个总统任期，早期的胜利也不能确保这样的结果会持续。每一年都有一场新的预算战斗等待着总统——这也是总统促使国会通过他的要求的机会。里根总统头八个月的预算闪电告捷以及立法胜利之后，是超过七年的政治冲突与预算僵局。在克林顿总统预算大捷后那年，即1994年，他遭受了其任内最为惨重的立法失败——医保改革法案遭到国会否决。克林顿与国会在僵局中结束了1995年的预算周期，僵局的延续导致一部分政府机构关闭。类似的冲突在接下来的几年里又再度发生，但双方都努力弥合分歧，尽管他们都没有放弃最重要的目标。

很多总统在上任时都把预算看作一个推动政策议程的有力工具；但很多总统在卸任时，却认为预算成为阻挡其政策变革的一个阻碍。当他们的总统岁月日渐增加，总统们更多地意识到预算过程是过去决策的积累，而非讨论制定新决策的论坛。因此，特别是最近的几任总统，相比任职后期，他们都在任期的前几年提出了更多的预算申请。随着兑现过去承诺成本的激增以及政治资本的逐渐减少，总统们收敛了他们的预算野心，满足于现状或渐进的预算。

专栏 5-2　克林顿总统在 1995 财年预算编制中的角色

管理与预算局局长利昂·潘内达的评论：

“就像［总参谋长］马克·麦克拉蒂所述，昨天总统完成了 1995 财年预算的最终决策过程……最初，我们在 11 月 29 日与总统进行了两个小时的初步会晤。会晤之后，总统花了大约十五个小时的时间来与内阁的每一位成员以及主要部门的负责人会面，讨论他们的预算问题。在这一过程中，总统会见了 21 个部门与机构的负责人。这些会议从 12 月 2 日开始，并在上周五，也就是 12 月 17 日结束。

总统与部门负责人进行这样的会面是前所未有的。过去通常是在一部分决策已经作出之后，总统才根据上诉情况与合适的内阁成员会面。然而克林顿总统认为，每个部门能够将他们的预算情况呈递给总统，并在任何最终决策作出之前而不是之后与总统讨论这些关键性的问题，是非常必要的……

我将会在汇总各部门预算的会议开始时做一个展示，然后讲解那些希望获得总统关注的主要问题。之后，相关部门的长官将被允许就预算事宜进行解释。这之后通常有一个提问环节，然后还有一个讨论环节。这些会议由白宫工作人员和 NEC［国家经济委员会（National Economic Council）］的代表参加。

会议后，总统在这一周［12 月 20 日与 21 日］花了整整六个小时时间来处理这些［在部门会议期间被提出来的］最终预算问题，并在昨天作出了最终决策。管理与预算局和总统一起处理各种宏观的、具体的议题。这些议题中既有涉及特定部门的，也有涉及整个政府层面的。这一过程的正式内容包括与总统 23 个小时的会谈。

目前，预算过程已经基本属于技术阶段。因为各种数据基本上都已反馈给了各个部门与机构。各部门与机构再将这些决策转换成数以十万计的数据写入预算。之后，［我们在管理与预算局］对这些数据进行最终梳理，确保我们在 2 月 7 日提交最终预算时数据之间没有冲突与错误。”

资料来源：Office of the Press Secretary, White House, “Remarks by OMB Director Leon Panetta,” December 22, 1993.

即使总统取得了早期的预算胜利，接下来要获得成功依然非常困难。总统们可能会像 1981 年所发生的那样，在推动国会议员为削减开支法案投票时用光他们的政治声誉；或者可能会像 12 年后发生的那样，为了增加税收而耗尽他们的政治信誉。他们无法反复要求国会议员的忠诚，这些议员支持总统的预算偏好，就是以自己的政治生涯为赌注。1981 年夏天，成功进行了影响深远的预算变革之后仅一个月，罗纳德·里根总统就在他寻求预算削减的新一轮行动中遭遇失败。在国会批准了克林顿总统赤字削减计划之后还不到一年时间，比尔·克林顿就已经无法让国会通过他的医保改革计划了。

不过比较罕见的是，克林顿总统最为幸福的预算时光却还在这之后。通过在 1995 年和 1996 年阻止国会中共和党议员重新规划联邦预算优先项，克林顿收复了他的政治基础。他还在 1997 年平衡预算协议的达成中扮演了非常强势的角色。这项协议削减了税负，适度增加了国内事务支出。克林顿的强势角色还体现在他总统任期最后几年年度拨款法案的制定上。克林顿在预算中持续的活跃与影响是很多因素的结果：他获得了公众意见的支持，共和党议员对公众倾向严重误读并背上了部分政府部门关闭的黑锅，以及事实证明，克林顿是一个经验丰富、善于发起有获胜把握战斗的谈判者。此外，克林顿还受益于一个正在改善的经济环境以及逐渐出现的预算盈余。他还有效地应用了他的否决权，将自己的预算偏好强加给不服从的国会。

本书写于乔治·W. 布什总统第二个总统任期的中途。尽管减税是他第一个总统任期中在预算方面取得的标志性成就，但布什正在推动社会保障改革，并以此作为他第二个总统任期的主要预算目标。就像其他拥有两个任期的总统那样，小布什力求用他剩余的政治资本来摆脱跛脚鸭的状况。在笔者撰写本书时，判断小布什是否会在这方面取得成功为时尚早。但毫无意外的是，他在预算方面的好日子已经过去，因为应对财政赤字的压力已经攫取了宝贵的政策主动权，并加剧了政策过程中的摩擦与冲突。

总统预算中的变革

无论风格如何，没有总统可以无视预算。不管作出选择有多么困难，或者前景有多么的不确定，向国会提交预算一直都是总统每年必须完成的几项任务之一。总统必须要留心他的预算案会在国会遭遇到怎样的状况，并做好准备以便在重要议题处在危险境地之时采取干预性行动。当预算案公布之后，总统的政治处境就进入了一个充满风险的阶段。媒体们会将这份预算称为布什预算或者克林顿预算。总统推动预算获得国会立法通过的能力取决于他采取怎样的一些方法，这些方法将决定民众对这份预算的接纳程度。所谓的“到达即死去”正是预算专家们的判断：总统预算缺乏分量，很有可能在国会作出预算决策的时候被国会忽视。通过预算，总统承担起了对经济表现的责任，对会影响可支配收入、物价、发展和其他关键指标的政策的责任。总统不能无视预算责任，即使问题不是因总统而产生，或者手中没有现成可行的解决方案。

尽管所有的总统都要参与到预算中来，经过了一代人的时间之后，预算的政治地位已经发生了根本性变化。与这种变化同时发生的还有其他一些方面的发展，这些发展削弱了总统这位首席行政官从国会那里获得他所希望的东西的能力。这种削弱来源于水门事件与越战——因总统对权力的不当使用而出现的两次失败。在总统强势参与预算的鼎盛时期（即二战之后的数十年里），年度预算是总统立法项目的平台，是国家政策的权威性发布。在国会进行拨款、考虑税收立法的整个过程中，每推进一步，国会都要考虑总统的要求。尽管国会会对总统提交的预算案作出很多修改，但这些修改都显得很微小，以至于国会通过的预算与被提交给国会的预算极为相似。相反，近年来总统的预算建议只不过比那些讨价还价过程中的公开叫价多了一点分量。总统非但不能在一开始就显露他的真实预算偏好，反而还要经常提出一些不现实的建议，这些建议不可能被采纳，其主要作用在于帮助总统在这一艰难协商过程的最后环节占据有利位置。

这种转变源于联邦预算的变化，如权利性支出在预算中所占份额的上升限制了总统的主动性，因政府长期分裂而引起的国会独立性的增强，众多利益集团活动积极性的增加，他们监视着预算中的每个阶段并提供详细的可选择方案，以及国会预算局、媒体和其他主体对总统预算进行的重要评估。

说明总统预算发生变化最有效的指标之一就是国会预算行动中对基数的广泛应用。在使用基数之前，国会一般通过比较国会活动与总统建议作出预算决策。拨款委员会一直沿用了这种运作模式，但其他所有的国会决策现在都已参照国会预算局的各种基线预测作出。基线完全不受总统预算影响。作为对收入与支出的预测，基线假设政策不变。不管总统要求的是多是少，基线都不会增加或减少一美元。在预算委员会增加预算决议时，在拨款委员会推动立法、回应和解指令时，在国会计算者计算某个尚未决定或已通过的立法的预算影响时，在执行预算规则时，基线都会被用到。利益集团利用基线来计算他们的项目是否被保护以免受通货膨胀的影响，并计算出可以增加资金的方案。毫不夸张地说，基线窃取了许多原本应给予总统预算的关注。

总统可以利用制度上的弱点，投入政治资源，获得补偿，以捍卫自己的预算案。随着民主党同时控制了立法机构与行政机构，克林顿总统 1993 年预算的命运也就掌握在了民主党人自己的手中。不过，克林顿总统仍然要与本党的议员讨价还价，以确保得到足够的赞成票使预算通过。在那一年，克林顿总统的预算斗争打得非常艰苦。尽管出现了一系列扣人心弦的投票与妥协过程，最终通过的预算版本的主线与总统最初的提议非常接近。在 1995 年共和党人控制了国会之后，克林顿总统就不得不与他的政治对手们进行协商，而这些政治对手心目中的预算优先项与克林顿有着巨大的差别。通过挫败共和党人削减主要社会项目预算（例如医疗保险与医疗补助）的努力，以及增加教育和其他总统预算优先项的支出，克林顿赢得了 1995—1996 年度预算战役的胜利。此外，他还在新的税法制定过程中占据了强势的地位，他成功地使共和党因部分联邦机构的临时性关闭而受到指责。在这场预算战役开始的时候，民意调查显示克林顿的民众支持率处于一个较低的水平。但在战役临近尾声之时，大部分美国人都表示欣赏克林顿在预算过程中的表现。不过，共和党人在这场战役中并非空手而归，因为他们让克林顿接受了共和党预算议程中的关键部分：平衡预算、福利制度改革以及减税。由于预算战役中的双方都保护了自身重要的预算目标，都可以宣称自己取得了预算胜利，因此，双方都有强烈的动机去达成和解，尽管在预算政策上他们有很大的不同。

权力的预算平衡会受到外部事件的影响，如美国的国家安全状况，也会受到总统与国会在公众中声望相对大小的影响。乔治·W. 布什总统充分利用“9.11”恐怖袭击事件的灾难性后果带给他的上述两方面优势，让国会应允了他提出的扩大联邦政府在教育与国土安全方面作用的绝大多数要求。布什总统最大的预算胜利出现在2003年。他对足够数量心存质疑的共和党人施压，从而获得了足够多的赞成票，通过了将医保范围扩大到处方药的法案。总的来说，布什的总统风格是避免大部分冲突，并只在他认为总统享有的特权被威胁到的时候才发起与国会的对抗性活动。布什赢得了国防支出方面的大幅增长，其中包括大量资金用于资助在伊拉克与阿富汗进行的军事行动。但当民意转向反对伊拉克战争与阿富汗战争，且共和党在参众两院都失去了多数党地位时，小布什就没有办法再采用温和施压的方法，或者让共和党领袖来鞭策党内普通议员与总统站在统一战线上来进行劝说活动。随着布什总统在任时间越来越少，他在预算建议与其他优先项上指挥国会行动的能力也会越来越小。

预算中的双方谁能赢得这些跨部门争论的胜利，取决于相对的政治实力与谈判技巧。根据里根、克林顿、布什几位总统在预算冲突中的胜利来看，事实似乎表明：当一位总统提出数量较少的可实现的要求，且不让相互让步的妥协使自己远离关键性的预算目标，敏锐地体察民意，并威胁使用否决权来阻止国会那些会削弱自身声望的行动时，他能取得预算胜利。总统并不需要熟悉协商过程的细节（里根总统通常不去熟悉细节，而克林顿通常会去熟悉细节），但重要的是总统既不能试图实现过多的预算目标，也不能让对手重新定义自己的预算目标。

总统预算制定

表5－1列出了行政预算编制所涉及的三组参与者最主要的责任：各联邦机构提出资金申请并执行授权项目；管理与预算局（OMB）审查联邦机构的预算申请，汇编预算并监督国会行动和联邦机构预算执行；总统对提交国会的预算中所叙述的政策有着最终的决定权。

表5－1　　预算过程中各行政机构的功能

总　统	管理与预算局	联邦机构
· 制定行政预算政策并向国会提交年度预算 · 向国会提交补充预算申请、预算修正案与补充材料 · 签署或者否决国会通过的收入、拨款或其他有关预算的法案 · 告知国会其提议的撤销与延期案 · 任命管理与预算局局长和其他行政工作人员	· 负责行政预算系统的运行，向总统提交财政或其他有关问题的建议 · 向行政机构发布程序与政策方面的预算指导规则 · 将反馈意见公布给行政机构，并向总统提出预算数额建议 · 汇总将提交给国会的年度预算 · 审查提案与相关证据，监督国会在拨款以及其他法案上的行动 · 分配资金并监督预算执行 · 计算有关收入与支出的立法 · 监督管理活动以评估行政机构的绩效与行政项目的结果	· 向管理与预算局提交预算申请，向总统申诉更多资金 · 向国会委员会证明总统预算建议的合理性 · 将资金分配给本部门的下级单位 · 维持会计系统与内部控制系统的正常运行 · 为资金作出担保，并对资金进行预审计 · 执行已获得资金的项目 · 根据会计标准编制年度财务结算报表 · 评价绩效，建立基于绩效的预算

预算编制通常在每年的春季（或者更早）开始——至少比总统向国会提交预算提前9个月，大约比该预算涉及的财政年度开始提前18个月，比该财年结束提前30个月（见表5-2）。当联邦机构开始准备未来预算时，它们也同时在执行当前财年的预算，等待下一财年的拨款与立法决策。例如，在2007年春季，大部分的联邦机构在编制它们2009财年的预算申请，这是在它们拿到2007财年最终结果或2008年财政拨款的数月前。

表5-2　　　　预算编制的主要步骤

时　间	主要内容
春季	管理与预算局向行政机构发布春季预算规划指南，以迎接即将到来的预算工作。管理与预算局局长会向每个行政机构的负责人发送一封信函，为机构提供预算申请方面的政策指导。由于缺少更多明细性的指导，上一年度预算中的未来年度预测被用作下一年度预算编制的出发点。这就启动了总统将于下一年二月提交的预算的编制工作。
春季与夏季	管理与预算局（OMB）会和行政机构就预算问题与可选方案进行讨论。管理与预算局会和各行政机构协同工作：（1）为即将到来的预算确定主要议题；（2）为接下来的秋季评估提出方案并对方案进行分析；（3）为那些需要在未来决策的议题的分析作出规划。
7月	管理与预算局向所有的联邦机构发布A-11号公告。这份公告为机构提交预算数据与材料提供了详尽的指导。
9月	行政机构（除了那些不需要经过行政审查的部门）向管理与预算局提交预算建议。
10月到11月	管理与预算局组织进行秋季审查工作。管理与预算局的工作人员会根据总统政策优先项、项目绩效以及预算限制来分析各部门的预算申请。他们会提出议题，并为管理与预算局局长和管理与预算局政策官员的决策提供可选择方案。
11月下旬	管理与预算局就拟议中的预算政策向总统及高级顾问做简要汇报。在管理与预算局完成对所有机构预算申请的审查工作并对预算政策作出全面考虑之后，管理与预算局局长会向总统提出一套完整的预算建议。同时，管理与预算局通常会将预算申请方面的有关决议反馈给所有的行政部门。
11月下旬到次年1月上旬	所有的政府机构，包括立法分支机构与司法分支机构，都会进行录入电子数据、提交纸质材料与补充性数据的工作。这个过程在预算申请反馈之后便立即开始，并将一直持续到管理与预算局为了遵循打印期限而不得不终止行政机构访问数据库为止。
12月	行政部门可能会向总统和管理与预算局提出一些申诉[a]。部门负责人可能会要求管理与预算局取消或修正某些决议。在大多数情况下，管理与预算局和部门负责人会共同解决这些问题。如果无法解决，则会相互配合，将议题呈递给总统来做出相应的决定。
次年1月	管理与预算局会审查针对国会的预算申辩材料。行政机构会准备其预算辩护材料，他们将利用这些材料向相关的国会小组委员会做出解释性说明。

资料来源：Adapted from Office of Management and Budget, *Circular A-11*, section 10, p.4.

a. 管理与预算局会为这一行动确定截止日期。

漫长的编制时间以及拨款尚未被制定出来的事实意味着联邦机构的预算是在经济状况、总统政策以及国会行动充满不确定性的情况下被编制出来的。联邦机构处理这种不确定性的方法如下：在预算过程进入最终阶段之前保持可选择方案的开放性，基于过去的预算编制未来的预算，提出比他们希望得到的份额更多的预算。尽管会有准备时间，但几乎没有联邦机构会进行系统、长期的预算规划。因为编制下一个预算的工作人员也正在为现行预算忙碌。预算编制是一项繁忙的、被截止日期督促着的活动，同时伴随着多个层次的审查，海量的数据需求，以及解决部门内部、部门之间冲突的强制要求。

预算编制周期的长度以及利用预算设定目标与政策优先项的难易程度，在很大程度上取决于预算自下而上的结构。部门预算通常会以分权的方式进行汇编，从组织中能够完成自身预算申请的最底层开始，并按照层级顺序逐渐向更高层次推进，直到最终所有的预算申请被统一成部门预算。不过，有些部门会在涉及明细问题之前向各个工作单位提供政策指导；而大部分其他的部门则会一直等到所有的预算申请都汇编后再进行处理。在大部分联邦机构中，各部门、各分支机构、各办公室及其他管理单位会在预算过程的每一阶段，为人事、公差、办公用品、设备以及其他项目的开支准备一份详细的预估报告。在预算被提交给上级后，上述明细会受到审查，通常还会得到修订。这一过程导致的结果就是预算编制变得耗时且繁重。此外，预算编制还把管理上的注意力从其他部门关切的事务转移到预算上来。

有人认为，自下而上的过程削弱了预算作为构建政府政策与优先项工具的作用。不过，从20世纪60年代开始，已经采取了一系列的新措施，赋予预算更多战略导向以及较少的渐进主义导向。1961年，由罗伯特·麦克纳马拉首先引入国防部，并在1965年由林登·约翰逊总统向所有联邦机构推广使用的计划项目预算系统（Planning – Programming – Budgeting System，PPBS）是上述一类措施中卓有成效的突出代表之一。最近的这类措施有两个：一个是1993年政府绩效与结果法案（GPRA）。这项法案指导行政机构编制战略规划与绩效规划，并利用这两种规划作为预算编制的指导规则。另一个例子是2002年由管理与预算局引入的项目评级工具（Program Assessment Rating Tool，PART）。尽管计划项目预算系统、政府绩效与结果法案以及项目评级工具之间存在着大量的不同之处，但三者都旨在寻求一个更加自上而下、结果导向的过程。政府绩效与结果法案（GPRA）与项目评级工具（PART）会在第十章进行更加充分的讨论。

渐进预算

政府绩效与结果法案未能实现，计划项目预算系统与零基预算在一代人之前没有做到的是如何阻止联邦预算的渐进决策倾向。多年来，绝大多数的政府部门都基于这样一种期望来编制部门预算：当前预算中已经获得资金的所有活动都能在下一年预算中得到延续，项目提议从增量资源而非现行项目的削减中获得资金。因此，行政机构会集中关注的是，为了新建或扩张项目，如何再获得更多资源，以及如何回应政策优先项的变化。行政机构经常会对运作中的项目提出一些适度的资金节省建议，以表现出这些部门运作的精干与高效。但是这种策略通常用来帮助行政机构在未来获得比当前财年更多的资金。

预算渐进有许多规模。适合于一个野心勃勃、寻求增长的行政机构的规模，可能并不适合于一个预算目标谨慎的机构。当某个项目在公众心目中优先级高或增量资金宽裕时，合理的增长可能不适用于那些优先权低或资源紧张时的项目。行政机构与项目的发展不一致，发展的过程也会有中断。很多机构与项目在度过了一段资金相对稳定的时期后，会迎来发展的井喷期，并在这之后再度进入稳定期。这种井喷式发展可能是源于政府工作人员的创业热情，新法案对新机遇的开启，公众意见的变化，或者一次危机。在预算编制过程中顺应时势，识别并利用上述这些机遇，是预算工作中一个非常重要的技巧。

一个行政机构（或者它的一个下属单位）所追求的目标会影响到它实际获得的资源。一个只要求资金方面少量增加的行政机构不会得到资金的大量增长，但它的要求可能不需要管理与预算局或国会做出重大修改就能通过预算流程。一个寻求资金大幅增加的申请或许能得到更多资金，但却要冒着被严格审查与被修改的风险。

渐进预算所需资源或者像20世纪五六十年代那样由经济增长来提供，或者像20世纪80年代以及最近十年那样由政府赤字来提供。只要经济正在增长，或者政府愿意借贷，就有可能聚焦在增量上（下一年度资金分配要与本年度不同），并且很少花时间去复查过去的承诺与正在运作的项目。当上述两种状况都不够支付当前项目的未来成本时，渐进行为可能就无法持续下去了。例如，在20世纪90年代，因为在军事力量上的实际支出急剧减少，渐进主义在国防预算上变得难以立足。由于冷战的结束以及为削减联邦赤字所作的努力，实际国防支出在1989到1998年之间减少了三分之一。这迫使五角大楼进行裁军，并关闭了很多基地。一些批评家认为：即使是规模缩减，五角大楼依然坚持它渐进主义的思维定式，因为军队没有有效地再造预算以回应后冷战时代美国所面临的国际形势变化。

总统的职责

在一个以部门为中心的预算过程中总统发挥什么作用？在各部门编制部门估测的预算早期，他是否有任何重要投入？或总统的影响力只集中在需要做出最终决策的预算末期？从形式上看，上述问题的答案是：总统在整个预算过程中可以随时介入，就其优先项与各方沟通，同时，对各个行政机构所提交的预算做出指示，并为各机构申请的金额与事务设定限制。事实上，在年度预算向国会提交后不久，管理与预算局就会给每个行政部门发放一份预算限额说明信，详述下一个预算周期的编制基础。不过，总统对预算的主要影响仍然不可避免地集中在预算过程的末期，也就是行政机构提交预算申请之后。

总统介入预算初期的程度随着年份的变化而不同。在那些经济繁荣、项目扩张的景气时期，特别是在20世纪60年代和70年代伊始，管理与预算局有一个被称为“春季审查”的正式程序，在这个程序中，管理与预算局会制定下一财年的总统指导方针并向各联邦部门传达。管理与预算局会为每一个行政机构设定一个资金目标（有的年份是相对固定的；其他年份则具有灵活性）并就那些将要在下一个预算周期中考量的议题提供指导。在20世纪80年代，这个过程逐渐消失了。这可能是因为管理与预算局和白宫全神贯注于国会在预算方面的举动，也因为他们不想过早地泄露总统的预算决策。没有了春季审查之后，联邦机构往往会在总统的预算政策传达给他们之前就开始工作。有些总统，如克林顿，会在预算过程的早期就向各个行政机构发布正式指令，指导各机构编制预算；其他的总统，如小布什，会等到各机构完成对自身预算申请的汇总之后才介入预算过程。

倘若财政资源没有显著增加，且总统在预算编制早期参与有限，那么总统影响力就存在被削弱的可能。如果资金增量充足，总统可以在预算过程的较晚阶段进行干预，将增加的财政资源部分或全部划拨给他的政策优先项。如果总统的主要目标是削减开支，那么总统就可以较晚介入并力推他的削减措施。这两种模式中，前一种模式通常被视为肯尼迪—约翰逊时代的特征；后一种模式则在里根执政时居主导地位。在总统缺少资金增量但仍然寻求启动一些重大项目时，他会发现如果一直等到最后一分钟才对预算过程施加影响，政策选择将非常有限。

无论总统早期介入预算有多少优势，那些认为在预算初期利用总统指令已得到解决的所有事项能够在充满了妥协与让步的预算协商中一直保持“已解决”状态的观点，无疑是太过天真了。在预算过程结束的时候，总是需要对预算进行一些修修补补。这是因为总会有一些总统的想法需要增加到预算中来。大量的决策会在预算编制的冲刺阶段制定，而这个时候所有的数字都已经记录完毕，将预算转化为正式文本的时间节点也已迫近。国防支出通常是最后的决定之一，在最终阶段之前始终保持开放，这是因为金额如此巨大，价格高昂的军事采购与军队规模上的决策可以让预算迅速增加或减少数十亿美元。

预算细节

编制预算就是对成千上万的细节信息进行收集、审查并做出决定。这些细节包含了联邦机构的运行、项目水平以及联邦资金提供给项目受益人的支付。即使是一位积极的总统，如比尔·克林顿，都无法掌控所有的细节。每一位总统都必须将精力集中到一小部分对他最为重要的议题上。其他议题留给相关机构或管理与预算局的工作人员处理。实际上，行政预算过程有两条路径：一条以部门为中心；另一条则处理总统关心的事务。以部门为中心的预算编制过程集中关注运作方面的细节：活动与项目；薪酬、设备、办公用品及其他物品；项目成本，如补助金与转移支付。总统利益导向的预算编制过程集中关注对项目水平的修改建议，即将增添到预算中的立法措施以及其他一些政策决定。以部门为中心的路径比总统利益导向的路径更细致。后者可能会涉及数百个决策，而前者则需要作出数千个决策。这两条路径是有重叠的——因为有些部门所关注的问题同样也是总统关心的。无论如何，将这两种过程区分开来是有意义的，因为这意味着行政预算编制中的一项重要演变。最近这些年来，白宫已经从很多细节问题上抽身，把它们交给行政机构处理，或者只在它认为值得介入的时候进行干涉。这为总统节省了时间与政治资源，使他可以把对机构预算申请的严格审查推迟到预算周期的末段。通常，总统会把审查推迟到11月或者12月（如表5-2所示）。较晚介入减少了过早泄露总统决策的可能，也使白宫能控制有关预算舆论的转变。

很多对行政机构意义重大的预算议题对白宫来说几乎没有考虑的价值。但有一些行政机构的事务关系到总统当前的利益，例如机构运行总开支，再如政府雇员总数。当选择性支出上限很紧时，总统会压缩机构运作经费来为项目开支挤出资金空间。人员规模也会吸引总统的兴趣，因为雇员数量是一个被广泛认可的判断政府规模膨胀或收缩的指标。

以部门为中心的预算过程相当耗时，因为有数目极为庞大的明细问题需要在这个过程中的每一步得到处理。1993 年，国家绩效审查委员会（NPR）（由副总统艾尔·戈尔领导的“政府再造”运动）提出缩短预算编制周期的建议，以使它更加契合总统的关注点。国家绩效审查委员会建议，为了制定能够引导行政机构编制预算申请的政策及政策优先项，总统要在预算过程初期发挥重要作用。但在预算过程较晚阶段对机构预算申请进行审查时，总统的作用应有所限制。国家绩效审查委员会假设，如果行政机构能够在与总统指令协调一致的情况下起草预算，那么在最后对预算进行审查的必要性就会降低。此外，国家绩效审查委员会还建议行政机构在政策决定做出之后，而不是之前，撰写详细的项目评估报告。这样机构就可以集中关注总统目标与项目绩效，而不是支出细节。

然而细节问题依然存在于行政机构的预算过程之中。原因之一在于细节问题对行政机构非常重要。管理者想要知道他们在机构运行上需要多少开支，人力资源需要的资金以及预算能否满足开支的增加。在国会委员会的要求下，特别是在拨款委员会要求行政机构为其预算申请提交大量申辩材料的情况下，预算的细节实际上被加强了。提交给国会委员会的申辩材料（这将会在第九章进行讨论）通常包含了薪酬、办公用品以及其他条目申请资金的逐项解释。对细节问题置之不理会削弱拨款委员或与国会对联邦支出的控制。这是一个古老的议题——国会对钱包的控制权。这并不只是在预算编制上花费多少时间的问题，也不单单是指国会与总统以及行政机构之间的关系问题。行政机构关注细节问题，因为他们希望国会委员会也能对这些问题予以关注。

管理与预算局

绝大多数的总统预算工作会委托给管理与预算局的政务官和事务官。这是一个隶属于总统行政办公室、拥有五百人的行政机构。管理与预算局负责几乎全部的文书工作，制定绝大部分的总统预算决策，并整合将要提交给国会的预算。此外，管理与预算局还会利用它们在预算方面的权威敦促联邦机构改善他们的管理实践。

管理与预算局的前身——预算局是在 1921 年预算法案颁布时成立的，这一法案开创了行政预算过程。在过去的八十年里，管理与预算局的演化是与总统职位的组织性质与角色变化相一致的。最初，预算局被放在财政部内。当时，一个现代化的、人员配备完善的总统办公室还没有出现，而预算局的主要任务是要限制联邦支出。预算局的人员规模很小，但它一心一意地致力于把联邦支出维持在一个较低的水平上，并获得了成功。之后是大萧条与罗斯福新政，以及重新定位和扩张总统雇员。1939 年，预算局转移到新成立的总统行政办公室之中。在那里，预算局的职责被定为全权负责联邦管理事务。在牵头建立总统的立法计划、审查法案以判断拟议的或已被国会通过的法案是否与总统政策优先项一致等方面发挥了领导作用。二战后，总统紧接着预算之后编制一个立法计划成为惯例。20 世纪 60 年代，预算局扩大了其承担的总统职责的内容，根据预期对社会发展、物价与就业方面的影响，将预算作为一项制定经济政策与税收、支出决策的工具。

1970 年，理查德·尼克松总统把预算局改组为管理与预算局。表面上看是为了加强管理与预算局在协调政府工作方面的作用，实际上其主要影响是使管理与预算局能更好地回应总统的政治利益。改组前，预算局（拥有六百名工作人员）只有不到六个政治任命官员。改组后，政治任命的官员数增加到二十四个。事务官与白宫之间的直接互动减少了。现在，这些随着总统就职而上任，因总统卸任而离职的政务官负责处理主要的政策常规工作。

这种制度安排从 20 世纪 70 年代开始一直持续至今，不过每一任总统都会对这一制度做出调整以适应总统自身的风格。此外，一直以来，管理与预算局也会在总统执行其政策议程时努力为总统提供更专业的建议。平衡这两者并不是一件容易的事情，特别是现在管理与预算局的判断会受到国会预算局的质疑。国会预算局在华盛顿赢得的名声是党派偏见更少，更可靠。当管理与预算局和国会预算局意见不一致时，大众媒体与经验丰富的政治观察家们往往会更加信任国会预算局的数字。这并不是因为国会预算局的数字总是被证明为更加准确，而是因为他们没有受到总统偏见的影响（见专栏 5－3）。

在预算与立法方面不断增强的国会独立性也对管理与预算局有影响。就在最近的 20 世纪 70 年代，管理与预算局的事务官还无需严密地监控国会对总统预算采取的行动。在预算提交后，管理与预算局的审查官员通常把大量时间花在他们所要监督的行政机构上，审查项目并评估项目管理方面的优缺点。如果他们的工作日程允许，管理与预算局的工作人员还会参与到上述这些活动之中。但是现在，他们会在国会会期投入大量时间关注拨款法案以及其他政策措施通过各个委员会、众议院和参议院的过程。即使管理与预算局服务于总统，它也必须适应国会中发生的变化。这种再定位把很多深层次的政策分析与管理方面的审查排除到预算过程之外，并加深了人们对于管理与预算局党派性的认知。

专栏 5－3　管理与预算局的矛盾角色：中立职能与政治建议

现代的管理与预算局承担着两重相互矛盾的责任——一方面，要为总统编制预算提供专业辅助，并监督预算执行；另一方面，要在与国会的协商过程中准确地表达并宣传总统的观点。以上第一重角色从 1921 年成立管理与预算局的前身预算局开始，就一直是预算局职责的一部分。第二重角色则在更近的一个时期出现，是分权体系、预算事务方面流传甚广的纷争以及为解决白宫与国会山之间僵局而进行的高层会谈的副产品。第一重角色需要中立的工作能力——独立于政治考量，基于业绩为总统提供建议的能力。第二重角色则令管理与预算局陷入党派政治的巨大漩涡之中。第一重角色使管理与预算局指向联邦机构的财务与活动；第二重角色则迫使管理与预算局关注国会的行动与偏好。

中立的工作能力所涉及的职责需要职业的工作人员，他们要在总统不断轮替的过程中拥有对制度的长期记忆。这些工作人员会深入、客观地提供对联邦项目的评估，可供总统考虑的议题，以及联邦机构组织架构与运行方面的详细描述。管理与预算局的每一任局长都必须拥有政治智慧，但他们不会仅仅为了满足政治利益而提出有倾向性的建议。专业的管理与预算局工作人员在绝大多数情况下都会只在幕后工作，把为总统项目寻求支持的工作留给支出部门。

管理与预算局的政治角色需要一大群政治任命官员，他们会随着一位新总统的就任而离开（这种角色在传统的角色中甚至根本就不存在）。在这个角色中，管理与预算局局长必须积极并开放地建立公众与国会对总统政策的支持。政治现实侵入到了预算编制过程之中。这种新的职责导向使管理与预算局的工作中心脱离了行政机构，更多地转为增加对国会的实质性与程序性了解。现在，管理与预算局（特别是局长与其他局里的政务官）必须与国会领袖以及基层议员保持持续的联系。这种政治化会比想象中更加复杂。因为管理与预算局的领导们必须公开拥护总统所代表的立场，但可能他们在政府内部明确表示过对这些立场的反对。管理与预算局局长现在有一副政治面容，不断在电视上抛头露面，并利用媒体与国会进行预算方面的斗争。在某些情况下，管理与预算局局长几乎成为独立于他们所服务的总统的公共人物。罗纳德·里根总统的第一任管理与预算局局长大卫·斯托克曼几乎成为这类管理与预算局局长的化身，尽管他不是最后一位建立起自身权力基础的局长。

资料来源：Portions adapted from Shelley Lynne Tomkin, *Inside OMB*: *Politics and Process in the President's Budget Office* (Armonk, N. Y.: M. E. Sharpe, 1998), pp. 27 – 29.

管理与预算局对机构预算申请的审查

无论它多么关注国会行动，管理与预算局都必须把绝大多数的人力资源投入总统预算的编制。这就牵涉到当前管理与预算局和行政机构以及总统助手之间的关系。

当行政机构编制预算时，他们必须和负责该机构的管理与预算局审查官员保持联系。这些联系为机构编制预算申请提供了程序与政策上的指导，并使审查官发现什么是该机构的政策优先项与关注事务。从人际关系的层面来讲，行政机构和管理与预算局之间的关系通常很和谐。但双方都知道他们在预算上互为对手。行政机构想要的资金总是比管理与预算局所给的多，而且他们对政策优先事项和项目的评估总是与管理与预算局的看法有偏差。但是双方也互相依赖——行政机构有管理与预算局想要的信息，而管理与预算局控制着行政机构需要的资金。

预算编制的正式过程是基于管理与预算局 A – 11 号公告进行的。这份公告包含了为行政机构提供的详细指导与安排表，指导他们制作评估报告，准备其他需要提交的材料。这些技术性的数据太过详尽而无法用来作为总统决策的基础，但它们可以用来制作预算的许多明细表。

行政机构会在每年秋季一开始就向管理与预算局提交预算申请。然后，管理与预算局工作人员（在有重要议题的情况下）和总统助手审查这些预算申请。审查通常会有几个界限分明的阶段：工作人员审查，在这一阶段管理与预算局的审查官们会审查预算申请，与行政机构的官员进行磋商，并准备建议；局长审查，这一阶段会对主要的议题进行讨论，审查官们会为他们的建议进行辩护，管理与预算局局长做出最终决定。反馈，这一阶段行政机构会被告知管理与预算局作出的决定，并有一次机会申诉，要求预算局重新审查。申诉通常首先会提交给管理与预算局，但如果协议无法达成，则也会由总统或特定的总统助手来进行衡量。最终决策通常会出现在预算最终文本里。在获知最终决策之后，行政机构会修订他们的预算以便与总统预算保持一致。

1921 年预算与会计法案禁止行政机构直接把预算提交给国会。这份禁令来自管理与预算局的一项规则（A－11 号公告，第 1 部分，第 22 节），要求所有预算申请和建议都必须在总统向国会提交预算前保密。尽管如此，内部的预算文件与决策还是经常被泄露出去，有时是总统所为，这样他就能控制这些提前泄露的消息。现在想在华盛顿保密很难。实际上，在有些年份，所有重要的预算决策都已经在预算披露之前就被泄露出去。

预算的格式与内容在一定程度上是由法律规定的。但 1921 年预算与会计法案授权总统按照他决定的形式与明细来阐述预算内容。在过去的三十年里，预算中的政治内容有了显著增加。不久之前，大部分预算以及它的支撑性文件的主要内容还都是财政明细表与描述性信息，总统的政策通过那些介绍技术明细的预算信息得到强调。现在，预算有时读起来就像一份充满了对总统政策赞美的竞选文件。预算的这种政治化反映了党派政治对联邦活动每一个角落的渗透。如果预算属于总统，那么预算展现总统政策最好的一面并提出充分理由来说服国会采纳这份预算便是合理的。但是，预算同时也是面向美国人民的一个关于政府收支的账户。将预算变成一份政治宣言削弱了预算在这方面的本质。这种实践始于 20 世纪 70 年代，但是在克林顿总统与乔治·W. 布什总统任职期间被大大强化。这两位总统就像打竞选持久战一样经营着白宫。

预算不是总统对政府财政的最终阐述，因为他还需要在 7 月 15 日之前提交一份中期更新文件（用以反映经济情况的变化，国会的行动以及其他方面的发展情况）。此外，总统还可能在一年内的任何一个时间里对他的预算进行修订。在国会对原始预算申请采取行动之前提交的变化申请被作为修正案处理；在拨款法案已经由国会通过并生效后提交的增加资金的申请被视为补充拨款。

总统预算中的信息

作为一份政治宣言，预算要依照每一任总统的风格与政策来打造。在乔治·H. W. 布什的总统任期内，预算被整合成一卷，强调联邦政府在未来将面临的债务和财务风险。克林顿政府则把预算案划分成四卷，这种结构也被乔治·W. 布什沿用下来：（1）美国政府预算，这一卷展示了总统关键性的预算计划与收支估测；（2）附录，这一卷有每一个预算账户的项目信息与财务信息；（3）预算分析书，这一卷中包含了一些特殊的横向表格与每个预算类别的信息，如信托资金、用户收费、税式支出以及给州和地方政府的补贴；（4）历史图表，这一卷展示了关于收入与支出发展趋势的年度数据（有些事例中的数据可以回溯到1940年）。

这些预算文件中包含着很有价值的预算信息，以及大量的“预算偏好”，展示了总统已经完成的计划以及承诺要实现的目标。预算包含着总统的预算信息，这些信息强调了主要的政策建议与变化，并以职能、机构与账户的方式展示支出数据。预算案为每一年度拨款账户提供了现有拨款以及变更建议的全文（见附录5-1）；一份对该账户内项目及绩效的简要描述（见附录5-2）；一份项目与财务明细表将本账户的数额进行分类，划入账户内各种项目之中（见附录5-3），并详细阐述其财务明细（见附录5-4）；各账户支出目标表（见附录5-5）；一份雇员概述（见附录5-6）。预算案包含了一些特别的表格，用以说明直接贷款、担保贷款以及各种由联邦部门与企业开展的商业运作模式。

尽管总统预算是了解联邦财政最为综合的信息来源，它依然无法为那些对某些项目或机构感兴趣的人提供足够的细节。补充性的信息可以从以下一些由联邦部门与机构编制的文件中获得：

——在总统向国会提交预算后不久，各行政机构会向媒体发布简报。很多机构会在预算公布的当日或次日召开媒体情况说明会，提供机构项目与财务的详细信息。

——每一个联邦机构都会为它的拨款听证会准备申辩材料。这份材料（将在第九章进行讨论）通常会在听证会举行几个月之后公布出来，但也有可能在更早的时候从机构那里获得，或者从有关国会活动的网络资源中获得。

——大部分的机构都会编制内部预算（有时会用计算机打印出来）供内部使用。但这些报告通常不会向大众公开。内部预算会在一整年中持续更新，以适应形势的新发展，比如国会的行动及资金约束。

附录5-1　拨款说明

移民与海关执法

薪酬与支出

进行移民与海关执法工作，实施拘禁、转移与调查时的必要开支；购买和租用最多3790辆警用规格的交通工具（其中2350辆只是更换设备）；根据1986年海关执法法案（19 U.S.C.2081）第3131节，［3887000000美元］4162000000美元的总额之中用于特别行动的资金不超过7500000美元，这笔资金将一直保持有效直到耗尽；其中，招待费与代表费不能超过15000美元；举报线索者的奖励资金不得超过1000000美元，且只有在获得国土安全部部长的批准后方可；向公众宣传推广儿童色情问题举报热线的工作资金不得少于102000美元；用于项目警报的资金不得少于203000美元；用于促进性协议的资金不得少于5400000美元，这些协议需要和移民与国籍法案［8 U.S.C.1357（g）］第287节（g）一致；不超过11216000美元的资金可以用来偿付其他部门在护理、维护以及遣返偷渡者方面的开支：规定，该标题下所有用来偿付加班职工的年度资金不得超过 35000 美元，除非国土安全部部长，或者部长特别任命的人员出于国土安全方面的考虑以及在应对移民突发事件的情况下宣布取消这一限制；进一步规定，在总额中［2007 财年］2008 财年应当有 15770000 美元用来支持针对强迫性童工的执法行动，只要该资金的超额使用额度不多于 6000000 美元，就可以一直使用下去直到用尽为止（2007 年国土安全部拨款法案）。

资料来源：Budget of the United States Government, Appendix, Fiscal Year 2008, p. 458.

(a) 这份以及后面的四份附件都是关于国土安全部移民与海关执法工作中的“薪酬与支出”问题。对于每一个拨款账户来说，这份预算展示了建议性的拨款说明，一份项目与财务明细表，一份物品分类表以及解释性的信息。

(b) 拨款说明包括现行拨款及来年建议拨款的内容。括号中的材料是建议删除的部分，斜体的材料是建议添补的部分。

(c) 整篇说明建议拨款 41.62 亿美元。在上述这一项以及其他大部分的拨款中，资金使用的明细会出现在拨款委员会报告，而非拨款法案的正文之中。不过，要注意对接待费与代表费 15000 美元的限制。

(d) 尽管这份拨款是为 2008 财年准备的，拨款建议内容里仍针对强迫性童工的执法活动提出了多达六百万美元的资金支持，而这笔支出的责任超出了该财政年度，“直到用尽为止”。如果拨款中没有提到任何时间期限，那么资金只会在一个财年内有效。

(e) 该文本的最后一部分说明（括号内部分）该账户会出现在哪一个拨款法案之中。

附录 5－2 项目描述

作为国土安全部最为庞大的调查武器，移民与海关执法（Immigration and Customs Enforcement, ICE）引起了对联邦移民与海关法律执法工作一致和共同的关注。ICE 通过阻止、禁示、调查那些出入美国的人员或物品带来的威胁，来保护美国与美国人民，同时还保护整个国家的联邦政府设施。主要由薪酬与支出拨款提供资金的项目包括：

调查——负责监控一定范围内的问题，包括贩卖人口；麻醉毒品，枪支以及其他禁运品的走私；也负责出口方面的执法，例如监视非法武器出口，……以及侵犯人权的行为。ICE 参加所谓毒品犯罪联合执法项目行动来进行多部门的毒品侦查。

情报——负责收集、分析、传播战略、战术情报信息，供 ICE 与 DHS 的行动部门使用。

拘禁与转移——通过国家移民法的公平执法活动，确保所有可迁走的外国人离开合众国，以推动公共安全与国家安全。

2008 年预算支持行政机构的计划通过推行安全国界行动增进边境安全，加强国家移民法执法。预算为增加的国内执法活动提供资金支持，包括 6 支全新的国界安全任务执法部队与 22 支全新的外籍罪犯项目小队。预算支持了移民执法活动的每一个组成部分，包括为新拘留床位提供3100万美元；1080万美元用以促进转移工作；通过对第287（g）项项目扩展来增进与州、地方执法机构合作的2640万美元资金。为了加强ICE联合执法效果的500万美元资金；还有500万美元是用来推进移民法律的遵守情况，并增进工作地的执法工作。

资料来源：Budget of the United States Government, Appendix, Fiscal Year 2008, p. 459.

（a）预算附录阐述了每一账户下拟开展的活动。在有些情况下，它会提供工作量及其他绩效的数据；但是大部分情况下，它的阐述都是概括性的，并且与这里列举的例子不同，不会将活动与所申请的资金联系在一起。对于那些总统政策优先项内的项目，预算卷中（该卷在最近已经被改造成为一份政治文件）会列出总统的愿景与目标，并提供绩效数据。

（b）依据政府绩效与结果法案，管理与预算局发布指令要求各部门与机构编制年度绩效计划以及基于目标结果与实际结果比较分析的年度绩效报告。其中只有很少的一部分信息会在预算中公开。有些绩效材料可以在部门网站上找到。

（c）更多明细性的项目描述与绩效信息包含在联邦机构为拨款委员会准备的申辩材料中。这些材料会作为拨款听证会的一部分对外公开。

（d）管理与预算局已开始采用项目评级工具（PART），依照标准问卷来对五年内所有的联邦项目进行评估。PART得分在一个政府网站（www.whitehouse.gov/omb/expectmore）上向大众公开。

附录5-3 项目与财务表：财务明细

代码70-0540-0-1-751		2006 实际数字	2007 估计数字	2008 估计数字
按项目活动划分的义务				单位：百万美元
00.01	执法活动	3529	4155	4155
09.01	可回收项目	253	297	297
10.00	新义务资金总额	5655	5655	5711
履行项目义务可用的预算资源				
21.40	结转的未授权余额，年初	251	401	389
22.00	新预算授权（总）	3849	4440	4720
22.10	从前一年义务中回收的可用资源	85	…	…
22.30	转移到未过期账户的已到期未授权余额	15	…	…
23.90	可用于义务的全部预算资源	4200	4841	5109
23.95	新义务资金总额	-3782	-4452	-4452

续表

代码 70-0540-0-1-751		2006 实际数字	2007 估计数字	2008 估计数字
履行项目义务可用的预算资源				单位：百万美元
23.98	过期或撤销的未授权余额	-17	…	…
24.40	年终结转的未授权余额	401	389	657
新预算授权（总）明细				
选择性支出				
40.00	拨款	3436	3887	4162
40.00	拨款（卡特里娜飓风）	13	…	…
40.35	被永久减少的拨款	-31	…	…
41.00	转移至其他账户的资金	-26	…	…
42.00	转自其他账户的资金	13	…	…
43.00	拨款（选择性拨款总额）	3405	3887	4162
来自抵消收入的支出授权				
58.90	来自抵消收入的支出授权（选择性总额）	215	297	297
强制性支出				
60.20	拨款（交换学生与访问学者费用）	53	54	56
60.20	拨款（违约）	73	90	92
60.20	拨款（移民费用）	103	108	113
62.00	转自其他账户的资金	…	4	…
62.50	拨款（强制性支出总额）	229	256	261
70.00	新预算授权总额（总）	3849	4440	4720

资料来源：Budget of the United States Government, Appendix, Fiscal Year 2008, p. 459.

（a）每一个预算账户都有一份项目与财务明细表。明细表的前三部分（如上表所示）列出了账户中主要的政府活动与可用的预算资源。最后的四个部分（见下一份附录）提供了财务明细。

（b）每一个账户都有一个 11 位数字的代码。

（c）预算明细表通常有三栏。第一栏报告上一财年情况，第二栏报告当前财年情况，第三栏展示了下一财年所需要的资金数额。

（d）这份账户（像其他账户一样）为各种活动提供资金。拨款账户并不为每项活动分配资金，而是在本账户内为所有活动提供一个总的资金额。不过，申辩材料与拨款委员会的报告将提供政府活动详细的资金分配方案。

（e）在这一账户中，预计 2008 财年绝大部分资金都来自于一项选择性拨款（41.61 亿美元），但预期补充数额会来自回收款项或者从其他账户转移过来的资金、抵消收入（如使用费）以及强制性拨款。这些构成了预算申请的所有资金 47.20 亿美元。

附录5-4 项目与财务明细表：财务明细

代码 70-0540-0-1-751		2006 实际数字	2007 估计数字	2008 估计数字
未支付义务变更				单位：百万美元
72.40	年初授权余额	773	1078	1046
73.10	新义务资金总额	3782	4452	4452
73.20	支出总额（总）	-3411	-4484	-4668
73.40	过期账户调整（净）	-15	…	…
73.45	收回的上年度义务	-85	…	…
74.00	联邦资源未收取的客户付费变更（未过期）	-72	…	…
74.10	联邦资源未收取的客户付费变更（已过期）	106	…	…
74.40	年终授权余额	1078	1046	830
支出（总）明细				
86.90	新的选择性支出授权中的支出	2745	3384	3603
86.93	选择性结余中的支出	424	846	801
86.97	新的强制性授权中的支出	191	306	214
86.98	强制性结余中的支出	51	48	50
87.00	支出总额（总）	3411	4484	4668
抵消收入				
抵消的总的预算授权与支出				
抵消收入（现金）来源				
88.00	联邦资源	-240	-297	-297
88.40	非联邦资源	-12	…	…
88.90	抵消收入（现金），合计：	-252	-297	-297
抵消的总的预算授权				
88.95	联邦资源未收取的客户付费变更（未过期）	-72	…	…
88.96	一部分借贷给过期账户的抵消收入（现金）	109	…	…
净预算授权与支出				
89.00	预算授权	3634	4143	4423

资料来源：Budget of the United States Government, Appendix, Fiscal Year 2008, pp. 459.

（a）项目与财务明细表的剩余部分展示了各种会计明细。“授权余额的变更”将义务与支出联系在一起。支出的数额是年初未支付的义务加上本年度产生的新义务与年终实际或估计的未支付义务的差额。

（b）“支出”是指从当前与永久性预算授权和上一财年结转资金中的支出。

（c）“抵消”以及“净预算授权”说明了抵消收入及一些会计上的调整。此处所示的净预算授权、支出与之前显示的总额之间的差额是抵消收入造成的。

（d）左边一栏的四位数字（包含两位小数）对应的是管理与预算局A-11号公告中提供的预算处理的界定与信息。

附录5-5 对象分类

代码70-0540-0-1-751		2006 实际数字	2007 估计数字	2008 估计数字
直接义务				单位：百万美元
11.1	长期全职	894	1057	1057
11.3	非长期全职	44	73	73
11.5	其他人事补偿	215	245	245
11.8	特殊个人服务支付	1	…	…
11.9	人事补偿总额	1154	1375	1375
12.1	平民人事福利	433	473	473
21.0	人员旅行与运输	43	166	166
22.0	物品运输	26	7	7
23.1	支付给总务管理局（GSA）的租金	178	223	223
23.2	支付给其他部门的租金	1	1	1
23.3	通讯，设施与各种费用	45	46	46
25.1	咨询与辅助服务	133	176	176
25.2	其他服务	551	768	768
25.3	利用政府账户购买的其他服务与商品	57	85	85
25.4	设施维护与运行	463	334	334
25.6	医疗保险	74	…	…
25.7	装备维护与运行	33	48	48
25.8	人员给养与支持	120	286	286
26.0	供给与材料	62	67	67
31.0	装备	149	86	86
32.0	土地与建筑	2	10	10
42.0	保险申请与补偿	3	2	2
91.0	没有单据证明的资金	2	2	2
99.0	直接义务	3529	4155	4155
99.0	偿付的义务	250	294	294
99.5	低于报告界限的资金	3	3	3
99.9	新义务资金总额	3782	4452	4452

资料来源：Budget of the United States Government, Appendix, Fiscal Year 2008, pp. 459－460.

(a) 每一个拨款账户都会有这份明细表，该表按照各项支出的主要对象对可用于义务的预算资源进行分类。所有的联邦机构都使用这种对象分类法。对象的代码打印在明细表的左边。

(b) 该表包括了5类对象：人事补偿金与救济金（10），合同服务与供给（20），购置资产（30），补助与固定费用（40），及其他（90）。每一分类的对象代码在表格左边，并在管理与预算局A－11号公告中有解释说明。

(c) 因服务与产品退还获得的抵消收入产生的偿付义务与包含了其他所有支出内容的直接义务区分开来。

附录 5-6　雇员概述

代码 70-0540-0-1-751		2006 实际数字	2007 估计数字	2008 估计数字
直接：				单位：百万美元
1001	全日制文职雇员	12901	15543	16497
可偿付：				
2001	全日制文职雇员	340	340	340

资料来源：Budget of the United States Government, Appendix, Fiscal Year 2008, p. 460.

（a）预算为每一个有人事补偿的账户提供了全日制雇员（FTE）工作年限的简要数据。

（b）绝大部分行政机构在不同对象分类间转移资金上具有一定的灵活性，（见附录 5-5）。然而，大多数的行政机构在全日制员工数量上都有一个上限。与机构对应的拨款小组委员会希望该机构能够在适当的限度内根据机构人数限额与对象分类表执行部门预算。由于预算编制与执行之间存在较长的间隔时间，偏离这些安排表的行为时有发生。有时偏离行为发生在项目调整过程之中，这一过程会在第十章讨论。但绝大多数的偏离行为一般是支出部门单方面做出的举动。

（c）像对象分类表一样，雇员概述表把直接活动与可偿付活动区分开来。

总统预算在国会

如前文所述，现在的总统面临的是一个在预算与其他政策问题上独立性不断增加的国会。最近的几任总统与他的工作人员们必须把大量的时间投入到对国会立法行动及其支持者的监控上。

管理与预算局会追踪总统预算通过国会的过程。不过，管理与预算局在国会预算过程中所扮演的角色十分有限。预算局的官员与总统的经济顾问们出现在国会各委员会，讨论整体政策与经济议题，但他们通常会把具体项目的讨论留给相关行政机构。在拨款听证会与其他国会讨论中，行政机构官员们承担着为总统建议辩护的主要责任。在听证会上，机构官员们要对总统预算进行申辩，即使总统预算偏离了他们真实的预算偏好。一直到这一过程结束，管理与预算局都会坚持进行一项复杂的立法清理工作，以保证预算解释材料、证据以及立法建议都与总统的政策相一致。不过，整个拨款过程是碎片化的，在一些特定的事务上，行政机构有一些非正式的手段来表现自己的立场。

为了实现目标，总统及其工作人员必须在预算决议、协调法案、授权立法、年度拨款、税收立法以及更多的过程中起到引导作用。总统的工作团队必须精通国会预算规则。他们必须成为精明的预算计算者，充分留意立法计算，并注意能否利用手中的小技巧来改变计算结果。他们还必须成为优秀的国会计票员，愿意张开双臂去拉拢议员，形成一个足以取胜的联盟。有时，总统会与国会议员们进行交流；在另一些时候，他会转向议会领袖以寻求支持。总统必须清楚要在何时与国会预算过程保持一个安全的距离，何时介入这一过程，何时威胁使用否决权（或者真的动用否决权），何时作出让步。他必须清楚在什么时候把达成一致的任务托付给其他人完成，什么时候亲自指挥。艰难的决策与重要的细节都是总统所需要的。

政治与立法资源

白宫就是一个预算讲坛。在椭圆形办公室，总统通常能够定义预算讨论的基调。总统会决定什么样的议题会摆上桌面进行讨论，是否要调整收入与权利性支出，以及是否提出启动新项目的要求。总统的预算会触发国会在以上事项与其他事务方面展开行动。尽管有人说预算进入国会后就已经死去，但总统仍然可以为接下来的谈判与立法活动设置议程。总统预算公开后，媒体会给予预算极大的关注，政策分析家们与利益集团会努力强调与他们有关的内容。预算委员会、拨款委员会与税收委员会也会开始行动。

通常总统不仅拥有倡议权，他还确信国会将对他的一些预算提案采取行动。国会不会选择在拨款上无所作为，它很有可能会针对与收入有关的提案采取行动。不过拥有主动权并不能保证总统实现他的目标。每一份预算都需要总统承担国会可能掌控预算方向的风险。为了推动最终立法结果尽可能接近他的预算，总统必须诱导相当数量的中间议员以夺取胜利，避免失败。总统的首要任务是稳固本党内的支持力量。就像有时发生的真实情况那样，如果总统在一院或者参众两院中缺少大多数的支持，他必须把争取目标扩展到另一党派摇摆不定的议员当中。如果总统不去拉拢选票，这些支持票是不会自动产生的，因为国会议员都有自己的、偏离总统利益的预算利益。1981 年的里根与 12 年后的克林顿都与很多议员进行了一对一的交谈，其中大部分是走中间路线的、保守的民主党人。他们帮助两位总统以微弱优势赢得了胜利。在这两个案例中，记者们都对购买支持票的交易大肆报道。实际上，总统通常在换取支持票的过程中出价相对较低，特别是在他们的任期末。在大选后的蜜月期以及总统民意支持率高涨的时候，总统最有价值的资源就是中间派议员在总统请求支持时对其投赞成票的倾向。一个会在重要投票之前与总统会面的议员，通常都很容易转向支持总统，放弃之前要依照自身路线投票的誓言。

有些总统很不愿意用与议员一对一的方式去寻求支持票。吉米·卡特就因为总统—国会关系的这一方面遭到挫败。乔治·H. W. 布什（他曾经担任众议员）就与很多国会议员有着不错的关系，但在预算方面，他经常高踞在冲突之上，并且无法在需要支持票的时候有效利用手中的优势。与之相反，他的儿子就很享受这部分工作。乔治·W. 布什非但不会把给议员打电话看作无关紧要的杂务，他还很乐于利用这样的机会去告诉议员他需要他们的支持票，并感谢他们的支持。

传达这种信息的效果会在重复使用中被不断削弱，这也是没有总统会把与国会的每一项预算（或者立法）分歧都变成轰动事件的原因之一。同时它也解释了为何总统倾向于把他们最突出的预算举措放在总统任期的早期，解释了为何总统的要求日益增多，但从国会那里得到的成果却越来越少。

除了游说国会议员外，总统还可以通过巧妙利用大众媒体来汇聚支持。尽管很少有观众或听众会有可能对最新预算斗争的细节感兴趣，媒体仍然给了总统机会，去把国会描绘成一个顽固对抗的形象，并要求采取行动。在罗纳德·里根任总统的早期，他对电视黄金时间的使用取得了很好的效果。他还在周末进行被媒体广泛传播的广播谈话，因为周末时媒体通常缺少重磅新闻。

克林顿的预算策略会根据政治联盟阵容的变化而变化。在1993年民主党还控制着国会的时候，克林顿的任务是说服民主党议员们为一项赤字削减一揽子计划投赞成票，这项计划包括增税与削减支出。为了获得必要的多数票，他不得不为那些受到其提案影响的民主党议员提供政治保证。克林顿在1993年2月连续两次出现在电视上：第一次出镜是一次简短的演说，现场检验并告知观众他将在数天后提出的增税政策。第二次出镜是对他即将提交给国会的预算的有力阐释。这种集中的电视曝光是有风险的，但是克林顿的这场赌博带来了收益——国会通过了总统预算计划中的主要内容。当然，不能每当预算无法在国会通过时，总统就转向大众以推动问题的解决。总统们通常都会把他们的电视出镜留到重要时刻使用。

总统的风格会在其利用预算进行演讲时造成很大的区别。如果总统很自如地扮演着这个角色，同时是一个高效的沟通者，他的个人风格就会起到帮助作用。如果总统有一个积极乐观的性格，能让他跳出负面新闻的影响；如果总统有能力始终聚焦重要的预算目标，那么他的个人风格也会有所帮助。对所有总统而言，预算其实都是一件苦差事。在一份预算还没有完全解决之前，下一份预算又已经排上日程。很少有议题能得到完全或者最终的解决。即使议题看起来容易解决，也时常会有意外强行闯入，打乱预算计划，增加协商的复杂性。因此，在每一年的预算周期中，争取他能够得到的对总统来说非常重要，拿到“半块面包”就已经可以称为彻底的胜利了。在这类政治艺术上，很少有哪一位总统能够超过克林顿。专栏5－4详细说明了他如何把共和党在1998年预算斗争中的微小让步变成政治上的重大胜利。

专栏5－4　比尔·克林顿如何在1998年把小的争论变成重大胜利

当共和党控制下的国会1998年1月召开时，国会领袖期待着一届平静且简短的会议，期待能够在拨款问题上与白宫达成一致，削减一些税收并在权利性项目上做出一些调整。结果九个月之后，双方却仍在预算纷争中胶着。最终他们在长达900页的综合拨款法案中弥补了双方的分歧，各自给予对方他们想要的一部分好处。这也标志着共和党的又一次失败与克林顿在政治上的一次重大胜利。

这一年的开端非常有利于实现预算和谐。就在数月之前，克林顿和共和党人还共同打造出一项“平衡预算”协议，声称要让预算政策能一直适用到2002财年。另外，随着会期的推进，预算环境变得比预期更加有利。克林

2月2日
克林顿的1999财年预算公布
4月2日
参议院通过了预算决议57—41
6月5日
众议院通过了预算决议216—204
10月1日
1998财年结束，预计盈余700亿美元
10月7日
克林顿否决了农业拨款法案
10月21日
克林顿签署了综合拨款法案，使之生效
11月3日
民主党在中期选举中拿到了五个众议院席位

顿的预算预计1998财年会有100亿美元的赤字，但在该财年结束的时候，政府已经实现了700亿美元的盈余。

为什么在这样的环境下，白宫和国会仍会意见不合？此外，为什么是克林顿获胜？他是怎样获胜的？答案包括两个部分——共和党人的失算与克林顿的边缘策略。众议院的共和党议员们在拨款法案上的动作非常缓慢，因为他们错误地认为随着众议院中期选举的临近，共和党的力量会增强。他们如此推测的原因是内战以来民主党只有两次在中期选举中拿到席位。共和党人还假设由于盈余的增长，国会对减税的支持也会增长。他们理所当然地认为纳税人都倾向于保住更多的收入。

但是克林顿判断，随着经济繁荣，大多数美国人不会再那么关心税收问题。取而代之的，他们会担心社会保障系统是否有足够的资金来支付他们的退休金，以及学校是否有足够的资金来为他们的子女提供良好的教育。在整个会期中，克林顿利用以下两条主要信息来规避共和党人的预算要求：利用盈余来巩固社会保障体系和大幅增加教育支出。克林顿有其他的政策优先项，但他把华丽的政治辞藻都集中于这两个受欢迎的目标。

随着新财年的开始与中期选举的临近，克林顿否决了农业拨款法案，警告如果国会拒绝他的预算申请，他愿意再关闭一次联邦政府。共和党人愈加担心会再一次因为政府关闭而受到指责。因此，他们愿意协商一个一揽子交易，以解决突出的预算分歧，并让国会顺利休会。

谈判在进入综合拨款法案时达到高潮，该法案充满了双方在预算上的战利品。克林顿在教育上拿到了稍多的资金，但比他之前要求的少得多；共和党人在国防与反毒品方面得到更多。双方都假装认为支出的增加在预算限额之内，因为这些额外的资金都被打上了“紧急支出”的标签。克林顿让共和党人删去了他反对的各种附加条款，包括禁止将联邦资金用于检测或批准堕胎药，一项对穿过阿拉斯加野生保护区的新公路的授权，以及禁止五万名海地难民永久居住在美国的条款。这项法案也充斥着大量指定用途的项目与条款，这些项目与条款都与预算无关，但都与这样的事实一致：综合法案是在国会休会之前通过的最后机会。

克林顿公开宣称该法案的通过是一次胜利，并在电视上表现得像一个胜利者。共和党发言人纽特·金格里奇（R-Ga.）及其他的共和党领袖也都宣称获得了胜利，但他们很难说清他们获得了什么。四年以前，共和党议员们依靠削减预算的承诺控制了国会；在这一年，他们最终为支出增加投了赞成票。克林顿签署了综合拨款法案两周后，选举日的计票显示，民主党获得了五个众议院席位——这在过去的五十多年里还是头一次发生。克林顿在民调中的声望接近了他总统任期的顶峰。他把一次相对谨慎的项目扩张转化成了一次政治大捷。

整体与部分

总统的影响力并不会均匀地分布在预算过程的每一个方面。有时候总统在总额方面的影响力要比在特定项目上大。总统的收入提案与国会是否考虑对税法进行重大调整有很大关系；总统预测的预算盈余或赤字经常成为国会运营中的一个财政参数。在 1981 年以来的大多数年份里，国会的预算决议都会提供小于或者基本等于总统预算的赤字数额（或者大于或者基本等于总统建议的盈余数额）。总统预算并没有使赤字合法化，但它确实使国会在试图设定一个更高的赤字数额时要付出很大的政治代价。出于这个原因，如果总统提出一份低得不切实际的赤字预测，国会也只能这样。

在里根时期，（与实际相反）总统在预算赤字预测上的影响力令国会很为难。里根经常依据不切实际的经济上升的假设来编制预算，并提出一些“到达即死去”的建议来大幅削减国内项目。里根的预算巧妙地将他置于与国会协商的有利地位，而非证明总统的重要性。在谈判与其他行动中，国会把里根希望终止的大部分项目挽救了下来，但这也是在里根提出的赤字总额之下完成的。在这些总额之下，国会在政策优先项方面做出了重大调整，从里根希望扩张的项目（主要是国防）上挪出资金转移到里根希望紧缩的项目上。

国会还通过增加支出来恢复了一些被提议削减的项目。在 20 世纪 80 年代，国会的预算决议一般都会批准比总统申请高的预算授权与支出总额。在这一时期的大部分年份里，国会会通过更高的预算收入来为额外支出争取空间。

里根把不切实际的预算合法化为总统权力的一项工具。尽管国会对他的预算做出了很多改动，但最终的收支结果依然比提交一份更加实际的预算要更接近他的偏好。不过这位总统的战术成果也付出了高昂的代价：他们使预算越来越像谈判的一个筹码，并削弱了预算作为国家政策权威指导的地位。

乔治·H. W. 布什与克林顿都沿袭了里根的路线。布什年复一年地提交不可能通过的削减提案。实际上，如果一项削减计划在布什的一次预算中被提出，那么它很有可能出现在下一份以及再下一份预算之中。克林顿总统使用了比他的前任们更有利于辩护的经济假设，但是他的预算中仍提出了项目扩张的建议，这些建议只有在迅速、松散地使用规则时才能与支出上限匹配。克林顿在任时期，在形成预算的最后阶段谈判中，总统常常能够获得一些他希望得到的成果。如果他最初的预算就很现实的话，他得到的可能会较少。

否决权

当总统与国会的政策优先项存在分歧时，即使是一个精明而有说服力的总统也很难使他的收支偏好获得国会的通过。当国家控制权被分开，同时两党又各自占据着政治图谱的两极时，上述这种情况极有可能发生。这种情况发生时，国会可能会无视总统的预算，在拨款法案及其他预算相关事务中加入大量与总统表达的政策背道而驰的条款。这些年来，很多总统都抱怨他们处在一个不利的地位，因为他们不得不签署或者否决整个法案，没有办法在法案的条款中进行挑选。如果在财年开始后支出法案才被提交给总统，不签署法案就有关闭政府的危险，此时这种劣势会格外明显。更糟糕的是，当国会将多种拨款法案和一些事实立法一起打包进一项综合法案时，它实际上进一步削弱了总统的否决权。为了纠正这种权力上的不平衡，内战之后的总统们一直要求获得部分否决权，让他们在把法案签署成法律时可以拒绝一些令人不快的条款。1996 年国会给予总统某种形式的部分否决权，但是 1998 年最高法院判定这种否决权形式违反了宪法。

在总统与国会的政治关系中，事情并不总是它们看起来的那样。传统的全同意或者全否决的否决权在本质上并不薄弱。因为克林顿获得的部分否决权并非来自宪法修正案，因而这种否决权在本质上并不是真正意义上的否决权。此外，相对于所谓的国会致力于蒙蔽或智胜总统的说法，综合法案的通过与协商式预算过程的出现关系更大。

总统在否决立法时有一个很大的优势：只要国会中本党议员在否决投票中支持总统，总统就能够取得胜利。尽管乔治·H. W. 布什所在的共和党在国会中不占多数，但他还是有很好的否决记录：在他的总统任期最后时刻遭受到一次失败之前，老布什在否决投票的战争中连续取得了 30 次胜利。克林顿通过否决一些法案和威胁动用否决权的方式，在 1995—1999 年的预算战争中把共和党的国会议员们逼到了墙角。那么，为什么近几任的总统还抱怨说宪法规定的全同意或全否定的否决权无力呢？部分是因为国会会为一些资金指定项目，并在法案中插入一些其他条款，这些条款会冒犯总统，但又不足以让总统否决整个法案。不过，另一个重要的原因是很少有总统能够有效运用否决权。20 世纪 80 年代，由于担心拒签会导致政府关闭，里根不得不签署一份充斥着他不喜欢的条款的综合拨款法案。在任何对抗中，发出不愿意对抗信号的一方都会失败。克林顿胜利了，因为他否决了攻击性的法案；里根失败了，因为他没有否决。

在很多预算冲突中，总统实际上并不需要真的去否决一项法案，威胁使用否决权就足够了。与近期其他几位很少暗示说他们考虑对某些法案动用否决权的总统不同，克林顿经常坦率地声称：如果拟议中的法案里某些条款不删除，他将考虑动用否决权。在这种情况下，国会通常都会修改法案以获得克林顿的批准。克林顿常常得到民意支持对这一点有帮助。但重要的是克林顿获胜了。每一次的预算胜利都会让他在下一次预算对抗中显得更为强大，因为他手里掌握着确有可能付诸实施的否决权威胁。

在乔治·W. 布什担任总统的前六年，他采取了与克林顿相反的行动方针。他很少威胁动用否决权，并签署实施了国会通过的每一项支出法案。当然，小布什会利用行政政策声明（Statements of Administration Policy, SAPs）和其他渠道告知国会他反对拨款法案的悬而不决。而且他时常能够成功地劝说国会修订支出数额或其他条款。他不愿意动用否决权，可能是因为共和党人在那段时间里几乎一直控制着参众两院，或者是因为他愿意接受支出水平的提高。不管原因为何，布什获取参众两院多数席位后的 2007 年突然转变预算道路。不过在那时，这位因为一场不受欢迎的战争而被削弱的即将离任的总统，已经很难抵挡国会在支出方面施加的压力了。

部分否决权可以加强总统对细节的控制，但对主要的预算议题没有多大影响。克林顿 1996 年签署实施部分否决权时，他宣称这将“阻止国会在一个长达 500 页或 1000 页的法案掩护下，通过那些包含特殊利益的条款”。在最高法院宣布部分否决权违宪之前，克林顿数次使用这种否决权。由于国会通过立法而非宪法修正案确立这项否决权，因此这并不是真正的部分否决权。在一定程度上，该否决过程

（见专栏5－5）确实使总统能够取消国会通过的法案中的一部分，然后把他签署成法律。这种所谓的部分否决程序被用在三种立法上：拨款草案，新的直接支出，以及为100名或更少的纳税人提供优惠的收入措施。在这段短暂的时期内，克林顿对上述三种法案都使用过部分否决权。他总共取消了82个条款：79个拨款条款，2个定向税收优惠条款，以及1个直接支出条款。白宫估计，部分否决权的应用节约了20亿美元的预算。不过在1998年6月，最高法院认为：通过废除国会通过并由总统签署成为法律中的一部分，“总统已经修改了国会的两项法案……宪法中没有条款授权总统通过、修订或者撤销法规。”

专栏5－5 部分否决权

下列程序由部分否决权法案（P. L. 104—130）设立，在1996年被签署成法律，并在1998年由最高法院宣告作废。

1. 国会通过了一项拨款草案，一项提供新的直接支出的草案，或一项包含“有限税收利益”的草案并将该立法送给总统。

2. 总统以其签署其他国会通过的草案的方式签署该措施。此时，该措施生效成为法律。如果某项草案在没有总统签署或国会推翻其否决的情况下成为法律，则第3步到第6步不适用。

3. 在该措施签署后的5天内，总统将他删去的那些支出项目或有限税收利益告知国会。总统不可删除拨款草案中的立法措辞。

4. 30天内，国会可以通过立法反对总统的取消。如果国会没有采取以上举动，那么被取消的条款便停止发挥其法律效力或作用。对反对法案的审查将通过简易审查程序进行。

5. 总统可以用否决其他国会通过的草案的方式来否决反对草案。

6. 国会可以通过在参众两院获得三分之二支持票来推翻总统的否决，这一方式与国会推翻总统其他否决的方式相同。

资料来源：Line Item Veto Act，P. L. 104－130（April 9，1996），110 Stat. 1200－1212.

在国会给予克林顿部分否决权时，克林顿得到了什么？最高法院把这一权力带走后，克林顿又失去了什么？除了在某些具体条款上获得的好处外，几乎没有什么。如果部分否决权幸存下来，那么国会将会采取对策去消除这种战场上的不均衡。它有可能会制定法律使一些特定条款可以规避总统的部分否决权。或者国会会把总统的一些政策优先项作为“人质”，除非总统同意不撤销某些条款，否则就拒绝通过总统的优先事项。

有人认为失去部分否决权使总统损失很大，因为总统没有办法否决包含了大量国会立法输出与预算决定的综合法案。但是这种观点没有考虑到综合法案的形成经过了政治上讨价还价的过程。这些法案都是在年度预算过程的最后阶段才实现的，而且国会也要在与总统进行大量谈判之后才通过这些法案。这一阶段里存在着大量的妥协与让步，通过把单独的法案打包进一项综合法案，总统也收益颇丰。如果总统没有获得收益，那么他可以在法案中没有什么有利于他的内容时选择动用否决权。总统通常会克制自己仅仅因为不满法案中的条款而动用否决权。

小 结

对每一位总统来说，预算都会在他想要得到的和他能得到的之间做出平衡。公布的文字与数字只会表明什么是总统口中想要的东西，而不会告诉人们总统会做出怎样的努力来实现目标，也不会告诉人们达到怎样的程度总统才满足。预算中包含了总统多大的政治野心，包含了总统多大程度的政治威吓，只有在国会完成了它的工作，各部门开始执行获得通过的支出计划时才能得知。

一份对最近四位总统预算记录的评论显示，每一位总统在处理这一年一度的收支决策周期时都有着与众不同的方式。罗纳德·里根在编制预算时已经料到他的预算从国会出来之后会与他提交上去的那一份有很大的不同。里根提出了大量增加国防预算的请求，从而使自己拿到了更多的国防预算，尽管国会对增量进行了削减。他还年复一年地提出相同的大幅削减国内开支的计划，因而很多项目的发展减缓甚至停滞下来，即使国会已经保留了全部或者大部分的预算金额。他反对赤字，但正是他带来了巨额的财政赤字。这导致了格兰姆—鲁德曼—霍林斯法案（Gramm - Rudman - Hollings laws，GRH）在里根的第二届任期获得通过。

比起里根，乔治·H. W. 布什更少关注意识形态上的东西，但是态度却更加强硬。受制于他所谓“注意看，无新税”的誓言，布什开始了他对抗适度增税的总统历程——结果只能因为高涨的财政赤字与 GRH 法案所设目标的压力而不得不签署一个规模庞大的增税计划。尽管布什也提出了削减国内支出的计划，但他一直与预算过程保持距离。二战后所有的总统均用一个概述其政策和目标的咨文介绍他们的预算，与他们不同，布什仅发出一份简短的、例行公事的传达信。在布什的预算主管理查德·达尔曼任职期间，真正的预算信息才得以面世，不过达尔曼往往有自己的安排。

与国会的预算战争是克林顿任期内反复出现的一个主题。第一轮战争是在克林顿与同是民主党人的部分议员之间展开的，这些议员不满克林顿 1993 年提出的增税计划中的一部分。之后的一系列预算战争在克林顿与国会中的共和党议员之间展开，这些议员反对克林顿的政策优先项并要求减税。克林顿的每一次预算战争都以谈判的方式结束，每一次克林顿也都获得了很多他想取得的成果。1993 年他胜利地使一揽子赤字削减计划获得通过；在 1995 年与 1996 年他阻止了共和党人削减税收与取消某些国内项目的企图。1997 年克林顿与共和党人达成了一项削减税收、增加部分支出的协议，并宣称要打造平衡预算；在他担任总统的最后一年，克林顿再次挫败了共和党削减税收的努力，并在支出方面有所斩获。在每一次他与共和党人的对抗中，克林顿都获得了政治胜利，并给共和党人钉上了不负责任的标签：共和党人意图关闭政府，削减医保，并拒绝赞同克林顿增加教育支出的建议以及其他政策优先项。尽管他所获得的比他一开始要求的要少很多，克林顿还是完全可以为他的政治胜利感到欢欣鼓舞。

平衡预算过程中的斗争与张力对克林顿来说似乎很容易，尽管他有时会令他的支持者感到尴尬，并让其他人困惑他的立场究竟是什么。对于克林顿来说，平衡并不是单纯地在分歧之间进行折中或者站在中间立场。平衡意味着要接受一些看上去冲突的主张，在推动政府扩张的同时要削减政府规模，要在接受保守主义的同时推进自由主义。这意味着要采取有力措施削减赤字，同时要提议启动新项目；要削减政府运作，同时要获得更多的税收为政府买单。克林顿的预算常常会公开藐视传统的分类方法，适应当时的约束与机遇。克林顿对联邦预算的管理有着典型的机会主义特征，但这种机会主义在极大的失败风险中为克林顿带来了一次次的胜利。这是真实的克林顿还是与政治有关的克林顿，二者没有区别，无论是哪一种，它都是克林顿一次次战胜国会共和党人的公式。

乔治·W. 布什也不得不去平衡完全迥异的两种预算目标，但是他处理的方式与他的前两任都明显不同。与他的父亲不同，小布什没有动摇过他削减税负的决心。与克林顿不同的是，小布什通常避免与国会在支出政策上进行公开对抗。结果，税收减少与支出增加给联邦政府留下高额、长期的赤字，这赤字甚至会在小布什离任之后的十年之内变得更加庞大。不过小布什不会对这样的预算发展趋势视而不见。在他第二个总统任期的中间阶段开始，小布什在支出方面施加了更加严格的数额限制，特别是针对社会项目。

布什对税收政策保持了一致性，并在他任期之初，政府有充足盈余时就开始主张削减支出。但在他任职后期，赤字已经出现。因为国会预算法则的限制与共和党议员内部的分裂（尤其是在参议院），布什不得不满足于比他的期望更少的削减，满足于那些如果不被移除，就会终结减税的日落法案。不过降低税率是他的标志性成就之一，而且他不太可能会在他任期的最后一年颠覆减税进程。有些人认为小布什对减税无条件的支持是为了避免曾经困扰过其父的政治陷阱；不过也有人认为通过减少收入来精简政府是一种“饿死怪兽”的策略。

不过事实上，在小布什手下，政府一点也没有挨饿。在他就任的第一年，因为“9.11”恐怖袭击，他必须在国防与国土安全上增加支出。但在事件发生之后的数月里，小布什同样签署了一项农场法案和一项补充拨款法案。国会对该补充拨款法案的规模进行了扩大，使教育方面的支出增加了数十亿美元之多。在小布什在任的头五年里，他签署了国会通过的每一个支出法案，即使支出数额大大超出了他的预算申请。他还推动了额外支出，并迫使国会通过了一项昂贵的医保扩张项目。在他总统任职的后期，小布什给支出的增加设定了更严格的限制，但这已经是共和党内部分裂与低迷的民意支持率威胁到他的政治影响力之后的事情了。

从他的预算记录上来看，小布什是一位平民主义的总统。他给予美国人民他们想要的更少的税以及更大的项目。可以证明，这样的立场本来是希望增进共和党巩固其多数党地位的努力。但是遗留下来的过大规模的赤字削弱了这一战略的效果。

第六章

国会预算过程

在总统向国会提交预算后，国会就会开始着手制订一份预算决议以说明其政策与工作重点。这份决议为今后每十年（或少于十年）的预算框定了总额，并且在20个功能分类中分配资金。这份决议也许也包含了协调说明，指导如何改变现有的税收或直接支出法律以及其他与预算相关的条款。在编制预算决议的过程中，国会通常会违背总统的建议，但预算实施法案（BEA）生效时，国会不得不遵守对选择性支出的限制以及量入为出（PAYGO）的规定。预算实施法案（BEA）的限制到期后，预算决议就成为每年对拨款总额设限的手段。

因为预算决议以共同决议的形式呈现，所以它并不是一个法律。尽管众议院和参议院都通过了这份决议，但是在其未呈交给总统，得到总统的签署或否决之前，这份决议是没有法律地位的。除了通过预算决议外，国会还为联邦政府提供法定授权，使其能通过税收法案、拨款法案以及其他支出立法来筹集和使用财政资金。预算决议的目的在于建立一个财政框架，使国会可以在这个框架内采取行动。如果一切顺利，国会的行动以及实际筹集和支出的款项将会与决议中明确规定的数额相一致。有时预算结果能达到目标或者与目标十分接近；有时也会出现与目标相比显著的差异。尽管国会握有执行工具，如议事程序、针对参众两院委员会的第302款分配案、计算报告（本章稍后讨论），但它有时也会通过一些不同于决议的政策。此外，实际的税收与支出因为一些处于国会有效控制之外的因素，常常与预算决议中设定的数额不同（如经济表现）。

自从四分之一个世纪之前建立起自己的预算程序以来，国会在1998年第一次没有通过预算决议。同时，在2002年、2004年以及2006年，它也未能通过预算决议。但是，这些失败并未阻止其他与预算有关的立法行动。国会为联邦项目与联邦机构提供了拨款，并制订了许多授权法案。但它没有考虑到协调法案，也没有设计出一个综合的预算政策。除了国会制订的庞大的综合拨款法案，1998年、2002年、2004年和2006年都可以算得上是常规的预算年度。无论是税法、权利性项目，还是联邦预算规则，都没有重大改变。因此，预算决议在这些年度的缺席是很难被注意到的。

不过，在某些年份，国会的预算编制雄心勃勃且有很大的冲突。这些年份就是预算决议和协调法案支配立法议程并驱使国会对收入和支出政策作出重大改变的时候。因此，在对国会预算过程的讨论中，我们有必要对维持现状的年份与变化导向的年份进行区别。对前者来说，决议几乎不会产生作用，但是对于后者，它发挥了重大作用。

为什么国会要制订预算决议

为什么国会要采取行动，在它仍然要通过单独的法案以使政府征税、花钱时，接受一个预算决议？实际上，从1789年第一届国会的召开到1975年，国会已经运行了几乎两个世纪，但它从来没有一份预算决议。在那个时期，它每年都会作出大量的财政决策，并且一次只通过一个收入和支出法案。但是国会从来没有在预算总额上进行过投票表决；那个总额仅仅是国会众多立法行动的总和。

要理解国会为什么要设置自己的预算过程，我们必须考虑下列三个问题：在以前没有预算决议的时候国会是如何运作的？为什么在1974年国会会彻底改变以前的路线，创立一个法定的预算过程？这样一个缺乏法律地位的预算决议到底是为了什么目的而设置的？

要把“国会”和“预算”这两个词语组合在一起不是一件简单的事情。因为基于地域基础的选举制度，国会从本质上来说是一个分权的体制，所以它必须让众多委员会以及它的成员们在预算决策中表达意见。尽管有时会出现一些混乱的过程和无法预期的结果，但是权力的分散并不等于法律体系的混乱。相反，在这样一个由来自50个州的参议员以及来自美国435个选区的众议员组成的机构，权力的分散是其所固有的。国会的政治工作是表达意见，代表人民，同时了解美国人民生活中各种不同的利益。在这个预算的竞技场，国会通过其广泛分布的影响力来支撑这种制度性强制力。大多数国会成员因为在一个或多个负责税收、授权或者拨款委员会中任职而拥有一定的预算权。

国会每次只通过众多预算法案中的一个，这种做法加强了其权力的分散。但如果采用替代措施，就会给予单一的一组众议院与参议院委员会对全部预算立法的控制权。鉴于预算的规模以及重要性，这些委员会可以利用他们的权力来控制几乎全部重要的立法。这些委员会的成员会影响实质性立法，即使这些立法并不属于他们的职责范围，或者仅与预算有微弱的联系。除了他们，其他大多数成员对此并没有重要的作用或者影响力。国会权力的这种集中是不可持续的，最终被预算权排斥在外的大多数一般成员将会把控制权从拥有其的少数人中强行夺回。

在过去，预算碎片化的模式运转良好，国会在与预算有关的事项上跟从总统的领导，而与联邦政府支出有关的权力则集中在拨款委员会的手中。虽然国会的预算决定逐步进行，但每次总统的建议都会产生举足轻重的影响。国会行动的每一步，尤其是在作出拨款决策以及制定税法的时候，都会以总统的预算提案作为基点，并且通常对其作出许多细微的、渐进的改变。成千上万个不同的国会决定的相加和总和并不会使总统的预算方针有较大的方向上的转变。实际上，总统在国会的预算行动中起了协调者的作用，他使得一个分散的国会可以制造出看似协调的预算结果。

但是，正如我们前面讨论过的原因，在60年代末70年代初，总统对于立法的影响力开始下降。水门事件和越南战争付出了代价，如加剧了国会与白宫之间在增税、赤字开支和扣押没收拨款资金等一系列事件上的冲突。对拨款资金的扣押没收成为破坏两者关系的最后一根稻草，在1974年，它刺激了国会预算法案（CBA）的诞生。这个法案构想出预算决议作为国会的一个机会，让国会有了独立的预算立场。出于这个原因，预算决议成为一项专门的立法决策，总统将不再参与其中，而国会也不必在形成决议过程中使用总统的经济预测或政治偏好。相反，它将依靠新设立的国会预算局来收集信息与进行分析。

与总统的关系并不是国会在设立自己的预算过程中唯一关心的事情。在国会预算法案诞生的前十年中，国会对于支出的控制愈发艰难。国会中的拨款委员会曾经有权管理所有联邦开支，但在那个时期也无法阻挡权利性支出的上升趋势以及将权力转移到授权委员会的秘密手段。显然，随着这些权利性项目获得了预算中的重要地位，国会再也不能通过年度拨款决策来控制总的联邦开支。它需要一个能包括所有支出的更广泛的过程，这一过程要把税收和支出联系在一起。预算决议将会成为协调的手段。不管委员会的管辖范围有多广，预算决议的范围覆盖了所有的联邦支出，并且要求国会对收入、支出总额、预算优先项，盈余或赤字作出明确的决策。

但是，在设计这样一个广泛的预算过程的时候，国会必须保证立法权力维持分散的状态。国会预算法案（CBA）通过将预算决议摆在现有的授权、拨款、收入过程之上，在预算的整合和立法的分散中找到平衡。集合的预算过程与分散的收支过程共存使得国会的预算编制更加复杂。所有预算决议中设定的收支同时也存在于其他国会委员会的管辖范围之内。决议是咨询性的，而其他委员会的工作则是立法性的。决议处理的是总额以及小部分主要支出分类；其他委员会则关注细节并且做出具体的项目决策。决议整体的执行依赖于授权、拨款以及赋税委员会的行动。作为一个财政框架，决议在控制其他委员会行动的时候是非常重要的，但当它无法控制这些行动时，它就变得不重要甚至不相关了。在某些年份，决议在制订立法议程以及决定收支金额时起着领导作用。在其他年份，它仅仅是认可了对现状的维持而已。

国会制订预算决议的工作已经持续了30多年，但制订的过程很难连续两年保持一样，不仅是国会行动的时间选择不同，这些决议的内容和范围也有所不同；它们已成为政治变量，并根据民主党或共和党的现行议程扩大或缩小。民主党的1995财年决议覆盖了5年的财政规划并几乎没有对预算政策做出调整。随着共和党40年间首次赢得对国会的控制权，他们随即在1996财年决议中要求了超过1万亿的税收以及支出变化。他们选定了一个7年的时间框架，因为决议中的目标是在2002财年首次实现预算平衡。1997财年决议涉及了6年的范围并且削减了预算结余；1998财年决议重新回到5年期并提出了适度的政策目标。2000财年决议范围延伸至10年，因为共和党多数希望能够显示出影响深远的减税。因为税收减免的计算是考察其对基线的影响，所以决议跨越的时间越长，所报告的削减规模也就越大。在2001财年决议中，共和党将决议的覆盖年份由10年缩短成了5年，因为他们想要显示更小规模的减税（以表明减税不会触动社会保障盈余）。几乎与预算中所有其他的事情一样，因为预算环境和政策环境的改变，以及政党领袖、其他委员会和预算委员会之间关系的改变，每一年都有一个不同的故事。

预算过程的历史告诉我们，国会不会容忍在每一年都进行重大的政策变革——尝试这样做会挑起党派间的斗争，阻碍立法议程，同时会使预算委员会与国会中其他委员会的关系变得紧张。但同时，国会不会年复一年地接受墨守成规的预算政策。选举结果、来自白宫的压力、新的支出需求以及对赤字的担忧推动国会将预算决议作为政府政策重新定位的平台。国会预算“大爆炸”的年代之后，趋向于相对平静的时期。国会在1990年通过了重大的预算改革，但在随后的1991年和1992年维持了现状。并在1993年又开始了新一轮的政策变化，而1994年又几乎没有什么改变。1995年，国会试图制订真正重要的预算法案（但这次尝试激起了许多矛盾，导致一些联邦部门因为资金缺乏而关闭）。在随后的几年中，国会满足于适度的立法。在乔治·W. 布什总统的第一个任期内，预算决议围绕着促使国会进行大规模减税而展开。当减税并没有出现在国会议程上时，国会就不必完成预算决议的工作了。

预算决议寻求改变的范围可以通过它的协调指令所涉及的范围进行衡量。一份没有包含协调方案的决议仅仅满足现状；而包含了协调方案的决议则追求改变现有的法律。调解所包含的范围越广阔（包含了更多的委员会以及涉及更多的钱），决议在设置国会议程以及修正预算政策上就越重要。

矛盾的是，预算决议的本意是要证明国会的独立性，但在一些协调年份里，它却成为总统权力的工具。1981年，罗纳德·里根总统掌握了国会预算过程的控制权，使得他在收入与支出法案中赢得了意义深远的变化。随后，比尔·克林顿总统在1993年与乔治·W. 布什总统在2001年都做了类似的事情。这些总统为非常不同的政治目标而获得的胜利，已成为国会预算中最突出的成就之一。实际上，决议反映了行政、立法两个分支间的相互依存。国会可以通过它想通过的任何决议。但是要使它自己的提案成为法律，国会必须赢得总统的默许。两个分支间的分歧越大，他们越要与对方接触以弥合双方的差别。如果他们之间的调和失败了，不仅仅国会的预算过程会有风险，甚至政府的持续运作也将处于危险之中。

无论是维持现状的年份还是在政策主动的年份，国会都把预算决议作为众参两院各委员会之间预算授权与支出的分配基础。这个302款分配案（将在本章稍后详述）设置了国会委员会运作的预算边界。理想情况下，如果决议要服务于这个目的，它应该在委员会开始拨款工作及展开其他与预算有关的工作前及时获得通过。尽管国会预算过程的官方时间表要求预算决议要在每年的4月15日前通过，但表6－1显示这一期限往往会延误几个星期，有时是几个月，甚至有时决议没有被通过。在一些年份，要等到本财年已经开始，并且一些拨款法案已经被制订出来之后，国会才接受预算决议。决议的延迟是预算冲突的晴雨表。有的年份，因为分歧已经如此深刻和普遍，要取得对决议的多数支持非常困难。尽管如此，在1998年以前，众参两院几乎总是可以勉强维持对决议的多数支持。专栏6－1讲述了预算过程在1998年的断裂，并暗示决议既是不受关注的受害者，又是冲突的受害者。随着联邦预算在一代人之内首次实现平衡，也随着众参两院预算委员会领导在应对新形势的适当战略上的分裂，国会选择不采取行动。然而，在2002年、2004年和2006年，众议院和参议院在处理赤字问题的步骤上产生了分歧，正是赤字阻碍了协议的达成。

专栏6-1 没有决定的预算决议：共和党对共和党

众议院和参议院都通过了1999财年预算决议，但是两院却未能在最后的版本上达成一致。从设立国会预算过程以来，这是历史上第一次国会未能完成预算工作。结果本不应如此，毕竟共和党同时控制了参众两院。而且，就在一年以前，他们和总统达成了一项关于减少税收、增加支出的协议，并承诺在2002财年实现平衡预算。但是，1998年经济的繁荣，牛市的出现带来的收入增长帮助预算赤字得以清算。但是政客们证明，他们不仅能在如何摆脱赤字上争吵不休，还可以在如何使用盈余上进行激烈的争论；而共和党证明了不仅能和民主党针锋相对，其内部争论的激烈程度也绝不亚于与民主党的斗争。

甚至在国会开始讨论预算决议之前，克林顿的两个精明的动作就已经使国会中的共和党处于防守地位。第一个动作是在1998年国情咨文中提出的四字要求——“先救社保”，这个要求让共和党注意到总统将会反对把即将出现的盈余用于减税。克林顿没有给出任何加强社保的具体建议，但是他的四字要求实现了一个效果，它把减税描述成对社会保障体系的破坏。他的第二个举动是将650亿美元的烟草收入（这些收入有的来自香烟税，有的来自烟草诉讼案）用来抵消他之前提出的用在教育和其他社会项目上的额外支出。虽然这样的抵消违反了预算规则（将选择性支出与直接支出和收入分开），但并没有阻止克林顿，因为他能够将此事描述成烟草对孩子的问题。

在参众两院讨论预算决议时，这两个议题——减税和烟草收入成为国会的断层线。参议院预算委员会主席皮特·多米尼奇提出了一份维持现状的决议，其中包括一个象征性的减税措施，他反对克林顿的支出举措，并使选择性支出几乎达到了上限的水平。经过共和党内部的斗争，4月2日，多米尼奇的决议在参议院以57比41的投票比例获得通过。他得到了参议院规则的帮助，即只有赢得60票的支持才能通过一些共和党人希望的减税。

众议院的共和党人推迟了有关预算决议的讨论，希望乐观的收入估算将支持他们的减税意见。国会预算局逐渐增加了其估算的财政盈余值，从三月的80亿美元到三个月后的630亿美元。众议院预算委员会主席约翰·卡西奇（John Kasich）决定起草一份迎合党内保守派的决议以增加他赢得2000年总统大选共和党候选人提名的可能性。卡西奇的决议中包括700亿美元的减税、1500亿美元的支出削减以及多个内阁部门的废除。6月5日，他的决议在众议院以216票比204票的优势获得通过。

一过了预算决议通过的最后期限，拨款委员会就开始准备他们的支出法案。更重要的是，国会通过了一份成本高昂的交通法案，其中增加了数以百亿的联邦支出（见专栏8-2），践踏了众议院预算委员会为削减支出所作的努力。

在协商中，参众两院的预算决议完全不同。参议院的决议中包含了烟草收入但没有协调指令；众议院决议中有协调指令但不包括烟草收入。参议院的决议没有削减支出，也不包括减税方案，众议院决议则包含了二者。比起一份预算决议，卡西奇更期待的是他提出的议题。多米尼奇，国会中双年预算的倡导者之一，倾向于在一个将再次撕开预算伤口的决议上不作为。当会议因为未达成决议而告终时，多米尼奇得到了一个双年预算，卡西奇得到了一个议题，但却并不是他原先所期望的。他提议的支出削减没有实现，反而被大规模的支出增加所取代（如专栏 5-4 所示）。

表 6-1　　1976—2008 财政年度预算决议通过日期*

财政年度	通过日期	超出截止日期时间
1976	5 月 14 日	1
1977	5 月 13 日	0
1978	5 月 17 日	2
1979	5 月 17 日	2
1980	5 月 24 日	9
1981	6 月 12 日	28
1982	5 月 21 日	6
1983	6 月 23 日	39
1984	6 月 23 日	39
1985	10 月 1 日	139
1986	8 月 1 日	78
1987	6 月 27 日	73
1988	6 月 24 日	70
1989	6 月 6 日	52
1990	5 月 18 日	33
1991	10 月 9 日	176
1992	5 月 22 日	37
1993	5 月 21 日	36
1994	4 月 1 日	0
1995	5 月 12 日	27
1996	6 月 29 日	75
1997	6 月 13 日	59
1998	6 月 5 日	51
1999	未通过	…
2000	4 月 15 日	0

续表

财政年度	通过日期	超出截止日期时间
2001	4月13日	0
2002	5月10日	25
2003	未通过	…
2004	4月11日	0
2005	未通过	…
2006	4月28日	13
2007	未通过	…
2008	5月17日	32

资料来源：*Congressional Research Service*，< *Congressional Budget Resolutions*：*Selected Statistics and Information Guide* >，*CRS Report RL*30297，table 2，*p*. 14，and *figure* 1，*p*. 15.

*：表中的时间，在1976—1982财年间表示首次预算决议通过的时间；在之后的几年是年度决议的通过时间；1987财年之前国会应在5月15日前通过预算决议；此后预算决议规定的通过日期为4月15日。

预算决议的结构和内容

一份预算决议可能包含四类条款：如国会预算法案（CBA）所要求的预算总额以及功能性拨款；在预算委员会决定中插入的可选择的协调指令；众参两院在预算行动规则上的变化；还有包含在大部分决议中的国会意见说明和其他非约束性条款，给了成员们一个继续记录有关联邦预算问题的机会。

预算总额

国会预算法案要求四个主要的总额（附录6－1和6－2）：

——税收总额以及总额应变动数量

——新预算授权总额及支出；

——赤字或盈余；以及

——公共债务。

这些总额并没有包括法定的预算外社会保障信托基金的收入和支出。因此，在九十年代后期，当统一的联邦预算出现盈余时，预算决议中依然持续显示着赤字。是参议院而非众议院在其决议中分别对社会保障的收入和支出进行了说明（详见附录6－3）。有时，国会已经改变了预算中对社会保障的处理，并且它很可能再次这样做。

附录6-1　预算总额：收入和预算授权

下面的预算水平适用于2005—2010财政年度：

(1) 联邦收入——以执行此次决议为目的——

(a) 联邦收入的建议水平如下：

2005财政年度：$1483658000000

2006财政年度：$1589892000000

2007财政年度：$1693246000000

2008财政年度：$1824274000000

2009财政年度：$1928678000000

2010财政年度：$2043916000000

(b) 联邦收入总水平应减少的数额如下：

2005财政年度：$366000000

2006财政年度：$17758000000

2007财政年度：$26006000000

2008财政年度：$11935000000

2009财政年度：$27553000000

2010财政年度：$22466000000

(2) 新预算授权——以执行此次决议为目的，新预算授权总额的适当水平如下：

2005财政年度：$2078456000000

2006财政年度：$2144384000000

2007财政年度：$2211308000000

2008财政年度：$2314327000000

2009财政年度：$2428613000000

2010财政年度：$2524958000000

资料来源：*Concurrent Resolution on the Budget for Fiscal Year* 2006 (conference report to accompany H. Con. Res. 95), H. Rept. 109 - 62, 109th Cong, 1st sess., April 28, 2005, pp. 2 - 3. For this and other components of the resolution cited in this chapter, see also www. gpoaccess. gov/serialset/pdf/109 - 62/109 - 62 _ conres _ budget _ 06. html.

(a) 每份预算决议的第一部分规定了总收入、要变动的收入数量，新预算授权总额、总支出、赤字或盈余，以及公共债务。这些总额中不包括预算外社会保障信托基金的收入、新预算授权、或支出（为了在参议院而非众议院中的执行目的，社会保障收支额的规定在预算决议的另一部分中显示）。

(b) 预算决议必须涵盖至少五个财政年度——“预算年度”（即将到来的财年）以及四个随后的“未来年度”——同时也可能包括对“当前年度”（处于进程中的年份）的修订。这份决议是为当时实行的2005财年制订的。最近一些预算决议的覆盖范围已经达到十个财年。未来年度的数额将在其后的预算决议中调整；不过，这些数额十分重要，因为它们可能会影响当前国会行动在未来预算上的效果。

(c) 收入变动可能是增加或减少，但它们只与新立法引起的变动有关，而不是那些由经济环境引起的变化。这里展示的决议为国会在2005年会议期间对减税立法采取行动提供了舞台。

附录 6－2　预算总额：支出、赤字和债务限额

(3) 预算支出—以执行此次决议为目的，预算支出总额的适当水平如下：

2005 财政年度：$2056006000000

2006 财政年度：$2161420000000

2007 财政年度：$2215361000000

2008 财政年度：$2305908000000

2009 财政年度：$2411288000000

2010 财政年度：$2514745000000

(4) 赤字（预算内）—以执行此次决议为目的，赤字（预算内）数额如下：

2005 财政年度：$572348000000

2006 财政年度：$571528000000

2007 财政年度：$522115000000

2008 财政年度：$481634000000

2009 财政年度：$482610000000

2010 财政年度：$470829000000

(5) 债务限额—根据 1974 年国会预算法案的 301 (a) (5) 款，公共债务的适当水平如下：

2005 财政年度：$7962000000000

2006 财政年度：$8645000000000

2007 财政年度：$9284000000000

2008 财政年度：$9890000000000

2009 财政年度：$10500000000000

2010 财政年度：$11105000000000

资料来源：Concurrent Resolution on the Budget for Fiscal Year 2006 (conference report to accompany H. Con. Res. 95), H. Rept. 109 - 62, 109th Cong., 1st sess., April 28. 2005, p. 3.

(a) 预算决议中的支出数量是估计出来的。实际赤字由国会的收入与支出决策以及征收和支出的额度决定，而非由预算决议中的条目决定。预算执行法案对选择性支出进行了限制，如第四章中介绍的那样。

(b) 这些总额中不包括社会保障（这一问题将在下一份附录中展示）。如果包括了社会保障，此处列出的每年的赤字额会显著下降。举个例子，2006 年的预算赤字将是 3830 亿美元，而不是这里显示的 5720 亿美元。

(c) 在决议（2007—2010）所涉及的未来年度，国会会通过的新的预算决议无疑会对这里的总额进行调整。2010 财年的数额将至少被调整四次（假设国会每年通过一份预算决议）。

(d) 公共债务每年的增长都会超过当年的赤字，因为从社会保障以及其他信托基金中借来的款项会减少赤字，但还是增加了公共债务。预算决议的另一部分（这里没有显示）提供了“公众持有债务”的数量，这里排除了从信托基金中所借来的款项。2006 财年的预算决议为公共债务设置了 8.6 万亿美元的限额，其中 5 万亿包括公众持有的债务，剩余的 3.6 万亿则是联邦政府对其信托基金的欠款。

专栏6-3　预算总额：社会保障

（a）社会保障收入——以参议院实施1974年国会预算法案的302款和311款为目的，联邦老年、遗属保险信托基金和联邦伤残保险信托基金的收入数额如下：

2005财政年度：$573475000000
2006财政年度：$604777000000
2007财政年度：$637792000000
2008财政年度：$671688000000
2009财政年度：$705849000000
2010财政年度：$740343000000

（b）社会保障支出——以参议院实施1974年国会预算法案的302款和311款为基准，联邦老年、遗属保险信托基金和联邦伤残保险信托基金的支出数额如下：

2005财政年度：$398088000000
2006财政年度：$415993000000
2007财政年度：$429254000000
2008财政年度：$443235000000
2009财政年度：$460443000000
2010财政年度：$479412000000

资料来源：Concurrent Resolution on the Budget for Fiscal Year 2006 (conference report to accompany H. Con. Res. 95), H. Rept. 109-62, 109th Cong., 1st sess., April 28. 2005, pp. 3-4.

（a）几乎所有的社会保障收入和支出是预算外支出，并不包含在预算总数（之前的两份附录的计算）以内。但是一小部分的管理费和一小部分用于支付社会保障收益税的从一般基金转移到信托基金的转移支付包括在预算总额之内。

（b）该附录的内容只适用于参议院，众议院并没有类似的规定。参议院选择通过立法来保护社会保障收支的平衡，他们通过将收入和支出水平控制在1974年国会预算法案第302款和第311款以内来阻止国会中的一些破坏预算决议的行动。众议院为了达到同样的目的，通过一项法律条款（1990年预算执行法案中第13302款）规定的议事程序来反对那些会在一个75年的周期内损害社会保障收支平衡的立法行动。

（c）众议院和参议院也会在处理社会保障管理费时产生分歧。这些支出在2006财年预算决议的新预算授权中高达46亿美元，属于年度拨款。为了参议院中的执行目的（众议院并非如此），管理费的新预算授权和支出会在预算决议的一个独立的子条款中进行说明（不在此处显示），资金拨付是按照预算决议覆盖期中的每一年进行的。

（d）1974年国会预算法案阻止了社会保障在协调法案中的变化。这一禁止行为可能会被众议院的简单多数票和参议院的五分之三票所搁置。

国会预算法案要求国会成员对其预算总额进行投票表决，并因此对其承担责任。如果没有决议，总额将仅仅是过去的决定、新立法、现有拨款以及经济环境对收支的影响等在算术上的总量。就总支出和赤字进行投票让许多国会成员要支持自己不喜欢的预算结果，这对他们来说是艰巨的任务。对公共债务限额的投票是非常艰难的。限额很大程度上是象征性的，因为它不能有效控制政府借钱或者欠钱的数量。不过，由于法律中设置了对于债务总额的限制，所以国会必须周期性地通过立法以提高限额。甚至在出现盈余的时候，它也必须这样做，因为在关于公共债务的法定上限中包含了从社会保障以及其他信托基金中所借的资金。为了减轻政治负担，众议院有一个特别程序，通过这个程序，预算决议的通过也可以被认为是关于债务限额的法律的通过（尽管如此，在许多事例中，众议院用另一种程序来通过关于债务限额的法律）。参议院并没有一个类似的程序，因此，参议院必须投票表决两次：一次是关于预算决议，还有一次是关于提高法定债务限额。

功能性拨款

预算决议在表 6－2 列出的 20 个功能间分配新预算授权总额、支出、直接贷款和贷款担保。每项功能被划分成若干个子功能，并且每个预算账户都被分配到一个子功能。每个账户代码的最后三位数字就代表它分到的子功能。尽管这些功能表明了国会预算的优先项，但它们对联邦项目及机构资金的建议对拨款委员会不具有约束力。随着 302 款分配案作为国会内部预算控制基础变得日益重要，功能性拨款的重要性在下降。

表 6－2　　预算决议中的职能领域[a]

编　码	功　能
050	国防
150	国际事务
250	普通科学、太空和科技
270	能源
300	自然资源和环境
350	农业
370	商业和住房贷款
400	交通运输
450	社区和地区发展
500	教育、培训、就业和社会服务
550	健康
570	医疗
600	收入保障
650	社会保障[b]
700	退伍军人福利与服务
750	司法管理
800	一般行政
900	净利息
920	补贴
950	未分配的补偿收入

资料来源：< *concurrent resolution on the budget for fiscal year 2006* >（*conference report to accompany H. Con. Res.* 95），*H. Rept.* 109－62，109*th* *Cong.*，1*st* *sess.*，*April* 28，2005，*pp.* 4－11.

a. 预算决议覆盖下的每一年，新的预算授权和支出会被分配到各项功能之中。

b. 社会保障只有预算内部分才包括在支出的功能性分配中。

功能性拨款必须添加到相应的预算总额中去。这种一致性规则必须严格执行；国会成员不调整预算总额就可以提出增加或减少功能性拨款的行为被这条规则所禁止。计算的一致性要求是预算编制的根本，但是政治上的一致性并不总是容易达成的。民意调查一般都显示，美国人希望有更大的项目和更少的预算投入。他们主张削减联邦总支出，但反对具体项目的削减。他们倾向于给不同的预算功能分配更多的资金，但又鼓励减少政府支出。计算的一致性意味着当选的政客可能不会按照选民的希望做事。一些国会成员解决民意矛盾的方法是对增加功能性拨款投赞成票，同时以总支出太高为由反对预算决议。

预算决议不会在具体的项目和账户间分配资金，因为这样会侵犯支出委员会的管辖权。预算决议中细节的缺乏使它的通过更加复杂，因为议员们不能轻易地因为为具体项目争取到资金而获得好评。国会规则要求其成员在对预算决议进行投票表决时不能从受欢迎项目的支出中获得好处，不能了解具体项目能得到多少资金的信息。尽管决议很少提及项目，但是其附录中的委员会报告往往详细说明了与功能性拨款相关的项目假设（附录6－4）。在一些年份，预算委员会的报告会对一些具体项目所需要的具体数额提出建议。但是，这些数额是没有约束性的，而且很可能会被拨款委员忽视。但是，在某种程度上，功能性拨款反映的是国会中的共识或大多数人的意见，它们可能会影响拨款委员会的行为。由于拨款委员会的成员非常重视他们的独立性，所以他们很少履行预算决议中的所有期望。

附录6－4　功能性拨款潜在的项目假设

教育、培训、就业与社会服务：功能500

预算年度及未来年度选择性支出的水平共同反映了国会预算局（CBO）重估后总统建议的水平，包含以下调整：2006财年教育部项目的预算授权中选择性支出水平提高了10.4亿美元。这一增加使社区发展基金的金额较总统所建议的维持2005年水平增加了6亿美元，其余4亿美元则被用于2006年Pell基金每项100美元的增幅。强制支出水平反映了国会预算局的基线，这一基线进行了调整，以支持以州为单位的禁欲补助。会议协议中还包含一项后备基金以应对会造成Pell基金中预算授权不足的潜在立法，以及修改对Pell基金预算处理的程序……

尽管国会强力支持联邦的学生贷款计划，但它越来越关注福特直接贷款项目预计费用与实际费用的差异。比如说，总统2006年的预算显示，尽管该项目预期能从起始之日到2004财年带来20亿美元的净收入，事实上该项目却造成了纳税人30亿美元的损失。这说明该计划在这近10年中给纳税人带来的成本被低估了50亿美元。

资料来源：*Concurrent Resolution on the Budget for Fiscal Year* 2006（conference report to accompany H. Con. Res. 95），Rept. 109－62，109th Cong.，1st sess.，April 28，2005，pp. 41－42.

(a) 本条有关第500号功能（教育，培训，就业，与社会服务）的节选说明了国会通过的2006财政年度预算决议中的项目假设。有关该决议的会议报告还讨论了其他预算功能下的项目假设。除了少数例外情况，近年来对假设的讨论变得越来越详细，且其用语也越来越接近拨款委员会的报告。

(b) 有时，项目假设直接出现在预算决议的正文中；但大多数假设则见于附带的委员会报告。尽管这些假设并不能约束针对收入和支出法案的国会行动，而仅能体现委员会以及议员间的共识，但它们有可能影响拨款金额或其他立法决定。拨款委员会通常不会忠于项目假设，因为这样做会让它们成为预算委员会的附庸。

(c) 本假设中有关选择性支出的额度要么参照总统在其预算中所提出的要求，要么参照上一年度所拨的款项，因此将它们导向拨款过程中使用的基准。对强制性支出的假设则参照预算委员会用于起草预算决议的国会预算局基线。

约束性规则和非约束性意见

最近的预算决议都倾向于采取比过去更长的篇幅。因为这些新的决议中包含了国会处理预算相关事项的行动的新（通常是临时的）规则以及对于目前预算问题的非约束性意见。与预算总额和功能性拨款相比，这些条款通常仅涉及到两院中的一个。众议院或者参议院在处理这些预算事项上可能有不同的规则，同时他们对于当前的议题也可能持有不同意见。

预算决议对于参众两院来说是一个处理预算问题的便捷工具，因为它也包括了执行预算决定的关键规则，并且允许根据需要每年对这些规则作出修改。即使一条规则已经通过成为法律，它也只能行使作为参众两院规则的职能，同时，这条规则也可以通过预算决议被修改。通过预算决议，众议院或参议院都可以为收入或支出立法设立新的议事程序，同时也可以修改现有的议事程序。因为参众两院分开执行自己的规则，所以他们不需要就预算决议中的规则更改达成一致。

实际上，参众两院对于预算实施法案（BEA）规则的过期反应不同。2004财年的预算决议包含了选择性支出上限以及供参议院考虑收支立法的量入为出规则；众议院则没有类似的规定。但两院在同一份决议中都采用了新的规则以限制提前拨款的使用（这意味着资金要在未来财政年度才可以使用），同时也对紧急支出进行了定义。即使两院采用了相同的规则，就像他们在2007年对量入为出规则所做的那样，规则的执行方式也可能有所不同。众议院通过其规则委员会可以（也经常）搁置预算立法中的议事程序问题；而参议院则需要有3/5的投票通过率才可以搁置重要的预算规则。

最后，预算决议中常常包含这样的条文，它们要么明确表示了非约束性意见，要么就是试图影响预算政策。例说，1998财年的决议明确了未来六年中每年选择性支出的限额，对出售政府资产所得收入应如何计入预算进行了规定，并设立储备资金以应付可能的立法行为。决议同时也包含了20多份“国会意见”（或者众议院或参议院意见）声明，表达国会对预算问题的看法。其中一份声明呼吁对基线计算法进行调整，另一份要求立法授权批准对联邦政府所掌握的贷款资产的出售，还有一份要求减税以使工薪家庭受益。这些类型的声明通常作为立法行动的替代；它们使得成员们即使是在没有立法行动时，也可以继续表明自己对于某些事务的支持或反对。一些声明还年复一年地出现在预算决议之中。

预算委员会

参议院和众议院的预算委员会负责编制预算决议并引导它通过各自的议院。与只能在众议院产生的税收法案，以及直到20世纪90年代末还只能由众议院产生的拨款法案不同，众议院或参议院都可以生成预算决议。在大多数年份，两院的委员会在决定决议之前都会进行广泛的协商。

从表面上看，预算委员会就像国会中的其他委员会一样，拥有自己的管辖权、议员以及工作人员。但是，它们与其他委员会是不同的，不同之处就在于预算委员会的管辖权既十分有限，又非常广泛。预算决议和协调法案是它们仅有的立法成果：前者不能成为一条法律，后者的形成不得改变其他委员嵌入的实质性条款。预算委员会全年都保持着忙碌的状态，监控预算的动态及其他委员会的工作。它们偶尔会发布关于热门预算问题的报告，但他们不会立法来解决这些问题。

预算委员会既强大又弱小——说其强大是因为它们可以对联邦税收和支出政策发起全面的改革，说其弱小则是因为他们必须依靠其他委员会才能带着这些改革走出立法的迷宫。当预算决议推动了政策的变化时，它们是强大的；当决议仅仅与现状适应时，它们是弱小的。当预算委员会于1974年成立时，有人担心它们会成为国会中的恶霸，强迫其他委员会制订违背自身意愿的法案。30多年后，我们应该很明显地发现，这些预算委员会的强大是在众议院和参议院允许的范围之内。随着国会预算氛围的逐年变化，预算委员会的法律地位也随之改变。

对预算委员会可能变得过于强大的担心在众议院特别明显，因为众议院里的自由派担心，新的国会预算程序中规定的财政纪律会被用作反对社会项目的工具。为了缓解这些不安，国会预算法案（CBA）将众议院预算委员会的服务期限限制为连续两届国会（这在后来增加到了三次）并且分配半数以上的席位给众议院赋税委员会的成员以及多数派和少数派的领导。设计这些条款的目的在于防止一些成员将预算委员会当成自己的权力基础；他们只能在预算委员会引起一时的轰动，但不会在那里成就他们的事业。参议院的预算委员会并没有类似的限制，其中的一些领导利用委员会提升他们自己的立法事业。

多年来，预算委员会已经演变成为参议院和众议院政党领导人的工具。预算委员会制订的决议主要反映国会中多数党领导人的偏好，而非如众多委员会那样独立运作。预算委员会在起草决议之前会咨询民主党或共和党领导人的意见，并且依靠领导人的帮助来赢得决议的通过。有几项因素能够说明政党领导人在决定决议的政策导向中发挥了强有力的作用。

第一，预算决议涉及广泛的立法事务：国防、农业、交通运输以及其他几乎所有领域的立法行动。国会的预算政策影响了大部分的主要立法，并且预算委员会和其他委员会之间不可避免地在优先权和特殊领域的资金分配上出现争执。政党领导人通常会消除委员会之间的分歧并解决预算总额与功能性拨款上的争端。

第二，预算决议是每年国会处理的最具党派性的议题之一。关键的不仅仅是这个或那个委员会的立法偏好，还包括究竟是选择共和党的预算提案还是民主党的预算提案的问题。就像在国会预算过程设立以来超过三分之二的年份中一样，如果总统来自非议会多数的那个政党，决议会被视作国会的预算政策选择。只有政党领袖才能代表形成和保卫预算中政党地位所需的一系列观点。

最后，因为政党内部按派系投票的现象以及民主党和共和党各层级之间的分歧，在许多年中，都很难集合成一个多数群体来对预算决议表示支持。政党领导人通过交易和施加压力的手段来使决议在参众两院中得到通过。通过集合选票，他们拥有了强有力的声音来决定决议的方向与内容。

国会预算局

国会预算局（CBO）同国会预算过程一样，是根据1974年的同一个法案建立的。二者的设立都是为了使国会能在税收和支出事务上拥有独立于总统的能力。然而，尽管二者有共同的根源和目标，国会预算局却在国会预算过程衰微的同时蓬勃发展。经历了三个十年的经济和政治循环，国会预算局已经找到了一个适当的定位，即成为一个公正、熟练、中肯的预算信息与政策分析制作者。它进行的估测已成为政策辩论中有影响力、有时是决定性的因素，定期任命一个新局长已成为国会领导采取的重要举措之一。

国会预算局崛起的主要原因是在计算上享有的声誉——评估新立法和其他政策改变带来的预算影响。就如在第四章中所谈论的那样，国会预算局的预算评估既可以终结立法，也可以为它在国会中的通过铺平道路；即使在政治交易已经完成谈判后，它仍可以迫使委员会和议员们对未决定的立法进行修改；它还可以阻挠或挫败总统的立法野心。

随着计算变得日益重要，国会预算局工作人员对于项目和问题的深度分析似乎已经失去了领地。国会预算局（CBO）每年都会出版一系列的分析报告，但它并没有在这个领域形成垄断，它的发现并不总是能动摇立法决定。在许多政策分析中，国会预算局只是许多声音之一，而且它很少是主音。不过，在计算中，国会预算局唯一权威的竞争对手是管理与预算局（OMB），在许多媒体和政策精英看来，管理与预算局具有更强的党派性也更不可靠。

为了在国会的环境中获得成功，国会预算局必须既独立于国会又服从于它。如果国会预算局不服从于国会，它将不会有益于立法者，立法者可能会削弱它的执行能力；如果不独立，它将会缺少合法性和地位来赋予自己的声明权威性。

平衡这些冲突的命令有时在国会与它的专家之间制造了紧张的关系，特别是在每四年（或每八年）一个新的国会预算局局长被任命的时候。但国会预算局的有效运行证明其在服务国会的同时仍能维持自身独立的灵活性。然而，不仅国会预算局要平衡这些错综复杂的压力，国会自身也必须从两种不同的角度来看待国会预算局。当代国会对于国会预算局的需要差不多就如国会预算局对国会的需要一样多。显然，国会预算局依赖于国会提供的资源、权威和途径；如果它缺乏资源，或者法定权威被减少甚至撤销，又或者它的员工与立法行动保持一定距离，它将无法良好运作。但同样，国会也需要国会预算局的帮助，不仅因为它生成的数据，还因为国会预算局的声望以及它偶尔在预算冲突问题上给予立法部门政治优势。当国会在预算问题上与总统发生分歧时，媒体和其他精英一般认为国会占领着制高点，这主要是因为国会预算局受到的尊重以及它计算的可靠性。

1974 年国会预算法案精心设计了国会预算局来为多种立法需求服务——但要按照优先权进行，优先权的安排使其对预算委员会比对其他委员会负有更多责任。根据预算法案，国会预算局的“主要职责和功能”就是为预算委员会“管辖权内所有事项”提供信息。法案同样授权国会预算局协助其他委员会，并且按照最低优先权来帮助单个议员。通过指导国会预算局生成不同的报告，法案进一步加强了它与预算委员会之间的关系，这些报告包括年度的基准预测以及一份关于预算状况和处理中或已通过的法律的影响的定期评估报告。

这些年来，国会预算的变革加强了国会预算局的评估角色。包括将决议的时间跨度由 1 年延长至 10 年，协调的应用以及预算执行规则。尽管预算执行法案已经到期，但它留下了一份遗产，就是对于评估的高度兴趣，特别是在参议院，量入为出规则自 1993 年开始执行。（众议院采取量入为出规则是在 2007 年，第 110 届国会开始时。）协调也提升了评估的重要性，因为只有限制在协调指令规定数额中的立法才可以免受参议院阻挠议事的威胁。

参议院和众议院在主要议题上的巨大分歧使国会预算局的使命复杂化。它的设立是为了让其能够作为一个无党派主体运作，应该不关心政治上的考虑。预算法案中提出了局长与员工的任命“不需要考虑政治上的联系，只需要考虑他们是否能够履行自己的职责”。维持政治中立很困难，因为国会预算局的预测和分析往往会支持一个政党的立场而反对另一个政党的立场。国会预算局常常处在火线上，即受到那些喜欢它的结论的人的赞扬，又受到那些不喜欢的人的诋毁。一直困扰着国会的极端的党派偏见在最近使得国会预算局的独立变得愈发紧迫和困难。国会预算局的存在是为了给那些对当时的议题不中立的政治家们中立的建议。国会预算局在国会中没有投票权，但是它可能会影响国会成员在关键问题上的投票意愿。尽管国会预算局享有它拥有的影响力，但它必须像被剥夺了影响力一般行动。

国会预算局的核心活动被预算周期或者立法议程所驱动。它要在总统向国会提交总统预算之前，即 1 月份制订出一份对于 10 年内预算和经济状况的预测，同时要在国会夏季休会期结束之前更新这份评估。其他与预算有关的工作包括对总统预算的年度分析、对长期预算前景的评定，还有向国会报告当前预算的状况。

预算计算是国会预算局最重要的责任——也是最具争议性的。从 90 年代早期开始，国会预算局对于国会考虑的两个最突出的立法倡议有显著影响：克林顿总统在美国医保系统改革上的失败，还有乔治·布什总统成功将医疗保险的覆盖范围扩大到处方药。克林顿在他的新政府里给予全民医保一个主导性的优先地位。他在1995财年预算中估计医保改革将会在未来6年内节省超过500亿美元的开支。但是国会预算局局长罗伯特·赖肖尔却在评估中指出这个计划将会使得联邦支出在同一时期内的增长超过700亿美元。虽然直接得出结论说国会预算局的评估扼杀了这个计划会造成误解，但这个预示着庞大赤字的预算会造成不利影响的预测使总统的任务变得更困难。

2003年，国会预算局再一次在决定待定立法的命运时扮演了一个关键角色。经过多年失败的尝试，国会终于通过了一个法案，将处方药纳入医疗保险的覆盖范围之内。对于2007年而言，大部分参与者需支付年度药品支出中的第一个265美元，而医疗保险则支付处于265美元到2400美元范围中75%的费用，个人将自己承2400美元到5451美元这个范围内的所有支出，最后医疗保险将支付所有超过5451美元的名义支出，但只是象征性地收费。这种不寻常的配置因为其在中间层次（$2400—$5451）的空洞被贴上了“空心面包圈”的标签。这个洞的大小（每年都会改变）受制于一条预算约束，即10年内预计的额外支出将被限制在3950亿美元之内。因为国会预算局对法案的计算以及在其审议过程中作出的大量调整，洞的规模被扩大或缩小到3950亿美元的限额以内。

国会预算局在法案待表决通过或者刚刚被制定的时候对其进行计算。所有计算均以对未来状况的假设为基础，包括那些受到政策改变影响的行为。由于计算设定了一个10年的范围，所以很容易出现重大的偏差。但是国会预算局不会为了纠正预测结果与实际结果的差异而对先前制定的法律重新进行计算。唯一重要的计算是在法案被审议或者被制订时所做的那一个。由于随后的发展不影响计算，因而预算局总是正确的，即使当它的数字被证明是错误的时候。

计算中最困难的任务之一是估计政策改变会在何种程度上带来美国人行为的变化。举个例子，在对医保法案的计算中，国会预算局必须估计如果全部或部分成本转移给联邦政府，符合条件的人们增加的药物购买量。在衡量税收法案的收入影响时，预算局会计算税率的降低会在何种程度上使投资者兑付资本收益。直到最近，国会预算局拒绝采取动态评估方法（多数是来自国会中的共和党人）。尽管“动态计算”[①] 这个术语很模糊，但是它通常涉及到可能随着政策改变而改变的宏观经济。举个例子，一些国会预算局的批评者认为它应该将商业、投资者及劳动者的税负减轻所引起的GDP、盈利及个人工资的增长作为考虑因素。国会预算局（和其他人）担心这种类型的动态计算会使立法者声称几乎所有的减税政策都能产生更多的收入。

2003年，国会预算局局长道格拉斯·赫尔兹用不同的宏观经济学假设建立基线并通过说明派生于这些基线的计算结果来评估动态计算。国会预算局预测不管使用何种假说，未来的赤字都差不多。虽然它的估计没有终结有关动态计算的争论，但国会预算局再一次证明了它在服务于国会的同时保持独立性的能力。

---

① 此模式认为减税10%可减轻税收对工人和企业的压力（译者）。

形成预算决议

预算委员会不能用一般的立法方式来审议预算决议。尽管决议是一份简短的文件，但它实际上触及众议院和参议院中所有委员会的利益。尽管决议是预算委员会的工作，但它有时也会碰巧成为收入、拨款以及大多数授权委员会的事情。预算委员会仅仅理解预算及其政策含义是不够的，他们必须同样了解对于其他委员会来说什么是重要的。他们会举行听证会，并且依靠国会预算局的数据和报告，还有其他委员会提交的关于"意见和评估"的报告。但他们最重要的信息资源来自与政党领导人、委员会主席以及普通议员的非正式、幕后谈话。这些谈话涉及到重大议题（例如税收水平的改变或立法倡议），但它们同时也加入了一些国会议员感兴趣但在决议中遗漏的项目细节。

国会预算局的基线为决议的准备提供了一个有益的出发点。它使得预算委员会能够将注意力放在政策变化而非构成预算的无数科目上。委员会也依赖于国会预算局的年度《预算和经济展望》报告，该报告在经济假设的基础上预测了下一个10年的预算状况。

在每年三月中旬，各委员会都会就自己管辖权内的预算事务向预算委员会提交他们的观点和评估。附录6－5就是对其中一份报告的摘录。这些文件应该使预算委员会关注其他委员会的计划和表现；但多年来他们已经越来越不能发挥作用了。尽管一些委员会将这份报告视作展示他们立法议程或评论总统预算的机会，但大部分委员会还是仅把它看作年度预算周期中必须经历的一道手续而已。因为这些观点和评估是在会议早期准备的，因此大部分委员会都尽量避免将自己锁定在一个特定的预算或者立法定位上。相反，他们实行防御性预算——在试图破坏他们所反对的总统建议的同时，保证其选择在会议后期有机会实现。大多数委员会都更喜欢通过非正式的沟通渠道来告知预算委员会自己的偏好并获得自身利益能够在决议中得到维护的保证。

附录6－5　观点和评估报告

2002年农业安全和农村投资法中的重要条款将在2007年9月30日到期。农业法案给农业建设提供了经济基础，促进了生产者对自然资源的保护，同时给这个国家最穷苦的人提供了营养必需品。本委员会的主要关注点在于对2007年农业法案及时更新。而该委员会对共同决议所做的努力对于我们的工作而言极为重要，我们非常感激你们能考虑我们提出的意见。

在2002年农业法案编制时，农业安全项目在10年内的基线和预期成本为1400亿美元。国会预算局最新出炉的未来十年预算基线与前十年相差800亿（假设这个项目得以继续实行）。一些农业法案的项目预算基线被提高（尤其是占总经费67%的食品券项目），这些项目要继续下去，不能为了为其他项目提供资金而被削减。在财政允许的情况下，我们的底线是，我们需要额外的资源来制定有助于加强农业部门建设的政策，同时帮助国家走向能源独立。

资料来源：House Agriculture Committee, "Budget Views and Estimates Letter," from Chair Collin C. Peterson and Ranking Minority Member Bob Goodlatte to the chair of the House Budget Committee, Representative John Spratt, March 1, 2007; available on the House Agriculture Committee website (agriculture. house. gov/inside/pubs/FinalBudgetViewLetter 2008. pdf).

(a) 1974 年国会预算法案第 301 款（b）规定，每个参议院和众议院的委员会都要向自己所在议院的预算委员会报告其对管辖权内预算相关事务的看法与评估。有时，这些看法和评估会和众议院或参议院预算委员会决议中的报告一起发布，或者会发布在一份委员会材料中。此处展示的这份文件摘自 2008 财年预算中众议院农业委员会的观点。

(b) 对于观点和评估报告没有标准的做法。举个例子，在 2008 财年中，众议院的农业委员会回复了一封由主席和少数党领袖联合署名的信件，但众议院能源和商业委员会的两位领导是分别提交信件的。虽然来自那两个委员会的信件都十分简短（少于四页），但能源和商业委员会民主党的回应却包含了一份 40 页的附件，这份附件深入审查了总统关于不同项目的提案。

(c) 这份摘录，就像其他观点与评估报告一样，将注意力集中在即将到来的会期中安排的关于重新授权的重大立法上。这类报告还讨论了总统预算中的提案，指出了同意与不同意的范围。很少有委员会会对他们管辖权内的所有项目发表评论。

预算委员会主席利用听证会与审议决议之间的这段时间来提升多数党在预算问题上的地位并且征询其他人的偏好。主席经常在多数党内部达成谅解之后召集自己的委员会来形成决议。不过，在 1998 年，众议院预算委员会主席约翰·卡西奇（俄亥俄州的共和党议员）在没有首先取得共和党共识的情况下起草了一份决议，要求进行新一轮的开支削减。接踵而来的摩擦与混乱耽误了决议的通过并导致国会未能完成其预算工作。在众议院，预算委员会的决议前协商通常是党派性的。在参议院，在预算过程的早期，主席会与少数党接触以努力扩大对决议的支持。尽管如此，从九十年代初期开始，党派性已经楔入参议院预算委员会的民主党和共和党之间。

决议的审议围绕“主席的标准”组织，“主席的标准”是一份提出总量、功能性分配以及其他应被包括在决议中的条款的文件。如果多数党成员之间的一致事先已经达成，并且一切均按计划而行，委员会将在几乎所有民主党人投票赞成一边，而共和党人赞成另一边的情况下批准主席的建议。委员会可能会改变主席的标准，但这么做可能会很难，因为该标准通常是在“预算中立”的规则下进行的，这就要求建议的支出增加要被建议的削减或者增加的总额所抵消。

尽管决议自身不提项目，审议中的许多讨论均涉及特定项目。在委员会里，成员们常常试图得到保证，以确保那些分配给具体功能的数额可以与其感兴趣的项目相适应。这些讨论创造了一个立法的历史，可能会在该年晚些时候拨款被决定时带来不同。

议会行动

众议院和参议院的规则与实践指导着关于预算决议的辩论。在众议院，规则委员会经常设计出一条"特殊规则"（以简单的众议院决议的形式），这条规则一旦被批准，就将设计出一系列条款，预算决议将在这些条款下被考虑。通常，这条规则允许少数党提交一份替代决议，同时也允许一些关于特殊条款的修正案。少数党从来没有得到过自己想要的，因为众议院内的党派界线分明（见表6-3），民主党和共和党几乎总是在决议的通过上采取相反立场。在大多数年份，多数党提供了决议通过所需的几乎所有赞成票；它不可能指望来自少数党很少或者几乎为零的帮助。这种现象在20世纪70年代和80年代普遍存在，那时候民主党还是众议院的多数党，同时自90年代中期开始，共和党一直保持着多数席位。不管哪个党派是多数党，它通常会在内部对预算政策产生深刻的分歧。多年来民主党一直艰难地在其党内自由和保守的两翼间搭建沟通的桥梁。最近，共和党在平衡希望缩减政府规模和希望维持现存项目的党员偏好中遇到了困难。

表6-3　　1976—2008财政年度众议院表决预算决议票数统计（根据党派分类）[a]

财政年度	总选票		民主党		共和党	
	赞成	反对	赞成	反对	赞成	反对
1976	200	196	197	68	3	128
1977	221	155	208	44	13	111
1978	213	179	206	58	7	121
1979	201	197	198	61	3	136
1980	220	184	211	50	9	134
1981	225	193	203	62	22	131
1982	270	154	84	153	186	1
1983	219	206	63	174	156	32
1984	229	196	225	36	4	160
1985	250	168	229	29	21	139
1986	258	170	234	15	24	155
1987	245	179	228	19	17	160
1988	230	192	230	19	0	173
1989	319	102	227	24	92	78
1990	263	157	157	96	106	61
1991	218	208	218	34	0	174
1992	261	163	243	17	18	145

续表

财政年度	总选票		民主党		共和党	
	赞成	反对	赞成	反对	赞成	反对
1993	215	201	214	44	0	157
1994	243	183	242	11	0	172
1995	223	175	222	11	0	164
1996	238	193	8	191	230	1
1997	226	195	5	190	221	4
1998	333	99	132	72	201	26
1999	216	204	3	194	213	9
2000	221	208	4	205	217	2
2001	211	207	2	201	208	5
2002	222	205	3	202	218	2
2003	221	209	1	206	219	2
2004	215	202	1	199	214	12
2005	215	212	0	201	215	10
2006	218	214	0	201	218	12
2007	218	210	0	197	218	12
2008	214	209	214	13	0	196

资料来源：< *Congressional Quarterly Almanac*，1975 - 2000 >；*Clerk of House of Representatives*，"*Roll Call Votes Only*"（*clerk. house. gov/art _ history/house _ history/index/html*）.

a. 投票表决的是众议院预算决议，而不是会议报告。在国会通过两份预算决议的年份里，这里进行投票的是第一份决议。根据党派分类进行的票数统计将无党派人士排除在外。

b. 当年的第二份预算决议在 10 月 9 日通过；这里是对第一次决议的投票数据。

c. 众议院通过了两份预算决议，决议 *A* 和决议 *B*；这里是对决议 *A* 的投票数据。

在国会预算过程早期两党合作促进决议的通过时，参议院的情况有所不同（见表6 - 4）。当共和党在 1981 年控制参议院时，党派偏见开始浮现并且从此持续了很多年。在最近的一些年中，由于少数党的每位参议员都投票反对决议的通过，迫使多数党要在其自身成员中讨价还价以获得通过所需票数。参议院的规则将决议辩论限制在 50 小时以内，因此排除了阻挠议事和其他拖延战术。

表 6 - 4　1976—2008 财政年度参议院表决预算决议票数统计（根据党派分类）[a]

财政年度	总选票		民主党		共和党	
	赞成	反对	赞成	反对	赞成	反对
1976	69	22	50	4	19	18
1977	62	22	45	6	17	16

续表

财政年度	总选票		民主党		共和党	
	赞成	反对	赞成	反对	赞成	反对
1978	56	31	41	14	15	17
1979	64	27	48	8	16	19
1980	64	20	44	5	20	15
1981	68	28	49	6	19	22
1982	78	20	28	18	50	2
1983	49	43	3	41	46	2
1984	50	49	29	17	21	32
1985	41	34	1	31	40	3
1986	50	49	1	45	48	4
1987	70	25	38	6	32	19
1988	56	42	53	0	3	42
1989	69	26	44	6	25	20
1990	68	31	38	17	30	14
1991	口头表决					
1992	口头表决					
1993	54	35	36	15	18	20
1994	54	45	54	2	0	43
1995	57	40	55	0	2	40
1996	57	42	3	42	54	0
1997	53	46	0	46	53	0
1998	78	22	37	8	41	14
1999	57	41	3	41	54	0
2000	55	44	1	44	54	0
2001	51	45	0	43	51	2
2002	63	35	15	35	50	0
2003	未考虑					
2004	56	44	6	42	50	1
2005	51	45	1	43	50	1
2006	51	49	0	44	51	4
2007	51	49	1	43	50	5

续表

财政年度	总选票		民主党		共和党	
	赞成	反对	赞成	反对	赞成	反对
2008	52	40	48	0	2	40

资料来源：< *Congressional Quarterly Almanac*, 1775 - 2006 >；*Congressional Quarterly Weekly Report*, *March* 20，2006，*p*. 790.

a. 投票表决的是参议院预算决议，而不是会议报告。在国会通过两份预算决议的年份里，这里进行投票是第一份决议。

b. 副总统乔治·布什为了打破平局，投了赞成票。

c. 参议员杰弗德和参议员利伯曼分别从共和党和民主党转向无党派，改变了政党间的关系。在2004—2008年杰弗德、2008年利伯曼的情况下，他们的投票被计入总票数，但没有被计入党派的分类统计数据之中。

在参众两院，修正案必须保证决议计算的一致性。一份改变了任一功能性拨款的修正案必须在决议的其他部分作出相应调整。这条规则使增加支出或者削减收入的修正案要获得通过变得十分困难。

为什么决议很少如期通过

在预算决议过程的最后步骤中，有一个协商委员会来解决参众两院决议之间的分歧。如表6-1所示，协商报告的通过通常在国会预算法案规定的最后期限后很久才完成。原定的目标期限是5月15日；在20世纪80年代中期，国会将其提前了一个月，但按期通过预算决议仍有困难。

最后期限的错过是因为相对于支持决议，议员们常常有更多的理由来反对它。比起支持大规模的赤字，反对它显得更加容易；比起支持支出总额，支持单个支出项目显得更加容易；不投票支持公共债务限额比支持8万亿美金的债务更加容易。截止日期的错过是因为即使预算决议超过期限或根本没有被通过，也没有事情会停下来。国会依然会拨款，联邦机构依然持续运作。

获得预算决议的通过是一个政治考验。对于如何安排盈余或处理赤字，共和党人有一种方案，民主党人有另一种方案。总统和国会各自都有其政策优先项。关于预算的辩论使每个政党中的一派对抗另一派，众议院对抗参议院，部分对抗全体，偏好小政府的反对大项目的推行，希望减少税收的人对抗希望削减赤字的人。预算决议不是一个法律，如果是的话，它可能会产生更多的冲突。它是一个象征，象征着那些使党派分裂的因素，象征着美国人想要，政府却没有做到的事情，象征了意愿和领导力的失败。假如它是一条法律，并决定联邦的税收与支出，那么这份决议的制订就是必须的。错过了法定的最后期限将产生很多连锁反应，而错过象征性的最后期限则不会。

直到1998年，预算仍是一个能达成决议的冲突。无论如何，国会都能形成一份预算决议——在一个会期，几乎是在官方公布的最后期限之后的半年。实际的通过日期暗示着一个无固定模式的过程，没有稳定的、可以预见的预算编制程序。有的年份，决议得到通过仅仅是因为有足够的成员认为拥有国会预算比没有好。有的年份，多数党通过说服顽固的党员“为过程而不是数字投票”（通过投票支持决议来维持预算过程，即使他们不同意决议中的政策）来积累足够的票数。

显然，这种诉求不再充分，因为在1998年到2006年的9年中国会有4次没有通过预算决议。在这几年里，大多数人不够重视以至于缺少足够的赞成票通过预算决议。这几年很可能不会成为国会未能通过预算决议的最后几年。这样的事情一直都会发生。每一次不通过的背后都有一定的原因，有时是因为盈余，有时是因为赤字，有时是国会议员之间的斗争，有时是因为民主党和共和党的分歧。但是这些失败也有更深层次的原因，即国会预算法案在一代人以前将预算程序转变成一种与预想情况存在极大不同的活动。在21世纪之初，该程序的目的不同于国会预算启动之初。国会预算已经经历了四个阶段的发展，每个阶段都有着各自程序和政治上的特征。

第一阶段（1975—1980年）建立了新的预算机构（参众两院预算委员会和国会预算局），采用了预算决议，并且把预算决议作为国会独立于行政机构的一种表现。大部分议员认为预算决议是一个不错的方法，但是，由于预算决议不能规定现行法律下的收入和支出，因而程序本身便比较薄弱，立法委员会成员能够轻易阻止预算程序。

第二阶段（1980—1990年）通过建立协调程序弥补了上述缺陷，协调程序允许国会强行改变现有收支法律。预算程序最终被视作那10年里对抗高额赤字的关键工具。随着总统有了影响立法的新手段，国会独立的重要性减弱。

第三阶段（1990—2001年）被第四章中讨论的预算执行规定支配。这些规定取代了对国会自由裁量的限制。与最初的国会预算法案设计，即允许国会接受任何由参众两院多数支持的预算政策不同，预算执行规则限制了收入和支出决定。在这一时期，预算决议仅被当做有利于协调法案通过的一种手段。如果没有协调法案，就没有接受预算决议的充分理由。

第四阶段（2001—2006年）的特征在于预算决议的使用以及对减税立法的协调。不仅决议在用途上被缩小，协调的范围也变窄。在那些国会不考虑减税的年份，可以通过不采纳预算决议来避免决议中的难题。

随着民主党在参议院和众议院选举中获得多数席位，国会预算很可能在2007年及以后进入一个新阶段。

协调过程

协调是国会用来使现行法律下的收入和直接支出符合预算决议中规定水平的程序。这个协调的过程有两个阶段：在预算决议中发布协调指令，通过改变收入和支出法律的（一个或多个）协调法案。因为预算决议不能改变法律，所以这两个阶段的划分是必要的。

协调是一个可选择的过程。尽管自1980年以来协调就经常被使用，但使用范围却各不相同。如前所述，它被用于预算政策有重大改变的那些年份，但当预算维持现状时，它就不会被用到。

表6-5中列出了所有最后成为法律的协调法案，说明现在的过程与最初阶段相比已有了少许不同。一方面，协调法案的出现不再那么频繁。在20世纪80年代，国会通过了九个协调法案，但是在下一个十年中仅有七个协调法案被通过。在80年代通过的协调法案中没有一个被总统否决，但是在90年代有两个法案被否决，而且都是被比尔·克林顿所否决。从2000年迄今，国会一共通过了五个协调法案，其中有一个被否决（作出否决的是克林顿）。协调最初的目在于通过增加收入或者减少支出来削减赤字；在90年代后期，调解主要关注的是减税，这一直持续到了新世纪。而这一转变是由盈余的出现以及共和党在华盛顿的优势所致。支持减税的人将协调法案看作他们主要的立法工具，因为协调法案的通过不能被阻碍，因此可以在参议院中以多数票通过。在两党势均力敌的参议院，多数党通常很难得到60票来挫败阻挠议案通过的行动，这时，协调的出现使税收立法获得国会通过成为可能。协调法案中税收政策的冲突加剧了参议院中的党际冲突（稍后讨论）。这个非同寻常的举措表明，在像协调这样的复杂立法过程中，对规则的解释有多么重要。

表6-5 **协调法案**（1980—2006年）

年份	覆盖的财政年度	协调法案	通过（或否决）日期
1980	1980—1981	1980年综合协调法案（P. L. 96—499）	80-12-05
1981	1981—1984	1981年综合预算协调法案（P. L. 97—35）	81-08-13
1982	1983—1985	1982年课税公平与财政责任法案（P. L. 97—248）	82-09-03
		1982年综合预算协调法案（P. L. 97—253）	82-09-08
1983	1984—1986	1983年综合预算协调法案（P. L. 98—270）	84-04-18
1985	1986—1988	1985年统一综合预算协调法案（P. L. 99—272）	86-04-07
1986	1987—1989	1986年综合预算协调法案（P. L. 99—509）	86-10-21
1987	1988—1990	1987年综合预算协调法案（P. L. 100—203）	87-12-22
1989	1990—1991	1989年综合预算协调法案（P. L. 101—239）	89-12-19
1990	1991—1995	1990年综合预算协调法案（P. L. 101—508）	90-11-05
1993	1994—1998	1993年综合预算协调法案（P. L. 103—66）	93-08-10
1995	1996—2002	1995年平衡预算法案	95-12-06（被否决）
1996	1997—2002	1996年个人责任与工作机会协调法案（P. L. 104—193）	96-08-22
1997	1998—2002	1997年平衡预算法案（P. L. 105—33）	97-08-05
		1997年纳税人减免法案（P. L. 105—34）	97-08-05
1999	2000—2009	1999年退税与减免法案（H. R. 2488）	99-09-23（被否决）
2000	2001—2005	2000年婚姻减税协调法案（H. R. 4810）	00-08-05（被否决）
	2002—2007		
2001		2001年经济增长与税收减免协调法案（P. L. 107—16）	01-06-07

续表

年份	覆盖的财政年度	协调法案	通过（或否决）日期
2003	2004—2008	2003 年职业与经济增长税收减免协调法案（P. L. 108—27）	03-05-28
2005	2006—2010	2005 年赤字削减法案（P. L. 109—171）	06-02-08
		2005 年增税保护与协调法案（P. L. 109—222）	06-05-17

协调法案以预算决议中的一份指南开始，指导被指定的委员会报告改变现行法律的立法。附录 6-6 摘自 2006 财年决议，显示了一个或多个委员受指示提交改动现行法律的议案时的指南。这些指南由三部分构成：它们直接以提议的立法对委员会命名，它们规定了现行收入或直接支出法律调整的额度，并且它们常常设定一个委员会建议立法实施调整的期限。参议院和众议院分别对他们各自的委员会发出指示，允许每个部门根据实际情况对文本进行微调。这些指示通常涵盖了预算决议中提到的相同的财政年份，但是没有详细指导这些改变如何做出或者将会影响什么项目——这些细节将留给收到这些指令的委员会考虑。

附录 6-6 协调指令

第 201 条：众议院调解

单个委员会

（b）针对税收变化的提议——众议院赋税委员会应于 2005 年 9 月 23 日前向众议院提交一份协调法案，该法案包括其管辖范围内的法律调整，这些调整能够使 2006 财年减少不超过 11000000000 美元的税收，并使 2006 到 2010 五个财年内减少不超过 70000000000 美元的税收。

多委员会

（a）旨在减缓强制性支出增长的提议——（1）第（2）段中所提到的众议院委员会应于 2005 年 9 月 16 日前向众议院预算委员会提交其建议。众议院预算委员会在收到这些建议后应向众议院提交一份包含所有建议且不对其做任何实质修改的协调法案。

（2）指南——

（A）农业委员会——众议院农业委员会应向众议院汇报其管辖权内足以使 2006 财年直接支出减少 173000000 美元，并在 2006 到 2010 财年内减少 3000000000 美元的立法调整。

（B）教育与劳工委员会——众议院教育与劳工委员会应向众议院汇报在其管辖权内足以使 2006 财年直接支出减少 992000000 美元，并在 2005 到 2010 财年内减少 12651000000 美元的立法调整……

资料来源：*Concurrent Resolution on the Budget for Fiscal Year* 2006 (conference report to accompany H. Con. Res. 95), Rept. 109-62, 109th Cong., 1st sess., April 28, 2005, pp. 11-14.

（a）不同的指南通常在措词上有所不同，它们会被发放给众议院以及参议院各委员会。具体措词在不同议院间也时有区别，不同年份颁发的协调指导方针在措词上存在极大差异也很常见。

（b）当指南仅被传达给一个众议院和一个参议院委员会时，这些委员会应直接向其所属议院汇报协调法案。当指南被传达给两个或以上委员会时，每个委员会应向其所属议院的预算委员会提交建议，再由预算委员会将所有建议（不做任何原则上的修改）合并为一个议案。

（c）参众两院都将2005年9月23日设定为赋税委员会提交有关税法修改建议的最后期限。当指南在一个议院内要求两份或更多协调法案时，每个法案提交的截止日期可能会有所不同。这种情况下，支出协调法案的截止日期为9月16日，而债务约束协调法案（此处未显示）的截止日期为9月30日。

（d）指南中的数字被计作对国会预算局基线的调整。

受委任的委员会的数量预示着本年度协调过程的范围，同时也可能影响在国会内推动法案的程序。由于它们拥有对税收以及主要权利性项目的管辖权，众议院赋税委员会以及参议院财政委员会始终处在受委任的委员会之列。在少数年份（1981年和1995年就是典型的例子），几乎所有对直接开支拥有管辖权的委员会都被卷入协调过程。协调指令不发布给拨款委员会或管辖范围限制在选择性项目上的授权委员会。此外，根据法律，协调不得用于针对社会保障的立法改变。

决议中资金数量的计算参考了国会预算局的基线。指南中明确的变化额是收入或者支出将要在基线水平上改变的数额。这些计算是以下述三种假设为基础的：未来的收入水平、现行法律下的支出、以及随新立法而来的变化的影响。因此，由协调产生的结余是假定结余；实际结余通常不同，有时很大。

这些指南不会规定资金变化将如何实现，或者项目如何被调整。在指南中提及项目将违反预算委员会和其他国会委员会之间的分工。这样的关系将资金的控制权授予预算委员会，并将项目的控制权授予授权委员会。如果预算委员会变得过于强大以至于他们能够决定哪个项目或法律应该调整，协调将会失败。不过，这些协调的基础是假设项目协调能够产生效果。对这些预算决议中的指南进行投票表决并不是盲目的行动——国会议员盲目赞成支出变动而没有意识到这些改变将会变成怎样。如前所述，项目假设往往见于预算委员会决议的报告之中。如同其他与决议有关的假设一样，那些涉及协调的假设通常建立在预算委员会与有管辖权的委员会之间事先达成的谅解基础之上。

即使被提到，这些项目假设也不具有约束力。每个委员会都可以在遵从指南的前提下自行决定立法变化。委员会有时会距目标有少许差距，无法百分之百地完成收入或支出变动目标，但是，委员会很少会忽视或者明显故意改变指南。预算委员会监视着其他委员会对于指南的遵守情况，但即使他们发现一个委员会没有遵守指南，他们也不能单方面改变该委员会的建议。

当众议院或参议院中多个委员会接受协调时，立法调整将被送到预算委员会，在那里，提案将被整合成一个综合法案。国会预算法案禁止预算委员会对那些来自其他有管辖权的委员会的法案进行实质性修改。即使当提交的立法与协调指南中规定的资金目标不相符时，这条限制依然有效。作为最后的手段，预算委员会可以在议会中进行斗争。在众议院，它需要一个合作的规则委员会以提交立法修正案。

将多个委员会的立法工作整合到一份综合的协调法案中有多个作用。首先，它简化了协调立法的各个部门以及监督指令遵从情况的任务。众议院和参议院将所有立法提案纳入一项综合性措施之中，而不是用大量的法案来填充立法日程。第二，所有遵从协调的委员会都会被一视同仁；没有委员会会认为，国会可能会将自己提交的结余提案定为法律，同时却忽视其他委员会提交的削减提案。最后，将立法整合成综合法案的行为将针对具体项目削减的投票转变为对保留盈余或减少赤字的投票。不过这并不适用于对项目组成部分分开投票的情况。

尽管如此，有时国会认为将协调分成两个或更多法案会更具优势。在 1982 年、1996 年以及 2005 年（这些年份里民主党和共和党在预算政策上存在激烈的冲突），它的确这样做了。通过将不同的组成部分分至不同议案，参议院和众议院对那些受到广泛支持的条款投票，而将其他不受欢迎的条款搁置一边。1995 年，共和党控制的国会制订了一个综合性的协调法案，这个法案将老年医疗保险的削减、减税与许多其他条款打包在一个单独的议案之中。克林顿总统否决了这个草案，并且指责共和党人，认为他们利用老年医疗保险削减的数额来弥补减税的做法会使高收入阶层受益。为了避免被再次攻击，共和党在下一年设计了三个分开的协调法案；国会通过了其中改革联邦福利项目的法案，但没有对其他两个关于医保和税收的法案采取行动。

多年来，协调被认为是一个一揽子计划，在对修正措施可用的辩论时间和机会进行限制的规则与程序下运作。预算规则要求这些修改措施必须是“收入中立”的——这意味着这些修改措施不能增加赤字或减少盈余。为了满足这种限制，减少收入或增加开支的修改措施必须包含后续的补偿行为。众议院按照一条由规则委员会起草的特殊规则（列明何种修订可以被考虑）来讨论协调法案。即使一些协调法案篇幅庞大（1995 年的版本超过 1500 页），规则委员会通常只允许审议不到六项修正案。这些被审议的修正案通常包括一份由少数党提交的替代法案。在大多数年份里，预算委员会编写的协调法案在众议院被通过时很少或几乎没有改动。

参议院只允许针对协调法案进行 20 小时的辩论，结果每个成员只有 12 分钟的发言时间。在有的年份，这意味着每页不到一分钟。在 20 小时用尽后，参议院不会再进行辩论，而是直接对此法案（包括一些待表决的修正案）进行投票。在这一过程中，很多待定的修正案被撤回，而法案则被通过。

参众两院特别条例的净影响是：只要这个过程由决议指令发起，实施立法就会通过。只有在 1995 年、1999 年和 2000 年（克林顿总统否决了国会共和党人提出的法案）指令才未能带来协调法案。

协调法案一旦启动，它就有极大的可能获得通过。因此协调法案成为对那些无关预算条款很有吸引力的工具。针对这一问题，参议院通过了“伯德规则”，这条规则限制了协调法案中包含的无关事务。根据这一规则，某条款是无关的，如果不改变收入或支出；增加某个不与其协调指令保持一致的委员会的支出，或减少其收入；超出引入该条款的委员会的管辖权；仅有非预算条款附带的收支条款；或者会增加未来的赤字。伯德规则可以由五分之三的参议员投票表决而被搁置。因为该规则的复杂性，它的应用与否取决于议会的解释。该规则阻碍了一些被认为与赤字削减有关的条款，同时允许其他对赤字几乎没有影响的条款通过。1993 年众议院通过的设立权利性支出审查程序的条款在参议院受到打击，理由是它们与赤字削减没有密切联系。不过，在 1996 年，参议院议会规则裁定，会导致赤字上升的减税并没有违反伯德规则。这一议题是那些曾导致会务法规专家被免职的党派分歧问题之一（见专栏 6－2）。

专栏 6－2　参议院会务法规专家沦为协调战争的牺牲品

2001 年，由美国总统乔治·W. 布什提出的 10 年万亿美元减税计划的命运很大程度上依靠一个非选举官员的裁决——参议院会务法规专家罗伯特·德夫。共和党和民主党在减税上的党派争议被针对协调程序的争论所掩盖，这也迫使德夫作出了影响预算结果的裁决，并因此丢了工作。尽管德夫是无党派人士，但他还是未能因此受到保护，免受当时控制预算的政治力量的影响。

早在上任之初，乔治·W. 布什就把税收政策大幅改革作为他的立法优先项。国会中的共和党人认为把减税方案变成一个或多个协调法案，通过会更容易，因为这种方法不会受到参议院的阻挠。当时，参议院平均分配，50 位民主党人和 50 位共和党人。如果没有协调，减税在参议院几乎肯定无法通过。在选择程序时，众议院共和党人决定提出多个协调法案，每一项法案都包括减税提议的一部分。共和党偏好多个法案，他们希望这一策略能赢得大众对减税的支持（比如对婚姻惩罚税的削减），同时导致比单独协调法案更多的减税。但是，国会民主党人不赞同这种做法。他们指出，国会预算法案中规定每年只能通过一项协调法案，而且这个程序应该为用于减少赤字的立法保留。

在裁决这个争议时，德夫受到国会预算法案的条款和参议院先例的指导。尽管他的裁决可能被上诉，但它们却被期望是决定性的。两党中的重要参议员纷纷游说德夫，推销他们对国会预算法案的解释。在 2002 财年预算决议的议会辩论中，参议院预算委员会主席皮特·多米尼奇认为国会预算法案中没有明确禁止运用协调来减税。“我们决定，我们投票，如果我们有选票，我们当然使用协调的方式，因为这是法律所允许的。”多米尼奇说。参议院预算委员会的少数派议员肯特·克拉德坚决反对这个论断。

“运用协调来削减支出或税收将是对它的曲解。协调程序不是赤字削减……那才是协调程序该做的。其他的任何事情都应该在参议院的常规程序下操作，允许参议员继续辩论，允许参议员提出修正案，因为这是这个机构的宪法角色。”

在解决这两个国会议题时，德夫把共和党人和民主党人都得罪了。他裁决协调程序只能保护一项法案不受阻挠，这样就得罪了共和党人。他又允许协调法案中的税收削减，这样他也得罪了民主党人。第一项裁决迫使共和党人放弃多项法案的方法，导致他们要接受比原先设想的数量更少的减税。德夫并没有很正式地规定协调程序在减税上的应用，因为民主党人通过提出议事程序问题进行了阻挠，他们担心这可能会成为未来协调法案参照的先例。

尽管德夫在这次针锋相对中幸免于难，他很快又成为了另一项预算程序争议的焦点。这一次，争论的议题是一项附加在预算决议协商报告中的条款，即建立一项紧急基金，必要时其可以超过选择性支出上限进行支出。这项提案使反对紧急基金的参议院拨款委员会主席特德·斯蒂文森反对支持它的参议院多数党领袖特伦特·洛特（Trent Lott）。德夫暗示国会预算法案可能不会允许紧急基金的出现，因此可能会出现议事程序问题。这是让洛特做出决定的最后一根稻草。他立即解雇了德夫，这一举动表明政党内的冲突可能会像政党间的冲突一样造成分裂。

离职后，德夫似乎依旧对这一问题产生了最后的影响，国会接受了一项而不是两项协调法案，并且在预算决议的限制下缩小了减税的幅度。德夫的解决方案将会影响以后的预算争论和协调法案，因为未来的参议院立法程序会回顾2001年采取的行动来指导他们的裁决。

规则和程序对国会所做的任何事都很重要，但没有哪一处比它对预算的影响更重要。对规则的玩弄通常是在台后，协调程序和解雇罗伯特·德夫这两件事把它推到了台前。

调解程序十分繁琐，因为它们必须平衡不同的视角和利益。国会的立法冲动驱使它去扩大项目；而它对削减预算的需要却驱使它缩小项目规模。预算委员会从财政前景出发，授权委员会则以项目为视角。预算委员会控制预算决议，目标直指结余。授权委员会控制协调法案，他们对项目进行选择。如果由预算委员会完成全部工作，协调会简单得多，但其他委员会不会接受这样一种不平衡。

平衡是有代价的。协调是一个有漏洞的过程，不是所有最初承诺的结余都会在最后实现。它紧凑的时间表妨碍了委员会对受影响的项目作出真正的实质性调整。相反，协调看重的是短期的财政调整，这可以使国会在不重构受影响项目的同时接近资金目标。自1980年实施以来，协调就已经要求削减2万亿美元的赤字，仅在1990年和1993年就各自接近1万亿美元（10年期）。但是很少有项目经由这个过程被终止或做出重大调整。多年以来，医疗保险一直是最“顺从”的联邦项目，然而，1980年就存在的每一个主要受益项目20年后也都存在。

过去，协调几乎都应用在赤字削减上，但是，随着20世纪90年代后期预算平衡的出现，协调有了新的用途。它的程序被应用于减税。在乔治·W. 布什总统的任期内，协调过程通过减少流向联邦政府的收入增加了赤字。

执行国会预算决定

预算决议中设置的结果的实现取决于国会、总统、经济的表现、以及该决议所立足的预测和假设的准确性。一些关键变量超出了国会的直接控制范围。当经济状况（增长、就业、通货膨胀及利率）与预测不同时，实际的联邦收入与支出也会与预测不同。当项目假设（如福利项目的参与人数）错误时，预算结果也会偏离目标。

当国会审议新的税收或支出立法时，预算决议就由国会执行。但是，因经济状况中不可预期的变化，或者因现行法律下对未来收支所作的错误预测，导致实际预算结果背离决议中设定的目标时，国会并不一定要采取行动。自1980年以来，预算结果与实际结果之间的差异在表6－6中列示出来。在这张表格所涉及的年份中，大约五分之三的年份，或者是实际赤字额高于国会预算额，或者是实际盈余低于国会预算额。差异并非随机出现，而是受经济表现以及总收入变动的影响。在1980年到1992年这十二年间，每一年的实际赤字都超出预算决议规定的标准；而在1993年到2000年间，每一年不是赤字低于预算总额就是盈余高于预算总额。对这种现象的一个合理解释是，当预算陷入赤字泥潭时，国会（及国会预算局）会倾向于过度乐观，因而低估短缺的数额。然而，当财政状况正在得到改善时，他们却又错误地选择了小心谨慎。

在整个表6－6所述期间，未列入预算的政策变化增加了赤字或减少了盈余，但是，与经济状况变化或者估算误差带来的影响相比，它们的预算影响更小。政策变化平均每年可达210亿美元，这占到预算和结果间差额的三分之一。不过，需要指出的是，在几乎所有这些年当中，政策改变均增加了支出或减少了税收。值得注意的是，在预算执行规则生效的这几年间，政策追加是适度的。

不同形式的执行机制促进了对法律规定的服从，这些机制包括收入底线和支出上限，对委员会的支出拨款（以及对他们制订的法案的控制），成本估计和预算评估报告，以及利用各种议事程序阻止违反预算规则的法案。

表6－6　1982—2006财政年度国会预算局关于预算赤字和实际赤字之间差额的估算（按原因分类）[a]

单位：十亿美元

财政年份	政策变动	经济环境	估算失误[b]	总差额
1982	－12	76	9	73
1983	22	59	11	92
1984	15	3	－14	4
1985	23	15	－16	22
1986	16	11	22	49
1987	－15	15	6	6
1988	9	8	29	46
1989	17	－20	20	17
1990	20	49	50	119
1991	－19	32	2	15
1992	12	25	－26	11

续表

财政年份	政策变动	经济环境	估算失误[b]	总差额
1993	12	9	-93	-72
1994	11	-21	-40	-50
1995	2	2	-15	-11
1996	25	-48	-40	-63
1997	-5	-37	-89	-131
1998	7	-71	-96	-160
1999	…	…	…	…
2000	61	-79	-77	-95
2001	95	-26	-26	43
2002	56	119	202	376
2003	…	…	…	…
2004	44	-27	10	27
2005	…	…	…	…
2006	69	-82	-122	-135
平均值	21	1	-13	-8
绝对平均值[c]	26	38	46	74

资料来源：Congressinal Budget Office, *The Budget and Economic Outlook: Fiscal Years 2008—2012*, January 2007, table C-3, pp. 130-131.

a. 差异的计算根据财年中通过的第一份（或是唯一的一份）预算决议中的赤字或盈余进行。正差额表示赤字的增加（或是盈余的减少）；负差额表示赤字的减少（或是盈余的增加）。1999年、2003年和2005年没有预算决议获得通过。

b. 国会预算局指出估算失误属技术因素。

c. 绝对平均值将差额的正负属性忽略。

收入底线与支出上限

在三十多年的国会预算过程中，预算执行方面的规则日趋收紧，并且不断加入新的议事程序。最初的预算决议过程在预算授权与支出总额上设定了上限，并为收入总额设定了底线。国会预算法案禁止有关方面考虑任何破坏收入或支出总额的措施。这项禁令仅适用于收支总额；对可能导致功能性拨款超额的措施则没有限制。

这一安排出现之后不久，其缺陷便明显地暴露出来。当只有总额被限制时，只要预算中还有空间，立法就会继续进行，即使会不可避免地带来一些不良影响，对该财年造成损害。然而，一旦预算总额达到限定额度，任何支出法案都没有办法继续——即使这些法案已经置于预算决议之中。当然，国会不会听任期望中的立法仅仅因为支出总额将被超过而受阻。国会偶尔也会使用限定总额的规则阻止一些小额项目，但它从来不会在诸如常规拨款或者补充拨款这样重要的法案上应用这一规则。

在预算过程中，总额限定并不是有效的限制工具。这样的教训国会在20世纪70年代国会预算过程开始时就领教过一次，并在20世纪80年代试图控制赤字的格莱姆—鲁德曼—霍林斯法案中又学习了一遍。总额限定无法为国会控制提供可依靠的基础，因为在各项总额限定之间、预算不同的组成部分之间存在着内在的张力。就像之前提到的那样，绝大多数的美国人都希望收支总额能更小一些，但希望组成预算的各部分数额会更大一些；希望能有更多的公共项目，却同时希望有一个更小的政府。除非要求更多项目的压力能被限制，否则国会很难限定总额（即使在国会通过了类似格莱姆—鲁德曼—霍林斯法案这样的法律，宣称要限制赤字之后）。项目的支持者要比预算的保护者强大得多，因而没办法坚守总额的限定。对于那些想要更多资金的人来说，想办法巧妙地战胜总额方面的控制或者使这样的控制失效，并不需要多大的胆量。他们可以无视或搁置规则，可以反复无常地玩弄数字，使支出数额看上去比实际支出少，可以前置支出削减而后置支出增加，还可以利用其他一些账务上的伎俩来获得他们想要的东西，即使他们曾信誓旦旦地说要忠实于预算纪律。

第302款委员会和小组委员会分配

虽然收入和支出总额仍然在控制之下，现在国会主要依靠向立法委员会和拨款小组委员会分配来强制执行它的预算决策。这些根据国会预算法案第302款要求进行的拨款，明确国会通过它的委员会系统运作。为了有效限制支出，有必要给每个委员会一个在其管辖权内立法的预算。基本规则是委员会不能产生超过预算中分配给他们额度的支出。

第302款规定了一个两步骤的程序。首先，每个预算决议的支出总额在参众两院各委员会间进行分配；然后经拨款委员会再次细分，分配给他们的小组委员会。这个做法形成了控制链，连接着单项拨款与预算总额。被分配到委员会的数额不能超出预算决议中的预算授权总额和支出总额；被分配到拨款小组委员会的数额不能超出上级委员会分配到的额度；由拨款法案提供或产生的预算授权与支出不能超过相关拨款小组委员会的可用数额。

参众两院预算委员会采取第一步措施，一个第302款（a）的分配案通常合并在管理者的报告中，伴随着有关预算决议的会议报告。虽然预算委员会进行这些分配，但他们根据的是决议形成时达成的共识与假设。当预算委员形成决议时，其他委员会已经大致清楚将分配给他们的数额。拨款将会分配给拨款委员会和有直接支出管辖权的授权委员会；第302款分配不适用于选择性授权，选择性授权的资金由拨款法案提供。新预算授权和被分配给委员会的支出不能超过预算决议中相应的总额。

参众两院预算委员会有不同的分配方法。国会预算委员会（见附录6-7）对“当前水平”（在现行法律下的支出）和“选择性立法”（因新立法形成的支出，包括年度拨款）进行了区分，将资金分配到每个委员会。除了根据第302款对下一财政年度进行分配，国会预算委员还会发布未来五年的拨款总额。

附录6-7 众议院委员会第302款分配案

	2005年总额	2005—2009年	2006年总额	2006—2010年
				（单位：百万美元）
军事委员会				
现行法律				
预算授权	85355	473465	91209	494600
支出	85245	473045	91129	494215
能源与商业委员会				
选择性立法				
预算授权	161936	1155178	207337	1293242
支出	161946	1157483	207955	1295935
选择性立法				
预算授权	……	1525	100	2000
支出	……	1525	100	2000
协调				
预算授权	……	……	-2	-14844
支出	……	……	-2	-14734
再授权				
预算授权	……	10080	……	15120
支出	……	5985	……	10845

资料来源：*Concurrent Resolution on the Budget for Fiscal Year* 2006（conference report to accompany H. Con. Res. 95），H. Rept. 109-62，109th Cong.，1st sess.，April 28，2005，p. 86.

（a）参议院与众议院的预算委员会分别在其所辖委员会间进行分配。这两个委员会进行分配时会使用不同的格式和措词。根据1974年国会预算法案第302款（a）要求，分配额将会被包含在预算决议会议报告的联合解释说明之中。

（b）众议院预算委员会把拨款分配至少分为三大类：（1）"现行法"（current law）指源于现有法律的新预算授权与支出；（2）"选择性立法"（discretionary action）指国会会期中预期立法行为的支出；以及（3）"再授权"（reauthorizations）指即将过期授权中强制性支出的延长。（"选择性"一词在此处用法与预算执行规则中的用法不同。见第四章。）当预算中包含协调指令时，还会有专门为此准备的被列入"协调"一项的分配。负数反映的是委员会将向立法部门报告以减少支出的假设。

（c）拨款分配时间范围与预算决议一致，分一年期（2006财年）和五年期（2006—2010财年）。一年期和五年期的分配中还会包括2005财年，因为预算决议修改了该年的额度。执行支出分配的议事程序是这些时限的关键。

（d）对众议院立法委员会的款项分配（此处显示了两项）包括强制性支出；给拨款委员会的选择性支出分配在另外的表格中。

（e）在此情况下，对军事委员会的拨款分配并不假定该委员会将向立法部门报告基线以外受影响的支出。相反，对能源与商业委员会的分配则反映该委员会将向立法部门报告（作为协调程序的一部分）将在2006—2010财年中减少支出147亿美元，并且作为选择性支出立法，将在同期增加支出20亿美元的假设。

参议院预算委员会避免进行具体的分配。它不区分当前水平和选择性支出立法。相反，它给出每个委员会的预算授权、支出，年度拨款中用于权利性项目的资金总额（见附录6-8）。

附录6-8　参议院委员会第302款的分配

（单位：十亿美元）	管辖权内的直接支出		年度拨款资助的权利性项目	
委员会	预算授权	支出	预算授权	支出
农业、营养及森林	111.747	111.108	341.876	260.136
军事	494.585	494.199	0.200	0.270
银行、住宅及都市	74.285	9.668	0	-0.028
商业、科学及交通	68.875	40.886	5.076	5.054
能源及自然资源	19.461	18.898	0.268	0.277
环境及公共建设	180.812	0.994	0	0
财政	5505.551	5517.365	2424.576	2423.728
外交关系	63.726	60.966	0.794	0.794
政府事务	402.936	387.261	99.879	99.879
司法	32.071	31.766	2.941	2.979
卫生、教育、劳动及退休金	68.205	62.245	21.289	20.734
程序及行政	0.366	0.323	0.640	0.639
情报	0	0	1.314	1.314
退伍军人事务	6.327	6.498	185.841	185.182
印第安人事务	2.555	2.682	0	0
小企业	0	0	0	0

资料来源：*Concurrent Resolution on the Budget for Fiscal Year* 2006（conference report to accompany H. Con. Res. 95），H. Rept. 109-62, 109th Cong.，1st sess.，April 28, 2005, p. 89.

（a）参议院预算委员会在各委员会间按当前财政年度（如适用）、下一个财政年度、以及共计五年期分配新预算授权、支出及权利性支出。这里只显示五年期的总额，而非具体每年的额度，这样可以为委员会起草法案提供更多的灵活性。

（b）“直接支出”在这里的含义与在量入为出规则中的含义不同。在这里，它包括了每个委员会管辖范围内的所有开支；而在量入为出中，它包含的是拨款委员会以外的委员会的支出。

（c）“年度拨款资助的权利性项目”包括医疗补助或食品券这些接受了年度拨款的项目。这些项目会被同时包括在分配给拨款委员会的数额以及分配给相关授权委员会的数额之中。

（d）在参议院，立法如果超过分配给有管辖权的委员会的预算授权或支出额度，将面临议事程序，只有得到成员中五分之三的票数才能获免。

在拨款委员会获得配额后，他们在一个第302款（b）的报告（见第九章）中在其下属各小组委员会之间进一步分配他们的数额。当某项拨款在参议院和众议院中被考虑时，源于该草案的预算授权和支出将与相关小组委员会的配额进行比较。可以对超出其第302款（b）配额的分配提出议事程序问题。专栏6-3讨论了国会未能完成预算决议的那几年的执行情况。

专栏6－3　没有决议的预算

当国会未能通过预算决议时，它就会受到此前通过的预算决议中规定的收支政策的约束，受到相关委员会拨款的约束。这样做的原因在于，每次预算决议都会为未来10年而非仅仅是即将到来的下一年设置收支水平。这些预设水平在被新的预算决议取代之前一直有效。旧的决定可能都会比较严格，因为它们并没有考虑到预算决议通过后的发展情况，例如修正过的收支估测、总统支出提案的通过、以及新的立法授权。尽管预算决议可能无法通过，国会可能还是会在旧决议的限制下遇到困难。

这个问题在国会2004年会期格外紧迫。当时众参两院通过了不同的预算决议，协商委员会随后报告了众议院而不是参议院通过的妥协意见。与众议院仅对拨款委员会设置下一年度的支出限额不同，参议院为各委员会分配接下来两个年度的拨款。第二年选择性支出的上限是8140亿美元，比协商报告中设置的金额低了约70亿美元。如果没有新的预算决议，参议院拨款委员会将受到比旧的预算决议规定更低的限额的限制。

近年来，众参两院会通过一个特殊手段，即所谓的“名义决议”来补偿新预算决议的缺失。该“名义决议”被认为在预算执行这一目的上有着与常规决议相同的效力。名义决议并没有标准的程序或格式；它们可以是由众参两院任一院通过的简单决议，也可以是塞入立法中的条款。它们的共同目的在于为年度拨款设置支出限额。

2004年由众议院通过的名义决议规定：“为了实现国会预算法案第III款，协商报告应被认为已由国会通过，”即使参议院不批准协商报告。（第III款是国会预算法案中规定执行规则的那部分。）参议院在当年的国防拨款法案中插入了名义决议。该条款把选择性预算授权设定为8210亿美元，而不是将要生效的8140亿美元。

在有的年份，名义决议是所有决议中最好的，因为它使国会能够设定预算额度，而不需经历协调众参两院不同观点时的种种麻烦。

预算的计算与记录

执行国会预算规则需要待定的或通过的立法的预算影响和预算形势方面的信息。第一类信息被认为是计算，第二类被认为是记录（更充分的讨论见第四章）。计算属于一种具体的方法，而记录则是过去和现在的立法对预算影响的累积。计算由国会预算局完成，该部门负责准备参众两院委员会报告的立法的成本估测（附录6－9）。这些估测的结果在评估不受限制的权利性立法的预算影响时特别重要。记录报告不定期发布，比国会预算早期时的频率要低得多。附录6－10展示了这样一份报告的样本——当前水平报告。它比较了影响预算的国会立法与预算决议中设定的数额。

附录 6－9 国会预算局的成本评估

H. R. 720
2007 年水质量融资法案

在估测必要的拨款时，国会预算局预计实施这项立法在接下来的五年将花费约 92 亿美元。联合赋税委员会估计颁布 H. R. 720 将会在 2008—2012 年期间减少 5000 万美元的税收，并在未来的 10 年中减少 54100 万美元。国会预算局估计第六款的颁布将增加舰船吨位收费，这些费用将会在 2008—2017 年增加 61500 万美元的抵消收入，这些抵消收入将被用来抵消直接支出。

	财政年度（单位：百万美元）					
	1998	1999	2000	2001	2002	2003
收入变化						
免税融资变化						
估计收入	0	*	－1	－4	－13	－31
直接支出变化						
舰船吨位收费						
预计预算授权	0	－40	－41	－41	－67	－68
估计支出	0	－40	－41	－41	－67	－68
来自拨款的支出						
现行法律下的支出						
预算授权	1300	0	0	0	0	0
支出	1412	1211	781	562	430	409
计划变动						
清洁水 SRF 补贴						
授权水平	0	2000	3000	4000	5000	0
估计支出	0	100	450	1250	2350	3150
技术支持与研究补助						
授权水平	0	75	75	75	75	75
估计支出	0	38	60	71	75	75

* 少于 50 万美元的收入损失。

资料来源：Congressional Budget Office, “Cost Estimate, H. R. 720, Water Quality Financing Act of 2007” (as ordered reported by the House Committee on Transportation and Infrastructure on March 1, 2007), March 5, 2007 (www. cbo. gov/ftpdocs/78xx/doc7838/hr720. pdf).

（a）1974 年国会预算法案要求国会预算局准备一份针对众议院或参议院委员会报告的所有公共草案（而非拨款草案）五年的成本评估。国会预算局有时会在草案呈报前提供对草案及处理中修正案的成本评估，因而在其成为法案之前将成本告知国会。对所呈报法案的成本评估通常在每份草案所附的报告中公布。某些成本评估仅不公开地提供给议员或委员会。

（b）这里显示的成本评估包括了收入（如联合赋税委员会的评估）、直接支出（以抵消收入的形式）、以及来自拨款的支出（假定核定数额将被全部拨付）。

（c）成本评估的计算与国会预算局的基线预测有关。因此，这里所显示的评估是根据在立法中的政策变化导致的基线水平的变化作出的。

附录 6-10 评估记录报告

预算委员会向众议院议长提交的报告——
众议院共同决议第 376 条中通过的 2007 财政年度国会预算的状况
反映截至 2007 年 1 月 1 日已完成的立法——

	2007 财政年度	2007—2011 财政年度
拨款水平	（预算内数额，单位：百万美元）	
预算授权	2283029	1
支出	2325998	1
收入	1780666	1
当前水平		
预算授权	2266002	1
支出	2273560	1
收入	1771853	10146069
当前水平高出（+）/低于（-）拨款水平的数额		
预算授权	-17027	1
支出	-52438	1
收入	-8813	106160

1. 不适用，因为 2008 到 2011 财年的年度拨款法案在国会未来会议召开之前将不考虑。

资料来源：Remarks of Representative John Spratt，Congressional Record，Januanry 5，2007，p. H92.

（a）1974 年国会预算法案要求众议院和参议院预算委员会发布关于国会预算状况的记录报告。预算委员会要根据国会预算局的数据不定期地将这些报告插入国会记录之中；没有固定的时间表。

（b）"拨款水平"是指最近的预算决议中规定的水平："当前水平"是指基于所有国会已完成立法的水平。当前水平包括会期内通过的新立法及现有法律产生的收入或开支。

（c）这些报告用来决定某个待表决的方案是否会导致总预算授权或支出超过，或总收入低于预算决议规定的水平而违反 1974 年国会预算法案第 311 条。

（d）这些报告的格式会不时改动，而且众议院和参议院的做法也有所不同。众议院报告（此处为摘录）比较了本财政年度（2007 年）和 5 年期（2007—2011 年）的预算与当前水平。在这份报告中，2007 财年的收入低于收入底线 88 亿美元，预算授权和支出分别低于支出上限 170 亿美元和 524 亿美元。因此，任何减少收入的立法都将违反第 311 条，但使支出增加到上限的立法将不会违反这一条款。

（e）因为未来年度的拨款尚未通过，所以没有显示五年期预算授权或支出的数额。

记录不仅是一份信息处理工作；它最重要的一个用途就是裁决针对待定立法的议事程序问题。1975 年以来，国会开始高度依靠程序性和实质性的议事程序来执行预算相关规定。最初的过程通常是许可性的：它建立在一个概念之上，即在被告知其行为的财政影响的前提下，国会应被允许采取任何它希望采取的预算行动。议事程序设计的要点是确保国会遵从预算规则。例如，在预算决议通过之前就考虑收入或支出立法便是违反议事规则的。

随着20世纪80年代赤字的飙升，国会规定了更为严格的预算执行机制。协调的应用使现有的收支法律与决议保持一致，这是在前述方向上的重要一步。国会同时也通过规定选择性支出上限，在选择性支出与收入上应用量入为出规则来加强预算执行。通过这些及其他变化，国会从程序性执行转移到实质性规则，其背后的理念从认为国会可以自由地通过多数派偏好的预算结果转变为预算行动必须与预设的政策指导方针保持一致。程序性要求仍在延续，但是当前的重点是确保国会能够与预算决定和第302款分配保持一致。作为这种转变的一部分，预算信息现在也被用来规范国会行为，而非仅仅告知国会预算形势。

第302款禁止参议院和众议院考虑任何会导致拨款小组委员会超额拨款的措施。在众议院，议事程序问题可以通过一个特殊规则搁置，即在讨论它所涉及的措施之前进行投票表决；这样的规则仅需要多数同意就可以通过。然而，参议院许多预算议事程序问题只有在获得五分之三票数（60票）时才能够搁置（关于这个问题的一些内容见专栏6－4）。鉴于参议院中政党的分布状况，不管是民主党还是共和党都不可能在没有获得另一方部分支持的情况下搁置影响预算的规则。

参议院在执行预算规则时更加严格的原因之一是由于其永久性的委员任命，参议院预算委员会比众议院预算委员会（其成员在几个任期后必须离职）更强势。参议院预算委员会更有可能争取体制中的权力；而众议院预算委员会则倾向于迁就其他委员会。不同的议事程序问题以及绝对多数的规则使参议院预算委员会在决定拟议立法是否可在预算规则下被采纳时，有很大的发言权。众议院预算规则的相对宽松，以及它们可以被轻易地置之不顾，反映出多数党领袖的强势以及众议院预算委员会的弱势。

专栏6－4　选定的参议院预算规则中需60票取消的禁令

· 在拨款委员会形成关于支出次级分配的302款（b）报告前，审议拨款法案。

· 审议会造成支出超过委员会302条款（a）支出配额（或针对拨款委员会302款（b）中支出的次级分配）的提案。

· 在通过财政年度预算决议前，审议新的支出、收入、或限制债务立法。

· 审议下述支出立法：会违背预算年度支出上限的立法，会违背预算年度和未来年度收入底线或总额规定的立法。

· 审议会增加赤字的协调法案修正案。

· 在协调法案中加入无关内容（伯德法则）。

· 在协调法案中加入社会保障立法。

· 审议会增加当前财政年度与未来5年，当前财政年度与未来10年内赤字的收入或直接支出立法（量入为出规则）。

资料来源：参议院预算委员会，“Points of Order Applicable to All Legislation”，2005年6月（www. senate. gov/－budget/republican/analysis/2005/PointsOfOrder. pdf）。一些需要60

票来搁置的议事程序问题源于1974年国会预算法案中的条款，其他一些则源于年度预算决议的条款。在此引用的参议院预算委员会文件提供了一份综合清单。审议会造成支出超过委员会302条款（a）支出配额［或针对拨款委员会302款（b）中支出次级分配］的提案。

参众两院在预算事务上的差异也植根于组织文化的不同。众议院规则的设计是为了加速众议院多数党偏好的法案及委员会制订的法案的通过；参议院的规则要适用于更多的议会修正案，并且要产生更少的党派性结果。如果能够联合起来，众议院的多数党可以删除任何一条对他们行动造成阻碍的规则，同时挫败少数党的立法野心。众议院的多数党常常搁置预算规则，尤其是在违规行为是程序性的时候。当违规行为被认为不重要或是技术性时，或违规行为是由领导决定时，众议院多数党也会搁置实质性的议事程序问题。因为参议院不限制议会修正案，同时比起众议院，在应对那些会违反预算规则的提案时更脆弱，所以参议院必须更加慎重地考虑预算立法。议员能够轻易地阻挠议案或者阻碍行动使参议院行事时表现出更少的党派性。近来出现的极端党派偏见使参议院的工作变得复杂化，也使完成所有要求的预算行动变得比过去更加困难。

总统角色是否会加强国会预算

正如本章之前讨论的，1974年建立的预算决议过程被认为是国会在预算中占据自己的位置，同时避免依赖总统建议的一种方式。出于这个原因，预算决议被设计为一个内在的国会程序，没有总统的任何参与。然而，许多年后，决议过程以及国会与总统的预算关系都发生了改变。在20世纪90年代，总统和国会之间会进行频繁的预算高层协商。这些通常发生在国会会期的末端，在国会单方面通过预算决议之后，但在它完成拨款工作之前。

总统和国会在预算事务上是相互依存的。总统无法使他的预算在没有立法行动的情况下得到通过，国会无法使他的预算决议在没有总统的同意下得到执行。如果他们相互依存，那么对于总统和国会来说在过程早期追求一致有意义吗？为什么要等到立场更坚定，关门迫近的最后一分钟呢？为什么国会要在无法单方面制定执行决议所需的立法时，还要单方面地制定预算决议呢？

要考虑这些问题，有必要考虑由一致同意向联合决议的转变（那会要求总统的签名成为法律）将如何影响敌对的政客实现预算和平的意愿和能力。冲突在预算中是无处不在的，因为它是一个有人付钱有人得益的过程。但是恰恰因为冲突不可避免，过程就要被设计出来以鼓励对立的双方寻求妥协。

现有国会预算过程的优点之一就是它是根据每年的实际情况制定的。国会会在某些特定的年份采用协调法案。在某些年份，它维持现有预算；在其他年份，它会做出重大的政策调整。在某些年份，总统和国会会就预算上的争议召开首脑会议；在其他时候，他们在立法和拨款的日常工作中解决分歧。预算过程的弹性使得立法和行政两个分支在有利于达成共识时进行正式谈判成为可能，也使得双方在分歧太深，无法达成共识时可以分道扬镳。

诚然，在过程接近终点，展开对最后的拨款法案的协商时，需要开会讨论一些观点。但是，相对于解决预算差异，解决拨款争议是一件更加平和的事情。解决拨款争议通常处理的是互不关联的活动与支出项目，而解决预算差异通常与预算总额和项目优先权联系在一起。拨款将预算的冲突分解成一个个容易被解决的问题，使得它们可以一个个地被解决。预算决议将它们聚集在国家政策的综合声明之中。国会通常以两党合作的方式制订拨款决定，尽管比起过去合作程度有所减弱，预算决议会导致党派纷争和派别选票的出现。鉴于这种投票模式，给予总统一个正式的角色可能会使得弥合双方的分歧更加困难。每一方都会更加大胆地通过强调其与其他政治部门的不同来巩固自身的地位。

有人建议将总统纳入预算决议过程会刺激两个部门在国会会期之初达成协议，而不必等到最后一刻联邦部门即将用完资金之时。不过，在预算编制中，真正的最后期限鼓励妥协的产生，而人为的最后期限仅仅是将计算的日子推迟而已。国会和总统都知道，如果他们不能在决议上达成协议，他们仍然必须在国会会期的最后解决他们的分歧。此外，即使他们在春季就一个预算框架达成一致，他们仍然可以在春季之后，当拨款和其他执行措施被审议的时候展开斗争。

预算决议必须作为所有政治季度的过程——当重大政策转变悬而未决的时候，以及仅仅作出渐进式调整的时候；当立法与行政两个分支关于预算问题进行交锋的时候，以及当他们在问题上观点一致的时候。确保预算决议能在各种环境下运行的最好方法是保持决议的灵活性。用一支笔来武装总统可能会导致没有结果可以供他签名或否决。

小　结

在其 30 多年的历史中，国会预算过程被频繁再造——通过规则中正式的改变或者非正式的调整。起初，每年会产生两个预算决议，对于国会中那些不想在赤字和其他困难事情上重复投票的人来说，至少有一个是多余的。到 20 世纪 80 年代早期之前，第二份决议不再使用，留存下来的决议由目标向限制转变。与这种新安排相一致的是，国会将调解从年度预算周期的末尾转移到了开始。它延长了决议覆盖的时间，从一年到三年，再到五年，最后是十年。它通过加速预算决议上的行动以及允许众议院在 5 月 15 日之后，甚至决议未通过时审议拨款法案，修改了立法议程。

预算决议扮演着很多角色。有时，它只需同意以前的决定；有时，它在重塑预算政策方面占据领导地位。通常决议会适应收入与支出委员的要求；有时它会挑战他们。预算委员会曾经在很大程度上控制了决议；现在，随着许多预算政策被政党领导支配或者在与总统的谈判中发展，这些委员会有着名义上的管辖权。多年来，总统从一个局外人变为一个国会预算政策改变的重要参与者。他没有对决议的正式否决权，但他可以阻碍立法的执行。

预算决议的多变性显示了该过程的脆弱和不稳定。即使在 30 多年以后，决议也没有在国会中取得牢固的位置。每年，它仅仅像国会希望的那样重要，仅仅像预算委员会那样相关。决议是一个奇特的类别，它不止是象征性的陈述，但又比不上法律。如果国会没能采纳它，没有事情会停止，如果数字被证明是错误的，或者被经济状况超越，也没有什么需要改变。预算决议无法被忽视，但它也不能总是被遵守。

在这个权宜的环境中，国会预算过程引起了一些反对的改革提议。有的提议削弱决议或者废除它；有的则提议加强决议。废除预算决议，以及预算委员会和多年来形成的预算规则，将把国会带回到1974年前的情景，那时的总额只需进行汇总而不需要任何人对它们进行投票。终结国会预算过程的情况源于它已经导致了困惑和冲突，复杂化了国会的预算工作，以及没有有效控制联邦支出的观点。有的意见认为该过程已经弱化了总统的职责并刺激了支出的增长。

与废除该预算程序有关的问题不会将国会带回原有状态。拨款委员会现在控制着联邦支出中一个很小的份额，而权利性支出则占据了一个更大的份额。如果没有一个预算过程，就不会有协调机制，就会剥夺国会可以得到的限制权利性支出及推动收入改变的最有效的手段。也许预算委员会在失去了制定立法政策上的角色后可以担任其他国会委员会财政行为的监督者。然而，他们能否成为有效的顾问值得怀疑。也许政党领袖能制定预算政策，因为这是他们多年来渴望的角色。但他们不可能有与预算委员会同样的决心来执行预算规则。

国会预算过程是一个有延展性的工具。它在十年的高额赤字中为国会服务，帮助国会在20世纪90年代后期平衡了政府账目。如果它存活下来，那是因为该过程使国会设置了它想要的政策和优先权，而不是因为它阻碍了立法多数推行其意愿。

第七章

收入立法

政府每年征收的几乎所有收入都来自永久性的法律，而非当下的立法决定。国会有权什么也不做，也可以允许现有法律继续或是调整税法，从而改变收入的范围或税负的发生。在有的年份，总统与国会的预算决议都不会在税收政策上做出明显的变动；这些文件仅会评估一下现行税法产生的收入。在其他年份，立法及行政部门中的一个或两个会寻求改变税负总额及分配，而收入政策是预算中最富争议的活动之一。

在定义收入立法的过程与政治时，有两个变量非常重要。其中一个是它的目标是提高还是降低税率，另一个是究竟是总统还是国会首先提出这样的建议。当降低赤字被优先考虑时，就像从 1982 年到 1993 年那样，旨在提高收入的立法就会成为协调一揽子计划的突出部分。但当 20 世纪 90 年代末预算转为盈余时，公开辩论的焦点就集中在是否应该降低税收负担上，协议也就被用来加快减税立法的通过。即使税收议题被暂时搁置，国会还是会审议一些税收措施——修改某些较小的税收条款，或是延长即将到期的条款。

国会通常会审议与总统建议有关的主要税收立法，改变具体的税收条款。然而，国会通常会偏离总统提案。偶尔，国会也会按照自己的意愿行事。这发生在 1982 年（里根总统任期的第二年），当时因共和党参议员对持续增长的预算赤字感到恐慌，通过增税以弥补部分因上年立法造成的收入损失。在 1995 年与 1999 年，国会提案也曾遭遇失败，因为共和党领袖不顾总统克林顿的强烈反对，建议削减税收，而克林顿最终也否决了这项立法提议。不过，最常见的模式是国会只在总统提议对收入立法提议作出重大改变时采取行动。例如，在 1993 年，作为赤字削减一揽子计划的一部分，克林顿敦促国会立法增税。一旦国会卷入某项事件，它通常会表现出相当的独立性，通过改变征税的范围或结构来使其符合自身的偏好。即使在与总统的收入目标一致时，国会也总是按自己的方式行事。

税收政策的两个内在特征推动了国会的独立发展：财政政策直接影响着大多数美国人，而且它总是富有争议。收入立法也是利益集团集中游说与密切监视的目标，这样他们才能积极地运用政治手段影响政治结果。税法制定委员会（众议院赋税委员会和参议院财政委员会）的成员相对于国会内部其他委员会成员而言会收到更多的政治酬金。但随之而来的是修改税法使某些特定纳税人受益的压力。

在赤字居高不下的年代里，国会总是致力于增加联邦收入。当总统主动提议增加收入时，他就赋予了国会筹集税款的政治掩护。但是，20 世纪 90 年代末期持续增长的预算盈余使国会领导人采取措施寻求减税。两种类型的行动——增税和减税都会导致总统与国会、民主党与共和党、乃至参议院与众议院的斗争。让国会批准税收立法曾经是一项困难的工作，但这种情况在过去的二十年里已得到有效改善(见表 7－1)。因为税收立法已被看作是一个使某些利益群体及纳税人获益的机会，所以它的通过难度被降低了。几乎每一份经过国会审查的税收法案都包含税收减免，即使其表面目的在于增加联邦收入。因为同一项措施中会包含着税收增长和下降，这就使税收立法几乎总是成为让一部分人获利而让另一部分人受损的再分配活动。获利者与受损者都是经过复杂的立法程序与政治策略产生的，这些程序与策略通常会产生庞大的法案，修改数以百计的税收条款，并使纳税变得更复杂。

表 7－1　主要税收立法（1980—2006 年）

单位：十亿美元

年份	立　法	预计收入影响[a]
1980	综合预算协调法案 首次运用协调过程	+4（1 年）
1981	经济恢复税法案 在里根上台半年后实施，标志着个人所得税的主要特征	－749（1 年）
1982	税收平衡和财政责任法案 参议院提出，废除了前一年通过的一些减税条款	+98（3 年）
1983	社会保障修正案 增加了社会保障系统的税收收入，当时社会保障正处于破产的边缘	+165（7 年）
1984	降低赤字法案 税收增长与削减支出在协调法案中同时打包出台	+51（4 年）
1986	税收改革法案 为收入中立而设计；将个人所得税的最高等级税率从 50% 降低到 28%；通过废除某些税式支出来抵消税收损失	+11（1 年）
1987	赤字协调法案 取消了格拉姆—拉曼德—霍林斯法案对 230 亿美元的扣押	+23（2 年）
1989	综合预算协调法案 包括大约 100 亿美元的支出削减	+6（1 年）
1990	综合预算协调法案 包括预算执行法案，该法案引入了对收支立法的新控制	+137（5 年）
1993	综合预算协调法案 将个人所得税最高税率提高到 39.6%	+240（5 年）
1997	纳税人减负法案 国会与总统达成的平衡预算协议的一部分；扩大了几种主要的税式支出；预计五年后的税收损失将会大幅度提高	－95（5 年）

续表

年份	立 法	预计收入影响[a]
2001	经济增长和税负削减协调法案 小布什上任后不久降低了所得税税率，增加了重要的税收减免	-1349（11年）
2003	就业与增长税负削减协调法案 提前两年进一步降低税率，减少资本收益和股息税率	-350（11年）
2005—2006	防止税负增长和税收协调法案 进一步减少资本收益和股息税率，将商业支出条款延至两年；最终行动被延期至2006年	-69（5年）

资料来源：Congressional Quarterly Almanac, 1980-97; Joint Committee on Taxation: (1) Estimated Budget Effects of the Conference Agreement for H. R. 1836, JCX-51-01, May 26, 2011; (2) Estimated Budget Effects of the Conference Agreement for H. R. 2, The "Jobs and Growth Tax Reliet Reconciliation Act of 2003," JCX-55-03, May 22, 2003; and (3) Estimated Revenue Effects of the Conference Agreement for the "Tax Increase Prevention and Reconciliation Act of 2005," JCX-18-06, May 9, 2006, available at the committee's Website (www. house. gov/jct/)。

a. 收入的影响估计按通过时间进行；实际收入影响通常会偏离这些估计。括号内的年份为估计覆盖的年份。

两百多年前，美国人民在"无权利，不纳税"精神的指引下进行了革命，但现在仍然有很多人甚至不喜欢包含着权利的税负。但是，为了给美国人想要的众多项目提供资金，联邦政府有庞大的收入需求。鉴于这个任务的困难性，国会与总统已为此设计了一个每年可筹集超过25000亿美元的税收系统。两百多年前，税收上的争端要用战争来解决；而当今的争端则用政治手段与立法程序来缓解。

国会内的税收立法

宪法赋予国会征税的权力，但却很少提及如何运用这种权力。其为数不多要求中的一点就是收入立法必须在众议院产生。这个顺序（先形成于众议院，后交参议院审核），会导致两院在处理收入措施时的分歧。不过，国会预算过程以及量入为出原则缩小了这一差距，现在两院通常会有相似的表现。

众议院

几乎所有的税收措施都是从众议院赋税委员会开始其立法旅程的，这个委员会广泛的管辖权包括了社会保障、贸易立法、失业救济和某些医疗项目。众议院20世纪70年代进行的广泛改革极大地影响了该委员会；相对于改革前，它的独立程度与权力大小都大打折扣。其中的一些变化列在表7-2之中，这个表格将改革前与改革后的赋税委员会进行了比较。

表7-2　　改革前与改革后的赋税委员会

改革前（1975年前）	改革后（1975年后）
赋税委员会的民主党人任命民主党人进入其他委员会	委员的任命由民主党调控与政策委员会决定，赋税委员会不再参与此项事务

续表

改革前（1975年前）	改革后（1975年后）
赋税委员会对医疗保险和医疗补助有完全管辖权	对医疗保险B部分的管辖权要与能源与商业委员会共享，同时该委员会还享有医疗补助的全部管辖权
不设小组委员会，所有立法都是经过全体委员讨论并通过，因而将存在争议的事务避开国会日程	虽然主要的税收立法还是经由全体委员讨论，但赋税委员会被要求设置至少六个小组委员会
委员会规模很小，只有25个委员，并被共和党人与保守的南方民主党人联盟控制	委员会扩大到37个委员，民主党人和共和党人的比率从15：10上升到25：12。在第110届国会中，比率又变为24：17
几乎所有审议工作均封闭进行，工作人员数量较少，并由主席控制	大多数审议工作均公开进行（虽然之前的党内决策会议仍旧封闭进行），工作人员数量增加，但基本上仍由主席控制
大多数委员会的提案都会在禁止议会修正案的情况下经由众议院讨论	大多数委员会的提案都会在考虑国会修正案的情况下经由众议院讨论

全体委员会通常致力于形成主要的税收立法，其下属的小组委员会负责处理其他的琐碎事务。赋税委员会曾经通过关门立法的方式来防止其他利益团体的游说。现在众议院的规定则要求它（以及其他委员会）公开处理事务，除非它明确投票要求进行秘密会议。过程公开使赋税委员会遭遇更大的政治压力，但是，主席会先在私下进行交易，然后再召集委员会通过那些已经达成的交易。该委员会曾经盛行两党合作；而两党也曾经联手形成压倒性优势，从而在参议院通过立法。但两党合作受到了改革者的攻击，他们认为这样的两党合作成为共和党与南部民主党人联手控制税收立法以及打压自由派民主党人偏好政策的手段。最终，改革者们通过扩大赋税委员会的规模以及改变两党在委员会中所占比例的方式拆散了这一联盟。从20世纪70年代起，赋税委员会的两极分化就日益明显（虽然在众议院内部还是一个整体），其投票也因为政党立场的不同而出现分歧。

党派性的强化伴随着税收立法频率的增加和规模的增大。某一年决定的议题会在一年或两年后被重新审议，这种现象已经很普遍。而国会也经常会被要求在一份法案中修改税法中数以百计的条款。党派性也降低了委员会的狭隘性与独立性，使它更容易受到外部的影响。赋税委员会也无法完全控制税收立法上的提议与起草；它必须关注政党领袖的偏好，关注预算决议中设置的收入水平，关注协调指令。委员会在税收立法上出台的诸多政策均受到国会议员的影响，而众议院议长和众议院预算委员会的影响尤甚。委员会在税收立法的细节上享有很大程度的自由，但外部压力却会对其整体政策造成影响。作为对这些压力的回应，赋税委员会的多数党委员经常会在委员会正式会议前举行秘密会议，明确那些符合其政党利益的法案。

在赋税委员会的一份法案出台后，它会收到一份规则（以众议院决议的形式），其中规定了该法案被议会审议所要遵循的条款与条件。被议长控制的规则委员会有三个基本的选择。其一是封闭性规则，这样可以限制议会修正案出台并敦促议员们赞成或是拒绝整个法案。其二是开放性规则，允许议员提出任何修正案。其三是限制性规则，只允许审议指定修正案。赋税委员会在20世纪50年代到70年代初期一直在封闭性规则下运行，而这十八年正是威尔伯·米尔斯主席当政的时期。这项程序给予赋税委员会非常多的手段，它几乎总是可以令众议院通过其提交的立法申请。而现在，众议院常常只会改变报告法案的某些部分，而且极少会同意税收立法上的封闭性规则。

但对税收法案执行开放性规则并不切合实际。若在开放性规则下运行，众议院可以完全不顾委员会内形成的妥协，重新制定税收法案。这会形成不错的政治舞台，而不是可靠的立法。开放性规则会鼓励某些距下次选举不到两年的议员把一项增加收入的法案转为减税提案。因此，大多数的税收立法都会在限制性规则下生成，这使多数党可以决定众议院应该审议哪些修正案。通常，多数党会精心制定有限的规则，提升草案通过的机会，它也会阻止审议那些会分裂党派、或是使党派蒙羞的修正案。众议院在采取行动前，必须通过一份适用于草案的规则。那些反对立法的人会试图破坏这些规则。如果他们成功了，那么直到新规则被起草、通过之后，草案才能被审议。规则通过后，众议院才会对法案和其他被允许的修正案采取行动。一旦规则获得通过，那么在绝大多数情况下，与之相关的法案也会获得通过。

参议院

参议院的税收立法工作始于财政委员会，它的立法范围甚至比众议院赋税委员会还要大。虽然参议院理应等到众议院完成行动之后，但它有时也会废止某项众议院通过的较小的草案（如更新一类即将到期的关税）除说明制定经过的条款以外的全文，然后代之以自己的条款，以此绕过上述规定。专栏 7－1 描述了参议院主动采取的最突出的措施之一：在总统尚未提案、众议院没有立法批准的情况下，增加了 1982 年的税收。虽然这项行动并不符合宪法设定程序的精神，但它确实在名义上严格遵循了要求。联邦法院一直拒绝通过对国会程序合法性的判决，因此，参议院提出的税收立法也就变成了有效的法律。

专栏 7－1 参议院发起的税收立法：1982 年增税

就在立法通过大规模的税收削减仅仅一年后，里根总统又签署了税收公正与财政责任法案（TEFRA，下文简称税收公正与财政责任法案），据估计，此法案将令联邦收入在三年内增加 980 亿美元。税收公正与财政责任法案是一次不同寻常的政策逆转，它绕过了正常的立法程序，在协商报告前其内容没有经过任何众议院审议。税收公正与财政责任法案在参议院被临时拼凑，然后就进入协商，在众议院几乎没有对最后条款产生影响的情况下被通过。

通过税收公正与财政责任法案的国会也分裂出不同的政党阵营。民主党在众议院中

1981 年 8 月 13 日

里根签署减税法案（五年减税 7490 亿美元）。

1982 年 6 月 23 日

参议院以 50 票赞成，47 票反对的结果通过了增税法案。

1982 年 8 月 19 日

协商报告以 226 票赞成，207 票反对的结果得到众议院通过；以 52 票赞成，47 票反对的结果得到参议院通过。

1982 年 9 月 3 日

里根签署税收公正与财政责任法案，使其在法律上生效。

占据大多数议席，而共和党则控制了参议院和白宫。在1981年，这种政治局面促生了众议院的民主党人与总统之间就大规模税收削减提案展开竞争。当竞争结束时，里根获胜。但他的凯旋却很快使自己陷入政治上的左右为难：怎样处理远远高于他前一年预期的日益增长的财政赤字。在1981年9月24日，里根提出了解决方案，在电视演讲中他建议通过废除“税法中滥用或是过时的措施”来筹集220亿美元的资金。

由于这个提议在立法季中出台得太晚，国会并没有通过。在下一个会期中，里根又早早地继续提出增加税收的口号，但时任赋税委员会主席的丹·罗斯滕科斯基拒绝通过。他担心众议院的民主党人会对增税有意见，而且他也不想与白宫再次展开一场竞争。

如果不是参议院财政委员会主席罗伯特·道尔处理赤字的决心，这一问题本应就此打住。道尔在委员会共和党人与白宫之间进行了磋商、达成了妥协，而后白宫授权他起草一份会以一边倒态势获得通过的法案。

但这份法案该怎样提交呢？众议院还没有通过，而宪法要求收入立法必须在那里产生。道尔的解决办法是把财政委员会的增税法案附加在众议院上次会期期末通过的一个小型收入法案中。在没有民主党支持的情况下，这项扩大后的法案获得了参议院的通过。

紧接着，行动转到了众议院，众议院本希望生成自己的法案，这样就可以为自己在接下来与参议院进行协商时争取立场。但赋税委员会中的民主党人担心自己会被称作增税支持者，所以他们选择直接召开会议。基本上完全按照参议院提交的版本，与会者很快制定出了最终的法案。

截至此时，在共和党的各阶层中已经出现了深深的裂痕（尤其是在众议院中），那里的换届选举数月后即将举行。因为共和党人的分裂，法案若想在众议院内获得通过，就需要民主党人足够的支持。众议院中的民主党人不能再袖手旁观，但在他们得到三项政治保护之前，他们也不会提供足够的票数。第一，众议院要在封闭性规则下完成协商报告，这一规则排除了对争议条款的分散投票；第二，里根承诺向支持这项法案的民主党人发出感谢信；最后，每个党派都要在其众议院成员中达成对协商报告的多数支持。

作为一项增税政策，1982年法案对于赤字基本没有造成影响，而赤字随后就达到了2000亿美元。不过该法案却对此后的立法工作和政治机遇产生了滞后的影响。这项法案为此后充斥着整个20世纪80年代的政治手段的运用开创了先例，收入的提高也不再简单地被视作税收的上涨，税收公正与财政责任法案也为参议员道尔赢得了“福利国家征税员”的称号。但在他于1996年竞选总统之际，这项称号反倒成了他在共和党选民心目中洗刷不去的污点。至于罗纳德·里根，他在没有发表任何意见的情况下签署了1982年的增税法案，又在卸任之前签署了七八份类似的增税法案。但他今天仍然被视作一位削减税收的总统。

大多数情况下，只有众议院行动后，参议院才可以对税收法案采取行动。数十年来这个先后次序区分了两院的行动。众议院要先对法案进行审议，因此需要严格限制其议员投票支持减税或为迎合某方面利益而支持减税。众议院通过的税收立法也很少有修正案，并且基本不包含与之无关的条款。在参议院财政委员会及其院内，参议员们增加了许多鼓励减税与其他利益的修正案。有时，会添加数以百计的修正案——即所谓的对法案进行“圣诞树装饰”的过程。参议院把增加收入的众议院法案转为减少收入的法案，这种现象并不常见。

在接下来协商解决两份法案中的不同时，这些修正案给予参议院较之众议院更大的优势。在国会山，大家都知道税收法案比其他类型的立法活动更会在协商中改写。两院通过法案中的大部分会被与会人员弃置一旁，他们有时还会插入两院法案未包含的措施。当协商形成最终法案时，参与协商的参议员们还会用他们的许多修正案作为谈判筹码，逼迫众议院做出让步。因此，协商报告通常会更倾向于参议院的立场。

量入为出规则

就像在下一节将详细讨论的那样，1990年预算执行法案中规定的量入为出规则改变了参议院在收入法案和税收立法的其他方面增加条款的动机。它的基本规则（在第四章中已全面论述）就是国会对收入和直接支出的立法不应当增加赤字或减少盈余。会减少联邦收入的立法必须要用增加税收或是减少支出的方法来弥补。如果国会无法完全抵消收入方面的净损失，那么一些直接支出项目中的资金将会被扣押。参众两院也各有其内部的量入为出规则。

在执行法定量入为出规则时，国会议员会将现行法律与税收变动所派生出来的基线收入与新立法产生的收入区别开来。如果是因为经济环境变化引起的收入减少，国会并不会被要求抵消这部分差额，但它也不可以用经济环境改善引起的收入增加来抵消因立法而造成的收入减少。不过，国会还是会被要求抵消新立法导致的预期收入减少。

国会在1993年通过的北美自由贸易协定（NAFTA）说明了量入为出规则是如何运行的。当北美自由贸易协定还处在审议阶段时，据估计它可以在成立的最初五年令关减税少、直接支出增加总额达27亿美元。有些贸易协定的支持者辩称它会通过刺激贸易和促进经济活动，从而在实质上提高税收，但官方的估计却不包括对总体宏观经济影响的假设。因此，它便与国会要找到用于抵消的27亿美元的要求无关。虽然量入为出规则并不要求贸易协定立法本身来补偿这27亿美元（抵消可以包含在国会通过的其他收入或直接支出法案中），除非该法案包括抵消措施，否则它不可能得到公众的支持。政府首先提议加倍征收海关规费、调整其他费用以增加收入。众议院中共和党人的票数对贸易协定的通过而言是必须的，但他们给这项提议贴上了增税的标签，并威胁说要投票否决它。政府后来与之磋商，达成妥协，使这笔额外收入更多地出自对一些税种的账目变更，而只增加了一小部分海关规费。

当国会采取某种措施时，它缺乏立法未来预算影响的确切知识。有见识的人利用略有不同的假设，能得出结果迥异的预测。1990年预算执行法案判定，在为法定的量入为出目的评估立法时，管理与预算局的估测是决定性的。但是，为了将预算决议落实为政策，国会在审议收入立法时，会依靠国会预算局的评估（即使国会预算局的数据和管理与预算局的数据相差甚远），这份评估应用的是税收联合委员会的数据。

管理与预算局和国会预算局经常意见相左是因为这两个部门对纳税人应对税法改变将要采取的行为所采用的是不同的假设。评估常常是例行公事，其中会有因采用的假设以及得出的评估不同而引发的争论。有时，国会或是民主共和两党之间的争论也会使税收政策的分歧复杂化。这种情况发生时，分歧就变成了双方用来推动或是阻碍立法的武器。例如，在老布什当政期间，他就曾经辩称降低资本所得税率会鼓励企业主们出售长期资产。但是，运用不同的假设，国会预算局对国会建议，降低税率可能会在五年内减少联邦收入。在某种程度上，这是一个技术性的问题，对过去纳税人行为比较了解的专业人士不会觉得他们会根据未来税率的变动而改变自己的行为。在另一层次上，这又是一场持不同政见者在税收政策上进行的政治辩论，每一方都会采用支持其立场的假设。因为国会依靠的是国会预算局，它做出的税率降低会减少收入预测，使立法无法通过。但这并不是事情的结束；这种争论会在随后的每一个国会的会期中上演，直到国会最终降低资本所得税率为止。

量入为出规则对国会行为的影响

在该规则生效期间，法定的量入为出规则既影响着国会的行动，也影响着国会所制定的收入立法。有些效果是程序上的，有的效果是实质性的。

量入为出原则缩小了参议院在税收立法中后期参与的优势。对参议院来说，通过加入减收条款作为协商中的筹码，以此对税收法案进行“圣诞树装饰”的可行性被降低。在这条道路上的每一步，参议员们都要时刻注意是否有提案会减少收入。所有的收入损失都要被抵消，即使这种减少是法案主要目标所附带的。例如，在1998年，参议院财政委员会出台了一份法案，限制国家税务总局用于执行税法的若干实践。虽然这项立法活动的目的本不在于改变联邦收入，但根据评估，它还是在其后的五年导致了60亿美元的收入损失。在出台这项法案之前，财政委员会不得不找到抵消收入，既能满足量入为出规则，又不会被认为是在增税。最终大约有一半的抵消收入来自雇员部分养老金支付的减少。

量入为出规则使参众两院开始了一场抵消博弈——即加入增收条款，其唯一目的就是为削减税收创造空间。因为内阁与政党都不愿投票支持增税，博弈也就产生了。相应地，每方都在寻求增加收入，同时避免担上增税的责任。在这场博弈中，掌握时机是非常重要的。何时进行税收调整以及何时中止政策都会影响最终的评估结果。另一种策略就是利用评估覆盖时期有限（通常为5到10年）的事实。此前与此后无论发生什么事情，都不会对评估产生影响。

一项经常被采用的关于时机的策略就是延长即将到期的税种。例如，联邦机票税于1996年到期，在当年被短暂地恢复（以一个在一定程度上有所不同的形式），接下来在下一年又再次更新。在评估永久税时，收入的增加仅计算一次，与之相反，临时税的每一次更新都会被计作收入的增加。对博弈的逆向运用就是安排税收削减的时机，使它们只能在评估期的一段时期内生效，从而减少需要抵消的额度。

国会已经学会怎样将长期收入的损失者转变为短期（5 到 10 年）收入的获利者。这个把戏的实质就是在税法上做出调整，从而使更多的钱在评估期的第一阶段就流入财政部，然后把主要的收入损失安排到后期或更晚。这种手段的一个最佳例证就是 1996 年包含了许多针对小企业减税的立法，据估计，它大约会在五年内减少 100 亿美元的收入，而在接下来的五年更会引起 200 亿美元的收入损失。需抵消部分来自暂停某养老金分配额外费用的 15%。这项减税被视为收入增加，因为它会刺激纳税人从他们的养老金中撤出资金。这样一来，就不必支付 15% 的额外费用，但他们仍将缴纳一般所得税，结果是政策期内的一个收入增加。尽管这一时期过后收入会下降，但这却不会影响评估结果。国会运用了相似的策略，在 1998 年用于国内税收系统改革的立法，在 2005 年用于把个人退休账户延伸到高收入纳税人。

1993 年，参议院采用了一项要求所有收入及直接支出立法都要保持赤字中性的量入为出规则。在这一规则下，任何关于减税或支出增加的立法都必须包括抵消手段。多年来，参议院对该规则作出了重大调整，首先是允许不超过预算内盈余的税收削减（或直接支出增加），随后是豁免预算决议中假设的税收削减或直接支出增加。2007 年众议院采用了一项要求直接支出在 6 年、收入立法在 11 年（包括当年）内保持赤字中性的量入为出规则，而且不提供任何豁免。参议院也运用类似的方法调整了量入为出规则。

税式支出

对税收法案进行圣诞树装饰的旧做法，以及调整收入立法结构以获得有利评估结果的新做法，都说明了国会不仅仅将这种立法作为筹集收入的手段；这也是一个机会，通过调整税法可以为特定的企业及家庭提供好处。这些好处在预算中体现为税式支出，该术语在法律中被定义为因扣除、豁免、抵免及其他一般税收结构中的例外导致的收入损失。税式支出是减少某些纳税人税责和政府所征税收的中断和漏洞。

税式支出也是联邦政府实现某些公共目标的方式。它们会被视为（如定义所示）替代直接支出或其他政策工具的另一种选择。对资本所得的优惠税率旨在刺激投资，从应税收入中减去抵押的利息支付会促进住房拥有率，育儿费用的抵付可以使家长离家工作。当然，政府也可以用补助（在预算中被作为支出）而非减税的方式推动这些目标的达成。它可以为购房者（或拥有者）、双亲或其中之一在外工作的家庭以及对物质或人力资本投资的公司提供现金补贴。通过把直接支出与税式支出都划入功能性分类，预算使这二者之间的比较变得便利，但在这两种支出之间，只有相对很少的交易。

预算会公布两种税式支出的手段——一种是基于所有收入税收的主要手段，另一种是基于现有税收结构的参考手段。这两种手段对于特定收入类型的处理方法存在差异。例如，主要手段包括政府对于家庭的转移支付，而参考手段则不包括。

预算会列出超过 150 种税式支出，在 2007 财年，预计其中 50 种最大的支出每笔都会造成超过10亿美元的收入损失。表7－3列出了最大的几类税式支出，并将它们被评估出的税收损失按五年的间隔做了比较。主要税式支出中的绝大部分自联邦所得税实行早期就已生效，但有些（如劳务所得收入抵免，个人退休账户支出以及儿童抵免）是在20世纪70年代或其后才获得通过的。

表7－3　主要税式支出：预计引起的收入损失

单位：十亿美元

税式支出	收入损失		
	1996财年	2001财年	2006财年
雇员养老金计划中负担与所得的排除	59	92	48
雇员分担的医疗保险和医疗补助	61	81	126
自有房屋的抵押利息	54	61	76
特定州与地方税的扣除	29	42	35
优惠的资本所得税率	6	42	28
死亡时重新确定资本所得	30	28	29
慈善捐赠	24	27	40
公益债券的利息	13	23	27
州与地方财产税	16	23	15
儿童税收抵免[a]	无	20	33
不包括房屋出售的资本所得	18	19	36
退休工人的社会保险金	17	19	20
人寿保险储蓄利息	11	16	24
个人退休账户中的负担与所得	6	16	7

资料来源：*Budget of the United States Government*, *Analytical Perspectives*, *Fiscal Year* 1996, table 5－6, p. 64; *Analytical Perspectives*, *Fiscal Year* 2001, table 5－3, p. 117; *Analytical Perspectives*, *Fiscal Year* 2006, table 19－3, P. 324.

a. 儿童抵免在1997年通过。

即使能够获得税式支出的预算信息，国会仍然没有一个正式的机制在税式支出和直接支出间进行替换。这两种支出分属于不同委员会管辖，并且通常被视为不同类型的立法。

税式支出也是权利性支出的一种形式。就像出现在预算直接支出那部分的权利性支出一样，税式支出通常受到永久性立法而不是拨款程序的控制，并且会随着外部因素而增长，无需任何国会立法。如果排除医疗保险与医疗补助中雇员支付的部分，预计每年的税收损失会自动从1996年的670亿美元上涨到10年后的1260亿美元。在同一时期内，自有房屋抵押利息的损失也会从540亿美元上涨到760亿美元（见表7－3）。作为权利性支出的一种形式，税式支出可由国会通过协调立法或常规收入立法进行改变。但如果国会不作为，税式支出的数量，就像其他权利性支出的成本一样，取决于法律中的强制性要求。

虽然税式支出在法律中有明确定义，在总统的预算中也会被提及，但它还是具有很大的争议性。保守派们并不喜欢这个概念，因为他们觉得，税式支出就意味着除去承诺预留给纳税人的那一部分，所有的收入都属于政府。自由派也不喜欢它，相对于低收入者，税式支出对高收入者更有价值。例如，住宅抵押利息中扣除的1000美元对于纳税等级处在35%的人来说就意味着350美元，而对于那些交15%税的人，他们只需要缴纳150美元。因为税式支出是应纳税金的函数，所以其价值会随着税率的增加而增大。这就导致了一种反常的情况：纳税人交的税越多，他们获得的减税也就越多。

即使自由派与保守派都对税式支出保持着清醒的认识，这项政策还是幸存了下来，因为它是测量因税法相关条款而被放弃的税收的有效手段。当政策制定者重写税法时，这些信息就会发挥作用。税式支出使得他们可以评估名义税率与实际税率的差别，也就是官方文件公布的税率与实际用于缴税的收入比率间的差别。而且，税式支出也使他们能够检测减税与税率之间的相互作用。

税率对减免：80年代对90年代

实际上，20世纪80至90年代通过的每一份赤字削减方案都会削减一些税式支出（主要的例外出现在1981年）。在这些法案里，主要的交易就在于减税和税率：为了完成收入目标，税法里规定的减税越多，税率也就越高。在21世纪的头十年里，国会和总统降低了税率，增加了减税措施，从而引发了收入的减少，推动了预算赤字的出现。

与20世纪80年代相比，在20世纪最后十年进行的税率与减税之间的竞争有很大不同。80年代的累进制个人所得税有十多级，最高的一级要占到个人收入的70%。在里根刚刚入主白宫的1981年，国会通过了一个（三年期）25%的所得税减免，指数化税率（自1985年后，每年都会根据物价进行调整）、将最高等级的非劳务收入（比如作为投资收入的股息）所得税从70%调低到50%、并且引入或扩大税收减免的范围。减免的税收包括资产的加速折旧、为科研项目经费提供的税收抵免、个人退休账户最大负担额度的提高、房地产税的降低、某些利息收入的减免以及育儿税收抵免的增加。1981年的经济复苏税收法案通过降低税率以及增加税收减免的方式减少了收入。在它获得通过时，据估计未来五年联邦收入将减少7490亿美元。虽然在第二年部分减税措施被废止，但截止到1990年，联邦财政仍然损失了3230亿美元。

这就是80年代减税事件的高潮。在这十年其余的时间里，国会通过、共和党总统们签署了十余份增税文件，但这在声势浩大的减税政策面前却显得杯水车薪。增税方面迈出的第一步就是在1982年通过的，据估计在三年内将增加980亿美元联邦收入的法律（见专栏7-1）。这项法律减少了多种对公司税的优惠，如让公司出卖未使用的税收减免的条款。它还强制要求撤回一部分的利息与股息收入。国会还通过协调立法在1984、1986、1987、1989年四次修改税收减免政策。但是，从税收减免到降低税率的最大一次转变是1986年税收改革法案——它的目的在于简化税法，同时不改变联邦税收总额。国会决定这项立法应该是税收中性的，这也就迫使它在降低税率与税收减免之间做出权衡。能降低税率的唯一办法只能是废除一些减免措施。这次税改将原先14级的个人所得税率简化为两级，并将最高税率从

50%降低到28%。它还通过提高个人豁免额和（未详细列举扣除额的）纳税人的标准扣除额，降低实际税率。税率降低的代价是废除了州与地方销售税减免、提高资本所得税税率、逐渐减少对消费者利息支付的扣除、对失业保障金征税、以及在税式支出上进行的其他无数调整措施。

税率与减免之间的平衡在90年代变得非常不一样。最高个人所得税税率从28%提高到39.6%，公司所得税税率（虽然已于1986年降低）也被提高。在共和党人老布什和民主党人克林顿分别于1990年和1993年入主白宫时，国会都通过了增税的法律。这些法律在税式支出中做出了许多相对较小的调整，但1997年的平衡预算协议（已经在第二章讨论过）加入了少数主要的税收减免：新的个人退休金账户（罗斯个人退休金账户）允许养老金的免税分配、教育税收减免以及教育储蓄账户、针对儿童的新的税收减免、学生贷款利息支付的减免、资本所得税税率的降低、房地产税豁免额度的增加、全额减免自谋职业纳税人的医疗保险费用（将在几年内逐步实行），以及许多其他减少收入的条款。据估计，这些条款引起的收入减少将会在五年内达到950亿美元，在十年内达到2750亿美元，其后将达到更为庞大的数额。

为什么税率与税收减免之间的平衡发生了倒退？答案至少来自三个方面，而政治环境与预算行为的更新换代也多少给出了提示：公众对于税收减免观念的改变，赤字在政治议程中重要性的变化、以及量入为出预算规则的引入。

首先，大众对于征税的观点发生了转变。20世纪80年代，供给学派的观点占据优势，他们认为，较高的边际税率会减少储蓄、投资和产出。即使是自由派的民主党人也加入了呼吁政府降低税率的活动，虽然他们中间有些人的动机与其说是对新经济原则的接受，还不如说是对税收减免的厌恶。在90年代，反过来，供给学派的立场失去了支持，而公众对于高收入者经常不足额缴税的关心也与日俱增。更宽的收入鸿沟（低收入家庭举步维艰、而高收入者则享受着经济扩张的成果）导致了人们政治观点的转变。实际上，几乎所有在这十年间出台的增税措施都指向高收入纳税人，他们承担的收入税负与日俱增。

其次，较之于前十年，政府在20世纪90年代里持续努力地降低赤字。在80年代，较之于减轻税收负担，入主白宫的总统们大多不太关心降低赤字。虽然里根确实签署了很多增加收入的法律，但其中大部分都是小规模的，而且增加的部分也通常来自于被填补的漏洞，并非全盘增税。他在增税上唯一的大手笔就是1982年的立法，在这部立法中他被说服接受了下述预期：收入中增加一美元相当于减少三美元的支出。但是，当预期中的支出削减没有实现时（因为如此大规模的削减缺少国会多数派的支持），里根感到自己被愚弄并决定拒绝签署任何其他的增税法案。他有时会勉强松口，只同意那些尽量少的收入。

里根离任后的十年里，总统的行为发生了变化。老布什承诺过“无新税”，但他身后的利益集团逼迫他接受了一项大规模的增税措施，显然，格拉姆—拉曼德—霍林斯法案中设置的赤字目标无从达到。如果真的发生，它所要求的扣押会给很多联邦项目带来悲惨的后果，包括国防。更严重的是，国会在不包括大规模增税措施的情况下是不会同意新预算案的。就像在第五章中提到的一样，老布什通常使自己与预算事务保持距离，这就给了他的助手们谈判一揽子计划的广阔空间，即使这些一揽子计划与他一贯“无新税”的立场相矛盾，进而毁了他的政治生涯。克林顿的增税则是由他自己主动提出的，他也不得不与不愿合作的国会进行斗争，直至提案获得通过。老布什的增税在经济衰退期发挥了作用，克林顿的措施则开始于经济繁荣的初期。老布什在赤字开始降低以前离开白宫——克林顿则因赤字的消失而继续其白宫生涯。

最后，量入为出规则缩减了国会在处理收入问题时的选择范围。税收损失必须被抵消的要求使国会倾向于有目的的税收减免，而不是泛泛地降低税率。降低税率会因为使大部分纳税人受益而损失大量收入，与之相反，通过指向特定纳税人或把收入损失递延到政策覆盖期之后，税收减免造成的损失可以被限制。国会 1997 年在量入为出规则的约束下通过成本高昂的税收减免时，就是这样做的。

降低税率与增加减免：新千年的税收政策

税率与税收减免之间的平衡随着小布什在 2001 年的就职宣告结束。因为小布什将税收削减作为他国内日程的中心任务，他成功地促使国会通过了降低所得税税率的法案，而且显著地增加了某些税式支出。实际上，除了 2005 年两院因无法在法律版本上达成一致而未使减税形成法律外，从 2001 年到 2006 年，参众两院每年都会通过减税法案。采用标准的十年期，国会预算局预计通过的税收削减大约会减少 1000 亿美元的联邦收入。考虑到最大规模的削减中有的部分含有日落条款，若这些法案被永久化，整个十年中的收入损失还将显著增加。显然，小布什的税收安排与 20 世纪八九十年代盛行的那套做法不同。与里根相比，小布什并未在其对减税的偏好上退却；与他的父亲和克林顿不同，小布什减轻税收负担而不是增加它们。

2001 年小布什上任后不久，就通过了第一项税收削减法案。据估计，该项措施会在十年内给联邦收入带来 1350 亿美元的损失。它将最低税率降至 10%，最高税率降至 35%，儿童税收减免加倍到 1000 美元，逐步停止征收房地产税，增加可受退休基金保护的数额，为已婚的纳税人提供税务减免。但是，为了将总的收入损失控制在当年预算决议限额之内（并且遵从参议院规则），这项法律要求所有的措施都在 2010 年底之前终止（参见专栏 7－2）。国会也于 2002 年通过了一项针对企业的小规模税收削减，并于 2003 年通过了一项包括削减股息税与资本所得税在内的大规模减税措施。除此之外，国会还在 2004 年与 2006 年通过了两次小规模的税收削减。

专栏 7－2　日落税收立法——政治现实与预算手段

大多数在小布什总统任期内获得通过的税收削减都有日落条款。如果国会没有延长的话，它们将会在 2010 年自动到期（有的可能会再早一些）。如果国会不作为，个人所得税税率将倒退到小布什上台前的水平。将在 2010 年消失的房地产税会在 2011 年以 55% 的高税率再度出现，对于股息收入和资本所得的15%优待税率也将不复存在。

税收削减已经变成小布什和国会内共和党人共同发起的标志性国内政策。但为什么这些立法成果是暂时的、而不是永久的？答案与限制立法可能造成的收入损失的预算原则有关。日落立法是一种既可以削减税收，又能保持在预算规则内的手段。因为这些规则只在参议院内有效，日落立法也就变成了一种解决参众两院收入立法冲突的方案。较之于永久性的收入损失，它们使国会可以在法律中加入更多的减税措施。

对于永久性税收削减政策来说，最主要的阻碍就是伯德规则，而这一规则只适用于调节法案。这一复杂规则的条款之一就是禁止参议院审议预计会在国会预算决议覆盖期（通常为5到10个财政年度）外造成收入损失的税收立法。要搁置这一限制必须获得60票多数，但在2001年税收削减被审议时，参议院被民主党和共和党一分为二，各占50个席位，这就使60票的多数票无法达到。参议院要遵守伯德条款的最简单的做法就是让所有税收削减在第10年（当年预算决议中使用的预算窗口）到期。实际上，参议院也有另外的选择——将税收削减放在普通法案而不是协调法案中提出，但这会导致税收削减遭到议事阻挠。协调法案可以避免议事阻挠，但却限制了可被通过的税收削减。

众议院并没相应的限制措施，也并不需要60票来放弃预算规则。众议院中的规则委员会经常设计出特殊规则以搁置反对待表决法案的议事程序问题。通过该委员会的操作，众议院凭借多数票搁置了预算限制。然而，鉴于参议院要受到自身规则的限制，在其与众议院进行协商时，谈判立场会更加强硬。就像在其他事务中一样，在税收立法上，参议院会坚持自己的立场，对税收立法能否获得收益提出质疑，因为伯德规则禁止它支持众议院所赞成的立场。

这种情况在2003年发生，当时国会再一次削减联邦税收。参众两院无法就预算决议中规定的收入损失额度达成一致，所以两院都发出了各自的协调指令：众议院规定将额度控制在5500亿美元之内，而参议院的上限则是3500亿美元。两院随后又分别出台了和预算决议中规定的税收损失相挂钩的协调法案。在协商会议上，参议院坚持不审议超过3500亿美元的收入损失，众议院则被迫作出让步。这一次，较之于永久性立法，日落立法倒是可以通过更多的税收削减。有些条款会在几年后就到期，这样也就降低了预期的税收损失。

日落立法会导致更多还是更少的税收削减？答案取决于临时条款是否能在到期前被延长。如果获得延期，那么日落立法就出现低估全部收入损失的结果；若未获得延期，长期的收入损失就会被降低。当2001年和2003年的税收法案获得通过时，人们普遍预期它在不久之后就会成为永久性法案。但在本书付梓之际（2007年），这一点还没有发生。永久化较低的税率和其他会造成收入损失的条款的成本是一大阻碍，民主党人的反对以及共和党内部各层级的分裂是另一个障碍。国会预算局曾经预测到如果2001年和2003年的减税被延期，在2007年到2016财政年度中，联邦政府总共会额外损失15000亿美元的收入；如果其他条款获得延期，那么还将损失3500亿美元。这些额外的收入损失发生时，恰好是婴儿潮一代进入退休潮，并开始申领承诺给他们的退休金与医疗保金之时。预测未来的税收立法是一件困难的事情，但不可能所有的日落条款都会被延期。

那些反对将税收削减永久化的人占有一项优势：如果国会不作为，日落立法就会到期，

2001（或 2003）年之前的条款就会回复。最后，日落立法可能会真的变成落日，而不仅仅是一种逃避预算控制的立法手腕。布什减税的设计者们可能打错了算盘，如果他们在最初就调整自己的野心，避开日落条款，也许最终可以得到更多。

新千年里税收态度的巨大转变要归因于某些环境的变化。首先是预算盈余的到来与小布什的上台。前者驱使着现任总统与国会议员们减少联邦收入；后者使一个即使在盈余消失时也会固执减税的人获得了权力。盈余使量入为出规则失效，虽然它还可以在文件中找到，但已不能阻止国会增加支出或是减少收入。可以说，如果量入为出规则仍然有效，税收减免就会显著减少，国会也就会被迫在税收减免与降低税率之间做出选择。在预算盈余消失前，量入为出规则都将是一纸空文。小布什确实提议重新推行量入为出规则，但是他更加偏好那种只包括增加支出，而不包括收入减少的版本。

即使“9.11”事件造成国防与国土安全方面支出的不断升高，小布什仍然在继续他的减税行动。与他通过了增税措施的父亲不同，小布什在减税这件事上立场坚定，即使政府财政状况已经恶化。布什也许是受到了“饿死怪兽”策略的影响，也就是说减少联邦支出的唯一方法就是减少它能获得的税收。

在小布什上台前的 2000 年，联邦收入占 GDP 总额的 20.9%，与 1944 年达到的顶点相当，而那时美国还在供养一场世界大战。收入水平的提高鼓励总统与国会减税，但当收入跌至 GDP 的 16.3%（2004 年）时，减税的冲动仍在继续，因为许多共和党领袖认为，降低税收负担可以刺激经济增长。税收削减是收入显著降低的主要原因，不过经济疲软也要承担一定的责任。在总量为 120000 亿美元的经济体中，每 1% 的下降都意味着 1200 亿美元的收入损失。如果政府还是保持与四年前一样的收入份额，联邦收入在 2004 年将会总共减少 5000 亿美元。

小布什的主要目标一直是降低税率，因为他相信高税率会阻碍储蓄、投资、企业发展以及其他可以促进经济发展的活动。但他也签署了为家庭与企业提高税收减免的法案。这种“税率与减免”的结果，部分原因在于国会要对特定选民负责，另一部分原因是降低税率对于处在低税率等级的纳税人而言几乎没有好处。针对低收入者的税收减免才能使他们获得更多的利益。换句话说，降低边际税率主要使一部分纳税人受益，而新增或扩大的税收减免政策则会使另一部分人受益。正是这种政治上的迫切性引起了新千年的大规模减税。

动态收入评估

2006 年，布什总统请求国会拨款，在财政部建立动态分析机构评估税法变动对经济的影响。虽然这项提议涉及的是经济分析中的技术问题，但它还是引起了大规模的争论，因为它有可能改变国会处理税收立法的方法。运用动态分析，那些通常被认为会降低未来联邦收入的减税措施可能会被预计成能够增加收入。反过来，提高税率的立法也有可能被计算成减少联邦收入。既然立法的命运经常会被评估影响，转向动态评估很可能会影响国会通过的税收政策。

就像第四章所讨论的那样，所有向委员会报告或是经过参众两院批准的税收措施都要经过国会预算局的评估，这一评估的基础是税收联合委员会所提交的估测。评估结果会决定立法是否符合已被通过的预算决议及国会规则，而这两样通常都会限制国会能够通过的收入损失总量。因此，在某种程度上，动态分析降低了预期的收入损失，它能使国会通过更大程度的税率削减。

在传统的（或者静止的）评估中，国会预算局总是将税法变动导致的可能行为转变纳入考虑范围。例如，当国会降低资本所得税税率时，国会预算局会因为纳税人存在交易增值资产的动机来评估增长的附加收入。虽然这些微观经济现象会被包含在评估之中，但在总的经济活动中可能发生的变化却并不会在评估中反映出来。动态评估会评价即将生效或是已生效的立法来预测它对总体经济的影响。如果假设因为对商业投资和雇员就业的新刺激会增加国家产出，动态评估就会显示降低税率能增加收入。

这也就是动态评估会引起争议的原因，因为即使当预算陷入赤字泥潭时，它也会刺激国会降低税率。2003 年众议院曾经针对赋税委员会所提出的税收措施采取了一项要求进行“宏观经济影响分析”的规定。该规定并未指定宏观经济分析的类型，因此经济与税收政策互相影响的模型也就有了选择的余地。在对 2003 年赋税委员报告的减税法案应用了不同模型后，税收联合委员会预计由于经济活动增加所引起的收入反馈在五年内会在 6% 到 28% 的范围内变动，而十年的变动范围则是 3% 到 23%。这些额外的收入会补偿全部，或至少一部分的收入损失。

如果税率降低可对经济产生有益的影响，为什么它们没有被包括在收入立法的评估之中？答案的一部分就在于动态评估的基础是对税收政策变动的经济反应所作的假设与主观判断。假设中的微小变动都可能会引起评估结果的巨大震荡。另一部分原因是动态评估会刺激国会降低税率，并在政府需要额外收入时，加大增税难度。也许最重要的因素在于，针对动态评估的斗争反映了民主、共和两党在税收政策上的重大分歧。只要两党在税收上持有根本不同的观点，动态评估就会随着两党在税收问题上的斗争进行，动态评估就更像是战斗口号，而不是评定立法对收入影响的手段。

联邦收入趋势

1963 年，联邦年度收入为 1000 亿美元，而不到三十年（1990 年）后，这个数目就突破了一万亿美元。整整十年之后（2000 年），联邦收入已达两万亿美元。国会预算局预计财政收入在 2016 年将会翻一番，达到四万亿美元。税收的提高是由于通货膨胀和经济增长——而不是税收立法。联邦的税收富有弹性，它会随着经济发展、个人与公司收入的增加而增长。

抛开增长不谈，直至最近，联邦收入一直只占国内生产总值（GDP）的一小部分。1960 年联邦收入占国内生产总值的 17.8%，而在 1996 年，这一比例也不过是 18.9%。在这三十年里，较之于支出，收入的变动更小。收入占国内生产总值比例的最高点与最低点只相差2.7%。而支出所占比例的差别则达到6.6%，是前者的两倍多。但在过去的十年里，收入在国内生产总值中所占的份额变化明显，从2000年的最高值20.9%降到了2004年的16.3%。在这四年里的这段差距几乎达到了过去25年的两倍。过去的稳定性与现今的不稳定性都植根于税收政策。

收入的稳定性与立法行动有关，而非突发事件。如果国会不采取行动，收入就会被膨胀推高，从而增加名义收入；或是被经济发展推高，从而增加实际收入。在个人所得税税率根据通货膨胀指数化（自动根据消费价格的变化而调整）之前，国会会定期通过降低税率和提高税收减免额度的方法对收入的增长趋势作出回应。当预算收入从1976年占国内生产总值的17.2%攀升到1981年的19.6%后，国会降低了税率，并根据通货膨胀率指数化个人所得税税率。随后，收入占国内生产总值的比例在1986年下降到了17.5%，仅比十年前略高0.3%。

指数化限制了国会的立法选择。在指数化之前，国会在补偿增加的税收时，通常会对税收负担进行再分配，给予某些纳税人更多的税收减免。这种安排促使立法与行政部门都将减税的功劳归功于自己，即使有些纳税人可能没有得到足够的通货膨胀补偿。但由于立法行动落后于通货膨胀，经常会出现一个税负高于收入趋势的时期。

指数化（1985年生效）使得总统与国会可以免于对通货膨胀引起的税收增长负责。调整措施是自动且迅速的，但因为并不是税收系统的所有相关特征都被指数化过，故而这些措施并不全面。指数化也意味着政客们失去了一个有用的选择：降低名义税率以弥补通货膨胀。他们的角色只能是增加税收以减少预算赤字，或是在盈余出现时降低税收，或是刺激经济发展。实际上，自从指数化的法案通过后，国会已经通过了十余项收入变动措施。1997年通过的定向税收削减明显降低了特定纳税人支付的税款，但它对联邦收入的总体影响（至少前五年）比它的支持者与反对者们所声称的要温和得多。根据官方估测，预计1997年立法在其实施的最初五年仅会使联邦总收入减少大约1%。与此前的税收削减会降低收入在国内生产总值中的比重不同，1997年立法实施后，收入在国内生产总值中的比重继续上升。

可以说，指数化会将税收立法从稳定与再分配税收负担转向产生更多的税收。部分出于指数化的原因，在20世纪90年代，官员们致力于减税，而政客们则一直在提高它。这次角色的转换导致税收超出了应有的水平，也为小布什削减联邦税收的竞选创造了机会。它同时也导致收入政策的极度不稳定，因为政府从克林顿对大规模减税的强烈反对突然转到小布什将收入削减到1950—2000年趋势线以下的策略。

克林顿与布什之间的对比揭示了两党在税收政策上的不同。他们在盈余出现的那几年争论如何处理盈余，又更频繁地争吵如何减少赤字。在他的总统任期即将届满之时，克林顿坚持拯救社会保障应是财政盈余的第一要务，并借此阻止了共和党人要求减税的议案。小布什上任后，即使盈余已不复存在，他仍然把大规模减税推给国会。

总统选举会影响税收政策。克林顿1993年能够增税是因为他在国会两院里都取得了民主党多数；小布什2001年成功地削减税收是因为他在两院中都拥有共和党多数（在参议员杰弗德改变立场之前）。如果说过去是对未来的指引，2008年的总统选举会为税收立法明确方向，特别是在一党同时控制白宫与议会的情况下。不过，即便不考虑2008年的选举结果，创造额外收入的压力也会影响税收政策。国会与总统也许会被迫改写税法以处理最低收入税收抵免（AMT）引起的问题，这一点将在本章后面讨论。

政治阵营及预算环境的变化会引发税收政策的不稳定。税率与税收减免都不会在长时间内保持不变。税率的每一次提升都会加强降低税率的压力，就像每一次减税都会加强增税的压力一样。在税收政策中唯一不变的就是政府需要大量资金来支持其项目，而这些修改收入法律的提案通常在立法日程中排位靠前。

联邦收入的来源

多年来，在联邦收入的构成中同时存在着稳定与变化。个人所得税是长期以来最大的收入来源，自1960年以来几乎占据了总收入的47%（见表7-4）。但是企业所得税所占的比例只相当于二战前水平的一半（虽然20世纪90年代以来略有回升）。社会保险税（用于社会保障与医疗保险）所占的份额已经不止翻了一番，而消费税则降到只占总收入的4%。

表7-4　按来源分类的联邦收入占总收入和国内生产总值的份额

单位：%

收入来源	1960年	1970年	1980年	1990年	2000年	2005年
占总收入百分比						
个人所得税	44.0	46.9	47.2	45.2	49.6	43.0
企业所得税	23.2	17.0	12.5	9.1	10.2	12.9
社会保险税	15.9	23.0	30.5	36.8	32.2	36.9
消费税	12.6	8.1	4.7	3.4	3.4	3.4
所有其他收入	4.2	4.9	5.1	5.4	4.5	3.8
占国内生产总值百分比						
个人所得税	7.8	8.9	9.0	8.1	10.3	7.6
企业所得税	4.1	3.2	2.4	1.6	2.1	2.3
社会保险税	2.8	4.4	5.8	6.6	6.7	6.5
消费税	2.3	1.6	0.9	0.6	0.7	0.6
所有其他收入	0.8	0.9	1.0	1.0	0.9	0.7
总收入	17.8	19.0	19.0	18.0	20.9	17.6

资料来源：*Budget of the United States Government*, *Historical Table*, *Fiscal Year* 2008, table 2.2, pp. 31-32, and table 2.3, pp. 33-34.

企业所得税下降的原因之一是企业利润的边际税率降低；另一个原因是相对较低的利润。企业利润在1960年大约占国内生产总值的10%，但在1990年这个比例降到了7%。对债券融资的更大依赖，大量的税收减免，更具侵略性的避税手段，都可能对企业所得税的减少产生影响。无论原因是什么，企业在1960年要上缴超过40%的利税，而在2004年，则不到25%。

社会保险税的增长伴随着社会保障与医疗保险的更高支出。但必须注意的是，自20世纪90年代以来，其占收入比例的增长幅度几乎可以忽略不计。这种与长期趋势相悖的现象确实很令人惊讶，因为老龄化的人口将需要政府在养老金以及医疗保险方面更多地投入。虽然来自社会保险的收入总额在持续增长，但当婴儿潮的一代退休时，社会保障和医疗保险信托基金将要面对严重的财务不平衡。为什么政府不提高社会保险税以支持这些基金的财务状况呢？

一条有力的线索来自表7-5中提供的数据。该表摘自国会预算局的计算。这份表格显示在1995年，38%的纳税人所缴纳的社保税超过个人所得税。如果再把社会保险税中雇员承担的部分考虑进来，这个比例几乎会倍增到73%。社会保险税的相对负担对那些最低收入的纳税人而言是最高的。对那些年收入不足10000美元的个人和家庭来说，工资税超过个人所得税的99%，而对于收入在最低的五分之一的个人和家庭而言，这个数字是92%。

表7-5　1995年工资税超过所得税的纳税人比例（按现金收入及收入分布比例分类）　单位:%

	雇员承担比例	雇员与雇主联合承担比例
现金收入（美元）		
0—10000	99	99
10000—20000	69	91
20000—30000	46	81
30000—40000	34	78
40000—50000	25	74
50000—75000	14	71
75000—100000	6	52
100000—200000	3	20
200000以上	3	4
所有收入	38	73
按五分之一统计		
最低的五分之一	92	97
次低的五分之一	48	82
中间的五分之一	31	77
次高的五分之一	16	72
最高的五分之一	5	37
所有比例	38	73

资料来源：Congressional Budget Office，"Estimates of Federal Tax Liabilities for Individuals and Families，by Income Category and Family Type，" memoranbum，May 1998，table 8 and 13.

毫不意外的是，由于这些税款占薪水的比例不断提高，纳税人对更高的社会保险税的抵制也在增长。从1950年到1990年，国会频繁地提高社会保险税税率，最初每个雇员及雇主只要交纳1.5%的社会保险税，而到了最后，这个比例已被提升到7.65%。总体来说，这四十年间有十九种税的税率被提升，平均下来几乎每两年一种（参见表7-6）。从1990年起税率就没有变动过，即便征税的最高额度已经从51300美元提高到了2005年的90000美元。提高最高可课税收入基线并不要求国会采取新的行动，而且只会影响那些收入超过此前基线的劳动者。由于大多数雇员的收入还达不到最高可课税收入基线，这一变动不会影响他们。

表7-6　1937—2005年[a]雇员与自由职业者社会保险税率与最高可课税收入

年份	雇员税率[b]（百分数）	自由职业者税率（百分数）	最高可课税收入[c]（美元）
1937—1949	1.0	…	3000
1950	1.5	…	3000
1951	1.5	2.25	3600
1954	2.0	3.0	3600
1957	2.25	3.375	4200
1960	3.0	4.5	4800
1962	3.125	4.7	4800
1963	3.625	5.4	4800
1966	4.2	6.15	6600
1967	4.4	6.4	6600
1969	4.8	6.9	7800
1971	5.2	7.5	7800
1973	5.85	8.0	10800
1978	6.05	8.1	17700
1979	6.13	8.1	22900
1981	6.65	9.3	29700
1982	6.7	9.35	32400
1984	7.0	14.0	37800
1985	7.05	14.1	39600
1986	7.15	14.3	42000
1988	7.51	15.02	45000
1990	7.65	15.3	51300
2005	7.65	15.3	90000

资料来源：Social Security Administration，*Social Security Bulletin*：*Annual Statistical Supplement*：2005，table 2. A3，p. 99.

a. 本表仅包括税率发生变动的年份（不包括2005年）。

b. 与雇主支付比例相同。

c. 自1966年医疗保险首次实行起到1990年，医院保险部分的可课税收入与社会保险有相同的收入基线。在1991—1993年，医院保险部分的最高可课税收入高于社会保障。自1994年起，医疗保险税开始对所有收入征收，而社会保障被限制在此栏所列的数字之中。

提高社会保险税税率受到的抵制会促使政客们依靠其他手段来维持社会保障与

医疗保险信托基金。如果这种抵制持续下去，社会保险税在未来联邦收入中所占比例就会下降，与1990年前的时期形成对比，当时这一比例在不断上升。

社会保险税是被指定作为特殊用途的；它们并不为政府的一般性支出提供资金。但是，有时候政府会向社会保障信托基金（或是其他信托基金）借款，按现行利率支付利息，然后用这些钱为其他支出提供资金。指定用途的资金减少了政府一般性支出可用的收入。这些联邦基金包括一小部分特定用途的收入，这部分收入会被存入特殊基金。联邦基金收入从1960年占国内生产总值的15%大幅下降到1990年的11%（参见表7-7）。20世纪90年代税收的增长使这个比例又在2000年回升到了14%，但随后的税收削减又使它在2006年跌到不足12%。在新世纪伊始，联邦基金只占到总收入的66%，而四十年前，这个比例是82%。联邦基金在1960年可以为所有的一般性支出提供资金，但在2006年它只能为不到四分之三的一般性支出融资，其余的部分则要靠借款解决。在同一时期，净利息支付从原来占一般性收入的不到9%上涨到了15%。若以总利息计算，这一份额所占比重会更大，而几乎所有的总利息都要由一般性基金支付。

表7-7　联邦基金收入

衡　　量	1960年	1970年	1980年	1990年	2000年	2006年
联邦基金收入占国内生产总值的百分比	14.6	14.1	12.9	11.1	13.7	11.6
总收入	81.8	74.2	67.8	61.6	65.5	64.4
联邦基金支出	101.1	91.6	80.9	65.1	100.1	73.9
净利息占联邦基金收入百分比[a]	8.6	10.0	15.0	29.0	16.8	14.9
公共债务总利息占联邦基金收入的百分比	11.4[b]	13.5	21.3	41.6	27.3	26.7

资料来源：*Budget of the United States Government*，*Historical Table*，*Fiscal Year* 2008，table 1.2，pp. 23-24，table 1.4，pp. 27-28，and table 3.2，pp. 53-70.

a. 净利息是联邦政府支付的总利息减去信托基金和其他联邦机构获得的利息。

b. 1962年数据。

当财政赤字在2004年达到4000亿美元的顶峰时，一般性支出达到了17000亿美元，但一般性收入却比它少了6000亿美元。这6000亿美元的差额比统一后的预算赤字还大，因为预算赤字的一部分会被信托基金的盈余抵消，而这笔金额几乎为2000亿美元。事实上，如果一般性收入2004年占国内生产总值的比例能够达到四十年前的水平（在医疗补助、食品券、早教计划，以及其他由一般性基金融资的数十亿美元的项目建立之前），联邦预算早就实现平衡了。

一般性基金与信托基金相比截然不同的财务状况植根于美国人对通过纳税来为政府买单的反感。从历史上来看，如果税收是被用作特定用途的，例如修建高速公路、社会保障、医疗保险，那么它会更容易被人们接受。虽然对于普通税的抵制已不再新鲜（纵观美国历史，这些税收的大幅增长只在战时发生），但一般性基金在七八十年代的衰落预示着在这段时期，为满足政府开销而增税已变得愈发困难。那些会侵蚀普通税收入的因素包括政府公信力下降、总统与国会在税收政策上旷日持久的斗争、利益集团参与税收立法的热情日益高涨、以及个人所得税的指数化。

从历史上看，1990 年与 1993 年所得税的增长是件反常的事情。在这两次提税中美国既未处于战争状态，公众对于政府表现的支持也没有明显的提高。即使这样，国会和总统还是因为对赤字规模的警惕而提高了普通税。在这两个年头里，增税并不是在独立立法中形成的，而是被作为总统与国会领袖协商后的赤字削减一揽子协议的一部分。而且，增加收入中的大部分都来自于高收入纳税人。绝大多数纳税人都没有被边际税率提高、医疗保险税基封顶的取消、特定税收豁免和减免的逐步淘汰所影响，实际上，到 20 世纪 90 年代末，数以百万计的中低收入家庭承担的实际所得税税率较之于十年前更低。通过将增税集中在一小部分高收入纳税者的身上，国会与总统缓和了政治上的反对。

1990 年与 1993 年的措施改善了一般性基金的处境，它们接收了产生的新收入中的大部分。在短暂的预算逆流而动时期，一般性收入在 90 年代增长得要比一般性支出快得多。收入在 90 年代末较十年前增长了约 5000 亿美元，而支出只增长了不到 3000 亿美元。正如一般性基金收入的衰退引发了高赤字时代的到来一样，这些收入的增加也使预算盈余的出现成为可能。但新世纪的减税再度削弱了一般性基金，使其回复到原来的趋势，占总收入的份额也有所下降。随着一般性收入远远低于一般性支出，高额赤字卷土重来。

谁在向联邦交税

在审议税收立法时，国会不仅关心税收总额，也关心税收负担如何在不同收入阶层的人群之间分配。计算联邦税收的发生是一项复杂而又富有争议的任务——它需要假设别人支付的税款（如社会保险税和企业所得税中由雇主承担的部分）如何影响特定的收入所得者，如劳动者和股东。它刺激了关于收入定义的争论，也要求衡量税法中许多优惠和特殊条款的影响。

美国的纳税人用来准备纳税申报单的名义所得税税率并不是衡量实际税负的精确手段。这些税率无法指出税收优惠和税收减免如何减少可课税收入和实际支付的税款。用于计算实际税负的两种原则性指标就是税款占调整后总收入的百分比和实际税率。前者只包括应纳税的收入，后者是一个更宽泛的指标，覆盖所有现金收入，但排除非现金收入，如联邦政府支付的实物和雇主支付的医疗保险费。实际税率的计算是用所有的纳税总额除以现金收入总额。例如，一个年薪 10 万美元的人每年缴纳 1 万美元的税收，他的实际税率就是 10%。当纳税人从政府得到的退款超过其缴纳的税款时，实际税率可能为负。

表 7-8 显示了个人所得税的高度累进性。在所有的收入等级中，收入高的人在纳税时比收入低的人支付了其收入中更高的百分比。而且，个人所得税在 20 世纪 90 年代变得更具累进性，这一趋势一直延续到布什在 2001 年和 2003 年进行大规模减税之后。在最低的收入等级中，纳税人在 1980 年不必缴税，但在 2004 年反而会得到 3% 的补贴。在收入等级的另一端，排在前 5% 的高收入者们在 1980 年要交 38% 的税，而在 2004 年，这一比例提高到了 58%。

表 7-8 收入和纳税义务的份额及五级收入的有效税率

收入群体	纳税额占税前收入百分比				纳税额占个人所得税义务百分比				纳税额占社会保险税百分比			
	1980 年	1990 年	2000 年	2004 年	1980 年	1990 年	2000 年	2004 年	1980 年	1990 年	2000 年	2004 年
最低五分之一	3	3	3	3	0	0	-2	-3	4	4	4	4
次低五分之一	7	7	7	7	4	3	1	-1	12	11	10	10
中间五分之一	11	11	11	12	11	9	6	5	20	18	16	16
次高五分之一	21	20	20	20	20	18	14	14	27	27	26	25
最高五分之一	57	61	61	60	65	70	81	85	37	41	43	44
最高百分之十	39	42	45	42	48	54	68	71	19	22	26	26
最高百分之五	25	29	33	30	35	42	56	58	9	12	15	15
最高百分之一	10	14	20	15	17	24	37	37	1	2	4	4

资料来源：Congressional Budget Office, *Historical Effective Federal Tax Rates*: 1979 *to* 2004, December 2006, table 1A and 1B in accompanying supplemental spreadsheet file.

注：本表的基础是综合性收入指标，包括所有的现金收入，即可课税的与被减免的，也包括企业缴税的推算收入，来自政府和非政府资源的实物收入，如医疗保险、医疗补助，雇主支付的健康保险金等的推算收入。五等分加总后可能略高或略低于 100% 是因为四舍五入。

个人所得税的高度累进性与 20 世纪 90 年代政府经历的收入上涨有关。如本章前文所述，最高边际税率在这十年间从 28% 上涨到了 39.6%。同样，高收入者的队伍在发展壮大，其收入占国家总收入的比例上升，而低收入者则在减少。实际上，政府想建立这样一个政策，对胜利者的收益征收更高的税，而对失败者的征税则少得多。可以说，这是良好经济表现与社会政策的偶然结合，因为它允许市场有效运作，又允许进行一些收入再分配。不过，这也意味着联邦收入的繁荣取决于高收入纳税人的可持续的财务收益。

表 7-8 所依据的收入数据是相对税收负担的一个综合性指标，因为它包括（如表格注释所指出的）没有被课税的收入类型。说明实际税率的表 7-9 也是基于收入的综合指标。社会保险税本身并不具有累进性，因为它们按照比例税率征收，而且社会保障部分只能征收到表 7-6 中列出的最高收入。中产阶级的纳税人较之于收入最高的五分之一的家庭与个人，其实际社会保险税率更高。但考虑到社会保障系统的整体累进性，将政府支付的保金一并计入还是比较合理的。社会保障在低收入劳动者终生收入中所占份额更高。一个人挣得越多，他从社会保障中获得收益的比例就越低。而且，在 20 世纪 90 年代显著扩张的劳务所得税抵免也补偿了低收入者全部或部分社会保险税。

表 7-9 实际税率按不同收入阶层分布百分比率

收入群体	有效个人所得税税率				有效社会保险税税率				汇总的有效联邦税税率			
	1980 年	1990 年	2000 年	2004 年	1980 年	1990 年	2000 年	2004 年	1980 年	1990 年	2000 年	2004 年
最低五分之一	0	-2	-8	-10	7	9	11	10	9	9	5	5
次低五分之一	5	4	1	-2	9	11	11	11	16	17	14	10
中间五分之一	9	7	5	3	10	12	12	11	20	20	18	15

续表

收入群体	有效个人所得税税率				有效社会保险税税率				汇总的有效联邦税税率			
	1980 年	1990 年	2000 年	2004 年	1980 年	1990 年	2000 年	2004 年	1980 年	1990 年	2000 年	2004 年
次高五分之一	11	9	8	5	9	12	12	11	22	22	21	18
最高五分之一	17	15	19	15	6	7	7	7	26	25	29	26
最高百分之十	18	14	22	18	4	6	5	5	28	26	31	28
最高百分之五	20	18	24	20	3	4	4	4	29	26	32	29
最高百分之一	21	21	26	21	1	2	2	2	32	28	34	32

资料来源：Congressional Budget Office，*Historical Effective Federal Tax Rates*：1979 *to* 2004，December 2006，table 2A in accompanying supplemental spreadsheet file.

注：本表的基础是综合性收入指标，包括所有的现金收入，即可课税的与被减免的，也包括企业缴税的推算收入，来自政府和非政府资源的实物收入（如医疗保险、医疗补助），雇主支付的健康保险金等的推算收入。总体实际税率包括对企业所得税和消费税的推算，以及雇主支付的社会保险税的份额。

即使考虑到社会保险税和其他税种，总的实际税率（包括消费税的影响以及企业所得税平摊到每个纳税人头上的税额）对于每一个较高收入阶层而言，总是要比较低收入阶层高。低收入者要承担更重的消费税，但在个人所得税上负担较轻。现金收入最高的五分之一的个人与家庭的总体实际税率几乎是收入排在中间那五分之一的个人与家庭的两倍。

税收系统的累进性也与纵向公平（即不同收入者缴纳的税款）有关，经济学家们也很关心横向公平——即相同收入者纳税的多少。税法中大量的税收优惠和减免破坏了横向公平，因为它们并未在收入相似的纳税人中公平分配。想想这样两个家庭，每户的年收入都是十万美元，一户拥有房屋，另一户租房；一户有资本收入，另一户没有；一户有养老金，另一户没有。在这种条件或是其他种种条件下，两个家庭支付的所得税就有了区别：一个家庭可能要交 15000 美元的税，而另一家可能只要缴纳 5000 美元。税式支出是联邦税收系统中极大的不平衡因素，因为它们并不是按照收入等级平均分配的。为了改良这种不公平，国会出台了替代最低收入税收抵免（AMT），它要求从特定税收优惠中获益的纳税人缴纳比正常税收系统下更多的税款。但是，AMT 也成为政客与纳税人的大难题，而且就在本书即将付梓之时，它可能会进行重大修正。

AMT 于 1969 年付诸实施，其目的在于防止有钱人把收入隐藏起来避税。它要求特定的纳税人（尤其是那些列出减免的纳税人）两次计算纳税义务，第一次和几百万美国人每年遵循的常规的所得税流程一样，然后根据一张包括各种减免与扣除的清单进行计算，应缴的税款取两者中的较高值。AMT 只有两个税率，26% 与 28%，但与常规系统相比，它会使很多纳税人承担更高的税金。出现这种情况的原因是减免的数额取决于特定的一般税收减免，例如对于受赡养者以及州和地方税的减免，在计算 AMT 时还要重新考虑进去。

数十年间，AMT 基本没有引起大众的注意。很少有美国人适用这项政策，而大多数人甚至都不会费心计算他们的 AMT 义务。但近年来，AMT 影响的纳税人的数量正在与日俱增。根据一些估测，截至 2010 年，大约有 2000 万户家庭会适用 AMT。这一预期增长的主要原因是 AMT 并没有根据通货膨胀进行指数化。更糟的是，那些新近被 AMT 影响的纳税人大多都是中产阶级。那些极为富裕的美国人一般不会被影响，因为他们缴纳的税款已经超出了 AMT 要求的额度。

为什么国会不直接废除 AMT？最直接的回答是，既然越来越多的美国人开始适用这项政策，AMT 将为政府筹集更多收入。按照某些计算，如果现有法律继续实行，不久 AMT 产生的收入将超过普通所得税。取代废除 AMT 的是，国会每年都会调整 AMT 的某些特征从而减少受影响的纳税人数量。长期的解决方案将需要简化税法，废除现行税法不包括，但却包括在 AMT 中的税收减免。

使用费

联邦政府每年会收缴 2400 多亿美元的使用费。这些费用区别于那些向特定补助或服务受益人所征集的税收，区别于那些向政府管制的活动所征集的税收。政府在行使其政权时征集税收；政府在进行商业性活动时，收取使用费。与被计作预算收入的税收不同，使用费在预算中被计作抵消收入。

国会预算局确定了四种使用费。最大的一种由个人或企业因享受政府提供的商品和服务而支付的费用组成。这些费用比较类似于付费者自愿通过贸易得到商品和服务的商业交易。这些费用包括参加医疗保险 B 部分项目需支付的保金、邮购服务购买以及使用联邦停车场的付费。

第二种使用费包括政府管制活动的收费。这些交易是部分自愿的——因为若不参与这些政府活动，便可规避费用。这些费用包括版权与专利费，以及作为参加某种活动条件所必需的执照费用。

第三种特定的费用会因为受益者获得联邦提供的商品与服务而征收。但与大部分的使用费不同，这些费用大多是作为税收收入计入预算，而非抵消收入。收益费用包括机票税与汽油税。

最后一种，基于责任的费用会因为补偿对环境的损害以及补偿该类活动引起的伤害而征收。这些费用基本都是特定用途的信托基金，用于治疗或是补偿受害者。煤矿税是用于补偿被黑肺病折磨的矿工（或遗属）的；疫苗税是用于补偿那些遭受到囊虫疫苗或是其他疫苗伤害的人；原油税是用来补偿对原油泄漏的清理以及由此引发的损失。

从 20 世纪 80 年代中期开始，国会与总统就将使用费视作一种筹集额外收入的手段。在那之前，流行的政策是按照提供的产品或服务的成本收费。一份 1952 年的法规中表达了国会的意见，规定联邦机构“应该最大限度地保持自给自足”。但这项法律也规定费用收取应当公平合理，而且应该考虑公众利益。由管理与预算局发布的执行规则规定使用费只能在可确定的接收者获得特别收益时才能收取。

1985 年综合预算协调法案扩大了使用费的覆盖范围，不仅包括提供服务的成本，也包括联邦机构的部分或全部运行费用。例如，法律规定原子能监管委员会每年要收回其运营成本的三分之一；1990 年调节法案将这一目标提高到了 100%。其他的机构也被规定收回部分或是全部的运行成本，比如海关、专利与注册商标办公室以及食品与药品管理局。

通过预算执行规则抑制预算赤字的努力刺激了使用费的增长。这些规则将可选择性使用费和强制性使用费区别开来。前者会在拨款法案中被授权、生效，并被计作抵消收入。它们使国会可以进行数额相当的额外拨款。而强制性使用费则要经过事实性立法的授权，但这并不会影响拨款的数额。这种区别给予总统和国会调整使用费结构的强烈动机，这样他们就可以被归为可选择性的类别。有些团体也抱怨多种多样的使用费已经超过了要求抵消成本的额度，而多出的收入被花在其他联邦项目上。

抵消收入

抵消收入通过提供等量的补偿减少了预算授权和支出。例如，5000 万美元的抵消收入就会使预算支出减少 5000 万美元。大部分使用费会被计入抵消收入，同样被计入抵消收入的还有资产出售的收入、联邦实体所赚利息以及联邦账户或基金内特定的资金流动。

一笔收入何时会被预算计作收入，何时会被计作抵消收入？根据 1967 年总统预算概念委员会确立的基本原则，那些“本质上讲基本属于政府行为，包括管制及强迫”的活动，应该被上报为收入，但那些商业性以及市场导向的活动应该被用来抵消支出。这并不是一个非常明确的界定，如医疗保险保金的计算。直到 1983 年，这些保费一直被计作收入，但自那以后，保费就被计作抵消收入。然而，这些每年总额达到 550 亿美元的保费在国民收入和生产账户中还是被算作收入。

无论是把收入划入抵消收入还是收入，都不会影响赤字或盈余的规模，因为它会减少等量的收入与支出总额。但在预算执行规则下，它会影响立法审议工作。

小　结

国会处理税收立法的过程与 200 年前并没有太大的区别。这些法案还是在众议院形成，而赋税委员会和参议院财政委员会还是享有事实上独立的立法权。但是，也有一些重大的变化发生——有些是因预算规则的扩展被强迫生成的，有些是被特定用途资金以及信托基金收入的增长催生的。现在，税收立法形成于预算决议之中，而且通常在协商法案中被通过。税收立法一定要遵守限制着被通过立法造成的收入损失的预算规则。参众两院的行为差异已经被缩小，今天，参议院在审议税收立法时通常会受到更多限制。

收入过程在未来可能会发生更多的变化，尤其是国会将面临人口老龄化的预算影响。虽然有一些经济学家和其他人士认为稳定和可预测的税收政策有利于国家效率的提高，税收立法还是会在国会日程表上继续保持活跃。未来的立法将会改变政府筹集的资金以及对税收负担的分配。无论预算的结果是盈余还是赤字，国会都会采取相应措施减税和增税。无论民主党还是共和党控制国会，国会都会为某些团体通过减税的立法。税率与减免的竞争还会继续，国会在此主题上立法越多，税法就会变得越复杂。其他程序上的变化，如法定量入为出规则的衰落以及动态收入评估的应用，也会被考虑进去。

如果过去可以提供一些参考，税收立法将是周期性的：税率会被提高，然后被降低，然后再提高。在税收里没有平衡，只有调整税法的立法冲动。

第八章

授 权 立 法

国会有两种不同的流程用于筹资设立联邦项目和联邦机构。一个流程的结果是颁布授权法案，为联邦项目和机构的建立提供法律基础。另一个的结果是拨款，使机构承担责任和支出。通常，这些步骤是独立的，但有时在直接支出法案中它们也会被结合在一起。这些行为由参众两院的规则所规范，它禁止考虑未经授权的拨款，或对拨款法案添加立法。虽然有时候这些法规会被放弃或无视，并且允许某些例外，但它们界定了授权法案和拨款的界限。

这两种法案的差别在 19 世纪 30 年代已被纳入众议院法规，并于二十年后写入参议院规则；现在被编纂在众议院第二十一条规则和参议院第十六条规则之中。然而，这项实践先于国会存在，并且可能是从英国议会那里改编而来。1789 年的第一届国会认为实质性法案理所应当与拨款法案区分开来。于是，通过了一条法律，建立了战争部，并通过另一条法律对这个部门和其他新设立的机构进行拨款。这种授权和拨款之间的区别在几十年后被置于规则之中，以回应拨款法案中频繁出现的附加条款和其他立法性条款。

众议院第二十一条规则规定，“由于一项支出无法事先通过法律授权……因而拨款无需写入普通拨款法案。”它同时指出，“普通拨款法案中不得包含改变现行法律的条款……”值得注意的是，这些限制只应用于普通拨款法案。从国会先例来看，持续决议（为尚未取得常规拨款的机构提供替代性资金）不属于普通拨款法案。因此它可以包括未授权的拨款以及实质性法案。

参议院第十六条规则规定，“拨款委员会不得报告含有新立法或一般立法提案的拨款法案……”它也禁止了那些“不执行现有法律条款……”的拨款。但是，参议院规则并不像众议院的规则那样被严格执行。参议院允许更多的例外，且有程序以保证在拨款法案中嵌入立法。专栏 8－1 特别强调了 20 世纪 90 年代参议院关于在拨款法案中立法的争议。参众两院 19 世纪的争论暗示了将拨款和授权分开的两个原因。其一是担心在立法上的冲突会阻碍流向联邦机构的资金流。另一个是为不断发展的机构提供资金的紧迫性可能会促使国会制定出欠考虑的拨款法案。这两个担忧对国会仍有现实意义。在立法上的冲突，而非在可得资金上的争论，才是持久延误通过拨款的主要原因。此外，许多本身可能无法通过的法律条文在拨款法案中被颁布。

专栏8-1　民主党人对共和党人：为拨款法案的立法而战

国会并没有严格禁止有关拨款立法，它实际上经常在拨款法案中插入一些相对较小的立法条款。然而，在20世纪90年代，针对拨款的立法在数量及意义上都上升到了一个新的高度，有时甚至在拨款法案中通过整部法律。

通过推翻议会第十四号规则，共和党的参议员们于1995年撤销了对于拨款法案的立法限制。四年后，共和党议员的角色发生了彻底转变，他们投票赞成恢复对拨款法案立法行为的限制，而民主党却投了反对票。这两个党派都受到短期利益的驱使，但他们的这些举动却会给国会带来长期的影响。

第一回合：共和党人废止第十六号规则

1995年3月16日，当参议院正在审议一份补充拨款法案时，参议员凯·贝利·哈奇森提出一项修正案。该修正案旨在废除与濒危物种法案相关的一些法庭判令，并禁止美国鱼类及野生动物保护局挪用拨款来进行濒临灭绝物种的判定。参议员哈利·瑞德就此提出了议事程序问题，认为此修正案是在拨款法案中进行的立法，而参议院主席通过了这一议事程序问题。参议员哈奇森提出上诉，上诉被42票对57票的结果驳回。根据这一结果，参议院立法程序官使人们认识到，他将不再建议参议院执行第十六号规则。

第二回合：民主党使用拨款法案强制立法

随着第十六号规则的废除，参议院可以自由地在拨款法案中插入立法。少数派领袖汤姆·达施勒领导下的参议院民主党人意识到他们现在有一个明确的手段来从共和党手中夺取对立法日程的控制。根据长期传统，由多数党领袖决定哪个参议院要审议哪些法案。这个规定使得多数党能够阻碍少数党想要的立法。1996年，共和党参议员特伦特·洛特成为多数党领袖时，积极部署了这项权力。作为回应，民主党领袖参议员达施勒大胆地在待审议的拨款法案中附加了备受争议的立法，这些立法受到民主党的支持和共和党的反对。一方面，他增加了最低工资立法；另一方面，他还加入了一份规制医疗保险组织的法案。参议员洛特没有对民主党的提议采取这样和那样的措施，而是把各种拨款法案从参议院中拖出来，推迟其通过并冒着关闭政府的风险。不出意外地，僵局结束了，共和党同意审议民主党支持的法案，而民主党则撤回他们原先附加在拨款法案中的立法条款。

第三回合：共和党人恢复第十六号规则

随着民主党占据优势（尽管仍处于少数地位），参议员洛特在1999年7月转变方向，提出恢复第十六号规则的动议。在这场论战中，他表达了因拨款行动受阻而产生的挫败感：

“每个参议员都把他们梦想的每一份修正案扔进参议院……（并且）整个草案或主要修正案被提交给负责拨款草案的委员会……而这些委员会却并未被授权立法，委员会主席也没有任何投入。是对这个过程实施控制的时候了。”

为参议院进行了24年卓越服务的参议员丹尼尔·莫依尼汉在其职业生涯末期悲叹，当第十六号规则遭到破坏时，一个世纪或者更久以来的一项确定的参议院实践被冲击，被毁坏，这种破坏从此会一直在我们周围继续。我们的政府变得不可理喻……授权委员会正在不断被边缘化，并失去重要性。”在这场争论结束的时候，参议院以53票对45票的政党路线投票恢复了第十六号规则。不过，对于要完全恢复旧规则的参议院来说，自1995年以来的改变实在太多了。

第十六号规则只禁止了以拨款法案修正案形式出现的立法。从一个多世纪前该规则被设计出来，直到20世纪90年代末，这些“修正案”包括参议院拨款委员会对众议院通过的支出法案的修改与议会修正案。这样做的原因在于，众议院通常会先审议拨款法案，而参议院不会生成自己的法案，而只是对众议院通过的版本进行修改。下一章会对此做出解释。如果在众议院完成立法行动之前参议院拨款委员会提出一项法案，就像20世纪90年代末曾经发生的那样，则该法案的形式就是原始的法案，而不是修正案。这样做纯粹是因为第十六号规则不适用于那些由参议院拨款委员会附加在任何由该委员会提出的支出法案中的立法条款。不过，第十六号规则仍然适用于议会修正案。

授权立法的种类

授权代表的是宪法赋予国会的立法权的行使（现在的授权立法曾一度被简单等同于即时立法）。立法时，国会可以在授权中加入任何类型的条款。它有权规定一个机构在行使其职责时必须做什么或不可以做什么，有权解释一个机构的组织结构及其运作程序，有权通过非常具体的立法来赋予机构广泛的权力或限制它的运作自由。授权方式并没有统一结构——有些仅一两页纸，有些则长达几百页。有些分成几个标题，有些则分成篇章，最常见的是分成条款。有些使机构对资金承担义务，大部分则并非如此。

授权手段的范围之广、种类之多引发人们对它的困惑。授权这一术语本身也是问题所在，因为它在联邦预算中有多种含义。一个授权法律可以从两个角度考察：对国会内部而言，作为一个许可，它使参众两院有权考虑拨款；对外就联邦机构而言，许可它们运作。要对不同的授权种类及其功能进行划分，就必须区分选择性授权和直接支出，区分实质性立法和拨款授权。这些区别不仅影响授权立法的合法地位，同时也影响国会对它们的处理方式。

选择性授权立法与直接支出立法

预算规则区分了选择性授权立法和直接支出立法。选择性授权不提供预算资金，直接支出立法则提供预算资源或使相关机构能够预留资金。图8－1说明了两种类型立法的内容，包含规定诸如机构中的组织及其职责等内容的实质性条款。然而，它们在与拨款的关系上有区别。选择性授权立法提供拨款授权，直接支出立法则使相关机构对拨款承担责任。选择性授权的使用仅限于拨款法案中规定的范围；直接支出则可以按照授权立法中的规定开支。

两者的不同之处可以进一步用表8－1来阐明，它展示了联邦预算中四个关键步骤的顺序：授权、拨款、承担责任、支出。第二步与第三步在以下两种类型的立法中顺序是颠倒的：在选择性支出中，拨款先于责任的承担发生；而在直接支出

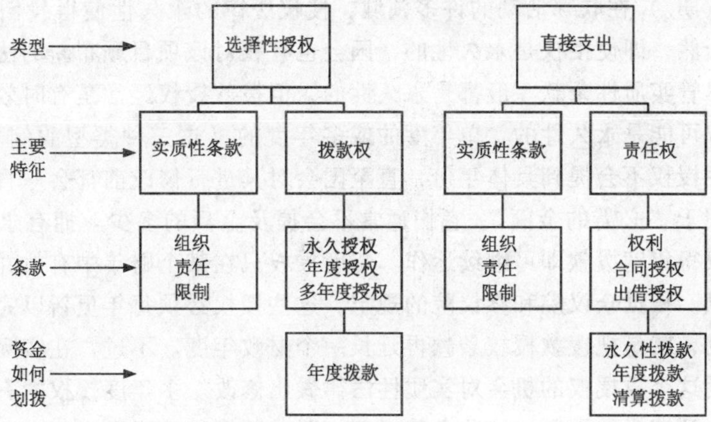

图 8－1　授权立法

中，两者顺序相反。因此，在承担责任之前的行动决定了立法的类型。尽管这种差别看似不过是技术问题，但它却会产生重大的政治和法律后果。使联邦机构有权在获得拨款前承担责任，是立法权从拨款委员会向授权委员会的转移。拨款委员会在控制选择性授权上占据上风；而拨款委员会则决定着直接支出的多少。在本书中，授权立法一般指的是选择性项目，虽然直接支出也由授权立法提供，但两者在预算规则以及立法程序上的不同要求将它们区分开来。

表 8－1　　**选择性支出与直接支出的顺序对比**

自由裁量支出	直接支出
1. 授权	1. 授权
2. 拨款	2. 承担责任
3. 承担责任	3. 拨款
4. 支出	4. 支出

实质性立法与拨款授权

根据上文提到的特性，授权立法一般有两个主要组成部分。对外，从联邦机构的角度，它包括了实质性条款，规定了机构运作的条件与状况。对内，从国会看，它负责对拨款进行授权。这两个组成部分通常被合并在同一个法案之中，如附录 8－1所示的授权立法，它建立了国家综合旱灾信息系统，并为其拨款授权。“拨款授权”这一术语是一种固定用法，用来说明在获得拨款之前必须获得授权的规则。虽然国会有时也向“拨款授权”已过期的机构提供拨款，但因为下述理由，国会不会拨款给没有实质性条款的项目。

临时性授权和永久性授权

除非法律规定了授权法案（包括实质性条款和“拨款授权”）的时效，否则这种法案都是永久性的。在永久性条款被废除或修改之前，它都是有效的。（不过，拨款法案和其中实质性立法的有效期仅为一个财政年度，除非法案明确规定了更长的有效期。）在联邦活动的许多领域，授权法律的永久性使得我们不再需要新的立法。当然，即使授权是永久性的，国会也有权对该项目颁布新的法律。

尽管实质性条款一般都是永久性的，但拨款授权经常是有时效性的。这些拨款的授权可能是永久性的、单年度的或多年度的（这三种类型的例子见附录8-2）。永久性授权不会提到具体年份，直至国会对其进行修改前都会一直有效。这些授权一般用于“必需的金额”，它们通常不会提及金额的多少。拥有永久性授权的机构只需获得年度拨款即可继续运作。年度授权只在某个财年中有效并且通常规定有具体金额。根据众议院和参议院的规定，这些授权必须每年更新以完成拨款。而国会要做的，就是把拨款授权条款再延长一个财政年度。不过，在实际操作中，国会经常利用这个再授权的机会对实质性法律做出修改。多年度授权的有效期一般是二到五年，到期必须更新。这些条款对每一财年的授权额度通常都在逐步增长。

直到20世纪60年代，几乎所有的拨款授权都是永久性的。但大多数在过去四十年间建立的项目拥有的都是年度或多年度授权。而且许多之前的项目也从永久性授权转为临时性授权。重要的是要牢记：即使一个项目或一个机构获得的是临时性授权，管理其运作的实质性法律仍是永久性的。

附录8-1 授权法案的基本特征

机构或项目的设立

第3节，国家综合旱灾信息系统项目

(a) 一般而言。——副局长应当根据国家气象局和国家海洋与大气管理局中其他合适的气候项目建立一个国家综合旱灾信息系统。

责任与功能

(b) 系统功能——国家综合旱灾信息系统应当

(1) 提供有效的旱情早期预警系统

(2) 协调并在可行情况下整合全国关于旱情早期预警系统的研究

(3) 以现有的预测、评估项目及合作关系为基础

拨款授权

第4节，拨款授权

执行该法案的拨款授权——

(1) 2007财年11000000美元

(2) 2008财年12000000美元

(3) 2009财年13000000美元

(4) 2010财年14000000美元

(5) 2011财年15000000美元

(6) 2012财年16000000美元

资料来源：*National Integrated Drought Information System Act of 2006*, P. L. 109-430, December 20, 2006.

（a）这些摘录说明了授权的基本要素：设立联邦机构或项目，明确机构的职责和功能（包括任何限制），以及拨款授权。前两方面在实质性立法文本中提到。

（b）授权立法并不事先规定某个机构的组织架构，但一般的趋势是在法律中规定主要的组织单位。

（c）另一个趋势是详细说明机构职能。在这个例子中，与其他很多授权相比，对“系统功能”的描述要相对简略。

（d）该办公室被授予固定拨款金额的临时性（六年期）授权。授权通常在多年期里提供固定金额，这一金额经常在授权时限内有所增加。在某些情况下，要对“必要的资金”进行授权。

附录8－2　拨款授权期限举例

永久性

第4节．拨款授权——执行该法案必需资金的拨款授权

单年度

第101节．军队——2007财政年度，军队采购所需资金的拨款授权如下：

（1）飞机，3451429000美元

（2）导弹，1328859000美元

（3）武器及履带式战车，2278604000美元

（4）弹药，1984325000美元

（5）其他，7687502000美元

（6）国民警卫队装备，318000000美元

多年度

（d）拨款授权——对《公共健康服务法》（42 U. S. C 274m）第379节B部分修正如下：

“第379节B部分．拨款授权。

为落实该部分条款，2006财年拨款授权为34000000美元，从2007年到2010财年，每年拨款授权为38000000美元。”

资料来源：Buffalo Soldiers Commemoration Art of 2005，P. L. 109－152，December 30，2005（permanent authorization）；John Warner National Defense Authorization Act for Fiscal Year 2007，P. L. 109－364，October 17，2006（annual authorization）；Stem Cell Therapeutic and Research Act of 2005，P. L. 109－129，December 20，2005（multiyear authorization）.

（a）这里列举的三个例子体现了拨款授权期限的区别。第一个例子是永久性授权。它没有时间限制，根据法律规定，国会无须通过新的授权法案就可进行年度拨款。永久性授权通常不受限制（没有金额限制），授权“必要的资金”。

（b）年度授权必须每年更新，除非国会终止该项目或实施未授权拨款。年度授权通常为一个财政年度授权明确的额度。可能授权单笔拨款，或者就像这个例子中那样，按项

目的构成逐一授权。在年度再授权项目中，拨款金额和授权金额基本一致。

（c）多年度授权，包括两年或者更久的授权期限，经常明确每年相对于上一年授权额度的逐渐增加。就这点而言，后几年的拨款金额通常小于授权额度。拨款授权经常采取对现行法律提出修正案的形式出现，如此处所示。

与授权立法的两个功能相对应，临时性授权增多的主要原因有两个。其一，临时性授权给予国会及其授权委员会多次机会去审查机构活动，并做出他们认为适当的变动。当国会对联邦机构失去信心时，就会加强自己的监管权和控制权。例如，水门事件发生后，国会将其对司法部和中央情报局的授权改为临时性授权。其二，国会的各个委员会试图通过临时性授权来加强其对立法的影响，尤其是关于拨给联邦机构的资金。一些临时授权会分条列述拨款的具体项目和行动。例如，国防部“合作降低威胁”项目授权的细分（见附录 8－4）。尽管授权的数量不能决定拨款的数量，但是按照规定，拨款额不能超过授权额，因此两者之间存在着很紧密的对应关系。特别是对于年度授权项目，其拨款额一般会超过授权水平的 90%。由于每年的授权和拨款在同一时期并在相同的政策和预算条件下实施，授权极大地影响了随后的拨款。每年的国防授权和拨款就是很好的例子。

在多年度的授权中，这种对应关系往往相当脆弱，因为它通常只说明了每个财政年度逐渐增加的数目。由于拨款一年一次，因此授权和拨款的资金差距不断扩大。而且，专门从事多年度授权的委员会，如众议院交通和基础设施委员会，往往强烈支持自己的项目，以至于他们会更多地关注项目本身的需要，而非预算状况。授权水平与拨款水平之间的差额会刺激利益集团要求自己的项目能获得全额资金，即国会授权他们的数额。

国会常常搁置（或忽视）自己的规则，对那些“拨款授权”已过期的项目进行未授权拨款。正如先前提到的，一笔超过授权数额的拨款也应被视作未授权。但实际上，未授权拨款已经非常普遍。在 2005 财年，有 160 多个授权到期的项目仍然获得了拨款，其中有些项目的授权在十年前就已经过期（表 8－2 中列举了其中数额最大的几个项目）。当年，国会在非国防的可选择性项目上进行了 1700 亿美元的未授权拨款，占所有非国防选择性支出的 40%。从 20 世纪 90 年代早期开始，国防就成为唯一一个授权到期后仍每年不断更新的主要领域。在其他很多领域，国会跳过授权环节，通过每年向联邦项目提供资金使其继续。正如表 8－2 所示，一些重要项目尽管未获得当前授权，却仍在继续，包括退伍军人医疗保险、美国国家航空航天局的航天行动、司法部和海关总署。

表 8－2　2005 财年[a] 拨款授权已到期的主要联邦项目

单位：十亿美元

项　目	2005 财年拨款
退休军人医疗保险	27.9
美国国家航空航天局	16.2

续表

项　　　目	2005 财年拨款
住房补助（第八条）	14.9
早教项目	6.9
外交和领事服务	5.9
联邦调查局	5.2
移民归化局	5.1
社区发展专项补助	4.7
海关总署	4.7
联邦监狱系统	4.6
疾病控制中心	4.5
药物滥用与精神卫生局	3.3
印第安人保健服务所	3.0
低收入家庭能源补贴	2.2
国际组织	1.7
超级基金	1.3

资料来源：Congressional Budget Office, *Unauthorized Appropriations and Expiring Authorization*, January14, 2005.

a. 根据法律规定，该年度报告列举了所有获得当前财政年度拨款的项目，即使他们的授权已经到期。

大部分情况下，未授权拨款完全可用于义务和支出，除非有法定限制条件反对该义务或使用未授权资金，如附录 8－3 所示。当国会拨款给那些“拨款授权”已到期的项目时，资金的使用要遵守生效的永久性实质法律。不过，国会很少拨款给那些没有实质性立法的项目。因为这样做会侵害授权过程，并使受到影响的机构在资金使用上失去法定指导。

附录 8－3　法律中对重新授权的要求举例

拨款限制

（b）1960 年 12 月 31 日后，不对任何用于增强美国军事力量的飞机、导弹、海军舰艇采购进行拨款，除非在此日期后，通过立法授权这些拨款。

义务限制

（a）（1）尽管在 1975 财政年度美国国务院/美国新闻署授权法案颁布之前，一些法律条款已经颁布，但自 1972 年 7 月 1 日及以后的任何财政年度，任何法律对国务院进行的拨款都不得用于义务或支出——

（A）除非拨款经 1972 年 2 月 7 日（或之后）颁布的法律授权；或

（B）超出该日期（或之后）颁布的法律所规定的数量

对未授权项目拨款的限制

尽管本法案中有一些其他条款——

（1）与本法案有关的拨款不得用于那些由参议院商业、科技与交通委员会、或众议院科学、空间与技术委员会提议的、被国会撤销的项目；

(2) 与本法案有关的拨款不能被用于超出项目实际授权数量的部分，第4节 (1)，(2)，(4) ……对这些项目授权作出了规定。

资料来源：*Military Construction Authorization Act of 1959*, P. L. 86 – 149; *Department of State/USIA Authorization Act, Fiscal Year 1975*, P. L. 93 – 475; *NASA Authorization Act, Fiscal Year 1992*, P. L. 102 – 195.

(a) 这三段摘要中的第一段显示了国防部年度授权的来源。国防部在建立时获得了一个永久性授权。最初，年度授权只用于某笔特定的采购支出；从那时起，它被扩展到整个国防部。因为禁令只是针对拨款，所以，如果款项是被用作非授权项目，这笔资金就可以用作支出。

(b) 第二个例子是法律中的一个条款，把国务院的授权从永久性转为临时性。在这种情况下，除非拨款法案明确放弃禁令，否则未授权的拨款不能使用，因为禁令是针对义务的。

(c) 最后的一个例子来自国家航空航天局的年度授权法案。同样，它禁止使用未授权的拨款，但在此例中（与前例不同），它只适用于当年拨款。

国会授权立法

授权没有规定的立法路径。一些出自众议院，一些出自参议院。很多立法仅需参众两院中的一个委员会审议；有的立法则被同时或先后提交给两个或更多的委员会。

授权立法界定了参众两院大部分委员会的权限。国会委员会的大部分工作涉及到他们的授权义务；大部分国会议员对立法的影响源自他们对这些委员会的服务。表8－3列出了国会授权委员会在那些选定项目上的权限，从中可以看出，参众两院的授权委员会不是平行结构。此外，授权委员会在立法活动和立法输出上也有很大不同。一些有健全的议程，并在每次会期内制定出重要的法规；另一些则并不活跃，很长时期内都没有立法活动。那些积极的委员会往往管辖着那些有临时性授权的项目或有当前利益的事务。委员会领导力的强弱也会造成差异，正如预算政策协调过程中产生的政策变化的程度会影响委员会的权限一样。

表8－3　众议院和参议院授权委员会对选定项目的权限[a]

项　目	众议院委员会	参议院委员会
行政事务	监督和政府改革	国土安全和政府事务
海岸警卫队	交通和基础设施	商业、科学和交通
高速公路	交通和基础设施	商业、科学和交通
医疗补助	能源和商业	财政
医疗保险——A部分	赋税	财政

续表

项　　目	众议院委员会	参议院委员会
医疗保险——B 部分	能源和商业	财政
国家航空航天局	科学	商业、科学和交通
国立卫生研究院	能源和商业	卫生、教育、劳动和退休金
国家公园	自然资源	能源和自然资源
私人养老金	教育和就业	卫生、教育、劳动和退休金
乡村发展	农业	农业、营养和森林
学校午餐	教育和就业	农业，营养和森林
社会保障	赋税	财政
退伍军人抚恤金	退伍军人	退伍军人

资料来源：House Rule X and Senate Rule XXV.

a 参众两院的委员会在授权权限上不是平行的。因此，众议院的委员会可能会在一些事项上与参议院的委员会相匹配，但不是全部。在一些重大立法上，两个或更多的众议院或参议院委员会可能共同拥有权限。由于众议院委员会数量比参议院多，因此，众议院有更多重叠的权限。当两个或更多的委员会对同一个法案拥有权限时，该法案可以同时（多重推荐）或依次提交给相关委员会。若依次提交，在第一个委员会完成其工作后，通常会规定剩下的委员会提交法案的最后期限。

还有三个因素也会对国会的授权活动产生影响。第一个是白宫在推动新立法时的领导力。第二个是新的或者扩张项目的可用资金；第三个是参众两院表决通过其委员会制定立法的能力。20 世纪 80 年代，里根总统试图缩减许多国内项目，长期赤字又排除了重要立法，此后，授权活动相对减少。但仍有一些委员会在继续制定大量法案。众议院和参议院的军事委员会制定包括国防部在内的机构的年度授权立法；众议院赋税委员会、参议院财政委员会（除了税收政策，它还有其他广泛的授权范围）制定关于医疗保险、其他卫生项目及贸易的立法。

不过，在总体上，国会颁布的法律（大多数是授权）大大减少。当艾森豪威尔在 20 世纪 50 年代就任总统时，国会每两年就会制定将近 1000 条公法。自 20 世纪 90 年代起，每两年平均不到 500 条。出现这一现象的主要原因有：国会内部的斗争，国会山和白宫在意见上的分歧，各利益集团对国会行动的更密切监控（以确保不出现对自己不利的法案），从预算影响的角度来审议立法，以及国会将立法打造成涵盖面更广，以项目为中心的法案的倾向。

这种趋势影响了大多数委员会的工作方式。在有些时期，该年度立法中的大部分会被放入综合协调法案或拨款法案之中。整个过程是自给自足的——一个常规立法越难通过，就会有越多的委员会主席及其他议员为其寻找其他立法工具，如综合法案，以使他们推销的提案能被通过。于是出现了一个令人惊讶的授权过程，在这个过程里，有的法案获得授权独立颁布，有的作为其他法令的一部分而被颁布，还有的没有被颁布。

授权和拨款的关系

联邦法律有条基本规则，那就是，下拨款项将根据授权法案中设定的条款来使用。拨款决定可支出的数目，授权法案决定钱如何花出去。然而，在实际操作中，两者的关系并不总是那么明确，可能在这两种国会行为中会存在极大的摩擦。一些授权提供预算授权，大多数拨款法案包含实质性法律。相关授权和拨款委员会形成的报告中会存在差异，而这种差异有时会使二者的关系变得更加复杂。

自拨款委员会在内战时期建立以来，在授权和拨款委员会之间就一直存在着间歇性的冲突。有时，拨款者通过控制"钱包"来对立法过程施加影响，占据主导地位；有时，当两个委员会的权限和利益发生冲突时，授权委员也可以以人数优势掌握主动，在表决时获得更多的票数，击败拨款委员会。虽然参众两院制定了很多规则，目的之一就是通过将拨款和授权过程分开，从而减少冲突，但实际上，这两类委员会还是经常给对方制造不便——拨款委员会会在支出法案中嵌入一些立法条款，而授权委员会则在法案中提供预算资源。其他因素也会改变立法工作的分工，如：资金用途的宽泛性，直接支出的增加，在授权法案中加入强制拨款的语言等等。关于拨款法案的立法我们将在下一章讨论。下面，我们将讨论其他几种导致授权和拨款委员会之间冲突的情况。

立法和报告的特征

授权立法是概括的还是具体的由国会来定。如果它是概括的，正如以往的惯例，联邦机构在支出拨款资金时有很大的自由裁量权。如果授权法案具体规定了机构如何运作，资金如何使用，那么，授权委员会和拨款委员会之间发生冲突的可能性就会降低。自20世纪70年代开始，授权法案经历了一次深刻的变革，变得更加具体明确，如附录8－4所示，明确了特定项目或活动的拨款数额。授权委员会不是指定资金用途的唯一主体；拨款委员会也具体规定了资金的用途。正如第九章所示，拨款委员会大量地指定资金用途，并在伴随法案同时发出的报告中规定了其他条件。

附录8－4　按项目授权

（a）专款。——在2007财年，根据第301节（19）规定，国防部合作降低威胁项目获得372128000美元拨款授权。以下数额可能被责成用于特定目的：

（1）在俄罗斯的战略性进攻武器清除，76985000美元。

（2）在俄罗斯的核武器储备安全，87100000美元。

（3）在俄罗斯的核武器运输安全，33000000美元。

（4）防止在前苏联国家的大规模生化武器扩散，37486000美元。

（5）防止在前苏联国家的生物武器扩散，37486000美元。

（6）防止在前苏联国家的化学武器扩散，42700000美元。

(7) 防御和军事合同，8000000 美元。

(8) 其他评价/管理支持活动，18500000 美元。

(b) 用于其他目的的义务或支出的资金报告。——自国防部长向国会提交关于将用于履行义务或支出的资金使用目的及数量的报告之日起 30 天内，任何 2007 财年的合作降低威胁项目专项资金不得被用于履行第 1 节中第 1 到第 8 段中提到的目的以外的义务或支出。

(c) 不同账户的有限授权

(1) 一般而言。——根据第 2 节和第 3 节的规定，在任何情况下，只要国防部长认为从国家利益出发有必要，国防部长就可以将 2007 财年的拨款预留给上述第 1 节所列的某个目的，超过对该目的特定金额的授权……

资料来源：*John Warner National Defense Authorization Act for Fiscal Year 2007*, P. L. 109 – 364, October 17, 2006, section 1302 ("Funding Allocations"), 120 Stat, 2431.

(a) 一些授权措施，如这里列举的，明确了在特定项目和活动上的拨款数额。按计划或活动来明确授权可能会增加授权和拨款委员会之间的冲突。

(b) 联邦机构经常认为，在一个账户内将资金从一个项目转向另一个项目是十分必要的；这种行为被认为是再规划。限制在拨款法案中出现再规划是拨款委员会的常规工作，授权委员会有时也会限制授权数额的再规划。再规划将会在第十章进行充分讨论。

(c) 在这个例子中，通过限制拨款资金的支出或义务超过授权明确规定的额度（除非遵循事前告知程序），授权委员会试图控制机构行为。

授权立法中的细节常常会与拨款法案或报告中的细节有出入。在对未授权的项目或活动拨款的问题上，两个委员会经常产生摩擦。例如，在 1993 年，双方公开发生冲突。众议院交通拨款小组委员会将超过 3 亿美元的专款拨给 58 个高速公路计划，但在国会两年前通过的授权法案中并没有包含这些拨款。这一行为立即导致拨款小组委员会和公共建设与交通委员会之间的激烈冲突，并使交通拨款法案被推迟几个月后才颁布。关于这场授权者与拨款者之间战争的记载详见专栏 8 – 2。这场战争并未结束。这个例子仅是战争的一个回合，焦点集中在谁应该控制数以亿计的交通运输拨款。紧接着的一个回合是 1997—1998 年，当时国会重新授权高速公路计划，详见专栏 8 – 3。随着另一个重要的高速公路法案，即《关于交通运输安全性、责任性、灵活性和有效性的平等法案》在 2005 年的颁布，这场交通运输领域的冲突又开始了。

专栏 8 – 2 授权对拨款：谁控制交通运输金？

1991 年，国会以合同授权的形式（期限为六年）下拨了 62 亿美元的专款，用于 600 多个高速公路和公共交通项目。两年后，众议院的交通拨款小组委员会试图再向其他 58 个项目直拨3亿美元——其中许多项目恰好在该小组委员会新任主席众议员鲍勃·卡尔所在的州。他辩称这种再分配建立在经济和环境标准之上，而结果是，超过半数的专款将流向这个小组委员会新主席所在的州。

1993年6月24日，卡尔领导的这个小组委员会要求规则委员会保证撤销众议院第二十一号规则，该规则禁止未授权拨款。这项要求遭到了众议员诺曼·梅内塔的反对，这位公共建设和交通委员会的新任主席抱怨说，拨款侵犯了他们委员会的管辖权。四天之后，规则委员会站在了梅内塔一边，使争议项目可能因议事程序问题的提出而受到攻击。

6月29日，议长汤姆·弗雷试图牵线搭桥以促成一个协议，即公共建设和交通委员会报告一个新的法案，对这些争议项目进行授权，在此之后，众议院再审议这个拨款法案。但梅内塔拒绝了这一提议，他说："我不是一个橡皮图章！公共建设委员会也不是！"下一步双方妥协的努力发生在7月份，这两位主席为解决两个委员会之间的争端提出了一份新程序。然而，梅内塔坚持认为他的委员会必须拥有这件事的最终决定权。卡尔拒绝将否决权拱手让给公共建设委员会，并且坚持说："任何对于资金有影响的政策都是关乎我们利益的，并且也在我们的权限范围之内。"

这次纷争导致众议院的交通运输拨款法案搁置数月之久。为打破僵局，卡尔领导的小组委员会设计了一个新的法案，对这些有争议的项目进行了重新划分。9月23日，众议院最终决定投票支持该法案，几乎所有存在争议的项目都被删除了。这项法案以312票赞成，89票反对而顺利通过，显然，梅内塔获得了胜利，也阻碍了拨款者对于授权权限的突击清查。

但这场战争是如何发生的？为什么公共建设委员会胜出？两位主人公均新上任不久，他们对于非正式和解的方式不熟悉，并且两人都想证明自己的能力。此外，这些拨款小组委员会增加的项目资金都将通过从原先的授权项目中挪出一部分来筹集，而不是通过增加交通运输拨款。这导致了两个委员会之间的零和冲突。

授权者获胜主要有两个原因。首先，公共建设委员会有63位委员，它是众议院中规模最大的委员会。此外，授权者获得了众议院其他委员会的支持，这些委员会认为拨款小组委员会越权了，并且过于强大。但这不是这场战争的最终回合，如附录8-3所示，拨款委员会还有其他武器。紧接着的一轮对抗发生在四年之后，在多年期的交通运输计划重获授权之时。这次涉及的利益更大，对抗双方的当事人也有所改变，但不变的是，这次战争还是发生在授权和拨款委员会之间。

强制拨款语言

选择性授权没有使联邦机构产生义务或支出：他们只能得到拨款法案中规定额度的授权资金。但授权委员会有时会通过在授权立法中加入强制拨款语言来扩大其对预算的影响力。在某些情况下，授权立法规定用于特定目的的拨款资金不应少于某个特定数额。在其他情况下，除非授权委员会支持的活动也能获得所需的最低数量的拨款，法案禁止对拨款委员会支持活动所获拨款的支出。拨款委员会在法律上虽然无须提供初始金额，但若非如此，他们偏好的活动便可能得不到拨款。

冲突的处理

虽然在处理授权和拨款的冲突上有几条指导原则，但其运用的好坏取决于被审议法令措辞的准确性。

第一条原则是，拨款法案是有法律效力的，即使它的通过忽视了参议院或众议院规则。通常，拨款法案中的实质性条款和授权立法中通过的条款具有同等的法律地位。但它和授权法律的主要区别在于，授权法律是永久性授权，除非法律明文规定了它的有效期限；而拨款法案有效期仅为一个财年，除非法律文本规定了更长的有效年限。事实上，许多拨款法案虽然仅在一个财年内有效，但每年都会被重新批准。

第二条原则是，拨款可以废除或修订授权法律，但条件是这个行为被明确清楚地执行或以能够表明国会修改或终止之前法律意图的方式进行。只要有可能，那些可能发生冲突的法律将会被以一种能够协调各方意图或结果的方式解读。假设国会通过了一个法案，禁止某机构对未授权的资金履行支付责任，但之后又对这个机构提供未授权的拨款。从表面上看，它似乎会造成两种法律之间的冲突——一个提供资金，另一个禁止其使用。但换一种方式解释就可以解决冲突：通过拨款，国会限制了授权立法通过的可能性。因为废除一项法令必须是详细或明了的，所以在授权法案中写入“尽管还有任何其他的法律规定”变得很常见。这句话确保了新法律的优势地位，而不顾任何与之矛盾的先前的法律。

即使法案中没有这种语言，当两条法规相冲突时，新颁布的法令也拥有更高的法律地位。因为正常的顺序是，先授权后拨款，因此，授权和拨款之间的直接冲突通常在拨款法案的运用上发生。如果国会先通过了拨款或授权法案中的一项，而总统先签署的是另一项，那么情况可能就变得复杂了。1992 年就发生过这种情况，当时国会在国防授权和拨款法案中插入了不同的条款。虽然，国会先通过了授权法案，但拨款法案却先被总统签署。代表国会的法律顾问辩称说“后法高于先法”是法律决定的。但白宫不这么看，他们认为哪个法案先获得签署变成法律，哪个就应该先付诸实施。

当那些伴随法案同时发布的报告之间产生分歧时，也会造成授权和拨款之间的冲突。下一章我们会讨论，拨款委员会通常在其报告中而不是在法案中表述其立法意图。当一条授权法规和一份拨款报告出现抵触，很可能造成法律规则与政治利益之间的冲突。如果严格从法律角度来看这个问题，授权法案高于拨款报告，然而，受到影响的机构可能会被迫遵守拨款报告的规定，因为谁都不想冒在下一轮拨款决定中处于不利地位的风险。

专栏8－3 1998年《21世纪交通运输平等法案》：交通委员会的复仇

这份长达500页的《21世纪交通运输平等法案》（TEA－21）不是一部普通的法律。它是众议院交通委员及拨款委员会之间旷日持久的预算冲突的产物。其中一次交锋（在专栏8－2中有详细叙述）集中在高速公路项目上，一次更大的冲突发生在高速公路信托基金的控制权上——每年，信托基金可以从燃料和其他产品的税收中征到超过200亿美元的收入。双方都有权力基础（交通运输委员会有自己的信托基金，拨款委员会有年度支出法案。双方都有同盟），交通委员会能获得国会中很多人的支持，因为他们都希望高速公路或公共交通资金能拨到自己所在的州或选区；同样的道理，拨款委员会也能够获得预算委员会和白宫的支持，因为他们都希望限制这个领域的支出。

交通运输委员会周期性地制定法律，如1991年的《综合运输能力法案》（ISTEA），该法案根据优先权分配信托基金经费。拨款委员会随后限制了其每年可用于义务的基金数额。交通运输委员会主席，强悍的众议员布德·舒斯特发誓说，这一次情况会不同。他希望借一项法案来完成复仇：让他的委员会全权控制信托基金，并彻底清除拨款委员会在交通运输筹资上的话语权。

1997年

5月21日

舒斯特提出的1998财年预算决议修正案遭众议院否决，214票赞成，216票反对。

9月30日

应被终止的ISTEA延长了6个月。

1998年

3月27日

舒斯特的新法案提交众议院审议。

4月1日

TEA－21在众议院通过，337票赞成，80票反对。

4月2日

TEA－21在参议院通过修正案，获得一致通过。

5月22日

TEA－21会议报告通过，参议院88票赞成，5票反对，众议院297票赞成，86票反对。

6月9日

克林顿总统将TEA－21法案签署成为法律。

当《综合运输能力法案》的六年授权期限即将到期时，他的机会终于来了。因为如果没有新的授权，这笔从华盛顿拨给各州，用于高速公路项目的专款将会终止。那时，国会中的所有人都认为1997年出现一部新的交通法案理所当然，但他们不知道的是，拨款者和授权者，谁将赢得主导地位。当克林顿总统在1998年签署《21世纪交通运输平等法案》时，哪一方是胜者已经毫无疑问。这部法律对交通委员会来说是一次十足的胜利，通过舒斯特巧妙的立法策略，委员会赢得了更多的经费和更大的控制权。

舒斯特的第一步行动是将其委员会成员增加到73名——这使得他的委员会成为整个国会中规模最大的委员会。委员们都渴望为委员会出力，并充满信心地认为他们的忠诚将会为他们所代表的选区换来大量经费。他的第二步动作是，要求对1998财年的预算决议进行修正，为交通运输增加120亿美元的拨款。这个要求将众议院的共和党领袖置于一个十分尴尬的境地，因为他们刚刚和总统达成一项协议，预期能在未来几年中暂时搁置预算议题。虽然如此，舒斯特还是提出了他的修正案，但共和党领袖全力以赴的努力奏效了，他们以微弱优势击败了舒斯特。然而，交通委员会不会因为一次表决失败而屈服。“我们会再回来的”，舒斯特警告说。

这次票数接近的表决使得共和党领袖确信：舒斯特的要求将不得不被满足。他们协商将 ISTEA 的有效期适当延长，承诺舒斯特，他将在下一年中得到优待。这个延期被舒斯特掌握了，因为 1998 年是选举年，议员们指望着为当地的项目投上一票。此外，到了 1998 年，前一年的平衡预算协议已不再是新闻，并且开始出现的盈余使得支出能够更加灵活而不用再担心看上去摇摇欲坠的预算。随着 1999 财年预算决议的延期（在专栏 6－1 中已经讨论过），主张在交通运输上增加投入的人可以更直接地要求更多的资金而不用担心受到预算决议的限制。

舒斯特正是利用了这些机会来制造他梦寐以求的法案，他提出 6 年内对高速公路和公共运输计划（包括用在 1467 个专门项目上的 90 亿资金）拨款 2170 亿美金。舒斯特没有采用较为普遍的隐蔽方式为议员们的项目筹资，相反，他在法案中明确列出了所有这些需要得到拨款的项目——表现出一种钱权的轻率结合。这些项目的总数是 1987 年里根总统高速公路法案中项目数的十倍，近乎于民主党控制的国会在 1991 年《综合运输能力法案》中分配的项目数量的三倍多。在舒斯特的这个法案中，高速公路信托基金被列为预算外资源，使其脱离了拨款委员会的控制。为了获得立法支持，该法案包括了诸如向酒精生产商提供补贴等条款，使其赢得了谷类生产大州的支持。

当这个报告提交众议院时，舒斯特用朴素的措辞解释了他的预算哲学：“花未来的钱（来自高速公路信托基金）。这是预算中的诚实。如果不准备花未来的钱，那么我们就要减（高速公路）税。”这项法案在众议院顺利通过。

但在舒斯特面前仍然有三个障碍：获得参议院的通过，总统的签署，以及对额外支出的抵消。在参议院的版本中，减少了支出，减少了专款，但没有打破现行的预算规则和关系。在两院会议上，双方达成了足够的妥协，使得这个法案最终在两院分别通过。其中一项妥协是，把高速公路信托基金保持在预算以内，但在这笔资金周围建一个“防火墙”，确保高速公路或公共运输项目上减少的支出不会被用于其他项目上增加的支出。克林顿总统指责了这项法案，但尚未达到明确威胁使用否决权的地步。没过多久，白宫就为它的支持获得了补偿——一个更为严格的酒后驾驶标准。克林顿总统接受了这个让步，因为他所拥有的讨价还价的权力很有限，同时他也很清楚，国会是不会接受他的否决的。在处理预算规则规定的抵消上稍有一点复杂；预计需要的资金为 180 亿美元，其中大部分通过削减针对吸烟引起的慢性疾病的退伍军人残疾支出来实现。

于是，授权委员会胜利了，《21 世纪交通运输平等法案》带来了之后几年交通领域预算上的和平。但 2005 年，国会在另一项高速公路法案上的行为表明，授权与预算委员会之间的冲突还远未到头。

直接支出立法

授权法规规定了或有效控制着联邦机构使用的预算资源中的一大半。这种类型的授权在《国会预算法案》中被称为“支出授权”，在《预算实施法案》中被称为“直接支出”。这些术语并不是完全同义的，但它们足够相似以致于常常被替换使用，除非讨论的是与它们相关的具体的法律条款。在这里使用直接支出更合适，因为它能与选择性授权相区别。

支出是直接的还是可选择性的，取决于它由哪个委员会控制。选择性支出由各个拨款委员会控制，其余的都被称为“直接的”，因为它们由各个授权委员会直接控制。这一指纹规则只考虑了各个委员会的权限，却忽视了支出的实际种类。由年度拨款法案提供资金的权利性支出也属于直接支出，因为授权法律中规定的受益人资格标准以及支付细则决定了支出的数量。比如，虽然由年度拨款为医疗补助项目提供资金，但这些支出仍然被归为直接支出，因为授权法案规定了支出的数额。

直接支出中最主要的是权利性支出，此外还有借款授权（授权机构使用外借资金的条款）、合同授权（授权机构在获得拨款前先发生义务的条款），以及授权放弃征收使用费或某些其他收费。《国会预算法案》禁止国会考虑新的合同授权或借款授权立法，除非这种授权只能在拨款法案规定的额度内使用。但信托资金（比如高速公路信托资金）不受这一规定限制。附录 8－5、8－6 提供了几个权利性支出和合同授权的例子。

附录 8－5　权利性项目

权利性项目立法

针对住院保障保险金的权利性支出

第 266 节（1）每一位：

（1）年龄达到 65 岁，并且

（2）符合第 202 节中规定的每月保险金领取资格的受益人，或符合铁路系统退休资格的受益者，将依照第十八款 A 部分规定，在满足第 2 节中描述的资格条件的情况下，可获得住院保险金，起始日期为 1966 年 6 月之后同时满足第（1）段与第（2）段中描述的资格条件的第一个月。

永久性拨款

第 1817 节．(a) 美国财政部账户下创制的一个信托基金，称作“联邦住院保险信托基金”（下文将简称为信托基金）。该信托基金应当包括存入或下拨至该部分的资金，以及提供给该部分的资金。1966 年 6 月 30 日结束的财年及之后的每一个财年，该信托基金中不是来自财政部的资金都不得进行拨付……

年度拨款

根据《社会保障法案》第 1844 节，1860D－16，以及 1860D－31 规定，以及 1965 年《社会保障修正案》第 103 节（c），第 111 节（d），《公法》第 278 节（d）97－248 的规定，用于联邦住院保险和联邦补充医疗保险信托基金的支付款，以及根据《社会保障法案》第 201 节（g）规定产生的行政支出，总计 177742200000 美元。

资料来源：*Social Security Amendments of 1963*，*P. L.* 89－97；and *Labor*，*Health and Human*

Services, *Education Appropriation Act for Fiscal Year 2006*, P. L. 109 - 149, December 30, 2005 (119 Stat. 2851).

(a) 以上这些条款是关于医疗保险项目的：附件中的第一项条款为联邦医疗保险设立了权利性支出。第二项条款为医疗保险信托基金提供了永久性拨款。第三项条款为其补充医疗保险信托基金提供了年度拨款。

(b)《国会预算法案》将权利性支出定义为一项授权，该授权"为任何人或政府提供支付款（包括借款与补贴）和不是由拨款法案提前提供的预算授权"的权力，根据包含这类授权有关的法律规定，合众国有义务向满足这些法律要求和条件的个人或政府提供上述支付。"

(c) 和健康保险信托基金的例子一样，当一项权利性项目拥有永久性拨款并以信托基金的方式筹集资金时，信托基金的所有收入无需国会的进一步行动就可以用于履行义务。因此，这些信托基金的收入被算作预算授权。

附录 8 - 6　合同授权

授权立法

(1) 来自高速公路信托基金——下列款项将能够从高速公路信托基金（而不是公共交通账户）中获得：

(A) 国家磁悬浮虚拟机发展项目——为这一节中的国家磁悬浮虚拟机发展项目在 1992 财年提供 5000000 美元，1993 财年 45000000 美元，1994 财年 100000000 美元，1995 财年 100000000 美元，1996 财年 125000000 美元，1997 财年 125000000 美元。

限制性拨款

根据 1991 年《综合运输能力法案》第 1036 节（b）、第 1036 节（d）（1）（A）的规定，该法案中的资金不得用于国家磁悬浮虚拟机发展项目的规划或者执行。

清算拨款

根据 1991 年《综合运输能力法案》第 1036 节（c）、第 1036 节（d）（1）（B）规定，对于为执行高速地面交通项目中的条款而产生的义务，应实施补贴和支付，这笔拨款包括规划与环境分析方面的补贴与支付，从高速公路信托基金中支出，并且在耗尽之前始终有效：假设该法案中的所有资金都不得用于实施或执行超过 5000000 美元的项目。

资料来源：*Intermodal Surface Transportation Efficiency Act of 1991*, P. L. 102 - 240; and *Department of Transportation and Related Agencies Appropriations Act for Fiscal Year 1996*, P. L. 104 - 50.

(a) 该附录说明授权与拨款之间的关系常常难以控制。附录中的第一项条款出自 1991 年交通授权法案，为国家磁悬浮虚拟机发展项目提供了之后六年内每年的合约权。"将能够获得"这一说法将使机构能够在获得拨款之前履行义务。因为这项法案而生效的资金数额从 1992 年的 500 万美元上升到了 1996 年与 1997 年的 1.25 亿美元。

(b) 第二项条款出自1996财年交通拨款法案，为磁悬浮项目的预留资金设定了限制。事实上，它限制了用于该项目的任何资金。如果没有对预留资金的限制，1.25亿美元可能会通过授权用于该计划，而这项限制将可以有效使用的金额变为零。

(c) 最后一项条款称为清算拨款，目的是偿付同授权法案中规定的合同授权相关的义务。清算拨款并不提供额外资源，也不改变法律规定所要承担的预留资金数额。

(d) 清算拨款对磁悬浮计划是多余的，因为附件的第二项条款实际上已经禁止了磁悬浮计划对于这笔资金的使用。

权利性支出是直接支出的一种形式，它为合格的受益人提供了从政府那里获得支付的法定权利。即使预算和拨款法案没有提供足够的资金，政府也有义务支付这笔款项。绝大多数权利性支出都是开口的——它们没有明确规定或限制支出的数量。相反，它们却详细阐明了享受该权利的资格标准，并确定了支付方案。而支付的总额取决于获得资格的人数以及每人获得的权利性支出的数额。

一些权利性支出（如社会保障）拥有永久性拨款——即不需要国会每年采取行动的强制性支出。但大部分权利性支出都要经历年度拨款过程，虽然国会也不是真的想在这个环节上控制它们。如果拨款数额不足以支付权利性支出，那么，国会将不得不为差额部分提供补充资金。虽然一些权利性项目的支出在形式上视拨款数额而定，但在实际上这部分支出无法得到有效控制。食品券项目的授权法曾明确规定这个项目的支出应该被限制在年度拨款额度以内，但其实际支出从未受到拨款决定的限制，因此，国会将这个项目归为直接支出。

直接支出的增加

第二章中，我们已经讨论了联邦预算的转变——从一种为政府机构和项目提供资金的手段，转变成为美国家庭提供援助的一种方式。无论基于何种原因，这一改革导致了直接支出占预算份额的持续扩大。

虽然直接支出显著增长，但其增长主要集中于以下三方面：社会保障、医疗保险和医疗补助。而这些增长几乎都是由20世纪80年代以前的法案，而非新的国会立法。事实上，从1980年起，国会已经再三采取措施来削减这些方面的支出，虽然这些动作相对温和。绝大多数的削减通过协调法案而非量入为出规则来实现。在量入为出生效时，它只能阻止新立法带来的支出增加，并不能有效解决现行法律带来的支出增长。

直接支出的增加对联邦支出和国会运作产生了巨大影响。与预算主要取决于选择性授权和年度拨款时相比，直接支出的增加使控制联邦开支变得更加困难。它将国会置于一个政治上不太自在的位置，使国会不得不投票削减开支而非增加开支。此外，它使得预算对经济状况的变化更敏感。

理论上说，直接支出的急剧上升已经使国会中的预算权力从拨款委员会转移到了某些授权委员会。虽然拨款者仍掌握着很大的预算权（每年控制着将近1万亿的支出，这个数字在任何人看来都是一笔大数目），但其授权份额占总支出的比重正在缩小。直接支出增加的部分原因在于，各类授权委员会试图通过使其权限范围内的项目摆脱拨款者的限制来扩大自己的权限。但这并不是说所有的直接支出项目都可以免于国会的反复审议。有些可以，有些则不行——例如，社会保障很少受到新立法的调整，而医疗保险却被国会频繁调整。

小　结

在美国现行的预算机制中，授权者和拨款者从项目本身和财政的角度出发考虑同样的议题，并且授权和拨款委员会是两套班子。在这样的机制中，授权者和拨款者的冲突是内生的。有时，冲突会公开爆发，就像 1993 年和 1997—1998 年在交通运输项目上发生的一样。然而，最常见的冲突发生在幕后，并且为了相对较少的一部分钱而发生冲突——专款、未授权的项目，诸如此类。有些改革者曾提出，把授权和拨款的功能合并到一个委员会之中，从而简化国会程序。虽然国会对于按照这些方式改组其委员会体系兴趣不大，但它还是将直接支出的授权和拨款过程合并起来。基于现实考量，直接支出由授权委员会控制。但随着直接支出的增加，拨款委员会的相对权限将相应缩小。因为授权委员会没有对拨款委员会实施新的攻击，从而维护了拨款委员会的权限，作为部分交换条件，拨款委员会在 20 世纪 90 年代接受了选择性支出的上限。虽然二者之间的小冲突不断，但在持续了 10 年的讨价还价中，拨款委员继续控制着三分之一的联邦支出。

《1990 年预算执行法案》将预算中的选择性支出从直接支出中划分出来，并放松了对拨款委员会控制权的攻击。现行国会预算过程的规则和惯例，包括内部量入为出和其他程序，加剧了选择性支出和直接支出之间的区别，限制了将选择性项目转为权利性项目的企图。虽然量入为出规则使得新的或扩展的权利性项目的立法难度增大，但在未来的几年中，直接支出也不太可能大幅度减少，变成联邦预算的一小部分。即使不增加新的直接支出项目，美国人口的老龄化也将导致政府在养老金和医疗保险这两个最大的直接支出项目上的支出增加。

《预算执行法案》对授权过程产生了复杂的影响。虽然它没有直接影响到选择性支出的授权，国会立法不受拨款数额的限制，但由于选择性支出的上限已被设定，国会又不得不减少对那些大大超出拨款水平的项目的授权。《预算执行法案》为设立新的权利性项目设置了极大的立法障碍，但它并不控制现行法律下的支出。新的直接支出立法必须遵循量入为出规则，但过去立法导致的支出增加并不受限制，即使它们超过了预算的水平。

《预算执行法案》使拨款和授权委员会之间的预算冲突得到缓和，并使两者能按照各自的规则在自己的轨道上运作。如果直接支出超过了预算水平，国会仍可以在选择性支出的上限内进行拨款。此外，它使选择性支出很难转化为直接支出，在资金用途上，也很难将其从一个类别挪到另一个类别。但这些法规并非无懈可击，更不能自己独立执行——它并没有消除授权者和拨款者的冲突。在很多情况下，国会会通过攻击量入为出账户，超过选择性支出上限进行开支。又比如，在有些情况下，国会只需操纵这些法规就能获得超过规定数额的经费。

第九章

拨 款 过 程

拨款法案是一部由国会通过，使政府机构可以承担责任，财政部可以针对特定目的进行支付的法律。国会的拨款权源于宪法，宪法中写到“除法律授权拨款外，不得从国库提取任何资金”。一个机构不能花费超过其所获拨款的数额，而且所得资金只能用于国会规定的项目。随着时间的推移，拨款也被认为是一种命令，要求机构支出所有拨付给他们的经费来行使规定的活动。限制总统推迟或扣留资金支出权力的扣押规则（下一章中将会讨论）反映了拨款的新理念。行政自由裁量权在两方面受到拨款的限制：设定支出上限和底线。

尽管拨款为支出提供了合法授权，但拨款法案中确定的数额通常与预算授权相关，几乎没有例外。拨款使义务的履行可以获得资金；他们不会详细描述财政年度中的支出数额。与大多数州和地方立法机关对现金支付进行拨款不同，国会通常不要求拨款在被制定的财政年度内用完。在许多情况下，支出发生在拨款制定后的年份里。这个条款为各机构持续多年的活动（例如采购和建设）提供了资金，但削弱了国会控制年度支出的能力。

宪法并没有要求年度拨款，但自从 1789 年第一届国会以来，每年进行拨款就成了惯例。国会会不时受到怂恿，要求像许多州立法机关那样采取双年度预算（或隔年进行拨款）。但拨款委员会拒绝了这样的提议，他们更喜欢每年的行动带来的短期控制，而不是每两年一次的决定可能收到的长期影响。改变在拨款委员会并不容易发生；即使有时外部条件改变了，拨款者还是忠于传统。尽管近年来强大的压力要求国会从年度拨款转向两年一度的拨款，但到本书写作之际，国会仍然不太可能接受这种改变。

拨款的进行必须是在其被提供的财政年度之中，除非（就像经常发生的）国会明确设定了更长的期限。与授权立法相比（它被认为是永久性的），拨款法案和其中任何实质性的条款都会在财政年度结束时失效，除非法律文本使它们永久化或使其在财政年度以外生效。拨款每年一次的性质解释了为什么国会经常年复一年地重新通过相同或相似的条款（比如限制使用联邦资金用于支付人工流产）。

拨款法案的类型

宪法并没有规定拨款方式的类型。拨款可以被放入任何法律，但先于宪法的实践是通过区别于其他立法的法案进行拨款。这种区别被放入众议院和参议院的规则中，用来区分立法和拨款的不同。

国会会生成四种类型的拨款。常规拨款为即将开始的财政年度提供预算授权，如果财年已经开始，就是针对进行中的年度。补充拨款指在常规拨款不充分时，或者针对常规拨款没有提供资金的活动提供额外的预算资金。持续性拨款（即通常提到的持续决议，因为它们是作为联合决议而不是法案制定的）为在新的财政年度开始之时没有得到常规拨款的机构提供资金。永久性拨款（通常在实质性立法中制定）不需要国会的当前行动就可以获得。因为利息、社会保障和其他支出都由永久性拨款提供资金，所以联邦支出中只有不到一半的部分需要新的年度拨款。

补充拨款和持续决议（CRs）的数量每年都不一样。比如 2002 财年，有两个补充拨款和八个持续决议，而 2005 财年有五个补充拨款和三个持续决议。对这些措施的管辖权属于众议院和参议院拨款委员会，每个委员会都划分为小组委员会，由小组委员会从事各种支出法案制定中的大部分工作。每一个众议院和参议院小组委员会会处理一个常规拨款法案，以及补充拨款和持续决议中与其管辖权相关的部分。

在有的年份，常规拨款法案中的几个或全部都会被放入一个综合性方案之中，该方案经常伴随着大量的立法。综合法案意味着与每个拨款法案均被单独制定的传统的极大决裂。其他重要的差别将在下面讨论。

传统与变革

在描述拨款过程时，有必要区别长期以来事情被处理的方式和近来出现的对长期以来建立的惯例的变革或挑战。

从远处看，拨款过程与以往并没有太多不同。拨款委员会对总统预算作出回应，开始着手他们的工作。每个拨款法案都在单个（独立于其他小组委员会和全体委员会工作的）小组委员会的管辖范围之内。每个法案的构成都以账户为基础，各机构长官都会在小组委员会的听证会上为他们的预算申请辩护。

但最近的观察显示，拨款世界发生了巨大的变化。拨款委员会曾经在事实上控制了所有的联邦支出；现在他们仅对其中的三分之一拥有实际的权限。他们曾经在决定其管辖项目的支出数量上在国会内没有竞争者；现在他们必须应付预算决议和预设的支出上限（在有的年份）。他们曾经几乎完全闭门进行立法；现在他们公开制定几乎所有的法案。每一个拨款法案几乎都曾在财政年度之初制定；现在许多（在一些年中是大部分）并非如此。与传统的这些和其他差别在表 9－1 中进行了说明。

表 9－1　　拨款过程中的传统与变革

传统实践	当前实践
委员会	
对联邦的所有实际开支有权限	只对联邦的 1/3 开支有权限
相对稳定选区的有经验议员通过任命进入委员会[a]	许多来自不确定选区的年轻议员经选举进入委员会
专门委员会；委员不在其他主要的委员会任职[a]	许多拨款委员会委员同时服务于其他众议院委员会
高度的两党合作；许多法案以压倒性多数通过[a]	党派冲突；许多法案在政党路线投票下通过
政党领袖在委员会决定中不起作用	政党领袖在制定拨款决定时起领导作用
平行的众议院和参议院小组委员会	
程序	
每个常规拨款法案均单独通过	常规法案通常在综合拨款中通过
众议院产生所有拨款法案	某些法案某年在参议院产生
拨款法案中加入少量立法	拨款中经常包含大量立法
决策在秘密会议中制定	法案在公开会议中修正
（几乎）所有拨款均在财政年度开始时制定	许多（在一些年是大多数）拨款法案在财政年度开始后才制定
支出和控制	
授权立法几乎没有明确授权拨款的数额	授权立法通常明确授权拨款的数额
拨款委员会在拨款总额上不受限制	拨款总额受第 302 条（a）分配案以及（有些年份）选择性支出上限的限制
小组委员会独立决定拨款数额	小组委员会的决定要与第 302 条（b）分配案协调
管理与预算局对拨款过程关注很少	管理与预算局监督拨款法案，准备每个法案的行政政策报告书
无论拨款法案是否在预算内，都没有评估程序	管理与预算局和国会预算局对每个通过成为法律的拨款法案进行评估
拨款仅仅限制开支，不会强制资金的使用	扣押规则限制了总统扣押拨款资金的自由裁量权

a. 仅仅或主要适用于众议院拨款委员会。

几个世纪以来，拨款的传统都是以众议院拨款委员会为中心。相较于参议院拨款委员会，众议院拨款委员会受到更多规范和条例的束缚，这些规范和条例使其免于国会内部的压力和政府角色与职能范围改变带来的压力。众议院拨款委员会曾经是支出过程的监护人：它发起所有的支出法案，其成员花费很长时间审查支出计划，它以两党的方式运作，帮助财政部抵抗联邦机构要求更多资金的需求，并以此为傲。众议院拨款委员会的成员几乎不在其他任何委员会服务；拨款是他们唯一的委员使命。他们不制定法律，不支持或评估项目，他们也不编制预算；他们仅仅拨款。

几十年来，传统是变革的缓冲器。然而，随着时间的推移，通过减少拨款委员会的延展性及其对国会支出需求的回应性，传统却削弱了拨款委员会的实力。为了理解传统实践如何庇护拨款过程并逐渐降低其效率，必须先回顾国会中拨款的演变。

在拥有拨款委员会之前，国会的拨款过程已经进行了四分之三个世纪。但是，即使在国会分割出独立的拨款委员会之前，拨款者的政治理念中已经烙下了这样的概念，即他们的工作是限制行政机构的支出野心，而不是立法。拨款者要做的是确定此前国会决策建立的各个机构应该支出多少。

在拨款过程的早期历史中，逐渐变得明显的事实是，支出压力不仅仅来源于行政机构，也来源于那些喜欢特定支出的国会议员。拨款者也迫于压力在他们的法案中增加立法条款。为了抵挡这些内部压力，众议院（在 19 世纪 30 年代）和参议院（在 19 世纪 50 年代）采用了一些规则来反对拨款法案中未经授权的拨款和立法。尽管多年来一直在修订这些规则，但他们仍然定义着拨款和其他国会活动的基本关系。更重要的是，他们将拨款同每件其他国会做的事区分开来。即使有了这些规则，国会仍经常按其自己的意愿决定拨款过程，他也经常重新定义拨款和立法之间的关系。

在 19 世纪 60 年代之前，收入和支出法案的管辖权被委托给众议院赋税委员会和参议院财政委员会，但内战的需求和政府的扩张推动众议院在 1865 年建立了一个独立的拨款委员会；参议院三年后做了同样的事。新委员会的应尽职责是抵制那些国会内外人士对更多支出的恳求，控制联邦支出。随后发生的是拨款和立法委员会之间一场历时 50 年的战争。前者赢得了第一回合，在那时，众议院采纳了霍尔曼规则，授权拨款委员会在其法案中加入立法紧缩开支。后者通过攫取对各种支出法案的管辖权进行报复，从河流和港口法案开始，直到控制了一半的拨款法案。因此，在 20 世纪初，支出者在国会中占据了优势地位。

支出者和保卫者之间的竞争永无止境；经济状况、国家环境以及国会的内在规则决定着两者之间的权力平衡。到第一次世界大战结束时，拨款者得到了更多的赞同。联邦支出在战争年代膨胀了 25 倍；巨大的财政赤字的形成，使国会接受了对财经纪律的需要。国会通过了 1921 年《预算与会计法案》，该法案赋予总统控制支出的权力。总统成为拨款委员会的一个同盟；他们一起限制联邦和国会委员会的支出需求。

众议院拨款委员会里的传统就是在这样的环境中被加强。拨款的世界是隐蔽的。拨款委员会一直到总统提交预算后才会审议支出需求。小组委员会会举办听证会，但只邀请机构长官来作证。各机构会准备申辩书，集中关注与上一年度拨款数额不同的资金。委员会不会把拨款与授权数量进行比较。在很多情况下，他甚至不知道授权了多少。

作为财政部的监护人，众议院拨款委员会使自己避免了冲击着国会的支出压力。他从稳定的选区吸收委员，使他们经历漫长的学徒期，让他们长时间关注机构的申请，在机构的见证下检查支出细节，并教他们如何在满足机构需要的同时削减他们的申请。长时间封闭的过程将这些委员塑造成一个紧密的、无党派的团体，他们很少向局外人透露其分歧。拨款委员会工作人员是这个小团体的一部分。他们通常从联邦机构中招募，而不是从其他国会委员会或政治活动家或法学院毕业生中招募。拨款人员关注政府的行为，与政府机构的预算人员保持亲密关系。每隔一段时间，众议院拨款委员会的工作人员都会和行政机构的工作人员一起吃喝打牌，交换战争故事。

拨款法案的建构是特殊的，即通过账户而不是条款进行组织，而委员会的大部分意图会以报告语言而不是立法表达。参议院修正案里的措辞与数字使局外人很难依其行事。当与会者想要解决众议院和参议院的分歧时，他们就会在一个很小的房间召开会议，小到只能容下他们所有的人外加一或两个负责记录的工作人员。这是一个政府自说自话的世界——其他任何人都是局外人。

罗斯福新政和第二次世界大战带来了政府的扩张，20 世纪 60 年代的伟大社会计划又使扩张加剧，而拨款的封闭世界未能在这种扩张中生存下来。授权立法呈现出新面貌；它变得更广泛，更程序化，并经常试图影响拨款的数量或避开拨款过程。而因为坚持传统，拨款委员会变得愈加功能失调。账户结构同联邦项目和活动蹩脚地结合。它有着年度视角，但国会却决定通过收入支持例如社会保障和医疗保险等项目，建立长期义务。拨款者抗议对他们权限的剥夺，但他们无力抵抗权利性项目的扩张。他们责备"后门支出"（秘密支出），这是由拨款者发明的术语，以传达一个观点，即通过授权立法来开支违法。他们依旧忠于传统，即使传统缩小了他们的权限。

在后越南战争和水门事件的时代，改革者寻求一个更开放、更易控制的机构来对抗国会传统。规则的改变迫使所有的委员会打开了它们的大门。在众议院中，民主党人（当时为多数党）与共和党人在拨款委员会中的比率增加了，这使委员会有了更强的政党导向。在选举众议院拨款小组委员会主席时，民主党高层有了发言权。此外，众议院中的投票过程被改变，允许在负责审议拨款法案和许多其他立法的全体委员会中公开投票。

拨款过程的封闭性被 1974 年《国会预算法案》进一步削弱，该法案建立了众议院和参议院预算委员会，用来监督国会在收入和支出立法上的行动。当时一个明确的信息是：拨款委员会无法有效控制联邦支出，因为许多支出在他们的权限之外，众多拨款法案内部没有紧密联系，也没有充分地与总支出、总收入和赤字相关联。

拨款委员会现在不得不在由别人设定的预算限制下运作。随着时间的推移，这些限制被编入预算规则与程序（将在下一章讨论），由这些规则与程序在拨款小组委员会间分配选择性资金。同样，在 1974 年通过的扣押程序是对传统的另一个冲击，因为它们在制度上确认了这样一个现实：与国会限制机构支出类似，它还希望它们根据其拨款支出。

传统的削弱使拨款过程在一定程度上与其他国会活动更为相似，更少独立于影响国会的政治潮流。拨款过程比以往更具渗透性，尽管它与其他立法活动仍旧存在区别。传统的遗失反映在下述几种状况中，如政党冲突，拨款法案制定缓慢，对综合法案的求助，参议院首先提出拨款法案，小组委员会独立性的削弱，支出法案中立法的增加，政党领袖角色的扩大。

国会因制定拨款的需求和拨款的困难而冲突。完成国会行动的需要将拨款过程置于中心，但国会中政治的两极分化又将它逼到极端。这个问题在众议院中更加明显，在那里党派纠纷更尖锐，而多数党可以忽视少数派的利益。

在两院的传统关系中，由众议院拨款委员会启动拨款过程。如果政党冲突阻碍众议院准时完成工作，参议院也不能及时完成工作。众议院拨款委员会过去是国会中的一个促成一致的机构，现在却常常是分化的力量。在没有其他解决途径时，许多政党性的立法纠纷会被带入众议院这个论坛。拨款过程不仅没有减少冲突，反而成为扩大和扩散冲突，在其他议题上强制行动的渠道，有时以拨款法案上的僵持为代价。

这种趋势从民主党人长时间控制众议院开始，但在共和党 1995 年接管众议院时得到推动。甚至在宣誓成为众议院议长之前，纽特·金里奇（R－Ga.）就已经要求每个拨款小组委员会主席保证忠于共和党的立法议程。共和党领袖占据了许多传统上由拨款委员会行使的决定权，比如争议性条款的加入，各种行动的时间安排，这就使拨款进一步陷入政党冲突之中。在大部分年份，关键的拨款决定在政党领袖与总统或总统助手间的谈判峰会上制定。有时会向拨款委员会的领导咨询意见，但通常不会。

众议院拨款委员会被压抑的，由于独立性丧失而引起的愤怒，最后在一封由主席罗伯特·利文斯顿写给议长金里奇的特殊的信中公开爆发出来，这封信写于 1998 年 11 月 6 日——那年中期选举三天之后，金里奇宣布从国会辞职的一天之前（附录 9－1）。利文斯顿要求获得管理拨款委员会的授权，而“无需接受其他国会议员的支配”，他“是在不受干扰的情况下，决定拨款委员会内立法内容、立法日程的最后权威。”利文斯顿的请求是向过去的立法时代的倒退，那时拨款委员会可以按照他们自己的节奏进行立法，无视国会和国家的变革潮流。那样的世界只有使拨款工作远离预算制定的政治环境才能重建。

附录 9－1 拨款对政党领袖

下文摘自众议院拨款委员会主席罗伯特·利文斯顿（R－La.）1998 年 11 月 6 日写给众议长纽特·金里奇（R－Ga.）的一封信：

考虑到对您深厚的敬意和友谊，我在这里展示一些我认为对第 106 届国会的成功至关重要的要求。为了让大多数人能够完成工作，同时说明我们可以正确执政，我认为您能认识到并同意下面建议的所有这些对众议院程序的变动是很有必要的：

1. 我作为拨款委员会主席，应该按照我认为适当的，并且符合共和党多数最大利益的方式管理这个委员会，同时充分与领导商讨，不受其他任何国会议员的支配。

2. 我应该成为决定拨款委员会内立法内容、立法日程的最后权威，并且是在不受干扰的情况下。

3. 将来所有的预算决议都要在 4 月 15 日到 4 月 30 日之间交众议院批准，在那之后所有的拨款法案无论是否有预算决议，都可继续推行，以便在每个日历年度的六月结束前完成其在众议院的过程。参议院应该采取相同措施，以便所有的协商会议能在每年八月休会之前结束。

4. 我作为拨款委员会的主席，将出席所有关于预算影响拨款事务的高层讨论。在预算协商中所有关于拨款议题的决定都要在咨询过我（不一定是批准）后作出。

5. 没有我的批准，不得通过影响拨款权限的规则或法律方面的修正案。

6. 没有我的批准，不得使我的委员或小组委员会主席离职……

9. 委员不应该"根据他们的选区"来任命。弱势的委员会害怕强势的投票表决，这会阻止可信的立法的通过。

10. 没有我的批准，不得安排共和党人进入拨款委员会任职。

11. 没有成员可以在没有弃权的情况下在5个以上的小组委员会任职，除非是在严格条件或危急情况或重要情况下，不得宣布弃权。任何拨款委员会委员都不得在除了预算委员会的委员会或小组委员会任职……

13. 我作为拨款委员会的主席，在与民主党或白宫代表进行的关于所有拨款法案的最后协商中，将做出所有最终决定，但会充分咨询领导。

14. 每周与民主党进行一次不超过一小时的会议，而我作为拨款委员会主席也应参与其中……

16. 众议长应该坚持要求参议院赞同并遵守我们在拨款和预算上的加快的日程，要让他们清楚，无论哪一院未能在7月30日通过拨款法案，由国会另一院通过的各个法案都会成为会议可起诉的手段。

然而，近来的发展显示，拨款过程越来越陷入政党政治。在利文斯顿主张独立的六年后，众议院共和党人选出了一个新的拨款委员会主席。空位的产生是因为众议院共和党规定将在任主席的任期限制在三届（6年）之内。这个规定应用于所有的众议院委员会和小组委员会，意图逐渐削弱年资规则，年资规则使长期服务的委员可以保住主席的身份，即使他们的观点同政党的原则步调不一致。

在2004年新的众议院拨款委员会主席的竞争中，三个候选人之一的众议员哈罗德·罗杰吹嘘他在为共和党候选人筹集竞选资金上的非凡才能（参见附录9－2）。为了得到众议长丹尼斯·哈斯特的支持，罗杰声称他会帮助共和党人保住在众议院的多数地位。与要保住拨款委员会特殊地位和权力的利文斯顿相反，罗杰和其他候选人宣称要与政党领袖合作。

附录9－2　拨款已经开始屈从于政党领袖

下文摘自众议员哈罗德·罗杰写给众议长丹尼斯·哈斯特的一封信，该信写于2004年10月10日，众议院共和党人选举新的拨款委员会主席前不久。罗杰是为了得到共和党成员支持而展开竞争的三个候选人之一。他没有得到众议长的支持，也没有获胜。众议员杰瑞·刘易斯当选。

我写这封信是希望能得到你们对我成为下一届众议院拨款委员会主席的支持。

我们的共和党多数在2006年选举中处于战备状态，所以你们选举出来领导拨款委员会的人对于弥补我们最大的弱点（不断上升的历史性的高赤字）至关重要。

我的提议是对整个委员会的一个全面的态度上的改变……我们需要的是一个可以与预算委员会、领袖和我们的工作人员一起工作的人（而不是反对他们的人）……正如今年的综合法案明确显示的，拨款过程支离破碎，急需修复……

最后，我相信拨款者必须通过积极筹款来维持我们的共和党多数。在我看来，委员会的委员应在每个会期募集最少1500万美元来实现那个目标。就像我已经证明的（为我们的候选人募集超过500万美元），我已经准备好以身作则。

资料来源：Harold Rogers，“Dear Colleague Letter,” December 20，2004.

拨款委员会并不是唯一受党派偏见影响的委员会，但代表代表两党的传统，其所受影响要比其他委员会更大。过去，拨款的及时制定由民主党与共和党的合作促成。现在，多数党有引领支出法案通过众议院的任务，但有时它完成这些并没有得到少数派的同意。然而，共和党人和民主党人均为其区域和项目安排资金的事实表明：两党确实在合作促进在位者的选举利益。

拨款委员会及其小组委员会

尽管在权限和独立性上有所减弱，拨款委员会委员仍是国会中最令人垂涎的职位之一。众议院和参议院的议员们都通过拜访政党领袖，争取资深议员的支持，以及指出他们将带给委员会的政治和地理上的优势来积极竞争这一职位。

这些拨款委员会是强大的，因为他们控制了受制于国会年度行动的那部分联邦支出。很大程度上，他们控制的超过9000亿美元的选择性资金很大程度上是国会重拾影响力的最大资金储备。预算中的这部分支出是由现在而不是过去的决策产生的。几乎所有剩下的支出都由继续生效的法定规则管辖，除非国会对其进行改变。拨款9000亿美元的选择性资金需要立法行动；花费2万亿美元的强制性资金则不需要。拨款委员会的立法声望不仅来自他们控制的大量资金，也来自他们对数以千计的项目的少量资助。

在很多方面，拨款委员会和其他的国会委员会相似。小组委员会举行听证会，工作人员起草议案和报告。全体委员会在相关小组委员会完成工作后接手每个议案。议案从委员会进入议会，众议院和参议院的分歧通过协商会议解决。但是，区别则更具启发性。

三个关键的区别特征在于：拨款委员会的有限权限，国会行动的近乎确定性和小组委员会的突出地位。几乎在每个众议院和参议院委员会，每年最重要的决定都是围绕设置立法议程和决定采纳哪个议题和议案展开的。在拨款的情况下，这些决定都由管辖权限预设。这些委员会必须审议常规拨款法案以及因未能及时完成常规法案而成为必要的持续决议。委员会在决定是否发布补充支出法案时有自由裁量权，但几乎所有的议程都是事先为它们设置好的。几乎所有其他的国会委员会都必须关心其报告的法案能否得到众议院和参议院的审议，这两院间的分歧能否通过协商解决。拨款委员则会没有这样的担心；他们可以绝对确定，支出法案会通过。他们可能不知道每个法案被审议的时间或者是否所有的常规拨款都能在财政年度开始前得到通过。他们也不知道法案会以正常方式通过（一次一个），还是会被放进一个综合法案。但他们确实知道，他们的法案是“必须通过”的立法——以这种或那种方式，所有的工作都会被完成。

年度支出法案的特殊地位决定了拨款委员会的行为和运作。正如之前所述，传统上，这些委员会是国会中最没有党派性的委员会，明显地比预算委员会更少被政党路线划分。多年来，即使有时民主党和共和党在预算政策和支出优先权上存在分歧，但他们经常联合通过拨款法案。这些委员会分配的资金减弱了他们之间的党派冲突——民主党和共产党各自得到他们的项目和选区的资金，强烈刺激了每个党派的成员为拨款投票。

1996 和 1999 财年是两党冲突上升的年份。然而，对于 2002 和 2005 财年而言，表 9－2 和表 9－3 显示所有拨款法案均由压倒性的多数或口头投票在众议院通过，与对预算决议的投票形成强烈对比。压倒一切地赞同拨款法案的投票结果出现在国会中党派冲突白热化时期。近几次，政党路线投票（大多数共和党人支持一边，大多数民主党人支持另一边）次数很多。不过，共和党和民主党经常联合制定获得两院相当高支持的支出法案。

表 9－2　　众议院投票通过拨款法案（1996—2005 财年[a]，间隔为三年）

法案	1996			1999			2002			2005		
	总数	民主党人	共和党人	总数	民主党人	共和党人	总数	民主党人	共和党人	总数	民主党人	共和党人
农业	313－78	120－63	193－14	373－48	173－25	199－23	414－16	207－2	205－14	389－31	184－15	204－16
商务—司法—国务	272－151	66－129	206－21	225－203	28－175	197－27	408－19	203－3	203－16	397－18	192－2	204－16
国防	294－125	85－105	209－19	358－61	149－47	209－13	406－20	187－19	217－1	403－17	181－16	221－1
哥伦比亚特区	224－191	31－155	193－35	214－206	3－194	211－11	327－88	188－11	138－76	371－54	188－14	182－40
能源与水	400－27	175－23	225－3	405－4	187－0	217－4	405－15	204－2	199－13	370－16	180－3	189－13
国外业务	333－89	133－57	200－31	255－161	69－126	186－34	381－46	199－10	181－35	365－41	187－7	177－34
国土安全[b]	…	…	…	…	…	…	…	…	…	…	…	…
内务	244－181	31－166	213－14	245－181	38－162	207－18	376－32	198－1	177－30	334－86	129－69	205－16
劳工—公共卫生和公共事业—教育	219－208	6－189		213－18	c	c	c373－43	201－2	170－41	388－13	192－0	195－13
立法	337－87	110－85	227－1	235－179	36－158	199－20	380－38	184－16	195－21	327－43	154－16	173－27
军事设施	319－105	125－74	194－30	396－10	179－7	216－3	401－0	192－0	207－0	420－1	198－1	221－0
交通[c]	361－61	144－50	217－10	391－25	193－2	197－23	426－1	209－0	215－1	397－12	197－2	199－10
财政—邮政服务[d]	216－211	15－181	200－30	218－203	26－169	192－33	334－94	161－46	172－47	…	…	…
退伍军人事务—房屋与城市发展	228－193	27－165	201－27	259－164	54－145	205－18	336－89	132－73	203－15	未审议	…	…

资源来源：Congressional Quarterly Almanac，1995，1998，2001，and 2004.

a. 这里列举的投票针对众议院对法案的通过，不是针对协商报告。众议员伯纳德·桑德斯的投票包括在总数中而不在按政党进行的统计分析中。

b. 国土安全局的拨款法案在 2004 财年被第一次通过。

c. 这个法案并非单独投票，它包括在一个综合拨款法案之中。

d. 财政—邮政服务拨款法案从 2004 财年开始包含在新的交通—财政拨款法案中；参见 2005 财年的“交通”法案。

表 9-3　参议院投票通过拨款法案（1996—2005 财年[a]，间隔为三年）

法案	1996			1999			2002			2005		
	总数	民主党人	共和党人	总数	民主党人	共和党人	总数	民主党人	共和党人	总数	民主党人	共和党人
农业	95-3	45-0	50-3	97-2	44-0	53-2	91-5	49-0	41-5	未审议	…	…
商务—司法—国务	口头表决	…	…	99-0	45-0	54-0	97-0	47-0	49-0	未审议	…	…
国防	口头表决	…	…	97-2	43-2	54-0	口头表决	…	…	98-0	47-0	50-0
哥伦比亚特区	口头表决	…	…	未审议	c	c	75-24	49-0	25-24	一致通过	…	…
能源与水	口头表决	…	…	98-1	44-1	54-0	97-2	50-0	46-2	未审议	…	…
国外业务	91-9	42-4	49-5	90-3	41-1	49-2	96-2	47-2	48-0	口头表决	…	…
国土安全[b]	…	…	…	…	…	…	…	…	…	93-0	45-0	47-0
内务	92-6	41-4	51-2	未审议	…	…	口头表决	…	…	未审议	…	…
劳工—公共卫生和公共事业—教育	c	c	c	未审议	…	…	89-10	48-1	40-9	未审议	…	…
立法	口头表决	…	…	90-9	43-2	47-7	88-9	47-2	40-7	94-2	44-1	49-1
军事设施	84-10	35-8	49-2	口头表决	…	…	97-0	47-0	49-0	91-0	43-0	47-0
交通[c]	98-1	44-1	54-0	90-1	43-0	47-1	口头表决	…	…	未审议	…	…
财政—邮政服务[d]	口头表决	…	…	91-5	42-1	49-4	口头表决	…	…	…	…	…
退伍军人事务—房屋与城市发展	55-45	1-45	54-0	口头表决	…	…	94-5	49-1	44-4	不考虑	…	…

资料来源：Congressional Quarterly Almanac，1995，1998，2001，and 2004.

a. 这里列举的投票针对参议院对法案的通过，不是针对协商报告。众议员伯纳德·桑德斯的投票包括在总数中而不在按政党进行的统计分析中。

b. 国土安全局的拨款法案在 2004 财年被第一次通过。

c. 这个法案并非单独投票，它包括在一个综合拨款法案之中。

d. 财政—邮政服务拨款法案从 2004 财年开始包含在新的交通—财政拨款法案中；参见 2005 财年的“交通”法案。

两党合作植根于拨款过程的文化，而这些法案将联邦资金分配到州和地方的事实又加强了两党合作。在乔治·W. 布什的第一个总统任期，因为总统愿意接受大规模支出增加，两党合作被加强。民主党人为支出法案投票是因为这些法案包含更多的资金；共和党人为法案投票是因为这些法案有更多的资金支持他们的优先权以及总统对支出法案的支持。但两党合作又有另一方面：随着两党支出的增加，很难运用拨款过程削减联邦支出。拨款者自认是财政部的保卫者；将他们标记为自身支出利益的保卫者应该更接近事实。

当一个政党想要利用过程来调整拨款时，民主党人和共和党人会采取不同的方式。这发生在政党冲突很激烈的 1995 年，这些冲突流传甚广，以致于针对 1996 财年的所有常规拨款法案都没有及时获得通过。此外，国会和总统还针对持续决议进行了斗争。总统否决了第二次持续决议，主要的联邦机构关门几周，这些都是证明。1996 财年的拨款冲突是在我们时代发生的不同寻常的政治事件之一；它的起因和影响将在专栏 9-1 中讨论。当时，难以置信的事情发生了：国会未能完成必须通过的拨款，许多政府运作被中止了。拖延的僵局和联邦机构被迫关闭是拨款旧秩序被打破的又一明证。

在正常的年代，拨款委员会擅长将大的政策纠纷转变为多一点钱或少一点钱的常规事项。从历史角度看，拨款意味着在已经实施的项目和机构的边缘做决定，而不是质疑该项目和机构是否应该继续或政府是否应该对政策做出重大改变。如果国会议员想要检查政府在减少全球营养不良中扮演的角色，合适的场所可能是农业或国际关系委员会。这些委员会几乎没有“必须通过”的立法；他们有足够的时间去调查一个议题，即使那意味着行动将被推迟到明年或更后面。但拨款委员会必须行动。多年以来，他们将争议性议题转为边际支出问题：为了对抗饥饿，拨款应该比以往的水平高多少或低多少？数量应该比总统要求的多还是少？哪个国家应该得到更多或更少？

专栏9－1　从改革到关闭：1995—1996年的预算战争

当共和党在1994年的中期选举中获得国会控制权时，他们理所当然地认为他们是被选来改变华盛顿的处事方式的，他们理所当然地认为克林顿总统无法阻止他们的革命。比起渐进改变而言，共和党领袖更喜欢大的变革，他们寻求运用拨款法案作为制定议程的工具，即在实质性立法中加入大的改变。然而，他们低估了克林顿运用其否决权的意愿。结果是拨款过程受到重大打击；许多支出法案被延迟半年多，部分政府机构被关闭两次。为了尝试保持政府运作，制定了14个持续决议，创造了当时的一个记录。

斗争以降低支出水平的努力拉开序幕；以支出没有太大改变而告终。早期的回合是国会取消先前拨款的努力；最后回合是国会努力制定新的拨款的努力。这是克林顿与国会共和党之间的第一次预算冲突，但不是克林顿胜利的最后一次。

1995年

6月29日

众议院（239比194）、参议院（54比46）通过有关预算决议的协商报告。

10月1日

1996财年开始；第一个持续性决议在前一天通过。

11月14日

伴随着第二个持续性决议被否决，部分政府机构第一次关闭。

11月17日

众议院（237比189）、参议院（52比47）通过有关协调法案的协商报告。

11月20日

政府重新开启。

12月6日

克林顿否决协调法案；至此只有7个拨款法案通过。

12月16日

第二次部分政府机构关闭接踵而来。

12月18日

两个拨款法案被否决；另一个在第二天被否决。

1996年

1月6日

政府重开。

4月25日

众议院（399比25）、参议院（88比11）通过了有关1996财年综合拨款法案的协商报告；克林顿在4月26日签署法案。

共和党在1995年通过了预算决议，该决议提议大大缩小联邦政府的规模。除了在选择性项目上的大幅削减外，通过限制医疗保险、医疗补助以及其他社会项目，他们的计划为税收削减中的几千亿美元（7年内）提供了空间。因为总统在预算决议中没有正式角色，克林顿不能阻止共和党的观点被采纳。然而，差不多半年之后的1995年12月，克林顿通过否决协调法案，阻挠国会的预算决议，该协调法案本可以批准许多提议的税收和权利性项目变动。

通过预算决议后，共和党人开始进行1996财年拨款，制定了比最初预算决议设想的更大幅度削减的支出法案。民主党长期的政策优先权以及克林顿钟爱的新方案都成为该法案的目标。但是拨款过程却被这些缩小政府的努力延迟，在新的财政年度开始时，只有两个常规支出法案被送交总统。国会共和党人被迫打破他们"无持续决议"的誓言，通过了一个持续决议来防止政府关闭。

在这一点上，共和党人相信他们占有优势，克林顿会对他们的要求屈服。他们没有预料到他会冒着关闭政府的风险去否决一个持续决议。众议院拨款委员会主席罗伯特·利文斯顿主席信心十足地宣传总统必须"承诺采取行动完成美国人民在去年11月份表达的意愿"。当然他们会取胜，共和党人向克林顿呈递了一份满载搭车项目的持续决议。总统否决了该提案，迫使缺乏拨款的联邦机构关闭。尽管联邦政府在之前被关闭了9次，但每次关闭都不超过3天。当克林顿行使否决权迫使他们关闭时，他并没有因为这种僵局受到责备，共和党人也没有。最后双方协商产生一个新的暂时性的持续决议，重新开放政府，满足双方最重要的一些要求。克林顿同意削减税收，以及在7年之内平衡预算的目标。作为交换，共和党人同意保护民主党人重要的优先权。

持续性决议，1995—1996年

次数	总统		过期
	签署	否决	
第一次	9/30/95		11/13/95
第二次		11/14/95	(12/1/95)
第三次	11/19/95		11/20/95
第四次	11/20/95		12/15/95
第五次	12/22/95		1/3/96
第六次	1/4/96		1/25/96
第七次	1/6/96		9/30/96[a]
第八次	1/6/96		1/26/96[a]
第九次	1/6/96		1/26/96
第十次	1/26/96		3/15/96
第十一次	3/15/96		3/22/96[a]
第十二次	3/22/96		4/3/96
第十三次	3/29/96		4/24/96
第十四次	4/24/96		4/25/96

a. 这些截止期适用于大多数项目；额外的持续决议对其他项目是必要的。

但是，这些预算战争中的暂时缓和并没有带来长期的和平。众议院共和党领袖将拨款行动同那些他们在被否决的协调法案中寻找的税收和支出削减联系起来。克林顿坚持立场并宣布道："我不会向这些威胁屈服……我不会被迫签署违背我们价值观的预算。"克林顿促成了与众议长纽特·金里奇以及参议院多数党领袖罗伯特·多尔在新持续决议上的交易，这一决议将避免另一次关闭。然而，共和党在众议院的新成员拒绝接受该协议，因此部分政府机构关闭了三个星期。多尔声称"克林顿的指纹""在关闭问题上到处都是，"

但是公众再一次责备了共和党人。

随着数周的预算僵局延长到数月，双方态度都更加强硬。众议院预算委员会主席约翰·卡西奇为了坚持到底，如此陈述共和党人的情况：“如果不担心被打败，你就可以成就伟业。”但是，当国会在1996年重新开会时，共和党人得知他们的对抗策略失败了；是重新开启政府并通过剩下的拨款法案保持其开放的时候了。在更进一步的延期以及另外几个持续决议后，五个剩下的拨款被并入一个综合法案，最后在4月完成国会程序，并很快被签署成为法律。

众议院共和党人曲解了1996年的选举结果及大多数美国人的态度。他们低估了克林顿运用否决权的强硬态度以及坚持己见的决心。意识到预算边缘战术会使他们的政党陷入泥潭，参议院共和党领袖不愿意卷入斗争。另一方面，克林顿和国会民主党在保护他们的优先权上从未动摇；他们挽救被内定去除的项目，迫使共和党人取消了大部分有争议的附加条款。自始至终，克林顿成功地避开责备，将自己装扮成对平衡预算及保持政府开放尽心尽力的角色。1996年的选举结果巩固了克林顿的胜利——他在总统竞选中击败多尔，而共和党却失去了众议院中的席位。

拨款小组委员会的传统与变革

拨款过程中的工作和权力集中于小组委员会。除了一个简要的总结会议（在有的年份会被跳过），小组委员会主持所有的拨款听证会。每个小组委员会都有自己的委员，制定自己的法案，在权限范围内与政府机构保持全年的关系，在其他小组委员会之外独立运作。鉴于每个小组委员会主席在他或她的领域内行使的权威，他（她）通常被称为红衣主教。他们的权力来自于传统，控制钱袋子，将资金引入受欢迎的活动和区域的能力，以及行政官员和国会议员对他们的顺从。传统上来看，每个红衣主教在小组委员会运作上有很大的自治权，不会受到全体委员会和政党领袖的干涉。

传统拨款过程与众不同的特点之一是众议院和参议院小组委员会管辖权的完美结盟。每个联邦机构都被分配到平行的众议院和参议院小组委员会；每一对小组委员会都有相同的权限。事实上，所有众议院和参议院小组委员会的活动均围绕着某个拨款法案，以及与该法案相关的补充拨款和持续决议。小组委员会不进行任何立法，他们也不会发起那种困扰着其他国会委员会的权限战争。当他们开会解决拨款法案的分歧时，他们确定的权限减轻了众议院和参议院与会者的任务。

拨款小组委员会的边界除了要适应新的项目和机构以外，几乎没有改变过。从1971年到2005年，众议院和参议院有13个平行的拨款小组委员会。在这期间，最大的调整发生在2003年，众议院创立了国土安全小组委员会来处理新近创立的国土安全部的预算。为了保持13个小组委员会，交通和财政委员会被合并。一些参议员对众议院擅自行动很恼火，但在短暂的延迟后，参议院采取了相同的改变。

长期存在的平行状态在2005年，第109届国会中暂时结束。当时众议院领袖单方面取消了三个小组委员会，并重新安排了其他几个小组委员会的权限（见表

9-4)。官方申辩的原因是每年要审议13个独立的法案堵塞了国会的立法日程，妨碍了支出法案的及时通过。最大的受害者是退伍军人事务——住房与城市发展小组委员会，其权限包括环境和科学项目、空间探索、住房、社区发展和退伍军人项目。政治在改组中毫无疑问发挥作用，因为众议院共和党领袖通过改组小组委员会的权限和主席的任期加强了在拨款过程中的控制。过去，每个小组委员会对单个法案都有权限，但随着与传统的分裂，众议院拨款全委会保留了对立法机构拨款法案的权限。

表9-4 2005—2006年（第109届国会）众议院与参议院拨款小组委员会

众议院	参议院
农业—农村发展	农业—农村发展
科学—州—司法—商业[a]	商业—司法—科学[a]
国防[a]	国防[a]
…	哥伦比亚特区[a]
能源与水	能源与水
国外业务[a]	州—国外业务[a]
国土安全	国土安全
内务与环境	内务
劳工—公共卫生和公共事业—教育	劳工—公共卫生和公共事业—教育
…	立法机构
军队生活质量和退伍军人事务[a]	军事设施和退伍军人事务[a]
交通—财政—住房和城市发展—司法—哥伦比亚特区[a]	交通—财政—司法—住房和城市发展[a]

a. 显示了众议院和参议院小组委员会主要的权限差异。相对较小的差异存在于其他小组拨款委员会之间。

然而，这次参议院没有照做。它重组了12个小组委员会，保留了在众议院中被取消的立法机构和哥伦比亚特区小组委员会。新的安排使众议院和参议院十年来第一次在小组委员会结构上有了不同。2007年，第110届国会开始之初，新的民主党多数又一次重新安排了拨款小组委员会，建立了12个平行的众议院和参议院拨款小组委员会。

尽管小组委员会结构平行，但众议院和参议院拨款委员会是不同的机构。众议院拨款委员会委员数是参议院的两倍，他们中的许多人都不再为其他主要委员会服务。拨款委员会的众议员被期望集中精力在委员会工作上，掌握项目的细节、在小组委员会权限内的支出以及从拨款角度看待立法问题。然而，每个参议院拨款委员会的委员都同时为一个或多个主要的授权委员会服务。他们的其他职责限制了参议员贡献给拨款工作的时间。更重要的是，许多参议员扮演着两种冲突的角色——他们同时是项目的支持者和支出的控制者。有时，这些冲突发生在同一个项目区域里，如一个同时在授权委员会和拨款小组委员会工作的参议员处理同一个项目。参议员理查德·拉塞尔同时担任军事委员会和国防拨款小组委员会的主席；参议员约翰·斯滕尼斯也同时担任这两个职务。最近参议员J. 贝内特·约翰斯顿担任了能源和自然资源委员会及能源和水利拨款小组委员会的主席。

多重的委员职务分裂了那些为参议院拨款委员会服务的人的忠诚，减少了他们贡献给拨款工作的时间。那些同时为几个委员会工作的参议员不可避免地将他们的授权利益和观点带入拨款过程。一些议员利用其同时在授权委员会和拨款委员会供职的权威优势，在参议院中（有时是国会）主导议题。这一主导地位已经因禁止议员同时在授权委员会和拨款小组委员会担任主席或作为少数党成员服务的参议院规则而削弱。

直到20世纪90年代中期，国会行动的顺序在众议院和参议院拨款委员会中仍然有差别。尽管宪法对此没有规定，但追溯到第一届国会的先例，拨款法案通常在众议院产生。在众议院之后采取行动的参议院就不生成自己的法案了，取而代之的是通过嵌入自己作出的修改来修正众议院通过的拨款。然后由协商委员会来解决两院通过的法案之间的分歧。这种顺序以及委员多重任命的时间问题，刺激参议院将注意力集中在众议院完成工作后仍有争议的问题上。政府机构可以“申请复议”——即请求参议院拨款委员会拨付超出众议院投票通过数额的资金，或者对众议院通过的法案进行其他变动。参议院的角色是一个上诉法庭，这通常导致拨款委员会拨付的资金超出众议院提供的数量。

在20世纪90年代生效的选择性支出上限缩小了众议院和参议院委员会之间的行为差异。支出上限限制了参议院可以在众议院完成工作后提供的额外资金。众议院通常拨出允许范围内的最高限额，这将参议院置于一个政治上的尴尬位置，因为参议院不得不为了给某些项目提供资金而削减另外一些项目。参议院拨款委员会通过在众议院行动之前报告他的一些法案来适应这种情况。当这种情况发生时，国会保持了这样一个观念，即众议院的法案首先加入参议院的意见，随后再在众议院中通过。表9－5列出了在选举年众议院和参议院拨款行动的顺序，表现出众议院重申由他发起支出法案的特权。不过，在一个重要的方面，这种旧顺序没有被恢复。几个世纪以来，众议院拨款委员会将自己视为财政部的保卫者，自夸他减少总统预算的数量和限制一些参议员对更多支出的要求。始于20世纪90年代末的无节制的支出对这种自我形象的吹嘘提出了质疑。在专款（本章稍后将进行讨论）数量和总拨款上，众议院拨款委员会把自己的命运和那些想要支出更多的人连在一起。这种行为的改变有多重原因：政党领袖角色的扩大，他们看重的是调整支出需求的短期利益；为额外资金游说的利益集团（包括州和地方政府）的激增和活跃；选举活动成本的上升（指向特定地区的拨款有助于竞选资金的筹集）；外部压力带来拨款过程的公开。乔治·W. 布什总统任期的第一年不愿意运用否决权和使用基线评价国会预算立法也减少了削减联邦开支的热情。

表9－5　　在选定财政年度中哪一院在拨款法案上率先行动

法案	1994		1998		2005	
	报告	通过	报告	通过	报告	通过
农业	众议院	众议院	众议院	同一天	众议院	众议院
商业—司法—州	众议院	众议院	参议院	参议院	众议院	众议院

续表

法 案	1994		1998		2005	
	报告	通过	报告	通过	报告	通过
国防	众议院	众议院	参议院	参议院	众议院	众议院
哥伦比亚特区	众议院	众议院	参议院	众议院	众议院	众议院
能源与水	众议院	众议院	参议院	参议院	众议院	众议院
国外业务	众议院	众议院	参议院	参议院	众议院	众议院
国土安全	…	…	…	…	众议院	众议院
内务	众议院	众议院	众议院	众议院	众议院	众议院
劳工—公共卫生和公共事业—教育	众议院	众议院	众议院	参议院	众议院	众议院
立法机构	众议院	众议院	参议院	参议院	众议院	众议院
军事设施	众议院	众议院	众议院	众议院	众议院	众议院
交通	众议院	众议院	众议院	众议院	众议院	众议院
财政—邮政服务	众议院	众议院	参议院	参议院	c	c
退伍军人事务—独立机构	众议院	众议院	众议院	众议院	众议院	d

资料来源：Congressional Quarterly Almanac，1993，1997，and 2004.

a. 指先通过每个议案的议院，而非先通过协商报告的议院。

b. 国土安全拨款法案在2004财年第一次实施。

c. 财政—邮政服务拨款法案从2004财年开始包含在新的交通—财政拨款法案之中；参见2005财年的“交通”法案。

d. 2005财年退伍军人事务—独立机构拨款法案由众议院和参议院拨款委员会报告，但并不由任一议院独立审议；它被并入一个综合性拨款法案之中。

最后一个因素可能比其他因素更为重要。几乎没有国会议员为了削减联邦开支而谋求拨款委员会的职位；相反，这个方面的吸引力是因为他们想要为他们的选区或他们偏好的项目做点好事。即使在进入国会时不是大规模支出者，当议员们成为拨款委员会委员时，他们也倾向于加入支出的行列。他们从选区、项目申请者、说客和地方官员那里听到的大多数内容都加强了增加支出的事实。不亚于能够抵抗增加支出持续动力的国民情绪的变化。

委员会行动的程序和政治

拨款委员会每年执行的任务有着结构性的顺序。虽然具体时间安排可能与表9-6中设置的不同，但每一步基本上都按照表中列出的顺序完成。

表9-6　拨款行动时间表[a]

2月	总统向国会提交预算 由此启动拨款程序，拨款委员会很少在没有总统申请时行动。
2月	全体拨款委员会有时举行简短的审查听证会 这些听证会是唯一的全委会听证会。近几年来，拨款委员已经放弃了这些听证会。

续表

2月/3月	各机构提交申辩材料 这些文件在机构的听证会上提供；他们提供了机构预算申请的详细解释。
2月/4月	举行小组委员会听证会 众议院拨款小组委员会听证会通常先举行，然后紧接着是参议院小组委员会听证会。
5月/7月	拨款小组委员会制定第302条（b）分配案 这些对小组委员会的分配必须先于拨款法案的议会审议程序。
5月/7月	主席修订（选择性） 每个小组委员会主席公布“修订方案”，为小组委员会权限范围内的账户推荐拨款金额。
5月/7月	小组委员会形成法案 每个小组委员会形成其法案，起草一份报告，对做出的决定进行解释，为受影响的机构提供指南。
5月/7月	全委会公布法案 全委会通常只对小组委员会准备的法案做出小的修改（如果有的话）。
5月/7月	众议院采取行动 每个法案都被单独审议。
7月/8月	参议院采取行动 参议院通常在众议院之后行动，审议众议院通过的法案；如果他首先对自己的法案采取行动，就要在最后的文件中将修订的参议院法案并入议院法案。
9月/10月	协商会议与最终通过 若有任何一个常规拨款法案在10月1日之前没有被制定成法律的话，国会会通过一个或多个持续决议。

a. 虽然时刻表里的步骤每年都发生，但行动的时间可能与这里显示的时间表不同。

年度拨款过程以总统向国会提交预算开始。授权委员会审议立法通常是针对某个被提出的法案作出的反应，与它们不同的是，拨款委员会启动立法工作是对总统资金申请作出的反应。这些委员会很少主动行动，或依照国会议员的提议采取立法行动。事实上，在拨款过程的早期阶段甚至不存在法案；通常，当委员会要公布方案时才会引入拨款法案。通常法案的引入、提交委员会以及公布在同一天进行。尽管没有一个法案，但围绕听证会、在小组委员会之间进行的选择性预算资源分配、（议案）审定、起草报告存在大量活动。

听证会

在有的年度，总统向国会提交预算后不久，每个拨款委员会举办审查听证会，管理与预算局局长和其他官员会在听证会上对总体的预算政策和优先项进行申辩。这是管理与预算局正式参与的唯一一次会议（除了关于它自身拨款的听证会）以及全体委员会举办的唯一一次听证会。在有的年份，拨款委员会会跳过审查听证会这一步。

每个机构在拨款小组委员会面前为他们的预算作出申辩。在听证会之前，政府机构会把总统的预算申请和之前的拨款进行比较，并对两者间的差异做出解释来准备申辩材料。每个小组委员会会规定申辩材料的格式和内容；一些小组委员会按照

1993 年《政府绩效与成果法案》要求的战略性计划中定义的目标来组织申辩材料。支出机构将他们的预算分解成分散的科目和活动并根据之前的预算进行申辩是很正常的。附录 9－3 显示了许多机构申辩书中包含的信息类型。

附录 9－3　机构拨款申请申辩

史密森学会

2008 财年薪水与开支变动摘要

	全职员工[a]	金额
2007 财年申请	4251	$ 537394000
2008 财年变动		
强制性增加		
立法加薪及工伤赔偿		11406000
设施、通讯及租金		10373000
强制性增加总额		21779000
项目增加		
设备运作、安全、安全检查及认证系统改善支持	2	1381000
非洲裔美国人历史文化国家博物馆	28	9893000
国家动物园—动物福利	3	600000
督察审计长	1	100000
人力资源劳动力重组		200000
项目增加总额		12174000
2008 财年申请	4285	$ 571347000

a. （全职员工）

资料来源：Smithsonian Institution，“Summary of FY 2008 Change”，February 2007，available at，www. si. edu/about/budget/2008/04%20 - %20Summary %20of%20 Change_R. pdf.

（a）每个要求拨款的机构向预算权限范围内的拨款小组委员会提交详细的理由。这些理由作为小组委员会听证会的一部分公布。

（b）每个小组委员会规定向其提交的材料的形式；这个附件展示了传统格式，这种格式集中于近年来拨款的建议增加额或减少额。正如这里的例子，申请（2008 财年）通常比当前（2007 财年）拨款高。申辩强调增加或减少的金额是因为这些因素在传统上是拨款委员会在审查支出申请时所关注的。

（c）自 20 世纪 90 年代中期开始，一些小组委员会改革了预算申辩，他们关注总的支出而不是增量改变，关注于产出和目标而非投入与项目支出。

在听证会和随后的谈判中，管理与预算局要求机构官员支持总统预算，即使有时这与他们的偏好有所不同。官员公开偏离总统预算的情况是很少的。当他们这样做时，他们的职业生涯可能会早早结束。这种情况发生在 2002 年，当时迈克·帕克，陆军工程兵部队首长作证时声称布什总统的预算将会给军队带来“负面影响”。白宫随后立刻给了帕克 30 分钟来决定是辞职还是被解雇。当然，要从机构处打听他们到底想要什么的信息，存在着政治上可接受的方式。尽管不被允许主动提供这样的信息，机构也可能会这样做以回应小组委员会成员的质疑，（质疑中有些可能是事先安排的）。管理与预算局在幕后通过检查机构的申辩（事先提交的）及监督听证会和拨款法案的其他行动来确保其对总统预算的忠诚。管理与预算局还会在不同阶段介入，就总统对待定措施的任何反对意见提醒拨款委员会。

大部分（在有些情况下是全部）作证由机构官员进行，他们中的许多人仔细审查详细的情况介绍书、上年度的拨款以及报告来为听证会做准备。有些机构首脑会举行模拟听证会，由工作人员提出那些小组委员会可能会问的问题。在大的机构中，最高长官会带一名助手作为随从人员出席听证会，该助手要准备当场提供信息以回应委员的提问。在大多数听证会上，作证机构都会被质询（对记录提出的问题），它必须在几天内做出回应。这些问题的回答由高级官员仔细检查，以确保它们不会损害机构的预算申请。

听证会会给拨款的结果带来不同吗？可能有一些会，但不是全部。同正式听证会相比，在形成国会决定方面，与拨款委员会委员和工作人员的非正式接触重要得多。那么为什么机构还要投入这么多的精力在听证会上？原因之一在于一个糟糕的表现会破坏机构的申请。各机构的证人被训练得在听证会上举措得当。他们必须对国会议员顺从，不能质疑他们，即使他们感到被不正当对待。他们必须回应所有质询，必须根据要求提供额外的信息。但是，在听证会上不仅仅是机构的预算在接受审查；它的官员也在接受检验。他们如何经受磨砺对于拨款者在多大程度上对于它们的绩效有信心并相信他们的数据有影响。听证会之所以重要在于它们是检验机构勇气的程序。也因为它们将拨款委员会委员的关注点和利益传送给机构。此外，它们使机构注意到：即使他们可以得到所有要求的一切，国会仍控制着钱包。

第 302 条（b）分配案

尽管听证过程是分散的，每个小组委员会自行安排时间并审查听证会的证人，但小组委员会只有从全体委员会处得到第 302 条（b）分配才能形成其自己的法案。这个分配限制了每个小组委员会在其权限范围内的所有账户可得到的总预算授权和支出。当国会采纳了年度预算决议，预算委员会（依照预算法案中的第 302 条（a））将预算资源分配给每个有选择性支出权限和直接支出权限的众议院和参议院委员会。所有选择性支出被分配到拨款委员会，拨款委员会同样会被分配到由拨款法案提供资金的权利性支出。接着，每个拨款委员会公布第 302 条（b）报告来细分小组委员会中的预算资源。分配给所有小组委员会的总数不能超过全体委员会得到的数量。众议院和参议院的规则禁止在拨款委员会提交要求的第 302 条（b）报告前对支出方案采取议会行动。附录 9－4 节录自这样一份报告。

附录 9-4　第 302 条（b）对拨款小组委员会的再分配

修订后对小组委员会的再分配
2007 财年预算授权和支出

（单位：百万美金）

小组委员会	选择性	强制性	总额
农业、乡村发展、食品与药品管理局			
预算授权	17812	70945	88757
支出	19497	52946	72443
国防			
预算授权	377357	251	377608
支出	393165	251	393416
能源与水资源发展			
预算授权	30017	…	30017
支出	31411	5	31416
国外业务			
预算授权	21300	39	21339
支出	23441	39	23480
国土安全			
预算授权	32080	1017	33097
支出	38711	1014	39725

资料来源：House Appropriations Committee，“FY2007 Subcommittee Allocations—302（b）s，” available on the House Appropriations Committer website（appropriations. house. gov/pdf/FY07 302b. pdf）.

（a）在众议院或参议院拨款委员会形成在小组委员会之间分配数量的第 302 条（b）报告之前，对任何拨款法案的审议都是不合程序的。（第 302 条（b）是对这些报告作出要求的 1974 年国会预算法案中的条款）。每个拨款委员会可以通过新的报告来修订这些分配。

（b）分配给小组委员会的总量不能超过伴随预算决议生成的联合解释报告中分配给拨款委员会的数额。

（c）预算授权和支出是独立分配的，选择性支出以及法定支出也是。这里展示的几乎所有法定支出都是用于由年度拨款法案提供资金的权利性项目。这些权利性项目由不同的授权委员会控制。

这份报告不是简单的例行公事。该报告的准备涉及到由小组委员会权限代表的联邦项目相对优先权的决定。这个过程触发了两轮零和竞争——首先是小组委员会之间，然后是每个委员会权限下的账户之间。给一个小组委员会更多意味着给另一个更少；一个账户更多意味着另一个账户更少。第 302 条（b）分配促使拨款委员会同它们的支出计划保持一致。小组委员会的运作不再完全独立于另一个——它们不能对支出或其他小组委员会可能得到的数量保持中立。在每个小组委员会修订他们的法案之前，所有的小组委员会都由第 302 条（b）程序通知他们可以支出的数额。

在竞争性的小组委员会之间划分选择性支出的馅饼要结合政治判断和人际谈

判。拨款委员会主席在每个议院中指挥这个过程。主席通常咨询小组委员会主席，调查他们想要或可能被满足的数量，向小组委员会提供分配和评估反馈，只是在非正式协议达成时才召集全委会一起通过第 302 条（b）。在开发分配数据库以及为了得到委员会委员赞同进行协商方面，拨款委员会工作人员是很重要的幕后角色。

众议院拨款委员会通常在五月份公布其 302（b）报告，参议院委员会则在六月，但是，小组委员会不能等待这么久再开始准备他们的支出法案。尽管他们可能没有精确的数据，但小组委员会在正式分配公布之前会有大致正确的数据。第 302 条（b）程序的效果是将关键的拨款决定上移到更早的阶段，许多项目的预算命运在正式拨款决定公布的数月之前就被决定了。

然而，有两种方式可以使项目在过程的后期得到更多的钱。一种是通过第 302 条（b）报告的修订；另一种是通过总统和国会的预算谈判。拨款委员会可以在一年中的任何时间修订 302（b）报告，只要分配给所有小组委员会的总额仍旧在预算限制以内。通常，报告会定期更新以考虑协商委员会的决定和其他影响支出水平的发展。第 302 条（b）报告也会被修订以反映白宫和国会之间达成的一致（两者产生了比最初第 302 条（b）分配案下进行的深思熟虑的结果更多的拨款）。在一些情况下，这些协议为一些紧急项目造成的额外支出提供了空间；在其他情况下，各种资源被用于抵消额外支出或被延至下一财年的支出。对第 302 条（b）分配的一个较公平的评价是，虽然它们并非无懈可击，但它们对总的选择性支出起到了约束作用。

小组委员会审定议案

审定议案是小组委员会（或委员会）审查或公布立法的会议。在拨款过程中，由于全体委员会很少对提交给它的法案做出大的修订，所以小组委员会审定议案特别重要。（技术上讲，只有委员会公布立法；小组委员会将立法提交给全体委员会。）此外，小组委员会起草与拨款法案一起生成的报告。这也由全体委员会公布，通常很少或根本没有变动。

由于第 302 条（b）的分配，几乎所有拨款决定均由小组委员会在审定议案开始时制定。这些决定通常在“主席决定”（一份由主席在审定议案或在审定议案之前分发的文件，为法案中的每个账户提供推荐的数额）中得到提炼。主席决定建议了在第 302 条（b）下可以得到的几乎所有资金，很少留给普通成员机会来增加资金或增加他们偏爱的项目。由于审定议案通常太晚以致于不能影响小组委员会的决定，所以委员们有动机事先告知主席他们的偏好。

大多数小组委员会审定议案在要求预算中立的规则下进行，即一个增加账户支出的修正案必须提出对其他账户的削减。这个规则增加了各项目争夺有限拨款的显性竞争，在审定议案期间有时要做出权衡。这最可能发生在有些小组委员会中，这些小组委员会的管辖范围比较分散，其辖下项目之间唯一的联系就是它们由同一个拨款法案提供资金。为资金展开的竞争在最近拆分的众议院退伍军人事务—住房和城市发展小组委员会中尤为激烈，在那里空间项目与退伍军人项目相互竞争；这样的竞争是这种小组委员会被取消的原因之一。

除了制定拨款标准以外，审定议案也批准拨款法案中的条款和所附报告的内容。正如本章稍后将讨论的，这些条款经常是拨款法案最有争议的特征。一些条款为特殊目的拨付专款，其他一些则限制拨款资金的使用，还有一些包含着对现有法律作出变动的立法。这种限制和立法条款往往会加剧小组委员会中的政党冲突。在20世纪90年代后期，共和党限制各种环境法实施的努力分裂了众议院退伍军人事务—住房和城市发展小组委员会拨款小组委员会。尽管这些条款没有在立法保护下保留下来，它们却破坏了小组委员会的凝聚力，推迟了拨款的通过。

小组委员会在审定议案期间不会仔细审查报告的用语，但是他们会注意那些有争议的内容。有时会通过将这些条款从拨款法案转移到委员会报告，或者在法案条款中加入为条款提供指导的报告性语言来解决争议。

全体委员会审定议案

拨款委员会可以修订小组委员会准备的法案和报告，但它们很少做出较大的改变。它们审定议案通常发生在众议院和参议院审议支出法案的前几天——多数情况下，委员会在一次会议中完成不止一个法案的审定工作。通常，拨款委员会要审查每个法案以确定其是否在第302条（b）的分配范围之内，在数量和报告语言上做出一些调整来反映它们的偏好。然而，总体来说，非正式的互惠规则弥漫在全体拨款委员会审定议案的过程中。委员们对小组委员会权限范围内的决定表示尊重，期望当他们自己小组委员会的法案被审议时也会得到其他人的尊重。

渐进主义

尽管经常错过截止期限，拨款委员会仍将及时完成工作视为有效性的衡量标准之一。为了达到这个目标，传统上他们会限制在竞争性申请间分配资金的内在冲突。在大多数拨款周期中，主要的行为准则是拨款应该在上年度基础上渐进调整。进行中的项目应该继续，对现存项目的削减应该被避免或最小化，增量应该适度并且广泛分布给一批项目。

做出渐进决定要求拨款委员会在审查每个申请时要考虑其上年度获得的资金。在主要的国会预算制定者中，这些委员会是唯一不明确使用基线来衡量其行动财政影响力的主体。基线建立在对未来状况的假设基础之上；相反，拨款者依赖于实际的数额：当前年度的拨款和总统对下一年的申请。通过避开基线预测，委员会加强了他们对增加的资源的控制。例如，可以假设下一年通货膨胀预期为3%，但拨款委员会建议的特殊项目和账户的增长为名义2%。如果使用基线，这个决定会被计作削减；在拨款中它则被算作增加，虽然没有完全补偿预期中的通货膨胀。

由于拨款委员会的工作是渐进的，他们专注于拨款过程中所有阶段里年复一年支出的名义变动——从申辩材料的准备，到听证会，再到审定议案和委员会报告。对于大多数小组委员会来说，机构的申辩材料突出了之前的拨款与预算要求间在计算上的差异。很少有机构会为所有申请辩护。通常，当总统申请了比当前年度更多的拨款时，他的申请和之前拨款就构成了大多数拨款决定的边界。那就是，大多数拨款要高于上年度的水平，但低于总统预算。

增量结果并非偶然事件。这条道路上的每一步，拨款委员会都会计算他们正在建议的数额中有多少高于或低于之前的拨款和总统申请。事实上，如附录 9－5 所示，他们经常公布他们的行动和这两个相关点在委员会报告中的计算差异。他们运用这些计算来完成自己的工作。

附件 9－5　拨款过程中的渐进主义

众议院报告

美国海岸警卫队

运作费用

拨款，2006 财年	$ 5293771000
预算估测，2007 财年	5518843000
法案推荐数	5481643000
法案与下述比较：	
拨款，2006 财年	＋187872000
预算估测，2007 财年	－37200000

参议院报告

运作费用

拨款，2006 财年	$ 5161771000
预算估测，2007 财年	5518843000
众议院通过资金	5481643000
委员会推荐	5534349000

众议院的比较声明

账户	2006 财年通过	2007 财年申请	法案	法案对通过	法案对申请
军队薪金及津贴	2974770	2788276	2788276	－186494	…
文职人员薪酬及福利	526182	569434	569434	＋43252	…
培训与招募	175359	180876	180876	＋5517	…
运营资金及单位维修	947400	1061574	1009374	＋61974	－52200
中央管理账户	183150	207954	207954	＋24804	…
港口安全	…	…	15000	＋15000	＋15000

资料来源：Department of Homeland Security Appropriations Bill，2007，H. Rept. 109－476，pp. 58，156，and 157，and S. Rept. 109－273，p. 50，109th Cong.，2d sess.，2006.

（a）在他们的报告中，拨款委员会经常将法案中推荐的数额与近年的拨款以及总统的预算申请相比较，详述他们推荐的数额，或高或低，或者与这些基准相同。

（b）每个拨款委员会报告有一个比较表格，上面列举了法案中的每个账户。众议院报告（例如这里的附录）有 5 栏；参议院报表通常有 7 栏：5 个包含在众议院报告中，另外两栏显示众议院的建议以及众参两院之间的区别。

（c）拨款委员会不使用基线预测来计算他们行动的预算影响。他们习惯性地避开基线，基线依赖于对未来状况的假设，而不是依赖于前一年的实际拨款和下一年的拨款申请。

从拨款委员会的制高点来看，渐进决策有几个引人注目的优点。他们减少了关于支出的冲突，有利于拨款的及时通过。他们通过使委员会集中于边际变化而不是总的申请，减少了立法的工作量。他们经常使委员会因为减少预算（低于总统申请）和增加支出（超过之前水平）而得到好评。考虑到美国人对小政府和大项目的偏好，拨款者满足上述两种情绪的能力绝不是微不足道的政治技巧。

渐进主义是对分散的拨款过程进行协调的看不见的手。当大多数拨款落在当前支出与总统预算之间时，拨款委员会自信他们所有决策的总和也会落在这些相关点之间。多年以来，渐进主义使拨款委员会在不干涉小组委员会自治权的情况下形成了表面一致的结果。

渐进主义依赖于一个合作的总统，这个总统通过申请更多的资金使拨款委员会可以拨付更多，同时又使他们获得削减预算的好评。这种状况在20世纪80年代并不盛行，当时里根要求对许多已经建立的项目进行大幅度削减。尽管他起初获得成功，但拨款委员会迅速重组，成功地在国内项目上支出更多，同时通过削减里根为国防寻求的一些额外资源，将支出控制在总统预算以内。里根并不愿意按照渐进原则行动，这便产生了激烈的斗争，延迟了拨款法案的通过。老布什也因为建议削减国内支出而与国会在预算上发生冲突，但是他没有取得里根早期的成果。在老布什的任期内，他在预算增加上有更通融的态度，在抨击国会过度支出的同时接受支出的增加。

在克林顿担任总统期间，国会共和党削减联邦支出和选择性支出上限的努力逐渐削弱了渐进主义。表9－7比较了众议院拨款委员会在共和党控制国会的1995年公布的拨款和上年度的拨款数额。成百个项目和账户被削减到之前的水平以下，导致的预算僵局只有在政府部分关闭以及许多削减重新恢复之后才被打破。表格同样显示在下一年度，众议院共和党接受了一个更为渐进的方式。在克林顿总统任期余下的年份里，他们在削减一些国内项目方面做了微弱的努力，但在解决参议院和众议院的分歧之后，拨款通常高于或等于前一年的水平。

表9－7　1996财年和1997财年[a]众议院拨款委员会建议增加或减少的账户　单位：%

法案	1996财年的建议						1997财年的建议					
	相对于1995财年的拨款			相对于总统申请			相对于1996财年的拨款			相对于总统申请		
	增加	减少	没有变化	增加	减少	没有变化	增加	减少	没有变化	增加	减少	减少
农业	33	38	29	11	66	23	33	37	30	2	58	40
商业	36	47	17	6	83	11	47	42	11	5	80	15
能源和水利	25	73	2	12	69	19	32	58	10	16	62	22
国外业务	25	59	16	8	77	14	17	49	34	10	51	39
内务	16	71	12	4	80	16	36	36	28	11	53	36
劳工—公共卫生和公共事业	24	73	3	6	74	20	53	44	3	7	75	18
交通	25	57	18	7	57	36	34	35	31	10	52	38
财政	19	66	15	7	68	25	47	30	23	18	39	43

续表

法案	1996 财年的建议						1997 财年的建议					
	相对于 1995 财年的拨款			相对于总统申请			相对于 1996 财年的拨款			相对于总统申请		
	增加	减少	没有变化	增加	减少	没有变化	增加	减少	没有变化	增加	减少	减少
退伍军人事务一住房和城市发展	15	56	29	8	64	28	45	26	29	14	53	33
平均百分比	24	60	16	8	71	21	38	40	22	10	58	32

资料来源：House Appropriations Committee, Comparative Statement of New Budget (Obligational) Authority for 1995 and Budget Estimates and Amounts Recommended in the Bill for 1996, 104th Cong. , 1st sess. , selected reports, and House Appropriations Committee, Comparative Statement of New Budget (Obligational) Authority for 1996 and Budget Estimates and Amounts Recommended in the Bill for 1997, 104th Cong. , 2d sess. , selected reports.

a. 表格中并未包括国防、哥伦比亚特区、立法机构、或军事设施拨款法案。这些数字包括各种特殊类型的账户，如营运资本基金、信托基金、估算贷款水平、清算以及废除合同授权、直接贷款限制、债务、借款授权以及行政开支。

选择性支出上限对增量行为有不同影响。每当新的上限被制定（1990，1993，1997 年）时，它们为即将到来的几年的额外支出提供了空间，但是收紧了上限适用期内后几年的支出总量。如果这些限制被严格执行，在有的年份会有稳固的增长，其他年份则有稳固的削减。但是，国会由于与总统的合作或来自总统的压力，设法逃避上限带来的严格限制。有时，它重置上限以允许额外支出；有时，他利用记账的手段和紧急支出的渠道来实施超出上限的拨款。

国会和总统在预算盈余的四年（1998—2001 财年）内恢复了渐进拨款。这段时间是克林顿总统任期的最后几年，也是乔治·W. 布什总统任期的第一年。此外，渐进主义即使在财政赤字突破 4000 亿美元时仍旧持续存在，比如，布什总统要求为国防和国土安全提供更多的拨款，国会也通过为国内项目额外支出投票作为回应。拨款冲突的消失很大程度是由于双方都为各自偏好的项目得到了更多。然而在他的第二轮任期，乔治·W. 布什转变了道路，要求国会在非国防拨款上持平，并向许多联邦机构提供比上一年度更少的资金（按实值计算）。尽管他态度强硬，但实际选择性支出在他八年任期内几乎可以确定会表现出比克林顿任期内更大的增加。

项目与分肥

在进行拨款时，小组委员会所做的不仅是审查过去的预算、总统提出的数字和机构的陈述理由。他们同样也会听取国会那些想为自己所在选区或州争取专项拨款的其他国会议员（尤其是拨款委员会里的同事）的意见。通常，小组委员会收到的申请比他们所能提供的多得多，但是，他们还是会满足其中足够的要求，以此为拨款法案在全会和议会行动中争取一个坚实的支持。

通常的实践是在委员会报告中实施专项拨款，而不是在拨款法案中指定拨款的特殊用途。附录 9 - 6 表明了在这样一个报告中的专项拨款情况。小组委员会主席在咨询少数派领袖意见的基础上，通常拥有对项目的最终发言权。但是广泛分配的准则指导着这些过程。第一，小组委员会委员得到最多资源，其次是全委会委员。

第二，这个过程经常是两党合作的，共和党和民主党都能获得一些利益。第三，提出请求和接受专项拨款的委员预期应对拨款法案投赞成票。最重要的规则是“如果不赞成法案，你就别要钱”。

附录9-6 拨款委员会报告中的专项拨款

协商决议包括用于经济发展计划的310000000美元资金，并对这些资金的使用提出了详细的要求。协商决议要求住房与城市发展部执行以下经济发展项目：

1. 100000美元给阿拉斯加州的安克雷奇市，用于切斯特·克里克公司安全中心的设施建设；

2. 400000美元给阿拉斯加州安克雷奇市的豆子餐厅，用于厨房扩建；

3. 150000美元给座落于安克雷奇的阿拉斯加植物园，用于扩张和更新基础设施；

4. 750000美元给座落于阿拉斯加州诺姆的白令海峡原住民公司，用于诺姆角采石场的升级；

5. 950000美元给西阿拉斯加委员会、安克雷奇的美国童子军，用于建造阿拉斯加州塔基那附近的童子军冒险营；

6. 750000美元用于通加斯岸水族馆的建设；

7. 750000美元给阿拉斯加太平洋大学，用于一幢楼的建设；

8. 250000美元用于阿拉斯加格德伍德的阿莱斯加甲板室的建设；

9. 500000美元给贝瑟尔的地区人民学习中心，用于建设一个职业学校和宿舍；

10. 500000美元给迪灵汗市学区，用于维修迪灵汗中学体育馆；

11. 250000美元给阿拉巴马州亨茨维尔的国家儿童保护中心，用于保护中心的设施规划及更新。

12. 200000美元给阿拉巴马州钱伯斯县，用于钱伯斯县工业园的发展；……

资料来源：Départments of Transportation, Treasury, and Housing and Urban Developrment, the Judiciary, District of Columbia, and Independent Agencies Appropriations Act for Fiscal Year 2006 (conference report to accompany H. R. 3058), H. Rept, 109 - 307, 109th Cong., 1st sess., November 18, 2005, pp. 218 - 19.

(a) 拨款委员会经常针对指定的项目和活动实施专项拨款。虽然有些专项拨款通常包含在立法条文中，但大部分会放在伴随法案生成的协商报告中。各机构应预计会执行这些专项拨款和拨款委员会规定的其他要求。

(b) 这里列举的是2006财年交通——财政拨款法案几百条专项拨款中的一部分。在这个案例中，这些专项拨款以州的首字母排序，前10项涉及阿拉斯加州。条款中的这1125项专项拨款占了协商报告的49页。

(c) 专项拨款可以拨给相对较小的账户，如上表中第三项中为阿拉斯加植物园提供的150000美元，也可能是涉及几十亿美元或几亿美元的更大账户。

每个小组委员会对于多少专项拨款是适当的都有一个自己的观念。多年来，两个最大的拨款法案在这个问题上向相反的方向发展。相对而言，劳工－公共卫生和公共事业—教育法案分肥较少，而国防法案则塞满了专项拨款。众议员威廉·奈彻长期在劳工—公共卫生和公共事业—教育小组委员担任主席。在1994年去世之前，他不喜欢并且很少允许在其法案中进行专项拨款。相反，由于需要为数以千计的军事设施和项目注资，国防长期以来一直存在政治分肥现象。正如一些专家俏皮地说，如果要给分肥附上邮政编码，那么国防拨款中的邮政编码肯定比其他法案中多得多。

国会对这种分肥现象的态度是有周期的。在1995年共和党执掌国会时，许多议员发誓说他们将阻止专项拨款，因为他们相信专项拨款会形成偏好更多拨款的国会联盟。保守派进行的研究表明，一个议员在国会服务的时间越长，就越有可能为拨款法案投赞成票。他们对此的解释是，许多在进入国会时决心削减联邦支出的议员们，随着时间的流逝，资历的增加，会产生更多的选区利益，正是这些利益把他们增选出来以支持更高的支出。共和党代表曾自夸自己的支出法案中专项拨款较少，但几年后，他们就屈从于运用立法权来获取政治好处的诱惑。当涉及到为某代表所在的州或选区谋福利时，民主党和共和党的区别就完全消失了。

表9－8证明了这种立法政治的观点。根据国会研究处提供的数据，该表显示，1994年到2004年的十年间，专项拨款金额大幅提升。这段时间内上升趋势中唯一的例外发生在1996年，这一年国会中的共和党人正在履行其削减专项拨款的竞选承诺。不过这一承诺在国会山的现实政治面前退缩了。而且，一旦共和党人适应了这种权力的应用，他们为所在州和选区吸取联邦资金时比民主党有过之而无不及。

表9－8　拨款法案中的专项拨款：1994—2004财年（偶数年份[a]）

拨款法案	1994	1996	1998	2000	2002	2004
农业	313	211	284	359	629	660
商业—司法—国家	253	171	275	361	1111	1454
国防	587	270	644	997	1409	2208
哥伦比亚特区	0	0	3	16	41	78
能源与水	1574	1421	1877	1707	1437	2222
外交事务	38	53	81	69	119	245
内务	314	137	320	479	636	648
劳工—公共卫生和公共事业—教育	5	7	25	491	1606	2036
立法机构	1	0	1	0	4	3
军事设施	895	556	461	518	634	580
交通	140	167	147	641	1473	2282
财政	53	33	11	19	73	61
退伍军人－住房与城市发展	30	48	140	469	1500	1776
总计	4202	3084	4269	6126	10692	14253

资料来源：Congressional Research Service, "Earmarks in Appropriations Acts," memorandum, March 17, 2004.

a. 国会研究处提醒，由于定义不同，所有财年的所有拨款法案数据并非完全一致。另外，它也反对将每个小组委员会的账户相加来确定一个财年总额的做法。

专项拨款的趋势确实相当惊人，这也向我们很好地展现了当代美国政治的现状。2004 年的 14000 个专项拨款是十年前的三倍多。实际上，专项拨款的喷涌推动了一些拨款小组委员会开始规范国会议员请求支援的过程。附录 9－7 是 2006 财年劳工—公共卫生和公共事业—教育款小组委员会发布的指南的引文。其要求的信息与补助申请中的相似。主要的区别在于只有国会议员才有资格申请。在专项拨款的过程中存在着一个政治上的区别。共和党人将他们的申请递交给小组委员会主席，民主党人则将申请递交给少数派领袖。但值得注意的是，指南由共和党的主席和民主党的领袖联合发布。两党在社会项目上会展开斗争，但在这个问题上却会通过分赃团结起来。

附录 9－7 申请专项拨款的正式流程

劳工—公共卫生和公共事业—教育小组委员会来信

作为拨款委员会劳工—卫生—教育和相关机构小组委员会主席和少数党领袖，我们很乐意提供以下关于议员 2006 财年拨款申请流程的信息……

我们希望审议的是来自国会议员的项目资金建议和项目申请。议员们应提供一封信函，概述其 2006 财年的项目申请，以及另一封为个别项目申请资金的信函。但是，不管是项目建议信还是项目申请信，都应该在 2005 年 4 月 8 日，周五下午 5 时之前提交给小组委员会。

申请所需信息说明：

由于小组委员会将收到大量申请，请将您的申请按以下条目归类：

1. 议员姓名
2. 国会工作人员联系方式、电话号码及电子邮箱
3. 优先权排列：由于资金约束，请为您申请拨款的每个项目指定一个优先权编号
4. 受助人的姓名和地址，或是资金接受单位联系人的姓名和电话号码（如果有电子邮箱，也请填写）……
5. 请对申请资金的活动和项目进行简要描述
6. 资金细节：(a) 项目总费用（即包括所有资金及所有年份）；(b) 2006 财年为该项目申请的金额…… (d) 这个项目的其他资金来源有哪些？每个来源提供多少资金？(e) 这个潜在的接受者目前或五年内是否接受过来自任何联邦机构针对该项目的资助？

资料来源：House Appropriations Subcommittee on Labor, Health and Human Services, and Education, March 2005.

(a) 每个小组委员会有各自的议员申请流程。有些没有本附录中小组委员会使用的流程那样正规。

(b) 较早的截止日期（4 月 8 日）表明，许多，可能大部分拨款决定都是在参众两院考虑拨款法案的几个月前作出的。

(c) 劳工—公共卫生和公共事业—教育小组委员会有着两党合作的历史。这里展示的信是由小组委员会主席和少数党领袖共同签署的。不过，它要求共和党委员将申请提交给主席，民主党委员将申请提交给少数党领袖。它也总结道，“当然，欢迎所有的委员把

信件提交给我们任何一方”。

(d) 这份说明只涉及国会议员的申请。对于公民和组织的申请则没有正式的流程。一般对游说者来说，做议员的工作几乎总是比直接提交申请更有效。

因为专项拨款没有标准定义，所以对表 9－8 中的数据应该小心解读。一些观察者将拨款法案中或委员会报告中提到的任何项目都称为专项拨款，另一些人则将这个术语用于指定给特定州或地方的项目。不过，虽然对于这个术语存在争议，但毫无疑问的是，这种行为近年来逐步升级。为什么现在有比 5 年或 10 年前多那么多的专项拨款呢？为什么拨款委员会平均为每个国会议员提供 25 笔专项拨款呢？

大量的专项拨款显示，诱导议员为国会拨款法案（和其他立法）投赞成票的成本增加了。议员们比起以前来变得更加个人主义。而且，对家乡选区有利的专项拨款可能有助于他们在连任战役中大幅提高支持率。但这不是全部的解释。专项拨款的大幅增加也是因为说客和其他申请者在对国会提出申请时比以前做得更好。一些最成功的游说公司在代表客户把项目嵌入拨款法案或报告方面十分专业。市长和州长在要求利益时不像以往那么害羞了，实际上，人们预料到他们会带着每年的购物单来到华盛顿。国会议员在选区利益分配和其他问题上也不像以往那样害羞了。许多议员更多地将自己定位于州或选区利益的代表者而不是国家的立法者。

专项拨款同样也是立法－行政关系的晴雨表。它们代表了国会显示其能力以及对联邦机构如何运作，如何支出拨款资金进行详细指示的意愿。专项拨款的增加伴随着拨款委员会报告中详细的指导数量的增加。这个趋势将会在本章稍后探讨，它表明总统和各机构失去了与国会在政治上讨价还价的能力。除了少量例外，他们已经不能阻止国会告诉他们该做什么和不该做什么了。

几乎没有人会说专项拨款的好话。总统和行政机构不喜欢国会专项拨款，因为它削弱了机构使用资金的自主性。授权委员会表示不喜欢它是因为他们更希望专项拨款在自己的法案之中。自认为没有获得合理资金分配的国会议员抱怨这种做法是浪费和腐败的。许多胜利者声称憎恨拨款法案的资金分配数额，但是，他们说其他每个人也都获得了专项拨款，以此来证明自己的行为是正当的，并且，他们还必须照顾他们所在州和选区的利益。新闻媒体和国会评论家则看到了专项拨款项目背后的腐败和拉票。

在第 109 届国会的后半期，一些与专项拨款相关的腐败案件达到了最高点，这使得国会重新检查这一领域内的规则。在 2007 年第 110 届国会召开之时，众议院通过了一项规定，该规定要求鉴定专项拨款及其保护人，并在相关立法工作开展之前将信息公之于众。同时，众议院还通过另一项规定，禁止众议员申请或推动与其（或其家人）有利益关系的专项拨款。众议院的这项规定不仅应用在拨款法案的专项拨款上，而且也应用于直接支出法案和税收法案中税收限制或关税条款里的专项拨款。参议院在 2007 年初通过并提交众议院的综合性道德立法中也包括了相似的专项拨款规定，但截至本书写作时该立法行动尚未完成。不过，参议院拨款委员会主席罗伯特·C. 伯德参议员实施了一项与立法期间专项拨款规则一致的政策。众议院随后也在2007年采取了旨在防止最初并未被参众两院考虑的专项拨款在全会中被添加（或“空投”）的规定。

专项拨款的大幅增加是因为国会议员们更愿意让他们自己，而不是行政官员们来决定财政拨款的用途。他们之所以能在周期性的换届选举中胜出，是因为担任拨款委员会一员的主要政治价值是为选区带回利益，而不是保卫国库。拨款委员会进行专项拨款是因为一份项目遍布全国的预算法案会比没有这种项目的法案更容易通过。专项拨款在增量资源充裕时自会如雨后春笋般发展，但在预算吃紧时恐怕日子也不太好过。

虽然这些数额对于普通公民来说就像天文数字，但从预算意义上讲，专项拨款金额相对而言并不高——它们中有很多都可以被塞进紧缩的拨款法案。8000个均值为100万美元的项目只占选择性支出不到百分之一和全部联邦支出不到三分之一个百分点。

当资金吃紧时，分肥就十分珍贵，因为这可能是议员唯一可以带回选区的利益。相反，各类项目所需资金量比较大，因为它们通常提供的是全国性的（而非地方性的）利益。试想一下，例如一项提案旨在通过补贴学校的互联网连接来改善公共教育，那么即使这个项目开展得比较节省适度——分配给每个学生仅100美元的额度，其总支出也会超过50亿美元。但假设这不是全国性的项目，某一议员可将100万美元的专项拨款带到他所在的选区的一所学校中，用于互联网的示范计划。在预算的政治权衡中，每个学生100美元实在过于昂贵，而为一所学校投资100万美元还是可行的。

说明专项拨款相对金额较少并不是要证明这种行为的正当性，也不是声称这些资金都用对了地方。但我们也不应该将联邦的巨额预算归咎于政治分肥，巨额预算是由于政府昂贵的项目承诺造成的。

如果历史是一个向导，当今立法统治的周期将会继续，行政和立法两个分支之间更为平衡的关系会得到恢复。可能只有公众的公开反对或一场全国性的危机才能改变这一局面，因为国会在没有外部压力的情况下，不太可能制止专项拨款。

众参两院行动的程序与政治

众议院一般在每一项拨款法案报告几天之内就会对其采取行动。专栏9－2给出了众议院拨款行动的主要步骤。这个顺序是所有常规拨款法案必须遵守的，但在某些特征上与其他一些类型的立法活动有所不同。

专栏9－2 众议院拨款行为的操作步骤

特殊规则

虽然拨款法案拥有特权，众议院也可以随时制定它们，但众议院的制定过程通常在一些特殊规则（以简单的参议院决议形式）下进行，且放弃某些正常议事程序问题，例如那些限制未授权拨款的规定。

全体委员会

在众议院采纳这项规则后，它会以全体委员会而非众议院本身的形式审议该法案。全体委员会的法定人数要比众议院少得多。

一般辩论

议会的管理者们（相关拨款小组委员会主席以及少数党领袖）会对法案展开公开辩论。拨款委员会的主席也会做出公开声明，他会对拨款法案的全面情况向众议院提出建议。而预算委员会的主席会评价法案是否符合小组委员会的302（b）条款分配。

修正

常规拨款法案一般在不排斥议会中任何修正的公开原则下被讨论。当与其相关的部分法案还在审议之中时，修正必须被及时提交。（此项要求的一个例外是，若修正涉及拨款法案的两处或两处以上，金额完全抵消。）

议事程序问题

议事程序问题（也应及时）可以提出反对拨款委员会的报告或全会修正案。在众议院中，主席在议事程序问题上的权威很少受到挑战。

限制

议会修正案会在拨款法案中添加特定的限制，但这只能在考虑完资金水平之后进行。在这一点上，它是为了改变全体委员会“先提高，再报告”的现状。如果动议被采纳，以后可能就不会有机会出现限制性的修正案了。

最终通过

在全体委员会报告法案之后，众议院要进行最后审议。在某些特定的情况下，众议院也许会重新考虑全体委员会通过的修正案，但它通常与先前的投票同时进行。

因为拨款法案对于议会审议而言具有优先权，众议院可以在未通过规则委员会获得一条特别规则的情况下审议它们。但是，大多数进入议会审议的拨款都要遵守一条特别规则，搁置一条或以上的持续性规则，如反对未授权拨款的规则。众议院先接受特别规则（见附录9-8），然后审议拨款法案。

附录9-8　拨款法案的众议院特别规则

众议院决议，第865号

美国，众议院

2006年6月13日

已得到解决，此项决议被采纳后的任何时间，议长可以依据第18条规则第2（b）款，宣布众议院成为联邦的众议院全体委员会，审议为交通部、财政部、城乡发展部、司法部、哥伦比亚特区以及2007年9月30日结束的财政年度中其他独立机构提供拨款或是用于其他目的的拨款法案（众议院5576号文件）。法案的第一次阅读应当被省去。所有与法案讨论冲突的议事程序问题都将被取消。一般辩论应被限制于法案以内，平均不超过一小时，并要在拨款委员会主席和少数党领袖的控制下进行。一般辩论后，法案应在五分钟原则下进行讨论修正。除以下情况外，由于不符合第21条第2款对法案条款提出的议事程序问题皆予搁置：第5页、第23行，以“to”开始，到第24行的逗号；从第6页第

22行中的冒号开始，到第26行的“year”；从第13页第1行的“for”开始，到第6行的“code”；从第13页第17行的冒号开始，到第25行的“expended”；以及第120、127、129、206、530、707和931章节。当反对某个段落一部分的议事程序问题被搁置时，反对同一段落其他部分的议事程序问题将仅仅被看作对其他部分的反对，而非与整个段落的冲突。在法案修正案的审议期间，全体委员会主席应优先判别议员提出的修正案是否因为符合第18条第8款的指定目的而被打印在国会记录中。这样被打印的修正案应被视作已读。当委员会提出和公布的法案回到众议院，并且已被推荐通过时，前面的问题应被视作仅仅针对法案。此外，除去重新提出的单项提议（无论有无说明），修正案都应在没有干涉提议的情况下送交最后阶段审议。

资料来源：H. Res. 865（providing for consideration of the bill H. R. 5576 – Departments of Transportation, Treasury, and Housing and Urban Development, the Judiciary, District of Columbia, and Independent Agencies Appropriations Act for Fiscal Year 2007), 109th Cong., 2d sess., June 13, 2006.

(a) 尽管拨款法案拥有优先权并且可以在任何时间被众议院审议，实践通常是审议搁置了议事程序问题，适用特殊规则（以简单的众议院决议的形式）的每一项法案。众议院首先对此规则投票；如果它被采纳了，众议院再审议拨款法案。

(b) 这里列出的规则弃用了第二十一条第二款规则，禁止未通过的拨款以及在拨款法案中进行立法。注意这条规则搁置了与法案审议相悖的所有议事程序问题；除此之外，它也搁置了与法案中条款相悖的任何议事程序问题，除了一些由行和页码或节码标明的例外。不仅如此，它没有搁置与修正案不符的议事程序。

(c) 这是一个公开规则，它不限制全会修正案，但它允许委员会主席将优先权给予那些已将修正意见事先放入国会记录的议员们。

拨款法案中的特殊规则通常都是开放性的，它们并不约束议会修正案。但是，在90年代的某些年份中，立法分支的拨款法案有时会在严格排除修正案的规则下进行。多数党凭借此策略阻止少数党提出会令他们感到难堪的修正案。

在众议院的审议过程中，小组委员会主席（在议会中管理该法案的人）或预算委员会会建议立法机关审查法案中的预算授权及支出是否限制在302（b）条款中分配给小组委员会的数量以内。附录9-9显示了一份这样的说明。拨款法案很少会超出302（b）条款的分配范围——这样做就预示着拨款委员会违反了国会的预算政策。在有些情况下，法案因技术而非实质性原因超出范围。当这种情况发生时，众议院一般会搁置议事程序问题。

附录9-9 第302（b）条款 评估声明

今天，我们面对的是为交通、财政、住房和联邦司法以及哥伦比亚特区提供资金的拨款。在已重新组织的小组委员会结构下，此拨款法案第一次将住房与交通、财政结合在一个拨款法案之中。我高兴地向大家报告：这份法案与 H. Con. Res. 95 中设立的 2006 财年预算共同决议水平一致，该决议作为国会的财政蓝图于 4 月 28 日通过。

预算决议

众议院 3058 号文件为选择性预算资源提供了 1152 万美元。这比 2005 财年提高了 7%。尽管如此，这项法案与对小组委员会的分配一致，并与预算法案第 302（f）条款一致，它阻止了对超出小组委员会第 302（b）条款分配的预算授权及支出法案的审议。该法案不含任何紧急支出。

为了维持在 302（b）条款的限制范围内，该法案废除了之前提供给联邦航空局的 5.49 亿美元的强制性合同授权。法案也废除了先前通过的 24.97 亿美元的选择性预算授权。除 400 万美元外，废除款项中选择性预算授权几乎全部来自公共和印第安房屋认证基金。

这项法案也遵从了预算决议中关于提前拨款的条款。该法案中有此类拨款 42.37 亿美元，全部资金均位于预算决议中列为有资格提前拨款的账户中。但是，众议院应该注意到，这些条款与已经获得通过的劳工—公共卫生和公共事业—教育拨款法案中 188.85 亿美元的提前拨款一起，达到了在预算决议中提供的提前拨款的 231.58 亿美元的总额。在此基础上，再增加提前拨款会突破上限并且使立法受制于议事程序问题。

资料来源：Remarks of Representative Jim Nussle（House Budget Committee chair），*Congressional Record*（daily ed.），June 29，2005，p. H5384.

（a）在拨款法案的辩论过程中，参众两院预算委员会主席可能会提供一份关于法案的金额是否在相关小组委员会第 302（b）条款次拨款金额内的声明。这种声明没有标准形式。

（b）预算委员会是国会拨款行为的政府评估者。他们的分析在裁决与 302（b）条款限制相关的规程上具有权威性。

（c）如上述案例，预算委员会声明经常报告拨款法案在小组委员会次分配额度以内。但是，注意，小组委员会通过废除之前拨款的预算授权来满足这些限制。由于这些废除的资金可能根本未用，而新拨款却可能要使用，因此，有人质疑这项策略是否符合第 302（b）条款的意图。

（d）除了 302（b）条款的限制以外，预算决议限制了提前拨款的金额——未来一个财年可得资金的数量。尼塞尔主席在他的声明中报告，任何额外的提前拨款，只要超过了法案提供的额度，都要服从议事程序。

302 条款禁止通过会改变众议院拨款委员会建议拨款总额的议会修正案。根据委员会公布的材料，支出法案通常都被限制在 302 条款的分配范围以内，或是较其数额再少一些。超出 302 条款分配范围的拨款修正案会被议事程序阻止，那些减少预算授权或支出的修正案会因为报告的水平在 302 条款的分配范围内而受到质疑。这种情况下唯一的其他选择就是在 302 条款的限制范围内将资金从一个账户转移到另一个账户。这类修正案很少获得通过，因为那些因此丧失资源的项目会强烈地反对它。

尽管存在以上这些障碍，但当经济形势制约国会山时，通过削减拨款使其维持在302条款分配范围内的修正案依然会产生。然而，由于预算规则中的一个异常现象，这些修正案并不能像它们声称的那样发挥全部效力。原因就在于302条款的程序拥有两种彼此联系，而又互相独立的限制：一种限制选择性支出总额，另一种限制产生于每个小组委员会拨款的支出。一项可以将拨款规模削减到小组委员会限制条件内的成功的议会修正案并不会改变选择性支出总额。因此，议会修正案节省的资源会根据302条款的程序被回收利用到其他拨款之中。当共和党人1995年控制众议院时，试图通过提出“保险箱”规则来应对这种情况，它会按照与节约资金量相等的水平降低选择性支出上限。例如，一项削减拨款法案1亿美元的修正案会自动把当年选择性支出上限降低1亿美元。参议院并未通过这一规定，而“保险箱”条款也很少被应用。

在为拨款方案投票前，众议院可能会被建议考虑白宫或是管理与预算局提出的关注焦点。这类建议会采取行政政策声明的方式（附录9－10），每项声明在拨款法案通过参众两院时都详细说明了行政部门关注的问题。行政政策声明会在国会行动的全部七个阶段发布：众议院拨款小组委员会的修正，众议院拨款委员会的修正，众议院审议，参议院小组委员会的行动，全体委员修正，参议院审议及协商委员会会议决议。行政政策声明会对最新版本拨款方案中那些行政机构反对的条款逐一作出评论。它在措辞和结构上都十分小心，以表明行政机构反对的强度，以及法案可能引起总统否决的程度。在克林顿任期之前，行政政策声明很少直接表明总统会因为其反对的条款而否决拨款法案，而只是声称总统的顾问会建议总统否决该法案。由于没有公开宣称总统会否决法案，行政政策声明为协商和妥协打开了一扇大门。然而，在遭遇共和党缩减国内支出并对拨款法案附上限制性条款的企图时，克林顿改变了这种惯常模式。与暗示否决不同，克林顿的行政政策声明宣布如果不恢复拨款或废除搭车项目，他将否决拨款法案。乔治·W. 布什则相反，他在其行政政策声明中很少威胁使用否决权。他的语气总是调和的，希望和国会在拨款法案上合作。但是，当他在任期的最后几年内采取强硬措施时，人们也不应该感到奇怪，因为他面临参众两院同时出现的新的民主党多数。

附录9－10　行政政策声明

比尔·克林顿

行政部门对委员会所做的、在302（b）条款范围内尊重总统优先权的努力十分感谢。然而，仅靠此分配不足以在该法案提供资金的项目上安排必要投入。结果是，一些重要项目没有获得资金或资金不足，特别是一些关键的总统政策优先项目，如国民服务、有毒废物堆场污染清除基金、气候变化等。另外，行政部门对委员会就京都议定书和其他问题采取的有争议性的语言十分关注。最后，行政部门理解可能会提出一份修正案，包含一些H. R. 2无法接受的条款（如收入目标等）。如果该法案没有回应这些关注的问题便被提交给总统，总统的高级顾问会建议他否决该法案。

乔治·W. 布什

行政机构支持众议院通过（众议院委员会报告的）2007财年科学、州、司法、商业和相关机构的拨款法案，并对委员会及时报告这一法案表示赞赏。

2007财年总统预算中选择性支出总额达8728亿美元，并将非安全类选择性支出削减到上一年的水平之下……行政机构寻求与国会合作，采纳总统削减浪费性支出的建议，以便维护财政纪律，保护美国纳税人的利益，并维持一个繁荣的经济。

……委员会法案对于教育和文化交流项目以及国家民主资助计划（NED）提供的资金不足，而这些对于建立和支持全世界的民主事业十分重要。……行政机关寻求与国会合作来保证这些项目得到必要的资金水平。

法案中声称指导或引导国际关系、外交协商或国际组织以及总统关于使用武力的决定的条款应被修正，从而使得条款和总统关于军事力量使用的决策一致，以便指导全国外交事务并维持其作为总司令的宪法权威。这些条款包括第405条、406条、624条、625条、626条和628条以及在标题下方的“用于国际维和活动捐款。”

资料来源：Office of Management and Budget, Statement of Administration Policy on H. R. 4194—the Departments of Veterans Affairs and Housing and Urban Development, and Independent Agencies Appropriations Bill for Fiscal Year 1999, June 15, 1998, P. 1; and Statement of Administrative Policy on H. R. 5672—the Science, State, Justice, Commerce, and Related Agencies Appropriations Bill, FY2007, June 28, 2006.

（a）行政政策声明（SAP）针对每个年度拨款法案和其他主要立法发布。它经常通过内部审查程序，通常由管理与预算局或白宫职员领导。最终版本在管理与预算局网站上公布。有时行政政策声明会被移入国会记录，并在拨款辩论中被引用。

（b）每位总统都有自己处理与国会分歧的方式。就像这里所说的，如果引起分歧的条款没有被废除，克林顿总统经常威胁否决拨款。而乔治·W. 布什在其任期的前六年总是不愿意行使他的否决权，他总是保证和国会合作来达成一致。这种保证在引文里出现过两次。

（c）总统有时利用行政政策声明来表明他们对于条款的反对，他们认为这些条款影响了他们的宪法权威。这个做法在布什总统的任期内得到加强。

（d）不管是否明确预示了一个否决，当白宫和国会发生争议时，行政政策声明为两者的协商奠定了基础。

为了应对总统和国会在预算问题上持续不断的冲突，行政政策声明在20世纪80年代被引入。管理与预算局被敦促要加强对国会在总统预算方面作为的关注，因此引入了行政政策声明作为监控国会行为和交流行政关注的一种方法。行政政策声明不是取代了总统和国会之间互让妥协的关系，而是象征了一个总统与国会之间更为正式、疏远的关系。这种关系表明白宫会把争议写在纸上并威胁使用否决权。实际上，行政政策声明经常为协商提供契机，而协商会带来分歧的解决和拨款的通过。但是，有时候这个过程中止，否决权的使用从威胁变成现实。

参议院行为

在讨论参议院拨款行为时，我们必须对下述两种情况进行区分，即传统次序中众议院先行动的做法及最近出现的有时参议院采取主动并在众议院之前制定拨款法案的情况。在两种情况下，参议院拨款小组委员都会组织听证会、建议拨款、起草报告、为议会审议准备法案。主要区别是，当参议院先行动时，它准备的是一个全新的法案，而当它尾随众议院之后行动时，参议院只是修正众议院通过的法案。过去，许多参议院做出的修正被有序地编号并在改动处加入。在对参议院修正进行编号时，参议院拨款委员会制定的修改与议会通过的修改没什么区别，它们都被嵌入众议院通过法案的相关处。紧随每条被编号的修正案，参议院法案会划出其在众议院法案中删除的语句，并在参议院所用的语言（非众议院法案）下使用斜体或加下划线。但是，最近几年的做法是将参议院对众议院通过法案的所有改动汇编到一个单独的修正案中。

当参议院率先行动时，它制定自己的拨款法案，但直到众议院完成其版本时才公开。当众议院完成自己的法案，参议院通过的整个法案被作为一个修正案嵌入众议院的法案之中。通过这种方式，即使参议院先行动，众议院的拨款特权仍然得以保留。在参议院拨款委员会制定参议院拨款法案时，一项重要的程序性优势产生：尽管参议院第 16 条规则（在第八章中曾经讨论过）禁止委员会修正案中含有对众议院通过法案的立法性条款，但这种禁令在委员会报告自身法案时并不适用。

参议院拨款听证会不如众议院召开的听证会范围那样大。但是，参议院并非例行公事地顺从众议院的行动。不管它是先行动还是后行动，参议院拨款与众议院拨款总是在数量和其他规则上有显著不同。当拨款法案进入协商会议时，这两个版本经常有 100 多处差异。有些差异是双方用于强化各自协商立场的交易筹码，有的则是真实存在的分歧。

在拨款法案的审议中，参议院对其议员提出议会修正案的做法几乎不作限制。但它会对违反 302 条限制的条款施以强大的阻力，不管这些条款出现在报告法案中还是在议会提案中。参议院限制比众议院限制更为严厉，因为它必须由五分之三投票通过才能被搁置，而与之相反，众议院只需半数以上便可通过。但是，总体来看，相对于参议院对拨款法案的辩论，众议院的辩论不那么结构化；参议院过程中的主要步骤列于专栏 9－3 之中。

专栏 9－3 参议院拨款行为程序

搁置动议（选择性）

国会预算法案禁止审议那些违反事实性或程序性预算规则的税收或支出法案——比如，在预算决议通过前禁止考虑拨款方案。参议院可以通过一致同意或接受搁置动议来废止这些规则。

时间限制协定

拨款法案和其他主要立法经常在时间限制协定的前提下接受参议院审议（也被称为一

致同意协定），它规定了辩论和修正案被审议的时间，有时还规定法案最后投票的时间。多数党领袖经常在征求少数党领袖和其他感兴趣的参议员意见的基础上，提出时间限制协定。在一些情况下，当一个时间限制协定无法达成时，领导层会结束对法案和修正案的辩论。

管理者声明

相关拨款小组委员会主席和少数党领袖提供法案概述，包括和先前法案以及总统申请的比较。

委员会修正案

参议院拨款委员会建议对众议院通过法案进行的修改通常要进行全体表决，并以口头投票的方式通过。这个程序只用于参议院继续审议众议院已经通过的法案的情况。

议会修正案

整个拨款法案在任何时间都对议会修正案开放。但是，时间限制协定通常详细规定了分配给每项修正案的辩论时间。

议事程序问题

议事程序问题可能在法案审议过程中的任何时候被提出。当议事程序问题的提出是因为某条款是在拨款法案中进行的立法，另一个议员可能就其关联性提出反对。如果参议院认定这个条款与法案密切相关，原来的议事程序问题便作废。一些违反国会 1974 年预算法案规定的议事程序问题只需五分之三的票数就可被搁置。

最终通过

在所有的修正案被审议之后（或者时间到达时间限制协定中规定的最后通过投票点），参议院对这项法案进行投票，一些拨款法案是以口头投票而非记录投票通过的。

在参众两院都通过拨款法案之后，一个协商委员会会被召集起来以解决两个版本的差异。与会者逐一对账户进行审查来解决分歧。拨款法案在参众两院以统一形式通过后才能成为法律。虽然分歧通常在协商报告附带的联合解释声明中解决，但是参众两院并不一定要就报告条文达成一致。

与其他立法相同，拨款法案在完成国会审议后会被提交给总统，总统有权选择签署或否决整个法案，他不能否决拨款法案的一部分（部分否决权在第五章中已经讨论过）。在国会最终确定拨款法案之前，它通常分解了与总统之间的许多分歧。结果就是，当国会完成拨款法案时，它会产生强烈的期望，即使总统可能并不同意法案中的每一项，他仍会签署法案。但是，近期的一些总统有力地运用否决权来阻止与其优先项不符的拨款法案。比尔·克林顿在运用否决权来加强自己与国会的讨价实力上尤其成功。乔治·W. 布什则相反，在他任期的前五年中，没有对任何一项拨款法案提出过否决。因此在他的任期内，年度预算增幅远高于克林顿时期也就不足为奇了。

补充拨款

补充拨款和持续决议的过程都与常规拨款法案相似。它没有固定的数量，不过，有些法案在每届国会都被通过。

补充拨款法案由对项目具有管辖权的小组委员会负责准备。但并不是只建立在他们的提议之上，它的准备过程通常比常规拨款带有更多协调。如前所述，第302条款分配禁止小组委员会不顾额外拨款是否符合预算限制而独立采取行动。形成补充拨款法案需要对法案的范围、应提供的额外资源的数量做出决定，不管额外拨款的全部或一部分是否被设计用于紧急情况，也不管紧急支出是否应该被其他领域的削减抵消。要解决这些问题可能需要国会内部以及国会与白宫之间的协商，协商范围要包括那些辖下项目属于补充拨款目标的小组委员会。

尽管补充拨款是拨款过程的经常性特征，它们已经不再和过去一样常规和可预见，而且，它们与先前通过的补充拨款在范围和目的上均有所不同。补充的资源取决于国会的预算基调以及一些自然灾害或美国军事行动之类的外部事件。一项关于过去三年补充拨款的简单调查将这些措施的变化视为重点。

国会在20世纪70年代平均每年通过超过6个补充拨款法案。在这期间的大部分年份里，补充拨款占到年度拨款的4%到7%，而在一些年份，这个比例超过10%。在1974年国会预算法案通过后不久，补充拨款达到顶点。显然，新预算过程未能有效限制国会增加常规法案里提供资源的倾向。国会没有发生变化的一个原因在于，补充拨款被用于为联邦雇员的年度工资增长提供资金。另一个原因是补充拨款被用于刺激经济，第三个原因是补充拨款为那些常规拨款审议时没有获得再授权的项目提供资金。

而这三个原因如今都不复存在。在补充拨款中为联邦雇员工资增长提供资金的做法由于预算执行法案在选择性支出总额上的限制而在20世纪90年代停止。如今，联邦机构必须通过当前运营中的结余来消化工资增长的成本。此外，不管经济衰退是否变得比过去更快或更浅，或者是因为对于刺激消费的有效性丧失信心，国会已经很少制定这种作为经济刺激的特殊拨款。实际上，比尔·克林顿的第一个立法失败发生在他刚当选后不久，当时国会没有通过他提议的用于刺激经济的160亿美元的补充拨款。对于被延迟的授权，国会通常以搁置或无视规则的方式进行拨款。

由于这些调整，补充拨款在20世纪80年代占总预算授权的比例减少到只有1%左右。补充资源的一半被用于拨款委员会很难控制或没法控制的强制性项目。这种减退受到人们对这十年出现的高额预算赤字关注的刺激。国会制定了影响补充拨款的两项政策变动。一项是运用这些手段来撤销先前通过的拨款，从而抵消一部分额外支出。虽然有议员认为所有的补充拨款都应被抵消，国会却很少这样做，尤其是在额外拨款被用于灾难救援和国防时。另一项变动是由民主党和共和党领袖在1987年首先发布的一份宣言，要求补充拨款从此只能被用于“十分危险的紧急情况”。这份在清算赤字的格拉姆—拉德曼—霍林斯战役高潮时作出的宣言，取得了短期的作用。但是像“十分危险的紧急情况”这样的标准缺乏客观尺度和执行机制。它不能在国会想要通过补充拨款法案时阻止投票。

在20世纪90年代，补充拨款受到预算执行法案的约束，该法案对选择性支出进行了限制。但是，紧急拨款被排除在选择性支出上限之外，而国会利用这样的豁免来为海湾战争、其他军事活动及灾难救援提供补充拨款资源。在这里，紧急赦免权非常有弹性，因为国会将其运用到日常支出中。比如，国会指定拨付给2000年人口普查的一部分资金为紧急支出资金，这样就可以将选择性支出上限内的等量资金激活以作他用。但是，尽管有这些偶然的逃避，这个十年中补充拨款的规模已经相对合理。从2001年9月恐怖袭击起，事情发生了很大的变化。表9－9反映了（净撤销）2002年到2005年期间每年的补充拨款都比上年多。这种趋势的一个主要原因就是布什总统决定将伊拉克和阿富汗的军事行动成本排除在预算之外。这种战术可以使预算中表现出的赤字更小，但这诱导国会以补充拨款而不是常规拨款的形式为这些成本提供资金。2005财年的补充拨款因为摧毁了新奥尔良和邻近地区的卡特里娜飓风而增加。像此前战争灾难的后果一样，国会使用补充拨款为无关卡特里娜飓风的目的提供资金。2005财年结束时，补充拨款占选择性预算授权的比例超过15%，远高于这个调查中统计的其他任何年份的水平。

表9－9　　2000—2006财年补充拨款　　单位：百万美元

	2000	2001	2002	2003	2004	2005	2006
国　防	8.8	19.6	17.1	62.8	92.0	79.2	68.2
非国防	8.1	7.9	28.2	18.3	25.7	81.2	26.2
总　计	16.9	27.5	45.3	81.1	117.7	160.4	94.4

资料来源：Congressional Budget Office, Supplemental Appropriations from 2000 to 2006, August 2006, unnumbered table, "CBO Data on Supplemental Budget Authority for the 2000's," Available on the CBO website at www.cbo.gov/ftpdocs/66xx/doc6630/3－16－SuppApprop.pdf.

就像常规拨款一样，补充拨款也包括专项拨款。如果某法案被普遍认为是解决紧急情况资金需求的手段，那么其中的专项拨款可能尤其会引起争议。2007年初，众参两院通过了一项由总统申请的用于伊拉克和阿富汗战争退伍军人项目和其他紧急需求的1000万美元的补充拨款。然而，由于该法案中包含一个从伊拉克撤军的时间表，所以备受争议，而乔治·W. 布什总统在这个议题上发出否决威胁。另外，当一笔大约200亿美元的未被申请的资金出现在参众两院的拨款版本中时，又引起了更多争议。根据一些观察家的说法，额外支出中的大部分涉及未被证明正当性的专项拨款，它们被放入的目的只是为这一具有高度争议性方案的通过争取政治支持。（见专栏9－4）

专栏9－4　补充拨款法案中的专项拨款

2007年初，参众两院通过一项补充拨款法案，这项法案为伊拉克和阿富汗战争、退伍军人项目和其他紧急资金需要提供1000亿美元。其中也包括200亿美元用于额外支出的资金。有些观察家批评这两个版本的拨款法案包含了他们认为过多的专项资金。这个例子从组织的角度列出了众参两院法案中的一些专项拨款（最终立法截至此时尚未完成），有些情况下，其中一些条目被定为专项拨款是否合适可能会引起争议。

专项拨款计划	金额（百万美元）
参议院	
土地征用	1.98
乌干达和平进程	2
沟渠灌溉系统修复	2
甘蔗合作社（夏威夷）	3
越南二恶英贮藏场所环境治理	3.2
国会大厦导游服务	3.5
水淹作物和草场	6
尼泊尔选举资助、前作战人员重返社会以及和平进程中的其他帮助	6
菲律宾台风救援	6
小母羊的替代和保留	13
保护美国宝藏	13
摩门蟋蟀根除（内华达州）	20
甜菜生产（明尼苏达州）	24
国会电厂的石棉消减	25
众议院	
食品与药品管理局妇女健康办公室	4
活鱼繁殖、饲养和运输	5
野生鸟类禽流感检测	5.27
白宫办公大楼的安全升级	16
教育和文化交流项目	20
严寒气温损害农田的紧急保护项目	20
菠菜种植者（加利福尼亚州）	25
飓风牲畜赔偿计划	25
美国宇航局海湾威胁缓解计划	35
农业服务机构工资和开支	48
国会电厂的石棉消减	50
鲑鱼渔业灾难援助	60.4
花生储藏（乔治亚州）	74
柑橘援助（加利福尼亚州）	100

资料来源：Thomas Schatz，"Pork Goes to War，" New York Times，March 30，2007.

持续决议与综合拨款

从20世纪70年代后期开始至今的时期，是拨款手段应用有重大创新的时代。这包括持续决议的改革和综合拨款法案的发展。国会1950年开始进行综合拨款试验，为所有的常规拨款法案提供资金，但是在次年就放弃了这种做法，并在之后的几十年都未再使用。

传统的持续决议在许多年里均被例行公事地通过，它们是一种简单、临时的手段，列出那些尚未获得常规拨款的项目或机构，提供具有持续比率的资金，并预定在几天或几周内过期，而鉴于其临时性的状态，还会有一些必要的技术性条款（见附录9-11）。相反，当代的一些持续决议已经变成为常规拨款法案提供全部或大部分资金的综合手段。有时它会在财年剩余的时间内一直生效，像常规拨款法案一样规定着每个账户的金额。它可能包括大量的事实性立法和其他通常能在常规拨款法案中发现的条款。传统的持续决议只有几页纸长，而综合决议可能有几百页。在一些年份里，国会通过一系列简单、传统的持续决议，其中每个只提供临时性的资金，以及一个贯穿财年剩余时间的最终综合持续决议。综合拨款实际上是使常规拨款通过的手段。

附录9-11 持续决议

联合决议

针对2006财年持续拨款及其他目的

第101（a）条款：例如为了延续2005财年制定的这个联合决议之外未特别提供的项目或活动（包括直接贷款和贷款担保成本），2006财年适用的拨款法案提供的授权和条件下所需金额，以及在下列拨款法案将提供的拨款、资金或其他授权：

（1）2006年农业、农村发展，食品与药品管理局和相关机构拨款法案。

（2）2006年国防部拨款法案……

第103条款：101条形成的拨款应当可用于相关拨款法案规定的范围和方式。

第104条款：101条中可用的拨款、资金或授权不得用于启动或恢复2005财年不提供拨款、资金和其他授权的项目或活动。

第106条款：除非本联合决议或其他适用的拨款法案规定，本联合决议中授予的资金和授权只有在下列情况发生后才能使用：（a）本联合决议中的任何项目或活动的拨款法案获得通过，成为法律；（b）适用的拨款法案获得国会两院通过成为法律，其中均未提及上述项目或活动；因为这个项目或活动，参众两院以没有规定的形式通过适用的拨款法案成为法律；（c）2005年11月18日。

资料来源：Continuing Appropriations Act for Fiscal Year 2006，P. L. 109-77，September 30，2005.

（a）一项持续拨款法案以联合决议的形式通过，因为机构没有获得该财年的常规拨款。尽管它一直被认作是一项持续性决议，但它和法案具有相同的法律地位。它可能只在财年的一部分时间生效，也可能在该年的其余时间生效。

（b）持续决议列出了它覆盖的常规拨款。这个2006财年的持续决议覆盖了11个常规拨款法案中的9个。

（c）大部分持续决议是暂时性的，它们在其规定的时间过期，或者由常规法案通过取代。本决议生效49天，从财年的开始到2005年11月18日。在它过期时，另外两项持续决议被通过，提供资金到12月31日。

(d) 作为一个典型的持续决议，这项决议禁止先前财年不提供资金的任何项目和活动使用持续决议中的资金。

持续决议的一些特征使他们适合转为综合政策。第一，从国会的先例看，它们不会被视为一般的拨款法案。这样，拨款法案中反对未授权拨款和立法的规则就不适用。几乎任何事情都可以放入持续决议而无需提出议事程序问题。第二，这些方案被审议的方式（处于迫在眉睫的政府关闭威胁下），为那些在其他情况下不会成为法律的立法提供了一个理想的工具。第三，综合持续决议经常在参众两院首脑会议谈判时被敲定。其中存在着大量的混乱与妥协，如果一方的偏好包含在决议中，就要接受另一方想要的条款。结果便出现一个臃肿的持续决议，国会中没有人会声称喜欢它，但也没有人会反对。

在20年代90年代后期到21世纪初，国会对综合拨款法案的依赖程度加深，但并不总是以持续决议的形式发布。这些举措需要一个“统一”拨款法案的标签。持续决议仍被经常使用，但通常不再是完成本届国会活动的工具。在1998到2007财年里，国会通过了70多个持续决议，平均而言，差不多为财政年度的前四个月提供了临时资金。

许多观察者把规模较大，有时甚至是繁复的拨款法案视为常规拨款过程出现问题的证据。但是，这个问题不在于拨款的程序，而在于预算政策上持续和紧张的冲突。综合或统一拨款法案使总统和国会在传统手段不足时通过不同的程序在拨款问题上达成协议。而在预算和平时期，持续决议和综合法案就变得不那么常见，并且规模也变得较小。

拨款法案的结构和内容

所有的常规拨款法案都包括三大标准特征：一个指定拨款财政年度的说明制定经过的条款；按账户进行的拨款；以及一般性条款（见附录9－12）。

附录9－12 常规拨款法案的结构

说明制定经过的条款

为内务部、环境部和相关机构

在2006年9月30日结束的财年进行的拨款，以及为其他目的进行的拨款

如果本拨款法案被美利坚合众国国会参众两院通过，以下的数目将在2006年9月30日结束的财年内被拨给内务部、环境部和相关机构及其他目的，国库中的其他资金则不会被拨出。即……

拨款

约翰·F. 肯尼迪演艺中心

运行与维护

用于约翰·F. 肯尼迪表演艺术中心运行、维护、安全的必要开支；17800000 美元。

一般性条款

第 414 条，除了紧急情况，本法案中的资金不能被用于业务繁忙时间电话答录机的运行，除非所接的电话有可能让打电话者及时联系到相关部门的在岗人员。

资料来源：Department of Interior，Environment，and Related Agencies Appropriations Act for Fiscal Year 2006，P. L. 109 – 54，August 2，2005.

（a）一项拨款法案包括三项主要内容：说明制定经过的条款，特定账户的拨款和一般性条款。

（b）说明制定经过的条款指定了拨款的财政年度。除非另有规定，法案提供的所有资金只能在法案规定的财年中用于履行义务。除非条款中给定了更长的有效期，否则拨款法案中所有实质性条款均在此财年结束时过期。

（c）每一个未编码的段落组成一个拨款账户。大部分机构有提供薪水与开支的独立账户，一些则有采购或其他活动的额外账户。体现拨款目的的声明经常参考被授权的法律和美利坚法典的规定。

（d）除非条文说明，未编码段落中的规定只涉及相关的那个账户。只有当法律授权时，资金才能在账户间转移。

一般性条款（可能限制资金的使用或含有新的立法）的部分会进行编号。这些条款通常适用于法案中的所有账户。涉及多个部门的拨款被分为多个单独的法案，每个都有各自的一般性条款。

拨款的基本单位是账户。拨款内每一个未编码的段落都是一个单独的账户。除非文本中给出更宽泛的范围，否则该段落内通过的所有条款都只涉及这一账户。未编码的账户是财政部负责维持的政府会计制度的来源。法律控制着与每个账户有关的资金的使用（如规定支出不得超过拨款，或拨款只能被用于某目的）。因此，一个账户对支出的数量和目的都作了限制。

多年来，拨款一直被统一到相对少量的账户中。如今，预算包括了 1000 多个账户，但是其中 200 个最大的账户覆盖了联邦支出总额的 90% 以上。许多联邦机构都有一个“薪水与开支”的单独账户，用于运营支出；有些机构有用于特殊目的的账户，如采购、建设等。当国会建立一个新项目，对其进行的拨款通常放在现有账户中。尽管拨款委员会在他们的报告中规定了资金在各个项目和活动间的分配，但大部分拨款为那些由一个账户提供资金的所有项目与活动提供一笔总资金。有时，拨款法案本身会指定把账户中的一部分资金用作特定目的。拨款可能指定“不少于”一定数量的资金应该被用于某特定项目。当这种或类似的语言出现在拨款法案中时，支出机构经常将其按“分账户”处理，以便将资金分隔开。

除了加在特定账户上的条款外，每个拨款法案基本上都包括一般性条款，应用于所有账户。(一项涉及两个或两个以上部门的拨款法案可能被分为几章，每章有各自的一般性条款。) 一般性条款通常以编号段落的形式出现在每章或法案末尾。(见附录 9 - 13)。大部分一般性条款都包含限制（对拨款使用的限制）或立法(法律中的变动)；有些因为特定用途而实施专项拨款。大部分条款在很少或根本没有变化的情况下被一年又一年地通过。随着每年加入一些新的条款，一般性条款的数量稳步提高。表 9 - 10 展示了从 1964 财年之后以 10 年为一个区间的这种增长趋势。总之，在每一个这样的阶段，其一般性条款总是多于前一阶段。2004 财年拨款法案中一般性条款的数量超出 1964 财年 7 倍多。这种显著的增加体现了国会与行政机构之间的紧张关系，体现了拨款委员会专项拨款和限制拨款用途的不断增强的趋势，体现了拨款委员会在保持旧条款的基础上增加新条款的渐进行为，以及拨款法案中更多立法的加入。

附录 9 - 13　一般性条款的种类

限制

第 715 条：本法案拨付的资金不得用于支付流产费用，或用于支付与联邦雇员健康福利项目中任何为流产提供保险和保金的健康计划相关的管理费。

第 716 条：715 条的规定不能适用于胎儿满月会危及母亲生命的情况，或由于强奸或乱伦导致的怀孕。

立法

第 828 条：尽管有其他法律条款的规定，若妇女和儿童被允许出现在联邦大厦或联邦产业的某个位置，那么该妇女就可以在这些位置进行母乳喂养。

第 840 条：在 1998 年联邦活动清单改革法案 4（b）条款（公法 105 - 270）结尾添加以下新段落以作出修订。

“(5) 在财政年度第一天全职员工少于 100 人的行政机构。然而，这样的一个机构应该遵守第 2 条规定到这样的程度：为一项非政府固有活动的绩效计划开展公—私竞争。”

政府范围

第 809 条：本法案或其他法案规定的当前财政年度拨款不得用于支付给已获提名，但参议院投票决定不批准的候选人。

资料来源：Transportation, Treasury, Housing and Urban Development, the Judiciary, the District of Columbia, and Independent Agencies Appropriations Act for Fiscal Year 2006, P. L. 109 - 115, November 30, 2005.

(a) 一般性条款（通常是编号的条目）涉及拨款法案的所有账户。有些拨款法案被分为几章，指向不同的拨款法案。在这些例子中，一般性条款只涉及可见的特定章节。

(b) 一般性条款的数目在过去的 20 年中增加迅速。大部分是限制或立法。其中很多年复一年地被再制定。

(c) 限制基本上以这样或类似的语言开头：“拨款不能用于……”。有些限制涉到广泛的政策问题，比如用拨款资金来支付流产，有些涉及具体的问题。

（d）立法通常以这样的词句开头："尽管有其他法律条款的规定……"。这种词汇的目的是明确忽略与本条法案相左的任何已有的法律条款。在另外一些例子中，立法直接修改在条文中引用的条款。

年度财政拨款法案（在第 11 届国会中被更名为财政服务与一般政府拨款法案）包括与所有拨款和联邦机构有关的政府范围内的条款。注意这个词汇："在本法案或其他法案中"。

表 9－10　1964—2004 财年[a] 以 10 年为区间的常规拨款法案一般性条款

法案	1964	1974	1984	1994	2004
农业	7	8	4	28	89
商业—司法—州	15	19	22	31	72
国防	41	46	111	175	146
哥伦比亚特区	14	18	31	42	36
能源与水	13	7	20	9	101
外交事务	20	17	1	75	101
国土安全[b]	…	…	…	…	21
内务	5	10	33	25	158
劳工—卫生—教育	10	20	31	24	53
立法	3	3	21	29	41
军事设施	12	10	22	24	28
交通[c]	d	15	22	41	176
财政—邮政服务[c]	0	22	25	92	…
退伍军人事务—住房与城市发展	7	6	15	18	84
总计	147	201	371	613	1106

资料来源：United States Statutes at Large，for years specitied in the table.

a. 每个编号的部分，除了具备国会（参议院或众议院）条款意义的，都算作一般性条款；行政条款也包含在其中。标注之后以大写字母开头的部分算作独立条款。

b. 国土安全拨款在 2004 财年首次设立。

c. 自 2004 财年起，财政—邮政服务拨款被纳入新的交通—财政拨款法案。

d. 1964 年，交通没有独立的拨款法案。

一般性条款已经成为某些拨款法案最突出和最具争议的特征。许多条款被嵌入以限制联邦资金用于资助人工流产，控制环境保护法的执行，阻止一些作战行动，以及引导联邦资助的高速公路的限速的变动。2004 财年国防拨款法案中的 146 项一般性条款在法案中占了 40 多页，而实际拨款只占了比这个少的页数。

拨款账户

每一个拨款账户都详述了拨款的目的和适当数量（附录 9－14）。它可能同时包含一个或多个条款，限制或制定资金用途，或改变现有法律。与一般性条款相反，除非法案文本中给出更广的应用，一个账户中嵌入的限制和立法只涉及要从该账户中支出的金额。

附录 9－14　拨款账户结构

食品与药品管理局

薪水与开支

食品与药品管理局的必要开支包括租赁和购买载客汽车，支付本法案中包括的与公法92—313相关的食品与药品管理局的项目与活动成本及场地租赁费用，在哥伦比亚特区或其他地方为特殊目的租用场地的租金，通过局长授权和支持、获得局长证明并且不超过25000美元的执法过程中杂项和紧急开支；尽管有公法第521章（107—108）的规定，为食品与药品管理局必要开支拨款1838567000美元：假如可以获得本标题下提供的资金，其中305332000美元应来自21 U. S. C. 379h授权的处方药使用费；应记入此账户，并保持有效性直到账户资金耗尽，并且根据21 U. S. C. 378h（a）（2）和（a）（3），不应包括任何2007财年使用而在2006财年征收的收费。……又假如，在拨款总额中（1）443153000美元应该用于食品安全和应用营养中心以及管制事务办公室的其他相关活动；（2）520564000美元应该用于药品评估和研究中心以及管制事务办公室的其他相关活动；（3）178714000美元应该用于生物制剂评估和研究中心以及管制事务办公室的其他相关活动；……又假如，在获得参众两院拨款委员会事先批准的情况下，资金可以从一个特定活动转移到另一个活动……

资料来源：Agriculture，Rural Development，Food and Drug Administration，and Related Agencies Appropriations for Fiscal Year 2006，P. L. 109－97，November 10，2005.

（a）以上未编码的段落组成了一个拨款账户，除非文本指出，否则其中的所有条款只涉及这个账户。拨款账户基本上根据标题而来——在这个案例中，即食品与药品管理局，工资与支出。

（b）食品与药品管理局的全部运营费用一共获得拨款18.39亿美元。但是，注意，这笔钱的一部分是为某些特定用途保留的，另外，有一些资金可能通过别的途径转入这个账户。

（c）尽管拨款条文仅就资金应如何使用作了粗略的说明，但拨款委员会报告和其他文件会对这笔资金如何花费到一些具体的项目和活动中做出具体说明。

（d）就像拨款法案中常见的一样，这个账户的许多拨款条文也是由一系列限制或指定资金使用的条款（“附带条款”）组成的。这个账户中的一些条款涉及使用费，但此处引用部分中只有一项（关于处方药）涉及使用费。

没有具体规定资金可用年限的拨款是一年期拨款。这笔资金只能预留给说明制定经过的条款中提到的财政年度。如果没有在规定财年的年底用完，它们将会失效。国会有时也会制定一些多年度拨款，将资金可用期延长至两年或以上。例如，在目前国防拨款的实践中，用于研究和发展的资金的可用年限是两年，采购资金年限三年，造船资金年限5年。国会也会制定一些无年度限制的拨款，规定这些拨款可以无限期使用直到用完为止。无年度限制拨款可以被无限结转至未来的任何年度，即使这些拨款还未生效。附录9－15展示了具有不同使用年限的拨款。

拨款法案包含了许多为不同目的服务的账户。这些不同的目的包括清算合同授权，限制某些信托基金支出的管理费，将资金从一个账户转向另一个账户，或为直接、担保贷款的补贴成本提供资金。

附录9－15　资金可用期限

一年

军队家庭住房运行和维护

用于军队家庭住房运行和维护的开支，包括债务支付、租金、小型建设、本金和利息以及保险金803993000美元。

多年

军事建设，军队储备

根据美国法典1803章第10条及军事建筑授权法案的授权，152569000美元用于陆军后备部队的训练与管理的建设、获得、扩张、复原和设施的转换。这笔资金在2010年9月30日之前有效。

无年度限制（无限）

各州延伸护理设施建设补助

对于帮助各州获得建设州疗养院和住宅式机构以及用于重新塑造、修改和调整医院、疗养院和住宅式机构补助资金，根据美国法典第38条第8131—8137章的规定，用于为退伍军人提供护理的经费85000000美元，这笔资金始终保持有效直到耗尽。

资料来源：Military Quality of life and Veterans Affairs Appropriations Act for Fiscal Year 2006，P. L. 109－114，November 30，2005.

（a）拨款在预算授权可用期限上是不同的。这里引用的三种情况是一年期、多年期和无年度限制拨款。其他不同情况是拨款仅在某一财年的一部分时间中可用，或者在财年开始前就可用。

（b）当拨款账户没有具体说明可用期时（就像这里的第一个例子），资金只在法案条文规定的财年中可用。除非另外注明，拨款的一年期限由该法案其他部分里的一般性条款规定。

（c）这里显示的多年期资金在制定法案的财年（2006年）外的4个财年中可用（2007—2010）。尽管这些资金可用四年，但资金的总额被计作拨款法案覆盖当年的预算授权。

（d）词组“始终保持有效直到耗尽”提供的是一个无年度限制的拨款，它无需在特定的财年中被使用，这些资金的有效性可延续到以后的财政年度，即使它们没有生效。

拨款法案中的立法和限制

拨款法案中包括的立法条款和限制（见表9－11）在本章中多次被提及。尽管有规则禁止在拨款法案上立法，但当多数如此期望时，参众两院仍可加入立法。在某些情况下，整部法律包含的都是拨款法案，但是更多的操作是嵌入特殊条款。国会通过忽略或搁置规则，在持续决议中嵌入实质性立法，并以限制为幌子制定政策。尽管拨款委员会经常被认为是无视管辖权边界和国会规则的闯入者，但他们也常常被迫制定那些其他人寻求的法律。他们介入立法过程有时是因为授权委员会的意愿，有时则是因为国会领袖认为拨款法案是他们改变陷入困境的立法的唯一和最好的机会。

表9－11　拨款法案中的立法与限制

特　征	限　制	立　法
目的	防止拨款被用于某些特定活动	改变现有法律的应用，修补现有法律或制定新法
常用措辞	“本法案中资金不得用于……”	“尽管有这部或其他法案……”或“尽管有其他法律条款……”
典型的运用	在会计语言、一般或行政条款中	在一般或行政条款中；在综合拨款法案中，重要的立法可能被包括在一个单独的章节中
在众议院第二十条规则和参议院第十六条规则中的一般状态	允许	禁止

限制是另一类问题。这些条款通常以“本法案中资金不得用于”这样的或是类似的词组开头。这些条款成为那些希望通过拨款法案改变政策的委员们的惯用手段。每年，数以百计的限制在拨款法案中被通过，其中有些在单个账户中，更多的则是一般性条款。许多限制针对的是机构操作中相对次要的方面，如外地办公室的搬迁。但也有一些针对的是重要的和有争议的问题，例如，武器部署及流产资助等。有些直接对拨款用途施加限制，其他的一些则仅用来掩盖修改或组织联邦法律执行的意图。

限制和立法间的细微差别由议会先例和解释决定。如果条款为拨款的使用设置了条件或要求联邦机构或官员做出决定或采取行动，那么这有可能被裁定为立法。如果相反，没有条件或者不需要行动，便可能被裁定为限制。拨款委员会委员（或其他人）是条款措辞方面的内行，所以，即使其明显目的在于改变现有政策，他们还是会被判为施加了限制。

解释拨款办法

在履行责任的过程中，机构需要知道自己必须支出的数量以及国会对资金使用施加的条件。拨款法案中经常会提供一些指导，但若要涵盖所有拨款委员会的利益问题，这些指导便不够详细了。在资金支出过程中，机构往往跳出相关的拨款文本，同时也考虑其他的立法、预算解释和拨款法案报告。

实体法律

上一章中说明的基本原理——拨款必须根据授权立法中的要求和限制来支出，使咨询实体法对于支出者而言十分重要。这些法律可能规定或禁止了某些活动，而且它们经常规定报告中的支出机构为项目和活动建立、确定优先权和资助水平。实体法通常包含许多在拨款法案中没有涉及的问题：如机构如何被组织和运作、官员的职责以及财政管理方式等。

在某些情况下，实体法和年度拨款法案涉及同样的问题，但在规定的程序和政策上却不同。实体法可能把专项拨款给予某些项目，而拨款法案却给予某些其他的项目。一些法律可能需要资金用于一些特定的活动，而另一些法律则阻止资金用到这些活动上。在应付不同法律间出现的冲突时，措辞上的细微不同可能会导致法律解释上的巨大差异。要机构同时满足拨款法案和法律可能会引致法律间的碰撞。当冲突不可避免时，基本法则是最近通过的法律占上风。但是机构明白，授权法案和拨款法案之间的冲突不仅仅是法律建构的问题，它经常反映了不同委员会和委员之间的冲突。仅仅遵循新制定的法律不能确保机构同时受到授权者和拨款者的偏好。

预算申辩

机构预算申辩（见附录 9 - 3）通常根据活动和支出条款的需要划分数额。拨款小组委员会总是期望机构把预算申辩理由保持在可操作的范围内。当然，如果拨款委员会指导机构以不同方式支出，机构必须放弃这些理由。另外，机构有时通过再规划程序（将在下一章中讨论）或单方面制定小的、不需要告知国会的调整方式来偏离这些申辩的理由。

拨款委员会报告

根据长期的实践，对于资金使用的具体指导会出现在拨款委员会的报告中，而不是在拨款法案的主体部分。相比于将细节安排到法律中，这种安排给了拨款委员会和执行机构更多灵活性（附录 9 - 16）。但这个报告并不会对每个部门的申请或支出中的每个条目作出评论。当委员会意见与总统申请不一致，或与部门在申辩书中对活动资金的分配不一致时，或者是委员会试图进行专项拨款、限制资金使用或指挥机构的政策和操作时，指导意见最有可能产生。自 20 世纪 70 年代以来，指导意见和专项拨款越来越具体和繁杂，导致有些人抱怨国会成了微观管理机构，并且拒绝给予机构有效运作的自由。不管这种管理是否值得，有充足的证据表明立法和行政之间的冲突蔓延到了预算政策，并且，优先权的存在损害着拨款委员会和机构之间的关系。

机构往往被要求遵守所有报告的指导（包括众议院拨款、参议院拨款和协商报告的管理层联合声明），除非这些指导相互矛盾。例如，若众议院报告要将某账户中的一部分专项资金拨付给项目 A，参议院报告指定拨款给项目 B，协商报告给项目 C，那么，机构就被要求将指定的资金同时分拨给这些项目。同样的规则也被应用于拨款报告其他类型的指导之中。

在这些报告中，措辞十分重要，因为它传递着委员会要求执行这些指导的程度。所以，报告语言被仔细修饰，有时也与相关机构进行协商。报告经常使用的词有：假设、注意、申请、期待、指导、要求等。这些词语并不是同义的，它们每个都有各自的细微差别和程度。但是，即使是最宽容的词所表达的指导意见也是机构不敢轻易忽视的。

赋予拨款报告力量的不是其法定的地位，而是离下个拨款周期不到一年的事实。蓄意违反报告意见的机构冒着在下次申请拨款时受到惩罚的危险。它可能发现今年的报告意见在下一年的拨款报告中重现，甚至比之前的报告给予的回旋余地更小。或者它会发现第二年拨款委员会给出的指导更加详细和繁重，抑或是拨款被削减。拨款委员会也会通过将严苛的限制写入拨款法案、取消机构的优先项目、缩减得罪自己的官员的人事编制、发布更多的专项拨款法案或是降低机构运作的灵活性来处罚那些不合作的机构。大多数情况下，委员会并不会运用这些手段，因为机构会遵守报告意见。如果机构发现要实行这些意见有困难，那么他们最好的办法可能是向小组委员会（或偶尔向委员）解释自己的困境，并找出一个既让委员会利益得到满足，又保证自己运作的法案。一个机构若与小组委员会委员及工作人员保持不断的联系，并就执行报告意见中的问题向他们咨询，那么它就会得到比单方面行动机构更多的灵活性。

附录 9－16　拨款委员会报告：给机构的指南

检查技术的标准

与会者建议交通安全局（TSA）与国家标注技术研究所（NIST）像参议院报告中讨论的那样，合作发展检查技术的标准。

远程行李检查

与会者注意到交通安全局与机场和航班飞行员一起参与评估全国机场的场外行李进入模型。与会者鼓励交通安全局广泛测试使用远程行李检查技术，包括在行李被输送到航空终点站或其他重要的机场基础设施之前，在机场地面的安全设施中完成场外检查和扫描连接。

铁路安全检查员和检查犬

与会者对于交通安全局不愿在全国交通系统中迅速雇佣铁路安全检查员和配置警犬的做法十分失望。尽管这些活动已在 2005 财年获得资金，交通安全局仍未拥有一支完整的铁路安全检查员队伍，也只在 2005 年 9 月 27 日宣布了警犬队伍的部署。这是完全不可接受的。与会者要求交通安全局在 2006 年 2 月 10 日之前向拨款委员会报告 2005 财年提供资金的 100 名铁路检查员与警犬队伍的部署情况，以及 2006 财年计划增加铁路检查员和警犬的情况。

资料来源：Department of Homeland Security Appropriations Act for Fiscal Year 2006 (conference report to accompany H. R. 2360), 109th Cong., 1st sess., September 2005, pp. 51-53.

(a) 由小组委员会起草的众议院、参议院报告为各个机构的支出获得拨款和开展行动提供了详细的指导。尽管大会报告没有法定效力，但机构大多会听从这些指令。这些指令可能是积极的——规定机构如何支出拨款资金，也可能是消极的——命令机构不得进行某项活动或支出。

(b) 报告总是对拨款法案的大部分条文进行评论，但是报告不关注上一年的资金使用水平、专项拨款和限制情况，以及与机构和总统预算之间的分歧。

(c) 用于表达大会委员会意见的语言是不同的。像“与会者建议”、“与会者鼓励”(在前文案例中出现过) 之类的词，可能会软化指导性。而在铁路安全和检查犬的案例中，委员会发出了更强硬的信息，认为交通安全部的行为“不可接受”。在这样的例子中，委员会可能指示机构在财年规定的日期内对报告进行修改来说明问题。尽管措辞不同，拨款委员会总是希望机构遵循他们的意见。

(d) 这个案例来源于2006财年拨款法案协商报告的联合解释声明。其他的指导出现在参众两院拨款委员会报告之中。像一般性条款一样，所有的指导都应该被遵守，除非存在争议，否则协商报告都是决定性的。

小结

两个多世纪以来，拨款一直是国会权力的来源和组织立法日程的一个重要因素。这个过程总是围绕着每年对支出申请的审议和国会对可用资金数量的决定进行。在决定过程中，拨款委员会总是根据往年的拨款情况来考虑下一年的拨款。

这种受传统束缚的过程总是渐进地演变，这就兼顾了过程的连续性和项目的稳定性。尽管拨款委员会身处的政治预算世界发生了变革，他们仍然坚持了传统——在政府急剧扩张的情况下，保留小组委员会的结构和边界，给予每个小组委员会足够的运作自主权并维持原有的做法。这种反应的缺失导致他们的有效管辖权被权利性支出超过而收缩，导致他们在国会预算过程的创建中优先权的下降。由于在这个问题上几乎没有选择，委员会对下述变革做出了适度的让步：政府的扩张（以统一账户的形式）、新的国会预算规则（使他们的支出决定和预先制定的总额相适应）、支出限制（更关注支出），以及与总统的冲突（以制定综合支出法案的形式）。

但是，即使他们制定了综合拨款，拨款委员会仍保持了一种传统，即以处理单独立法的形式对待综合法案中的每一份常规拨款法案。1999 财年的 950 页综合拨款法案包括 8 个常规拨款法案，几十个“紧急补充”拨款，以及大量与其不相关的立法。综合拨款法案的内容实际上很难被大多数美国人理解。它没有目录表，没有信息表明一个拨款法案或实体法律何时结束，下一个何时开始。而且，每个拨款法案和实体法律都有自己的编号安排，以至于同样的编号在综合法案中出现多次。但是，这个封闭的世界已经被一些对拨款委员会行为感兴趣的局外人打破。通过因特网和其他现代信息科技，在一份拨款法案或报告中迅速定位条款成为可能。

传统让拨款委员会负责，但仅限于选择性支出账户。相较于他们仍然有效控制着大规模资金的情况，拨款委员会掌管的支出比例在缩小这一事实就不那么重要了。

在与现实发生分歧时，传统会被侵蚀。在拨款过程中，对于预算规则的苦心经营和预算冲突的增加破坏了原有的方式。前者对年度拨款的逻辑提出质疑，而后者弱化了特殊的冲突缓和机制以及拨款委员会的规范。20 世纪 90 年代，国会通过了对后五年选择性支出的上限。可以说，这种多年度上限弱化了年度拨款的作用。既然拨款的限制已经提前设定，为什么还要为每年的金额而努力呢？拨款的年度性对于规范行为的作用和对立法日程与财政年度的作用一样大。经过两个世纪，拨款委员会已经适应了国会运作的文化，一年一次地控制支出。制定年度拨款是这些委员会做的唯一一件事——他们也只有这一件事情要做。如果国会要转为制定双年度拨款（在第十一章中讨论），相对于支出机构和国会其他参与者，这些委员会的杠杆作用就会被弱化。另外很有可能出现的情况是，这种两年的周期会崩溃，从而为补充拨款敞开大门。

每个选择性项目都可能重复国会的努力和两组委员会之间的摩擦。对于永久性授权项目而言，重复和冲突倾向于降低，而对于每年重新授权的项目，则可能性会较高。临时授权的增加提高了授权者和拨款者互相阻碍的可能，即使是在他们处理各自业务的时候。但是在两种委员会的关系上还是有很多差异。这种差异的范围从国防项目（武装服务委员会和国防拨款小组委员会每年审议同一份预算并对许多相同的支出议题作出决策）到各种各样的自然资源项目（已在没有明显授权立法的情况下持续多年）。

由于这些差异，将授权和拨款过程融合会对一些项目产生较小影响，而对另一些则具有深远影响。有人声称，合并两组委员会会弱化国会对支出的控制，同时产生更多关于拨款的冲突。如果国会的拨款功能被转到授权委员会，国会在联邦预算方面的职责将会比现在更加分裂。另外一些人反驳说，由于 302 条款，即使许多委员会共享管辖权，有效的控制也将得以维持。

将这两种过程结合可能会使国会更加有效，但是它对不同意见可能会变得更不开放。国会从强调项目需求与目标的授权委员会，以及强调成本和财政约束的拨款委员会中得益。而这两种观点在制定公共政策的过程中都应被考虑。拥有两个独立的委员会会给各自表达观点提供了一个平台。如果这两种过程被合并，拨款行为会成为实质立法冲突的人质，而国会在拨款中附带不相关附件的可能性也会更大。

尽管拨款过程的变化进行得很慢，但它确实在发生。通过渐进的变化，这一过程已经变得更加公开和透明，更具党派性和程序化，另外，它也将与财政总体政策更加紧密联系。本章中讨论的创新——行政政策声明、302 条第（b）款分配、参议院发起的拨款法案、综合拨款决议、各党派领袖的作用、在支出问题上总统助手和国会领袖之间的高层协商等在三十年前都还不为人知。即使拨款委员会赞成延续传统，他们还是被国内政治和国会机构中的改变而改变，并得到重新塑造。今后三十年，会引入更多改革以现代化拨款过程，并使之适应变化着的外部条件。

第十章

联邦支出管理

在财政年度开始时，拨款就应被确定下来。但即使这些拨款被延滞，财政年度的开始也会迫使各个机构将工作转移到预算的下一个阶段，其中包括联邦支出的管理，其管理途径有两种：用可用资金来实现被授权的活动；对机构行动记账。

一个财政年度开始于10月1日，是绝大多数联邦机构开始编制它们预算的18个月后，总统向国会呈递总统预算的8个月之后。在这个漫长的时间间隔中，影响预算的关键条件很可能会改变。商品和服务的成本可能同预估水平有出入，政府机构的雇员流动可能或高或低地与期望产生偏差，而新的问题和优先要解决的问题也会浮现出来。在使用下拨资金时，各机构必须遵循国会的意图，同时也要适应变化的条件和紧急的需求。他们必须是顺从且灵活的——以便对国会的意愿作出反应，并对任务的完成负责。

执行预算是一项平衡的活动，在财政年度开始前开始，并在财政年度结束后结束。由始至终，政府机构会做出上千个影响到支出的运营决定。很多决定是常规的，并与原始计划相一致，但有些政府机构会因为新情况的出现调整支出计划。执行预算不会受到如总统或国会行动那样多的关注，但一个机构用下拨资金做了什么对其绩效的影响很大。因此，相对于整个预算过程中的其他阶段，政府机构中的预算人员通常会在执行预算阶段投入更多的时间和精力。

在执行一年预算的过程中所做出的决定和遇到的问题会强烈地影响到未来的预算。政府机构经常会从当前预算中解放出一部分资源作为启动基金以对下个预算周期可能需要优先解决的问题做出反应。他们可能会将职员从旧的任务转移到新任务中去，或者将运营资源（比如用于合同和顾问的资金）转移到新的活动上去。有时候他们会在内部进行调整，不通知国会委员会或管理与预算局。有时候，他们会正式转移或重新规划资金，调整他们的账户以反映改变后的分配额。

支出的管理是分散的；在宽泛的规则和指导路线之内，每个支出机构都掌握着自己的财政。联邦政府太过庞大，其活动十分多变，以至于不能将所有的财政运作集中在一个指挥所内进行指挥。每个从国会得到拨款或其他预算资源的政府机构负有的一个主要责任是：保证其支出的合法性、适当性和效率。政府机构通常在这些事件上自主决定；但他们有时候会咨询政府责任办公室（GAO），政府中主要负责审计和评价的机构；或者咨询管理与预算局（OMB），在财政管理方面与财政部共同分担责任的机构。管理与预算局在预算执行中的角色必然是有选择且有限的。在一些特别的事务上它可能会介入其中以影响联邦资金的用途，但它的力量太小，以至于不能监督所有预算的执行情况。每个部门都有其预算和会计人员；其主要的子单位也会配备预算和财政方面的专家。

本章下一节将描述资金按照拨款计划的常规顺序以及其因再规划、扣押或其他活动而导致的与常规形式不同的情况。接下来的一节将考察联邦机构的财政管理活动，包括会计与预算的关系，内部控制以及由1990年首席财务官法案、1993年政府绩效与成果法案和管理与预算局的项目评级工具所推动的改变。

预算资源支出

下拨给各机构的资金不是立即就能使用的。只有经过管理与预算局的分配，资金才可使用。反预算赤字法要求拨款要在财政年度内按时段分配（通常是分季度），或在具体的项目间分配。这种分配方法的目的是为了防止政府机构支出太快，以至于在财政年度结束前就耗尽预算资源。所以，在通常情况下这种分配会在一整年内安排可用的预算资源。然而，在某些情况下，资金分配的速率使补充拨款成为必要，如国防、国民健康与安全遭到威胁时。

分配给各机构的金额不能超过其履行义务所需的额度。只有未承付的资源才可用于分配。管理与预算局对各机构经由附录10－1所示表格提交的申请进行审查。这种表格有一个完整的列表，列出了每笔资金、每个账户中未承付的预算资源的种类。这些资源可能来源于当前或永久性拨款，转移自其他账户，直接开支，来自前一年的不结转的预算结余，或者从使用费中取得的收入及其他资源。管理与预算局可以扣押来自拨款的资源，但必须向国会报告这种活动，本章稍后会介绍这一扣押活动的过程。

尽管分配主要是一个技术过程，但它是管理与预算局正式控制机构支出的最终点。管理与预算局有时候会利用分配对机构支出设置条件，或者要求机构改变活动。

配给

管理与预算局为每个拨款账户或基金进行一次分配；它不会在各种项目或组织单位之间进行正式的再分配，尽管它可以建议将特殊的资金用于特殊的目的。不过机构需要通知项目经理他们在一年内可用的资源。这一信息是通过配给来提供的，这种配给向各办事处、各部门、各驻外办事处和其他组织单位分配资金。配给的程序在各机构之间是不同的。一种普遍的倾向就是大的机构比较正式，较小的不正式，而配给的总额不能超过管理与预算局分配的数量。

配给使每个业务单位有了自己的财年预算。每个单位在它的分配额之内雇佣和支付职工，购买补给、设备并记录其义务。在大多数机构中，各单位无须在进行这些活动之前得到总部的许可，尽管在特殊情况下总部有权介入阻止支出。例如，当某个机构认为可用资源不足以满足整个财政年度的需要时，它可能会强制冻结招聘或者收回年初分配给子单位的一部分资金。不过，通常情况下项目经理是以分配资金为基础来计划整年的活动和支出的。

配给像大部分的机构在执行他们的预算时产生的信息一样，不是机密，但也不公开。如今，配给通常被储存在计算机数据库中，并在内部以打印输出的方式分配，这种打印输出在一整年中不断更新以显示义务和其他支出活动情况。相对于公开的预算文件，这些内部的预算能反映更多的项目和财政细节。它们显示出资金在各部门内流动的情况，资金如何在项目和活动中进行分配，还能使人们了解部门如何组织和运作。

义务

一旦资金被分配下来，管理人员应当对资金负责。一项义务是一个政府机构向另一方作出的有约束力的承诺，涉及商品或服务的提供，金额的支付和交易中的其他物质因素。内部活动，例如为特殊目的留出资金，不是真正的义务。每项义务必须得到文件的支持（例如购买定单、已签署的合同、信用证或者人事记录），以证明交易的有效性。

资金只有在有效期内才可用于被履行义务。超出这段时期，资金就将失效，对义务的授权也会过期。另外，附录 10 – 2 显示义务必须用于公共目的，而不是私人利益。并且，义务必须和拨款的目的有关。在最近一段时间，拨款小组委员会坚持机构要在他们的管辖权内，根据为拨款听证会准备的详细的申辩书中的安排表支出资金。

机构通常能准确而及时地得到关于义务状态的信息。他们知道超出义务会违反预算赤字法，而不履行义务则会导致他们丧失资源。随着财政年度慢慢结束，机构会紧密监控其义务以确保所有的剩余资金都在事实上被使用。

防止义务超额不仅要基于及时的信息，而且需要精明的财政管理。在财政年度之始，机构职员需要比较手头上的资源和预计的工资、补给和其他运营费用，确定他们应当如何进行财务管理以便资源能足够一整年使用。许多预防超支的做法是做出保守的假设，比如较少的人员调整，为预算外的偶然事故留出资金。他们经常放慢合同、设备和其他选择性项目上资金使用的速度以保证机构不会在这一年结束前缺钱。随着财政年度的结束慢慢到来，很多机构发现他们过于谨慎并可能有失去未使用资金的风险。在这个时候，他们通常会增加此前保守处理的事务方面的支出，使他们在财政年度最后一个月中用于合同和采购的资金比例大大提高。尽管这种导致年终支出膨胀方式看上去比较浪费，但它经常是谨慎的财政管理方式的结果。

附录 10－1 预算资源分配

描 述	最新数量（S. F. 132）	机构申请	管理与预算局行动
1 不结转的年终预算结余：			
1A 承上年账户余额，10 月 1 日（＋或－）			
2 前一年未支付义务追回款：			
2A 实际			
2B 预期			
3 预算授权：			
3A 分配：			
3A1 实际			
3A2 预期			
3B 借款授权			
3C 合同授权			
来自抵消收入（总）的支出授权：			
获利：			
* * *			
4 非支出性转移，净额：			
4A 实际转移，预算授权（＋或－）			
* * *			
6 不可用的永久性资源：			
6A 过期账户或无年度限制账户的取消（－）			
* * *			
7 预算资源总额			
预算资源应用			
8 分配：			
分类 A：			
8A1 第一季度			
8A2 第二季度			
8A3 第三季度			
8A4 第四季度			
* * *			
9 扣留未决撤销			
10 延期			
11 循环基金未分配余额			
12 预算资源总额			

资料来源：Office of Management and Budget，Circular A－11，June 2006，Standard From 132.

（a）标准表 132 显示了各机构申请的分配额，以及管理与预算局决定的金额。每项拨款或资金账户将会对应一个分配。

（b）本表的顶部（1—7 行）分列了所有可供分配的资源；本表的底部（8—12 行）表示的是按季度或项目进行的分配和被限制分配的数额。第 12 行的总量必须和第 7 行的总量相等。

支出

一旦资金对应的商品或服务被提供，义务就被付清，而这笔资金就被作为支出记录在机构的账目上。支出通常通过支出办公室而非项目管理者控制的管理程序处理。支付要与符合下列条件的单据或发票相符，这些单据或发票要能显示资金来源账户、收款人、应付金额和其他相关信息。在支付前，支出机构会对单据进行事前审计，确保金额正确，确定商品和服务根据规则提供，以及账户或基金支出合情合理。如今，大部分支付通过财政部运作的支出办公室以电子形式完成。

机构会编制每月的预算执行报告，详细记录最近一个月和本财年累计的各种义务和支出情况。除了这些报告，每个机构都维护着他们自己的账户，这种账户比整个政府范围基础上的记录更为详细。

尽管支出在整个支出过程的后期出现，以至于它不能成为一个有效的财务控制工具，但它也不能在管理联邦支出时被忽视。支出的时间和速度对于财政部管理政府的现金和债务至关重要。并且，支出和收入的不同决定了预算赤字和盈余的规模。只要联邦预算以现金制为基础记账，支出就会对预算活动产生强烈的影响。

结清账户

支出过程的最后一步是结清拨款账户。当一个账户被结算，所有剩下的结余都会被取消，并且不能再用于支出。定期账户（其预算资源在一个有限的时间段内可用于履行义务）会根据预设的时间表进行结算。无年限资金的使用没有时间限制，它会一直保持开放的状态，直到所有的预算资源都耗尽或者被取消。

结算定期账户的程序会延伸六个或更多财政年度。在资金可用于履行义务的时期，账户是开放的——大多数拨款的情况是一年。在这段时间结束时，这个账户会在 5 年内处于“过期”状态，在这段时间内没有新的义务会产生，但旧的义务会因为到期而付清。在这 5 年结束时，这个账户会被结清，并且其剩下的所有结余都会被取消。

偏离支出计划

从分配到账户结算的各个步骤的顺序有时在年度拨款中规定。不过，这些计划通常会在预算执行中调整，资源扩大或缩减，或者从一个用途转移到另一个用途。这些行为有的是由国会做出的，其他则由支出机构做出。有些变化意在改变政策；而大多数的变动则是应付年度中出现的需求与机会的手段。

转移与再规划

今天的行政机构经常通过将资金从一个用途转移到另一个用途为预算外的需求提供资金。当预算资源从一个账户转移到另一个账户时，发生的是“转移”，当资源从同一个账户中的一项活动转移到另一项活动时，发生的是“再规划”。

因为拨款是对支出的法定限制，资金应当根据法定授权进行转移。国会有时授予指定的实体如国防部在他们的账户内转移一定数额或者比例拨款的权利。被允许进行一般性授权转移的实体通常会被要求在将资金从一个账户向另一个账户转移时向有关国会委员会报告。另外一种情况是，国会命令某些机构转移一部分拨款到另外一些机构。资金被转移后，接收的账户（那些资源增加的账户）必须遵守与原始拨款有关的所有限制或条件。例如，当一年期的资金转移到一个有无年度限制资金的账户时，一年期的资金仍然保持原来的一年期状态。

转移易于被监控，因为一些账户损失了资源，那么必然有其他的账户得到资源。转移资金的流入和流出都会被记录在总统预算的项目融资一览表（参见附录5－4）和附录10－1所示的拨款一览表中。但是，再规划可能难以鉴定，因为再规划的过程不会改变相关账户中资源的数量。再规划的实行基于项目的定义和拨款法案或委员会关于这些法案的报告中提供的指导。对于再规划，没有整个政府范围内的规则（在不同的拨款小组委员会中规则会有很大变动），也没有对这些活动的综合性记录。一些规则只要求相关的小组委员会要得到再规划的预先通知；其他的规则要求得到小组委员会的预先批准（有些情况由联合的授权委员会批准）。甚至在另外一些情况下，再规划会一直生效，直至等候期内相关委员会或小组委员会对其进行否决。附录10－3提供了一些拨款小组委员会的再规划规则与实践。

附录10－2　审计总长关于支出正当性的意见

美国中央情报局的副总顾问需要我们有关使用拨款购买安置在工作场所的冰箱的正当性的意见。如以下所述原因，如果中央情报局通过行政决定认为在工作场所添置冰箱同该机构活动的效率表现有合理的联系，我们不会反对中情局使用拨款资金支付冰箱安置费……

这里的问题是，为冰箱支付的费用是否可作为设备操作的“必要开支”。一般的规则是，在拨款没有详细说明用于某具体项目时，如果支出对象和拨款的一般目的之间存在合理关系，而支出在其他方面未被禁止，那么这项支付可被授权为“必要开支”。B210433，1983年4月15日。这一关于合理性的规则承认部门在利用拨款履行目的方面的判断力。

我们已经处理过和本例类似的情况。在47 Comp. Gen. 657（1968）中，我们反对咖啡机购买和相关项目，因为这项购买的目的是为了让部门能在会议时向雇员和其他人提供咖啡。我们得到的是不同的结果，因为该部门认为这一购买行为在弥补饮食设施的不足上很有必要……

因此，如果中情局为总部设备添加冰箱的行政决定同该机构活动的绩效表现有合理联系，并且不仅是为了雇员的个人方便，那么我们不会反对购买冰箱。

资料来源：Government Accountability Office, Central Intelligence Agency—Availability of Appropriations to Purchase Refrigerators for Placement in the Workplace, B－276601, 158619, June 26, 1997, available on the GAO website under “Comptroller General Decisions and Opinions” at www. gao. gov/legal. htm.

（a）大多数情况下，支出部门根据先例自主决定支出合法性和正当性。

（b）本文引用的观点中，问题是涉及中情局和审计总长的。审计总长将会做出权威决定，这个决定之后将会作为一个先例为未来支出提供参考。

(c) 本文和其他一些裁定的一个关键问题是该项支出使政府受益，还是仅使雇员受益。如果仅雇员受益，这项支出将可能作为非“必要开支”而被拒绝，而一项“必要开支”要同部门绩效有合理联系。在本案中，审计总长认为购买冰箱是一项可允许的公共开支，因为这项开支能改善雇员的表现。

在近二十年内，再规划规则明显变紧。以前可以非正式操作的事情现在需要遵守规定的流程和上报要求；以前只需告知的事情现在需要得到事先的批准。对于某些机构，再规划门槛，换言之就是触发再规划规则的资金数量，被设置得很低。附录 10 - 1 展示了一个退伍军人事务部和参议院退伍军人事务——住房与城市发展小组委员会之间的再规划矛盾。这个小组委员会制定了一个很低的门槛（250000 美元）。退伍军人事务部坚持他们在没有告知国会的前提下转移资金并没有违背再规划规则。但是政府责任办公室的调查却得出相反的结论，那就是该部门转移资金必须告知小组委员会。

在具有代表性的年度中，联邦机构会报告不到 1000 个再规划项目。大部分再规划项目集中在少数几个领域，如国防和国际援助。有些机构甚至不对再规划项目作任何记录，即使他们在持续地转移资金和动用资源去应对一年内出现的各种压力或机遇。如果所有诸如此类的再规划项目都被记录在案，那么再规划项目的数量将会数以千计。

为什么正式的再规划会如此之少？其中一部分原因在于拨款领域的广泛性。拨款曾经非常具体。从授权情况到供给与差旅的每一件事都被详细列举。按科目详细列举的分配缩减了机构的决定权，并限制了机构转移资金的自由。但是，随着政府的规模和范围的扩大，拨款渐渐被合并成一个大范围的账户，这样很多机构现在收到的是一个用于所有薪水与开支的总额。尽管拨款委员会进行专项拨款或指定资金用途，但各机构在使用拨款时仍有很大的灵活性。而且他们经常使用这种决定权却不使用正式的再规划程序。不过，当拨款委员会要求将某种特定的资金转移归类为再规划时，各机构就必须遵循这些要求。通常来说，再规划就是从“项目、工程或者活动”（这些常常出现在拨款委员会的年度报告中），或者从“国会利益项目”（在拨款法案或拨款委员会报告中提到的支出）中提取资金。

再规划一般在行政—立法关系的模糊地带运作。许多再规划行动的运作安排允许拨款委员会审查并阻止拟议的资金转移。尽管 1983 年最高法院在移民局诉查德一案中裁定所有立法否决权均违宪，上述“委员会否决权”仍在使用。立法否决权给了参议院和众议院否决一个待执行活动的权力。可以说，如果参议院和众议院的否决违宪，那么国会委员会的否决也该如此。然而，自从查德案裁决后的多年来，委员会对再规划项目和其他执行活动的审查仍然很常见。

委员会否决的盛行是因为它是国会给予执行机构自主权后的交换条件，即保留权力以审查和否决拟议行动（如再规划）。如果不准国会行使否决权，它很有可能撤回部门的自主权，使机构在管理预算时只有更少的灵活性。

附录 10－3 再规划规则与实践

规则：国防拨款法案

本法案中的任何资金不得用于准备或向拨款委员会提交资金再规划申请，除非基于意外的军事要求，用于比拨款最初用途具有更高优先权的条目，绝不可用于国会已经拒绝的再规划申请中的条目。

实践：众议院拨款委员会报告

本委员会的观点是，拨款法案中的可用资金确实被用于实现国会当选议员的意图，确实按照国会和众参两院拨款委员会对讨论中的资金施加的条款与条件执行……遗憾的是，近年来委员会已经注意到［国防部］对这些标准的遵守持续下滑……

在 2000 财年预算中，空军采购方继续毫无顾虑地忽视相关委员会的指令与法律，而这些指令与法律旨在确保为某一目的进行的拨款（如武器采购）确实被用于该目的而不是其他目的，如研究与发展。军方的不当行为有：

1）申请数百万美元的资金用于不同的采购项目，而实际的意图在于支持（违反国防部政策的）运行、维护方面的资金需求……

资料来源：Department of Defense Appropriations Act for Fiscal Year 2000，P. L. 106－79，106th Cong.，Ist sess.，October 25，1999；and House Appropriations Committee，Department of Defense Appropriations Bill，2000，H. Rept. 244，106th Cong.，1st sess.，July 20，1999，pp. 8－9.

（a）没有整个政府范围的再规划规则；每个拨款小组委员会为其辖下各部门提供指导。有时（如上述第一项）这些规则出现在拨款法案中；在其他时候，它们出现在拨款委员会的报告中。根据这些指示，各机构有了启动再规划行动的程序，并（在被要求时）提交国会审议。

（b）这里列出的规则反映了一种趋势，即再规划程序变得更具限制性。典型的限制涉及用一个项目去启动或取消其他项目，或为国会已经拒绝的拨款申请提供资金。

（c）本表摘录的报告尖锐地批评了国防部违反再规划规则的行为：启动新活动，将资金用于延续已被国会终止的项目，为某一目的申请超过需求的资金，以便将资金转移到其他用途。

（d）根据这些发现，拨款委员会收紧了国防部的再规划规则。

专栏 10－1 再规划的战争：谁来控制联邦支出细节？

两个世纪以来，国会和联邦各部门一直在争夺对于支出细节的控制权。国会总是坚持各部门应按照拨款法案细则和委员会报告使用资金，并声称拥有宪法规定的对国库的权力。各部门经常偏离已被国会批准的支出计划，却声称需要执行授权活动的弹性。谁赢得这场战争将告诉我们许多不同历史时期立法—行政关系的故事。

由退伍军人事务——住房与城市发展拨款小组委员会规定的再规划规则反映了国会对

控制支出细节的坚持。以下是写入20世纪90年代参议院拨款报告的文字：

"委员会一直对再规划信息有特殊的兴趣。尽管再规划可能既没有改变账户中的可用总额，也没有改变拨款的法定目的，但是它意味着对呈送委员会的部门预算申辩书中的预算计划的重大偏离。因此，委员会要求退伍军人事务——住房与城市发展部及其他由本法案提供资金的部门，在项目、活动、要素间进行的超过250000美元的资金再规划要提前告知委员会主席，除非本报告的其他部分为该部门或机构指定了一笔替代资金。委员会要求上报再规划的行为。对于未达到上述金额，但会改变该部门未来几年的资金需求，或影响委员会报告中引用的项目或工程的再规划活动，委员会要求被提前告知该行为。"

上述报告语言在很多方面非常有限制性。首先，再规划上报拨款委员会的门槛(250000美元)非常低。第二，它定义的再规划包含了不改变拨款目的的行为。第三，这份报告要求委员会被告知在资金门槛之下但会改变未来资金需求的再规划。

尽管有这些规则，退伍军人事务部还是将资金在各个科目间进行转移而没有通过再规划程序。审计总署1999年的一项调查发现，在1993至1998财年间，退伍军人事务部从差旅费中挪用了61000000美元，并将其用于其他的运营开支，如薪资和设备。根据审计总署的这项报告，退伍军人事务部在准备其年度预算时，系统地高估了其差旅开支，然后将超额资金转用于其他科目（见附录5-5中按对象分类表）。审计总署认为这些再规划应该报告给拨款委员会；退伍军人事务部却认为，再规划规则涉及在"项目、活动和要素"间的转移而非在科目间的转移。在一封写给审计总署的信中，退伍军人事务部反对他们的结论，并写道：

"同拨款委员会的工作人员保持公开的对话。多年以来，我们赞同再规划的要求可以应用于总统预算附录中包括的项目和融资一览表上列示的主要项目活动内容……退伍军人事务部从未挑战过国会关于再规划预期的解释……重新定义再规划要求应用一个对象分类标准类型水平，与鼓励关注绩效而不是支出分类的政府绩效与成果法案和再造的努力不一致。"

尽管认为退伍军人事务部的行为构成再规划，但审计总署注意到，报告语言"没有法律效力，且对部门不具有法律约束力"。如果同样的文字出现在拨款法案（如附录10-3）的文本中，它将会有更强的合法性基础。那为什么拨款委员会使用报告文字而不是法律？可能是因为委员会想给相关部门更多的弹性空间，如退伍军人事务部。那为什么委员会又要批评一些部门运用它们的弹性呢？可能是因为委员会仍然想要各部门知道是国会在控制国库。这两种情况使得支出部门和委员会之间产生了摩擦，但是这也建立了他们共存的环境，并不总是和平，但却有充足的共存空间使双方在下一次战争爆发前能继续干好他们的工作。

扣押

除了限制可支出的资金，拨款建立在一个强烈的预期之上，即国会提供的拨款应被用于计划中的活动。当机构实施扣押（拒绝支出全部或部分拨款）时，它便违背了国会意愿。比如说，国会决定拨款50亿美元用于各州教育补助，但政府只支出了40亿美元，那么教育项目得到的资金就会比国会提供的少。

扣押并不是一项新举措。多年来，大部分总统都曾扣押一些拨款，但他们的行动仅限于特定的项目。在 20 世纪 70 年代早期，尼克松拒绝支出国会在其预算中添加的几百万美元，扣押演变成全面的政治战场。尼克松主张其进行扣押的固有权力，但国会中的许多人坚持认为总统必须按所获拨款支出，即使这样做意味着比他想要的更高的支出总额（或更高的赤字）。为了解决类似冲突，1974 年扣押控制法案（和国会预算法案同时通过）针对总统或行政长官扣留预算资源的行为制定了规则与程序。

基于与尼克松之间的摩擦，国会非常广义地将扣押定义为延迟或扣留资金的"行动或不行动"。这种定义可以被理解为包括常规的财务操作，如为了确保卖方的可信度而延迟授予合同的行为。但在实践中，扣押被有限地应用于那些以削减支出为目的的行为。那些只是偶然影响支出数量的行为不是扣押行为。常规的财政管理和扣押之间的界限往往不太明确，并且对于一个具体行为如何处理往往会存在争议。争议的一个领域叫做"事实扣押"——联邦机构不直接减缓支出速率，而是用间接的行为以达到同样效果。如一个机构拖延雇佣审查员来处理残疾申请。这样的效果是减少花在这类申请上的金额。这种策略是否应按扣押处理？项目支持者通常认为这种行为应该按扣押处理，但管理与预算局很少将其报告为扣押行为。

1974 年法案将扣押分为两种类别，并为每种类别制定了不同的程序。"延期"表示推迟资金的使用，"撤销"则是取消预算授权。每一次扣押行为都必须是"延期"或"撤销"中的一种，不可能两者都是或属于其他情况。

当总统决定将资金延期时，他需向国会提交一份说明，列出数额、受影响的项目与账户、预期的财政和项目影响以及资金延期的时间长度。总统通常不会在财年结束后进行延期，或使延期过长导致预算授权失效或使机构无法慎重支出资金。最初的扣押控制法案允许总统因政治原因执行延期——例如，因为他反对一个特殊的项目，或因为他希望支出比国会拨款少的金额。在为总统提供了这一广泛的授权后，作为交换，国会为自己保留了通过参众两院投票否决延期的权力。根据现有规则，总统只能因为"反赤字法案"允许的原因而延迟支出：为偶然事故作准备，实现因运作效率或要求变更而成为可能的结余。总统不能利用延迟权改变预算或项目政策。审计总长会审查每项延期信息，并告知国会这些信息的准确性，扣押的法律状态和可能的影响。

延期规则表明了行政—立法关系的互惠性。国会在保证总统行使延迟权的同时，也通过审查行政政策使其自身有能力保持现有地位。但是，当国会的权力不能得到保证时，总统权力也会缩小。两个分支其实都会遭到削弱：总统对联邦财政的控制会更少；国会影响行政行为的能力将减弱。

撤销

总统与国会的关系在撤销中有所不同，规则也是这样。总统可向国会提交信息，指明撤销的数量、理由、相关账户及项目、预期的预算与项目影响（见附录 10－4），以此提出撤销案。接到信息后，国会可在 45 天连续的时期（通常比日历时间长）内审议一份撤销全部、部分抑或不撤销资金的法案。

若国会在45天到期时仍未撤销预算资源，总统必须拨付这些资金，使它们可以用于履行义务。审计总长负责审查所有提议的撤销和延期，他可以提起诉讼，强迫发放被扣押资金，但这种情况比较罕见。

总统的撤销记录是衡量其预算影响和在国会地位的一个手段。总统发起撤销的高潮在1981和1982财年，当时罗纳德·里根总统在上任后不久就提议取消230多亿美元的预算资源，而国会撤销了其申请中超过65%的部分。表10-1显示，里根的撤销几乎达到1974年扣押程序启动以来应总统要求所作出撤销总量的三分之二。这些年来，国会只通过了总统提议撤销的三分之一。若将1981和1982财年排除在外，提议撤销的通过率降至20%以下。

附录10-4　总统撤销信息

撤销提案 NO. R98-10

提议撤销的预算授权

根据 P. L. 93-344 第1012节报告

部门： 农业部	新预算授权（P. L. 105-83）　$ 1348377000 其他预算资源　$ 27000000 预算资源总量　$ 1618377000
局： 林业服务局	
拨款标题和号码： 国家森林系统 12X1106	提议撤销金额　$ 1094000
管理与预算局编号： 12-1106-1-302	法定授权（除第1012节）： __×__反赤字法案 _____其他
补助项目： _____是　__×__否	预算授权类型： __×__拨款 _____合同授权 _____其他_____
账户或资金类型： _____年度 _____多年　______（过期时间） __×__无年限	

理由：国家森林系统（NFS）提供与NFS主要项目（土地管理规划，目录编制，检测；娱乐；野生动物及鱼类栖息地管理；牧场管理；林地管理；土壤、水资源及空气管理；矿产与地质；土地所有权；基础设施）相关的物品与服务的传递。提议的撤销以受影响项目的FTE级别与其对该部的公民权利资源的预期影响为依据，旨在抵消为该部公民权利措施提供的补充拨款。本行动根据反赤字法案（31 U. S. C 1512）执行。

支出影响（万美元）：

1998年支出估测		支出变化						
撤销前	撤销后	财年	1998	1999	2000	2001	2002	2003
1400000	1399070		-930	-164	…	…	…	…

资料来源：Proposed Rescission of Budgetary Resources，H. Doc. 215，105th Cong.，2d sess.，February 24，1998.

（a）总统告知国会提议的每项撤销或延期，在一条信息内说明行动原因即预期的项目和财政影响。展示在此的信息是针对撤销的，用于延期的信息与此相似。若总统没有报告扣押，审计总长可通告国会。此通告与总统信息具有同等的法律效力。

（b）每项被提议的撤销和延期被分配以一个字母来标识。撤销以字母“R”开始，延期则是“D”。此处所提议的这项撤销（R98－10）是1998财年报告的第十项。

表10－1　　1974—2005年总统和国会发起的撤销

（如非注明，均以百万美元计）

总统	财政年度	总统发起			国会发起	
		提议撤销金额	实际撤销金额	撤销比例	实际撤销金额	撤销比例
福特	1974—1977	7935	1252	16	1405	53
卡特	1977—1981	5751	2116	46	3526	62
里根	1981—1989	43437	15657	36	33400	68
布什	1989—1993	13293	2354	18	26821	92
克林顿	1993—2001	6749	3628	54	53730	94
乔治·W. 布什	2002—2005	0[a]	0	0	24611	100
总计	1974—2005	76022	25007	331	143493	85

资料来源：Government Accountability Office，*Updated Rescission Statistics*，*Fiscal Year* 1974－2005，B－306473，November 4，2005

a. 总统乔治·W. 布什提议取消十几亿美元。通过取消来代替撤销，布什总统不必遵守国会预算和扣押控制法案的要求。但是根据该法案规定的义务，布什总统不得扣留这些资金超过45天连续的时期。国会通过了布什总统作为撤销提出的许多取消案。

撤销会引起总统与国会之间的冲突。白宫所要求的每一项撤销都是让国会取消它之前所拨出的资源。通过暗示，有时也通过新闻稿，提议的撤销表达出国会拨款不当的观点。这并不是一条吸引立法者的信息，尤其是当这条信息来自于一位有不同预算优先权的总统时。在这方面的较量中，国会具有优势，因为如果它拒绝通过撤销法案，总统就必须发放资金。在过去的30年中，总统们被迫在他们想撤销的760亿美元中支出了超过500亿美元。

表10－1也显示国会在这场预算战争中占据了另一个优势。它只要通过一份法案取消先前的拨款，就可以撤销资金，而无需等待总统申请。事实上，国会每根据总统扣押申请撤销1美元，它就会主动通过立法撤销超过5美元。这种行为乍看上去令人困惑。为何国会要在撤销其拨款方面把握主动？如果它不喜欢总统提议的撤销，为什么它自己如此活跃？当人们认识到国会是为了阻挠总统或为其他支出在预算中留出空间而主动撤销时困惑就会消失。当国会拒绝总统的撤销提议时，总统可以把国会描绘成一群挥金如土的政治家，只想着浪费纳税人的钱。为了缓和这类指控，国会有时会撤销一些非总统提议的条目。例如，乔治·布什在1992年提议撤销近80亿美元，这暗示着他会随着时间推进以及大选的临近要求额外的撤销。国会撤销了申请金额中的约20亿美元，但随即又撤销了220亿美元，从总统的优先

项，而不是他希望的领域里抽出资金。布什理解了这样的信息，没有再提议额外的撤销。

当预算吃紧，而国会想为额外支出腾出空间时，它也会实施撤销。有时，国会会撤销资金，在不超出可选择性支出上限的情况下补偿补充支出。有时，国会将撤销用作“定金”，以表示虽然其支出超出总统意愿，但超出部分都被旧拨款的取消而抵消了。许多国会主动进行的撤销取自休眠资金或不活跃资金，如因技术问题而搁置的武器系统资金或为将来的储备住房基金。

因为现行撤销制度制订于国会决心控制总统权力的越战/水门事件时期，它们受到国会的偏爱。有人建议，通过迫使国会就每一项撤销申请投票来加强总统权限。这样的“加速撤销授权”仍把最终决定权赋予国会，但国会再也不能通过按兵不动来获胜。但是，正是因为现行的安排使国会可以什么也不做就获胜，它自然不愿意修改撤销规则。

机构财务管理

执行预算不仅需要把钱花出去，同时也意味着高效地利用资源和及时、准确地掌握财务状况、项目绩效与账户情况。执行预算能够发挥财务会计与报告、管理与内部控制系统、绩效衡量、审计与评价的作用。管理与预算局已经明确定义了财务管理要包括为财务决策收集、分析和报告数据的系统，包括控制、记录财务交易的系统，生成支持部门使命的财务信息的系统。财务管理并不只是预算的制定与执行，还包括财产与库存控制、补助与合同管理、债务与现金管理、人事和工资系统以及采购实践。在这里只讨论与预算编制紧密相关的财务管理要素。

财务管理的碎片化

仅仅讨论联邦政府中一个单一的财政管理系统是容易误导人的。相反，在这之中有许多的系统以及更多的子系统——有些在独立运作，有些则结合在一起。在20世纪90年代，人们关注的重点是整合财务管理系统，并在大部分联邦部门中取得了显著的成效。表10－2详细地说明了主要联邦主体在财务管理中的职责。表中显示了众多的参与者，不论是在中央政府还是在联邦部门，都各有其定位及工作方式。与许多国家将范围广泛的财务责任委托给财政部不同，美国把关键的职能分解到几个主体之中。管理与预算局在编制预算与监督联邦支出中担当主角，财政部报告政府的财务操作状况，政府责任办公室审查部门会计系统与财务报表。长期以来，这些机构通过一个传递财务管理发展信息的小型单位——联合财务管理改进项目（JFMIP）协同合作。

碎片化的产生源于联邦政府的结构。政府责任办公室主要为国会工作，尽管它也有一些准司法性和行政责任。管理与预算局为总统服务，并利用部门的预算权力推动总统的政策与目标。财政部负责征税，管理政府庞大的债务，并准备年度财务报告。上述每个部门针对财务管理的关键特征，均有一个独特的视角。预算是管理与预算局关注的中心，管理是为核心活动提供辅助。政府责任办公室聚焦联邦项目的审查与评价，它把管理看作保证公共资金使用合法性、有效性的工具。财政部控制现金流，并负责维护政府范围内的会计系统，因此，它需要一贯、可靠的数据。

会计与预算

数十年来管理的碎片化导致了预算与会计的不协调——各自在自己的范围内运作，各自拥有其统计资金的方式。事情本不该如此，1921 年预算和会计法案设想的预算与会计应当是一对相互依赖的过程。预算为会计框架提供基础，而会计系统为预算决策提供数据。然而，长期以来预算与会计慢慢疏远：前者以义务为导向，后者则以消费的现金与资源为导向。预算是向前看的，是一种规划项目与政府目标的手段。而会计则是向后看的，是一种记录已发生交易的方法。它们经常被安置在不同的组织单位中，而且它们产生的数据通常互不兼容。

此外，会计本身就分散为无数的专门系统。从 1950 年与 1956 年通过预算与会计立法开始，直到 20 世纪 80 年代，各机构都被鼓励设计自己的会计系统以满足自己的特殊需要。在一些大的部门内部，各个局与运作单位都被允许定制自己的会计系统。这种分散的框架导致联邦政府中形成了上百个无法相互交流的独立系统。在各式各样的系统中，交易记录的不一致以及各分局维护的账户与上级部门账户无法兼容的情况时有发生。

自 20 世纪 90 年代以来，许多努力已经被投入到会计与预算的整合之中，并作为改善联邦政府财务管理的重要一步。其中一项关键的改进即是在所有联邦部门与主要机构中任命首席财务官（CFO）。如 1990 年首席财务官法案规定，首席财务官负责完善、维持一个综合的会计与财务管理系统，审查所有与机构项目、活动相关的财务工作，并且监察预算的财务执行情况（见专栏 10－2）。这项法案并没有明确给出首席财务官在机构预算制定中扮演的角色，但在多方面已有所涉及。这项法律同时还在管理与预算局中设置了一个管理方面的副局长职位，作为联邦政府的首席财务官。

表 10－2　　按主体划分的主要财务管理角色与职责

主　体	预算执行	审计与评价	财务管理系统
国会	对补充拨款、扣押和再规划采取行动；有时监督活动或支出。	设置报告要求；执行监督；要求来自政府责任办公室或其他部门的审计与评价。	建立会计框架；对财务管理系统的政策与实践立法。
管理与预算局	分配预算资源；控制全职员工；监督部门绩效。	审查部门支出和项目；聚焦高危领域；推动绩效测量。	发布针对管理控制、财务管理系统和其他管理实践的官方指令；监督首席财务官和政府绩效与成果法案的执行。
财政部	管理现金和债务；使支出同资源匹配。	无	维护政府范围的会计系统。

续表

主　体	预算执行	审计与评价	财务管理系统
各部门	支出资源，执行活动；向国会、管理与预算局和其他相关部门报告。	执行内部审计和评价；对国会和行政要求做出反应；比较计划绩效和实际绩效。	设计并使用财务管理系统；维持管理控制；报告重大缺陷。
部门首席财务官	监督预算的财务执行情况。	编制财务报表，包括绩效数据。	促进会计和预算系统的整合。
政府责任办公室	审查、报告扣押活动；监督违反反赤字法案的行为；解决特定冲突。	审查项目和运作；审计政府公司的财务决算表。	鉴定部门会计系统；向政府提供关于内部控制系统重大缺陷的建议。
监察长	无	审计财务报表；调查支出和其他行为；评价项目。	提出改善系统和绩效的建议。
联邦会计准则咨询委员会	无	无	制定会计标准和原则。

专栏 10－2　首席财务官的职责

首席财务官的职责

- 监督所有与部门项目和运作相关的财务管理活动。
- 完善并维持一个综合的会计与财务管理系统，使该系统服从会计和内部控制的原则、标准和要求。
- 保证部门系统提供完整、可靠、一致和及时的信息，包括成本信息和能够加速绩效系统衡量的信息。
- 监察预算的财务执行情况。

报告要点

- 部门五年规划，其中要阐明部门财务管理战略，包括计划成果与目标日期。
- 由管理与预算局提交的政府范围的五年规划，描述改善联邦财务管理的步骤。
- 各部门年度报告，分析财务管理的现状，包括要求的财务报表和关于内部会计和行政控制系统的总结报告。
- 年度财务报表，由相关财务和项目绩效数据支撑，需经过部门监察长（或外部审计者）的审议。

资料来源：*Chief Financial Officers Act of* 1990，P. L. 101－576，November 15，1990.

1990 年的另一项重要改进是政府责任办公室，管理与预算局和财政部共同建立的联邦会计准则咨询委员会（FASAB），上述三个部门声称对会计准则具有领导权威。当联邦会计准则咨询委员会推荐一项会计标准时，这三个部门中的每一方都要颁布该标准，在维持三方各自角色的同时确保对标准的遵守。多年来，联邦会计准则咨询委员会发布了一系列报告，涉及与资产负债处理相关的财务会计标准；成本会计概念；库存、资产和设备；以及其他事务。1996 年，联邦会计准则咨询委员会发布了明确联邦财务报告四项主要目标的报告（见专栏 10 - 3）。

标准化使联邦机构能够编制可供审计的财务报表，并使财政部能够制定一份联邦政府的统一决算报表。受各种立法推动，如 1994 年政府管理和改革法案（要求审计各机构的财务报表，并提供一份联邦政府的统一财务报表）和 1996 年联邦财务管理和改善法案（要求审计员报告机构的财务报表是否符合联邦标准），各机构都改善了财务报告，许多机构现在已获得了无保留的审计意见。

随着预算和会计的联系变得愈加密切，联邦当局面临的问题在于是否应该将用于财务报表的会计标准也应用到预算和相关文件之中。传统的规则是，供外界（如债券持有人或股东）使用的预算及相关文件应按照标准编写，而一个主体可以使用它偏好的任何形式来编写其内部纪录。在商业企业，预算是一个内部文件，不受会计规则约束。但对于政府来说，它是与公民沟通的主要手段。当前，联邦预算并不符合会计准则，但将来很可能会逐渐与之相符。越来越多的国家、州和地方政府按照一个基本符合会计准则的方式来提交它们的预算。美国政府还未向这方面发展，但在近来财务管理改革的推动下，或将有此趋势。

传统上，财务报告用于满足如确保支出合法性一类的外部要求。鉴于这种有限的目的，只需记录有关授权或发生的义务、现金的收支交易就已足够。为了保证资金支出遵从适用的法律，确保部门遵循国会的拨款意图，记录义务是必需的。而现金会计对财政部管理政府债务也不可或缺。

除了这些外部要求外，各机构还需要及时和准确的财务数据来管理自己的业务。在实际情况下，他们需要其提供的商品和服务成本信息。在成本（或权责发生制）会计中，收入在获得时记录，而不是当商品或服务被消费时或资金支付时记录。基于成本的预算适用于衡量开展活动使用的资源，控制开支和提高运作效率。他们还可为以绩效为基础的预算提供有用的数据，并显示政府支出活动的产出。

专栏 10 - 3　联邦财务报告的目标

预算完整性

联邦财务报告应协助实现政府责任：对于通过征税或其他手段筹措资金，使它们的支出与建立政府某个财政年度预算的拨款法律和相关法律与规则保持一致。联邦财务报告应当提供信息帮助读者确定：

- 预算资源如何被获取并使用，以及它们的获取和使用是否有合法授权。
- 预算资源的现状如何，以及
- 预算资源的使用信息如何同项目运作的支出信息相联系，预算资源现状的信息是否和其他资产和债务的会计信息一致。

运作绩效

联邦财务报告应该用来帮助报告使用者评价报告主体的服务努力、成本和完成情况，这些努力和成果获得资金的方式，以及主体的资产和债务管理。联邦财务报告提供的信息应该能够帮助读者确定：

- 具体活动和项目的成本以及这些成本的组成和变化。
- 与联邦项目有关的努力和成果，以及随着时间产生的成本变化。
- 政府管理其资产和债务的效率和效果。

管理工作

联邦财务报告应该有助于报告使用者评估政府运行和投资对国家的影响，以及政府和国家财政条件由此已经、或将要发生的任何改变。

系统和控制

联邦财务报告应当有助于使用者理解财务管理系统、内部会计和行政控制是否足以保证；

- 交易执行遵守了预算和财政法律及其他要求，与授权目标一致并根据联邦会计准则进行记录。
- 资产得到正当保护以防止欺诈、浪费和滥用，以及
- 绩效评估信息有充足的支持。

资料来源：Federal Accounting Standards Advisory Board，Overview of Federal *Accounting Concepts and Standards*，Report 1，December 31，1996，pp. 8－9.

联邦资产负债表

用资产负债表来报告财务状况是一种很常见的商业行为，资产负债表上将列出资产、负债以及净值。资产负债表建立在公允会计准则之上，这些准则为估算资产和负债，设立金融风险如坏账储备基金，识别收入和支出提供了规则。由于会计实务的不足以及与企业的重大区别，直到20世纪90年代，联邦政府都没有编制联邦资产负债表。然而，会计的发展以及要求政府提供财务情况真实数据的压力驱使管理与预算局、政府责任办公室和财政部开始起草政府资产负债表。

管理与预算局的计算表明：在2005财年结束时，政府负债超过资产约6兆美元。财政部报出的当年负债净额为8.5兆美元。某部门资产负债表上的各种项目在其他部门的资产负债表中并没有对应的项目。因此，当两个部门同时为联邦政府制作资产负债表时，它们对各项的处理并不一致。

在说明联邦资产负债表中的条目时必须非常小心。如果一个商业实体的负债达到几兆美元，它将破产。但是联邦政府的主权资产并未出现在资产负债表上；最重要的是征税的权力。如果未来收益的现值按现在的税法算出，并作为一种资产在账面上出现，政府将表现出一个更有利的财政状况。换言之，相对于政府最庞大的财务资产的未来价值而言，资产负债表使人们能更好地识别已发生的负债。

内部控制

联邦财政管理遵循内部控制（有时被称为管理控制）的原则。在此原则下，

项目管理者在确保资源被正当、高效地使用，并且能如实报告财务及其他问题方面负有主要责任。

以往（主要是20世纪50年代之前），联邦机构在支出资金前必须取得外部批准。如今，各机构通常自行对交易授权，决定某一目的可用的资金数额，以及管理规则（涉及人事、差旅、采购及其他行政行为）是否落实。每个机构均保留自己的账册，对机构运作实施预审计，报告其财务绩效与状况。1982年颁布的联邦财务诚信法案要求每个机构都建立内部控制制度，且该内部控制制度要与审计总长要求的标准保持一致。这些制度必须提供一种合理保证，保证义务和支出都遵守了适用的法律；保证资金、财产和其他资产都受到保护，免于浪费、损失或滥用，并保证收入和支出都被真实记录。

管理与预算局和政府责任办公室共同担负对内部控制的监督职责。管理与预算局A－123号公告在2005年做出重大修订，强调高层管理人员对于内部控制的责任。该公告要求机构和管理者："1. 为结果为导向的管理建立并实现适当的、具有成本效益的内部控制。2. 评估联邦项目和运作中的内部控制是否充足。3. 分别进行财务报告内部控制的评估和记录。4. 明确需要实施的改进。5. 采取相应的矫正行动。6. 通过管理保证书，对内部控制进行年度报告。"与最后一项要求平行的是一个要求机构管理者签署与财务报告内部控制相关的年度保证书的程序。这一保证书代表的应是该机构首脑对机构内部控制整体充分性和效率的有力判断。这类保证书包括无保留保证（无重大缺陷）、有保留保证（存在一些重大缺陷）、无保证（该机构没有足够的程序，或者普遍存在重大缺陷）。在证明财政报告的可靠性时，管理必须能够做出以下八方面判断：

1. 发生与存在。所有报告的交易都必须在报告期内发生，并且所有的资产和负债均在报告期内发生。

2. 完整性。要包括所有的资产、负债以及交易，未经授权的交易或者结余也要包括进来。

3. 权利和责任。所有的资产都是合法拥有的，所有的负债也都是法定的义务。

4. 估价。所有的资产和负债都需被正确评估，成本需被合理分配。

5. 报告和披露。财务报告要采取适当的形式，并包含要求的信息。

6. 服从。交易必须服从于适用的法律法规。

7. 保护。所有资产都应得到保护，避免欺诈和滥用。

8. 记录。所有交易和其他重大事件的记录都要便于检查。

这些新要求的效果在于极大地提高了管理者对内部控制的关注。高层管理者再也不能将内部控制当作一个技术问题委托给下属了。他们要对保证书和重大问题负责。

按照法律要求，政府责任办公室会审查内部控制系统并报告重大缺陷。在评估一个缺陷是否会成为一个重大缺陷时，政府责任办公室建议这些机构考虑相关资源的重要性和敏感性，是否会有利益冲突，是否会违反法律法规，以及是否会有不利的宣传损害该机构的可信度。政府责任办公室对于管理控制的报告通常能发现联邦机构的大量浪费和不当管理。

专栏 10－4 影响财务管理的法律

1978 年监察长法案（P. L. 95－452）

- 在联邦各部门和主要机构建立独立的监察长办公室。
- 实施审计和调查。
- 提出政策建议促进经济、效率和效果。
- 发现并阻止欺诈和滥用。
- 将问题和缺陷告知机构长官和国会。

1982 年联邦管理人员财务操守法案（P. L. 97－255）

- 要求各机构按照审计总长制定的标准维持内部会计和行政控制，并要求各机构评估其管理责任和控制系统，还要求各机构每年向国会和总统汇报改正重大缺陷的方案。

1990 年首席财务官法案（P. L. 101－576）

- 要求 24 个联邦机构设立首席财务官（CFO），负责监督该机构相关项目和运行的财务管理活动，并编制包括重要时间节点的五年规划，以改进财务管理。
- 由管理与预算局副局长领导的首席财务官委员会评审并提出改进财务管理的建议。

1993 年政府绩效与成果法案（P. L. 103－62）

- 命令各机构提交最初的战略计划，每三年更新一次，且绩效计划要覆盖每个项目活动。
- 在这些计划的基础上，管理与预算局在总统预算中加入联邦政府绩效计划。
- 从 2000 年开始，各机构每年报告上年绩效。

1994 年政府管理改革法案（P. L. 103－356）

- 要求对机构财务报表进行审计，要求编制并审计联邦政府的统一财务报表。

1996 年联邦财务管理改进法案（P. L. 104－208）

- 命令审计人员报告机构财务报表是否遵守了联邦财务管理系统的要求，遵守了联邦会计准则，并与美国政府标准总账一致。

2002 年税收责任法案（P. L. 107－289）

- 将编制年度待审财务报表的要求扩大到几乎所有的行政机构。

2002 年不当支出信息法案（P. L. 107－300）

- 要求机构监督易受不当支出影响的项目，报告国会减少此类支出的行动。

2006 年联邦资金问责与透明法案（P. L. 109－282）

- 要求管理与预算局建立（在 2008 年 1 月 1 日前）关于联邦补助、贷款和合同接收对象的数据库，并在网络上公开（见 www. federalspending . gov）。

专栏 10－5 1993 年政府绩效与成果法案的主要特征

目的

通过关注结果、服务质量和客户满意度来提高项目效率和公共责任；通过规划项目目标，为管理者提供项目结果和服务质量的信息，帮助管理者改进服务供给；通过提供客观的，关于联邦项目和支出相对效率和效果的信息来改进国会的决策能力。

试点工程

三项试点：绩效衡量和报告（1994—1996 年）、管理的责任和弹性（1995—1996 年）以及基于绩效的预算（1998—1999 年）。（一些试点并没有进行，部门直接进入执行阶段。）

战略计划

各机构提交五年战略计划，至少三年更新一次。战略计划的编制需与国会磋商并包括一个明确的任务陈述，目标和目的，以及如何实现目标、目的，年度绩效目标同战略目标的关系，实现目标的外部影响因素和项目评价。

绩效计划

年度绩效计划与战略计划一致，需明确说明每个项目活动达到的效果，用可量化的形式表述目标，描述绩效目标实现的过程和所需资源，详细说明绩效指标并提供一个实际绩效和计划绩效的比较基础。

绩效报告

年度项目绩效报告要审查前一年的目标是否实现；如果没有，需解释为什么未能达成目标。

绩效预算

在基于绩效的预算的试点之后，管理与预算局局长发布一份报告（2001 年 3 月 31 日前），评估在总统预算中加入基于绩效的预算（展示不同预算金额的不同绩效水平）的可行性与适当性。

资料来源：Government Performance Results Act of 1993，P. L. 103 - 162.

基于绩效的管理

自 20 世纪 70 年代后期以来，国会颁布了 9 项影响财务管理的法律（见专栏 10 - 4）。在这些法律中最早产生的《监察长法案》和《联邦管理者财务操守法案》都聚焦于联邦官员的不道德行为和管理不善之上。第二批相关法律的产生始于致力于建立强健的管理系统的《首席财务官法案》。最后一系列法律集中于激励政府机构以提升它们的绩效和效率。

在利用预算与相关管理过程以改善绩效的道路上，1993 年的《政府绩效与成果法案》（GPRA）走出了重要的一步。《政府绩效与成果法案》（有时被称为结果法案）规定了活动的顺序，从进行绩效测量开始，进展到多年度战略计划，并以与预算决定相联系的机构计划和整个政府范围的计划结束（见专栏 10 - 5）。一旦这些工具到位，政府机构将要每年报告它们的绩效，并且周期性地修订他们的战略计划以反映目标和优先权的改变。《政府绩效与成果法案》同时也要求进行基于绩效的预算的初步试验——将资金的拨付或支出直接与部门的产出或结果相联系。

《政府绩效与成果法案》详细说明了战略计划的 6 个重要组成部分（见专栏 10 - 5）。《政府绩效与成果法案》规定机构在编制战略计划及随后的更新或修订工作中要咨询国会。根据不同国会委员会的命令，政府责任办公室评估了最初一轮的战略计划，发现其中许多计划缺陷以详细说明政府机构制定目标和衡量绩效的战略路径。在政府责任办公室看来，战略计划只能作为执行基于绩效的管理所必需的大范围改革的起点。

《政府绩效与成果法案》程序的下一步是提交年度绩效计划（与每个机构的战略目标一致），并同管理与预算局的年度预算申请相协调。管理与预算局的指南规定每个政府机构都要以总统预算中的财政和项目决策为基础，修订其绩效计划。机构计划必须详细说明每个财政年度的绩效目标与指标，描述实现绩效目标所需的运作过程和资源，并描绘出将用于验证测量结果的方法。管理与预算局同时也要求机构项目与财务明细表中的每个项目活动（见附录5－4）都要被至少一个绩效目标或指标所覆盖。它同时表达了一种期望，即年度绩效计划会及时成为机构预算申请和提交给国会的预算申辩书的一个必要组成部分，而且机构会重构它们的拨款账户以表达更系统化、功能化的预算和绩效信息。政府绩效与成果法案规定，在机构计划的基础上，管理与预算局要在总统预算中加入整个政府范围的绩效计划。

政府绩效与成果法案程序的最高点是基于绩效的预算的执行。在这种预算下，资源水平明确与产出水平相联系。这种形式的预算在20世纪五六十年代曾有过尝试，但没有成功。不过考虑到财政管理改革的总体加强，基于绩效的预算的前景在今天会更加明朗。这在很大程度上要依靠政府绩效与成果法案在联邦机构中植入绩效文化，使国会委员会以产出和结果为导向。有人相信政府绩效与成果法案沿袭了以往的改革路径——在一开始政府机构的大量投入导致庞大的文书工作的产生，这种文书工作满足了形式上的需要，但却很少能提供改革在行为和决策上取得进展的证据。这次的改革有一个重大的不同之处在于国会也被牵扯在内，而且政府绩效与成果法案属于法律，而不仅仅是管理上的实践。一些拨款小组委员会已经敦促各个机构在预算申辩中强调目标和绩效信息。但国会要求获得绩效和结果的信息是一回事，以此为基础进行拨款并给予联邦管理者足够的自由与激励去改进机构运作却是另一回事。当国会为项目或活动进行专项拨款并在法律和委员会报告中写下详细的运作规则时，它会破坏政府绩效与成果法案所提倡的绩效准则。

项目评级工具（PART）

在乔治·W. 布什总统任职的早期，管理与预算局推出了总统管理议程，从五个维度来评估联邦各部门和机构，其中之一是预算与绩效的整合。达到所有标准的机构会被评级为“绿色”，那些表现较成功的将会被评级为“黄色”，而那些被判断为绩效表现令人不满意的机构的等级会被评为“红色”。后来，管理与预算局对“红绿灯”记分卡进行了调整，改为分别评估各机构满足管理与预算局预算与绩效整合标准的进程。起初，大部分机构的评级都是红色。事实上，进行评级的管理与预算局对自身所有管理维度的评级也是红色。然而到了2006年，根据预算和绩效整合记分卡的测量，管理与预算局报告了联邦管理的显著改善。

因为关注焦点在管理过程，所以“红绿灯”强调的是对管理与预算局规定程序的遵守，而不是事实的结果。例如，一个成功的指标是机构是否开发了包括结果导向目标的战略计划；另一个是高级管理者是否定期举行会议审查绩效信息。在2003年，管理与预算局转向建立一个平行的过程［项目评级工具（PART）］来评估所有超过五年的联邦项目。PART 是一个菜单驱动的问卷，由四大类 25 个问题组成，如专栏 10－6 所示。附加的问题是针对七个联邦项目类型的其中之一（直接联邦支出、竞争性补助、分类/公式补助、研究和发展、固定资产、信贷项目和管制类项目）。问题的答案设计为“是”或“否”。每一个“是”的回答必须用管理与预算局指南中所要求的证据来支持。对于缺少可接受的绩效指标的项目，管理与预算局允许一个“结果无法显示”的回答。管理与预算局将在总统预算及其网站上公布 PART 的总分，但不会给出每个问题或类别的得分。

尽管管理与预算局对评分有决定权，但各机构积极参与到评分过程中，提供他们希望为其赢得一个“是”的文件和其他证据。管理与预算局和机构工作人员间有很多的协商，并且他们之间的总体关系可能会影响评分。对得分不满意的机构可请求管理与预算局重新评分。通常这意味着提供额外的证据，并常常导致更高的得分。有时每个项目产生的文件数量十分庞大，这使得一些人认为 PART 已经变成另一种纸上谈兵。一个更平衡的评价是，PART 能在管理与预算局审查预算申请时引起对项目结果的更多关注。PART 中提出的问题是同机构和项目绩效相关的。同时，管理与预算局要求的提供证据确实提供了洞察项目管理及结果的视角。

管理与预算局坚持 PART 得分与预算决策之间没有自动的联系。然而，管理与预算局同样认为联邦资金应用于那些能证明自身已实现可量化结果的项目。事实上，独立研究者发现 PART 得分和总统预算决定有关联。评级为有效的项目在预算中比那些被评为无效的项目更有可能获得资源的增加。但是，PART 得分对于国会决定的影响很小，特别是在管理与预算局试图取消那些被评为无效的项目时。迄今为止，PART 还没有根除拨款委员会的渐进趋势。

专栏 10－6　项目评级工具（PART）

项目如何评级

项目目标和设计（20%）

检验项目目标的清晰性和项目设计的合理性。相关资源文件和证据应包含授权立法、机构的战略计划、年度绩效计划和其他的机构报告。

战略计划（10%）

关注项目计划、优先项设置和资源分配。包括评估项目是否通过有挑战性但可实现的目标来衡量其绩效。相关证据需包括绩效计划和报告、评价计划、预算提案和其他项目文件。

项目管理（20%）

考虑该项目是否被有效管理以实现绩效目标。相关证据需包括财务报表、政府责任办公室和监察长报告、预算执行数据和独立的项目评估。

项目结果（50%）

考虑该项目是否达到了长期和年度绩效目标。还要评估该项目同类似项目相比有何优势。相关文件和证据需要包括年度绩效报告，管理与预算局和监察长报告和评价。对其他部分问题的回答分为“是”、“否”或“不适用”。项目结果部分与之不同，其等级可能被分为“是”、“很大程度上”、“较小程度上”及“否”。

总评级

分数	等级
85—100	有效
70—84	适度有效
50—69	一般
0—49	无效

资料来源：管理与预算局网站提供的各种文件：www.whitehouse.gov/omb/part 和 www.expectmore.gov。

小　结

支出管理涉及行政部门与国会之间的激烈斗争。支出者想要得到更大的灵活性，而国会则希望掌握控制权。在19世纪和20世纪前期，国会通常支配着这一关系，因为它利用其控制钱包的权力，通过详细的拨款限制行政决策权。该平衡变得有利于行政部门始于新政，贯穿伟大社会计划——这一时期的法律给予联邦机构广泛的运作自由，拨款账户也得到了扩大。但是，在越南战争/水门事件时期，由于国会对行政行为施加了大量限制，通过了首个关于总统扣押的正式限制，并在法律和委员会报告中发布了大量指令，潮流又出现了逆转。国会受到那些真实的或是被察觉到的行政权力滥用及其与总统之间旷日持久的斗争的刺激。随着立法控制和限制的增强，国会被指责为微观管理行政部门并干涉行政管理细节。

20世纪90年代突然出现了大量关于改善联邦管理的方案。尽管这些方案确实出于善意，它们并未专注于联邦管理者与国会资金控制人之间的基本关系。国会希望通过绩效得到更多，但是并不情愿放弃那些阻碍绩效改善的控制和习惯。国会束缚住管理者，并以不作为来打击他们。这种安排使国会在两个方面都获得最佳效果：它既掌握了控制权，又把责任推给了官僚。国会通过了如《政府绩效与成果法案》一类的法律，要求机构提交大量的报告，但随后又继续按照过去的方式分配资金，并进行立法限制。有时候这一方法是有效的，尽管管理者们的运作自主权受到限制，但他们依然履行责任。然而，当他们达不到标准时，需要更多限制的立法信条便会加强。

副总统阿尔·戈尔“政府再造”计划中的核心——国家绩效评论，提供了趣闻逸事般的证据，即联邦管理者们忠实地遵守了规则并几乎花光了提供给他们的每一美元。他们没有灵活性，并且几乎从不冒险。即使他们看到了更明智的支出机会，他们也无权这样做。这样一个对联邦管理的描述或许有些言过其实，但它确实道出了一个事实的核心：管理者们通常更重视服从规则，而非绩效。讽刺的是，《政府绩效与成果法案》本身成为一个巨大的服从机器。机构生成战略计划，不是因为他们寻求自我改变，而是因为《政府绩效和结果法案》的日程表要求他们这么做。他们进行绩效测量是因为法律要求他们这样做；至于这一测量能否对其绩效产生实质影响则另当别论。

《政府绩效和结果法案》中最自负的一点是，掌握更多的或是不同的信息可以改变行为。但是，回顾过去的改革，不管是20世纪50年代的绩效预算，或者60年代的项目预算和计划项目预算系统，还是70年代的零基预算，我们会发现，信息本身并不能改变什么。就核心来讲，变化要基于意愿和激励——变革组织的动力和诱因。而《政府绩效和结果法案》却不能充分提供二者，因此，它可能最终只能沦为一个变革的立法替代品。

管理与预算局现在已完成一个完整的项目评级工具周期，期间几乎所有联邦项目都已根据项目评级工具中规定的办法进行了评级。与以往的方案相比，管理与预算局成功地将对绩效的考虑整合进了它的内部预算过程之中。管理与预算局的审查员很重视项目评级工具，并将其运用在建议支出等级上；机构官员投入资源以提高他们的项目评级分数，因为他们明白一个较低的分数可能会导致总统预算中的削减建议。在较短的时间内，项目评级工具已经成为联邦预算一个不可或缺的特征，但它的未来仍然不确定。其中一个问题是，国会在拨款方面基本上并未被项目评级工具说服；另一个问题是，除非有新的理念和兴趣使之振作，否则项目评级工具会有沦为纸上谈兵的危险。最终，项目评级工具的命运依赖于乔治·布什总统的继任者所采取的路径。如果下一任总统发布他自己的新方案，项目评级工具将会像那些曾经一度被视为前途无量的改革一样，逐渐淡出人们的视线。但是，如果新一任的总统和管理与预算局的领导者接受项目评级工具，那么它可能就会拥有对政府绩效和预算决策产生长远影响的持续力量。

第十一章

长　期　预　算

本书表明，联邦预算依靠大量规则、程序和约束条件来运作。当然，这不是说任何事都在预算之中，不是说无论是挥金如土的人还是减税高手，都能够将预算置诸脑后，想要什么就得到什么，也不是说争取选票的政治家们无法拒绝强大的需求。预算是一个受到控制的过程，在总统和国会行为的不同阶段有很多关卡、控制点。但预算也是一个政治过程，它对于投票人、利益集团的偏好很敏感，并且选举产生的领导人有很强烈的倾向去满足选民。于是预算就成了一场阻隔需求的法规和开启需求的政治倾向之间的较量。在较量的过程中，有时预算会出现严重赤字。当出现这种情形时，议案就会被提出，或作为宪法修正案或其他立法行为，试图扭亏为盈。纵观预算的历史，这种调整不仅取决于政治立场或观点的转变，而且取决于新法规的出台。然而，在应对预算的长期前景时，这种调整就变得更困难了。因为今天的政治家和投票者们没有太多的动力去应对明天的问题。

由于缺少强大的宪法约束，预算机制能够用来加速预算调整，使其更迅速、更好地体现美国人的长期利益，减少对总统和国会关系、立法秩序、预算规则的损害吗？本章从迫在眉睫的人口压力对预算及其长期前景影响的角度评估现有预算制度，试图寻找这些问题的答案。

预算控制的充分性

编制预算，其核心是一个决定需要筹资多少、支出多少的过程。在为财政收入编制预算的过程中，有一个广泛的共识，那就是每年复议税率是不明智的。因为企业和家庭是根据其纳税情况作出决定的，因此，他们不会屈服于收入立法的异动。正是从支出方面考虑，预算控制的充分性经常受到质疑。

表 11－1 表明，预算能够通过一系列和个人交易总量有关的行为来有效控制选择性支出。这个控制链的目的是为了确保每年数以百万美元计的义务、支出的总量不超过批准的选择性支出总量。虽然有例外或违反规定的情况，但规则规定，这个表格中的每一步都不能超过前一步规定的总量。比如，对一个账户分摊的总量不能够超过从拨款和其他预算资源那里得到的义务的总量。当然，正如在这个例子中可

以看到的，这些控制并非密不透风，但这个顺序将选择性支出限制在（或接近于）预先设置的总量之中。由于这些决策每年制定一次，所以选择性支出对预算状况高度敏感。在出现财政盈余时，国会和总统将把更多的款项拨给选择性项目，在赤字重现时，拨款增加的规模会小得多。

表 11－1　　选择性支出控制流程

限制或行动	控　制
对选择性支出的限制	在法令中（2002 年底到期，但总统和一些国会议员建议将其保留）对选择性支出设定了可调整的上限。
预算决议总额	对预算授权和支出总量设置上限（包括选择性支出和直接支出）。对选择性预算授权和支出有不同的限制（仅在参议院中执行）。
第 302 条（a）分配	预算决议中的总预算授权和总支出被分配到有支出权限的各委员会。所有的选择性支出都分配给拨款委员会。
第 302 条（b）分配	每个拨款委员会在其 13 个小组委员会间就预算授权和支出进行细分。但每个小组委员会分配到的总额不得超过整个拨款委员会获得的总额。
拨款	每个拨款法案中，提供的预算授权和支出都要与第 302 条（b）中各小组委员会间的分配相匹配。针对可能超出第 302 条（b）相关配置的拨款法案，可在众议院或参议院提出议事程序问题。
分配	拨款和其他预算资源由国会预算局按项目或按季度分配到每个账户中。
配给	每个部门或机构将分配到的资源配给到下级单位。配给总量不得超过分配总量。
义务	各机构的义务是政府对未来支付的承诺。机构义务的履行不可（很少有例外）超出所获预算资源。
支出	由财政部支付，用以清算机构产生的义务。

强制性项目则不同。过去的立法行为（而非现在的预算决策）几乎完全确定了每年在权利性项目上的支出数额。在强制性项目中，控制链的方向是颠倒的——不是用总额来限制单个项目，而是由项目的花费来确定总额。这就阻碍了（但并未阻止）预算编制过程中的自我修正。正如下文将会讨论的，未来预算中权利性项目的巨大偿付额引发了人们对美国长期财政状况的担忧。

仅仅因为预算中对权利性项目的限制没有像选择性拨款那样严格，并不能说明其支出不可控。在设立权利性项目时，政府优先考虑的是价值而非预算控制。控制支出并不是预算决策的唯一目标；国会和总统还有其他的政治考虑，而这些政治考虑有时会使其不顾财政状况。社会保障确保工人在退休后将被一张财政安全网托住，医疗保险和医疗补助项目使年迈的低收入美国人能享有医疗保健，失业保险使失业者能拿回部分失去的收入。政府为食品券和其他援助项目提供资金，使低收入家庭能维持基本生活。通过调节法定的生活费，政府保护了那些权利性项目的目标人群，使其不受通货膨胀的侵害。这些项目有一个共同点，即都是通过使联邦支出的受益人获得福利来达成目标。把这些支出定为选择性的，短期而言将有利于控制预算，但会减少提供给美国人的财政保护。

美国人普遍认同那些在主要权利性项目中体现的价值。民意投票显示社会保障、医疗保险和其他主要的权利性项目获得了人们压倒性的支持。虽然美国人并不喜欢“福利”项目，但他们赞成一种观点，那就是政府应该帮助低收入者满足其基本生活需要。美国人可能不会赞成每个权利性项目，但一个项目受益人越多，项目支出越大，获得的支持就可能越大。虽然美国人担心政府的成本，但很少有人愿意为此牺牲收入的稳定性、医疗保健和其他预算控制之内的目标。

如果政府想要完美地控制财政，那么预算就要每年重新制定一次，并且不受过去承担义务的限制。国会需要每年都重新决定对于养老金、医疗救济、食品券、残疾人补助、失业保险等项目的支出。如果真是这样，那么我们可能就要回到过去那种制定预算的方式：几乎所有的支出都是选择性的。

然而，一个拥有完美的预算控制的世界可能并不是一个完美的世界。在一个社会中，当雇员、雇主、老年人和其他人都面临着充满不确定性的未来，很多时候甚至是暗淡的未来时，社会不安定就会蔓延。退休者可能要在每年的预算循环中艰难度日，而不知道下一年的社会保障或健康服务是什么。

一个很有说服力的案例是，美国因为有一个由权利性项目织成的大网而变成一个富裕的国家。当然，并不是所有这些项目都具有同等价值，但它们结合在一起，就能使家庭在周期性经济衰退和暂时的窘迫中得到缓冲，并在应对逐渐临近的年老体迈时得到缓冲。

理论上讲，提供权利性项目与控制预算是不相容的；但实际上，这两者必须得以调和。总统和国会必须处理包含了权利性项目的年度预算，他们主要通过协调来处理两者的关系，这种协调使得他们能够在保留某些项目提供的核心福利的同时，对其做出边际调整。国会偶尔也会通过协调在权利性项目上做出重大调整，如1996年对福利项目的彻检，但其协调的主要目的是通过各种少量的削减来实现在协调指令中设定的结余目标。根据这种方式，经过30多年对医疗保险项目上万亿美元的削减，医疗保险中提供的医院和医疗福利仍然与几十年前的水平极其相似。可以说，协调之所以一直存在，是因为它没有废除受欢迎的权利性项目。通过削减边际经费，并将部分成本转嫁给受益人和服务提供者，既节省了成本，又保留了权利性项目。

国会可以继续通过协调来削减项目，但长期预测中收支的不平衡表明，当医疗保险和社会保障支出在未来高涨时，这种手段将不再充分。国会更不可能将权利性项目的数量压缩到这样的水平——在40年后声称这些项目占预算的份额将不会超过21世纪的头二十年。这样一个权利性国家业已存在，但预算行为中生动的辩论，以及针对政府在向美国家庭提供转移支付时扮演角色和承担责任的频繁的预算行为仍将继续。

为未来预算

联邦政府面临着两个不同的预算未来——一个是之后10年可应付的赤字，另一个是之后20—40年的时期，那时社会保障账户上的余额将消耗殆尽，医疗保险项目将重现财政危机，华盛顿将不得不对老年人的支出做长远变革，或向纳税人征更多的税。这两种未来以几种方式结合在一起。首先，在不远的将来，美国的财政绩效将直接影响到国家是否能顺利过渡到向“婴儿潮”时期出生的老龄化人口倾斜的预算。在退休潮来临前，财政上的决定是慎重的还是挥霍的，将有很大的区别。前者将减少预算在未来会受到的不可避免的冲击；后者则会增加冲击。其次，在未来十年婴儿潮一代尚未完全影响预算底线之前，支持社会保障、医疗保险长期稳健的政策很有可能被制定出来。如果政治领导人认为预算形势良好而延迟行动，那么当预算形势恶化时，他们再要作出必要的调整就会更加艰难。

财政盈余期（1998—2001 年）为处理人口增长这枚“定时炸弹”提供了最好的机会，但由于政策上的失误和扩大国防开支的压倒性力量，这个机会被浪费了。进入 21 世纪，管理与预算局和国会预算局发布了对未来十年充满乐观的预算方案。国会预算局保证，预算盈余将累计增加到 5.6 兆美元，远远超过偿清所有公债所需的数目，其中还包括用于支撑社会保障和医疗保险信托基金的财政状况的资金。然而，预算的历史警告我们，所有这些预测都可能是错的，在对盈余的预期和实际获得的收入之间存在着巨大区别。

虽然国会预算局的预测是在谨慎的假设基础上做出（适度的增长率和一个比之前 20 年慢的税收增长），但不可抗力（通常因为战争或经济疲软）或仅仅是增加支出减少税收的政治冲动，也会使其出轨，即使有合理的预测。正如第二章详细说明的，这正是在 21 世纪头十年发生的情况。自我修正的假说预言：预算行为的改变将在预期盈余完全出现前就把它吸收。在预算的收入和支出这两方面，机会主义的政治家使得预期的盈余大大减少。

鉴于长期预算的暗淡前景，盈余的快速变现是一条错误的政策路径，它使得整个国家对于新世纪第二个十年不可避免的支出增加没有准备，并使政府失去了为建立新的社保系统或完善现有系统提供资金的能力。数据显示，当出现财政盈余时，预算纪律就消失了。在 2000 年，联邦债务（包括社会保险和其他信托基金的欠债）总计 5.6 兆美元；到 2012 年，仅 12 年后，预计将超过上述数字的 2 倍，达到 11.5 兆美元。在同样的 12 年中，公众持有债务预计将从 3.4 兆美元上升到 5.7 兆美元。2012 财年将成为联邦预算的重要一年，因为从这一年开始，将有大批公民达到 65 岁，领取退休金、医疗保险金。

总之，中期预算政策使联邦政府没有准备好处理长期财政问题。然而，政府却不得不应对它。拖欠退休金和医保责任不是一个可行的选择，通过限制选择性拨款或调整权利性项目福利也不太可能产生足够的结余。即使政府这样做，它也不得不借更多的钱或者征更多的税。在本书写作之际（2007 年），一个比较现实的预测是，政府将两者皆为。

社会保障和医疗保险

即使乔治 · W. 布什总统任期内出现的财政失衡得到了纠正，如果现在的社会保障和医疗保险政策继续执行而不做出改变，那么可以确定的是，在 21 世纪的第二个十年中将会出现大规模赤字，并且在之后的几十年会越来越大。预算困境归纳起来有以下几种趋势（见表 11－2 和图 11－1、图 11－2）：

表 11－2　　社会保障和医保住院保险信托基金的预期清偿能力

方　案	年　度	
	社会保障	医保住院保险
支出超过收入的第一年（不包括利息）	2017	2006
支出超过收入的第一年（包括利息）	2027	2010
信托基金资产耗尽的年份	2040	2018

资料来源：2006 Annual Report of the Board of Trustees of the Federal Old－age and Survivors Insurance and Disability Insurance Trust Funds，May 1，2006，P.9，availiable on the Social Security Administration's website at www.socialsecurity.gov/OCAT/TRSUM/tr06summary.pdf.

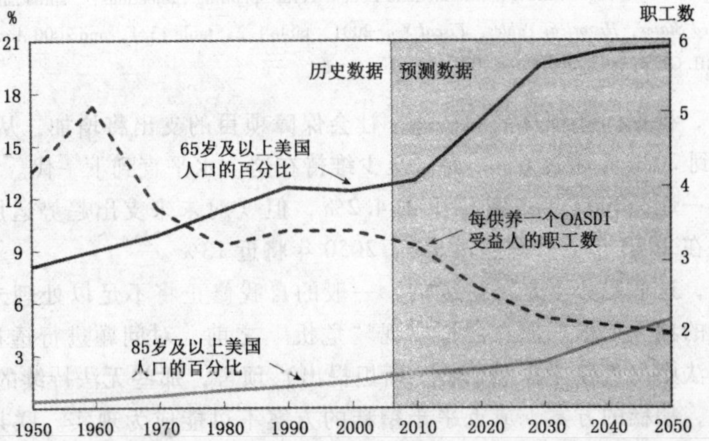

图 11－1　1960—2050 年 65 岁、85 岁及以上美国人口与每供养一个 OASDI[a] 受益人的职工数（以五年为间隔）

资料来源：（1）2006 *Annual Report of the Board of Trustees of the Old－Age and Survivors Insurance and Disability Trust Funds*，May 1，2006，table Ⅳ－B2，available on the Social Security Administration's website at www.socialsecurity.gov/OACT/TR/TR06/trLOT.html；and（2）U.S.Census Bureau.

a. OASDI，老年人，遗属及残疾人保险，社会保障的官方名称。

第一，年龄在 65 岁及以上的美国人口预计会增加一倍，从 2000 年的 3500 万（总人口的 12.4%）到 2030 年的 7000 万（总人口的 19.6%）。根据统计局的估算，到 2050 年，将有超过 8500 万的美国人达到 65 岁（或以上）。更重要的是，高龄老人（85 岁及以上）预计将不断增加，从 2000 年的仅有 400 万，到 2030 年的 1000 万，2080 年的 2100 万。这个趋势将对医疗保险项目造成不利影响，因为老年人随着年龄的增长，会消费更多的医疗服务。

第二，每供养一个社会保障受益人的职工数（支付社保税的人）将从 2000 年的 3.4 人降到 2050 年的 2.0 人。结果，更多的钱将流向社会保障和医疗保险信托基金，而流入的资金则相对较少。

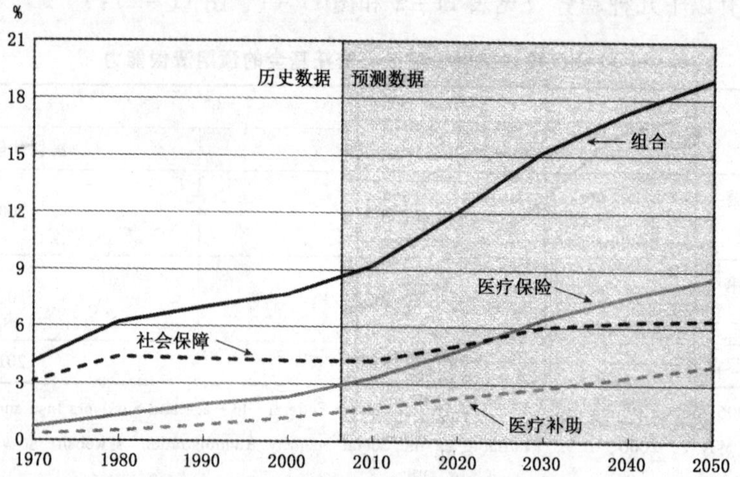

图 11－2　1970—2050 年社会保障，医疗保险与医疗补助支出占 GDP 百分比

资料来源：Congressional Budget Office，"Intermediate Long－Term Spending Projections，" spreadsheet，December 2006；and *Budget of the United States*，*Historical Tables*，*Fiscal Year* 2001，table 1. 2，table 13. 1，and 2000 *Annual Report of the Trustees of OASDI*，table III. C1，p. 189.

第三，根据国会预算局的估计，社会保障项目的支出将增加，从 2005 年占 GDP 的 4. 2% 到 2030 年超过 6%，并且至少维持在这个水平直到下一代。医疗保险和医疗补助加在一起，2005 年占到 GDP 的 4. 2%，但（对未来支出趋势运用中间假设）这一比例将在 2030 年上升到超过 9%，2050 年将近 13%。

显然，这些趋势不是可持续的，一般的自我修正将不足以处理未来社会保障和医疗保险的预算要求。但在声称出现"危机"之前，对问题进行透视是适当的。首先，斯坦法则（经济学家赫伯特·斯坦提出）预言，那些无法持续的趋势不会持续。也就是说，糟糕的方案，或近乎于糟糕的方案不可能成为现实。联邦预算将不会被社会保障和医疗保险耗尽。在形势变得很严峻之前，对这些项目将会做出重大调整。其次，随着人口老龄化，支出结构也将变化，更多的公共和私人资金将投向老年人。同样，个人的消费方式也会随着他们生活阶段的改变而改变，政府也同样需要面对年龄结构的变化。当有更多的老年人消费时，对老年人的支出在国民收入中所占份额不断上升是没有问题的。最后，因为对老年人的支出不允许挤出其他预算（和私人）需求，所以，重大改变将会在社会保障和医疗保险上做出，尽管可能并不像有些人期望的那样迅速或有效。社会保障和医疗保险将会幸存下来；在它们使国库破产前，二者都会被改组。

虽然社会保障和医疗保险经常被放在一起考虑，但他们各自面临的财政状态是不同的，并且在预算中也被区别对待。社会保障是预算外的，医疗保险是预算内的。社会保障不会经常性变动，并且从不在协调法案中出现；医疗保险经常在协调过程中被频繁调整。对社会保障的调整只是为了改善其财务状况，而医保调整则通常是要改进总体预算情况。

医疗保险将比社会保障先遇到财政危机。医保住院保险信托基金预计将在 2018 年耗尽，而社会保障的清偿能力预计将能维持到 2040 年（图 11－3）。未来社会保障方面支出的增加几乎完全是因为工资和价格的改变以及受益人数的增加，除了受到这些因素的影响，医疗保险支出对于医疗技术的传播、医疗服务的利用率以及卫生保健部门的通货膨胀都很敏感。而这些变量都比那些导致社会保障支出增加的变量更难预测。

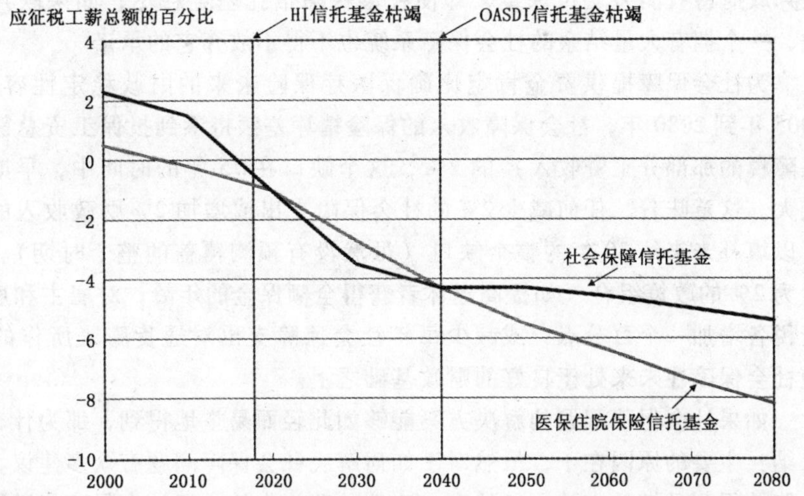

图 11-3　社会保障（OASDI）与医保住院保险（HI）信托基金精算结余

资料来源：2006 *Annual Report of the Board of Trustees of the Old-Age and Survivors Insurance and Disability Trust Funds*, May 1, 2006, table IV-BI, available on the Social Security Administration's website at www. socialsecurity. gov/OACT/TR/TR06/trLOT. html; and 2006 *Annual Report of the Boards of Trustees of the Federal Hospital Insurance and Federal Supplementary Medical Insurance Trust Funds*, May 1, 2006, table III. B7, available on the Centers for Medicate and Medicaid Services website at www. cms. hhs. gov/ReportsTrustFunds/downloads/tr2006. pdf.

目前已经有大量试图解决社会保障和医疗保险财政困难的建议。对这两个项目而言，一些人主张征更高的税；另一些支则持削减福利。一些人主张将这些项目或其中的一部分私有化，作为一种卸下财政包袱的手段；另一些人则强烈要求公共资助和公共运营。一些人赞同对其注入一般收入，另一些人害怕这种补救办法将会使负担转移到纳税人身上。关键的问题是：谁应该为维持这些项目的清偿能力买单：是在职劳动者还是受益人，是青年人还是老年人？

华盛顿的政治阵容要影响这些问题的答案尚需走一段很长的路。如果共和党人能够控制白宫和国会，那么就可以促进完全或部分私有化；如果由民主党人控制，则私有化将会受阻。分裂的政府可能导致两党拟定改革的一揽子方案，保留基本的社会保障和医疗保险福利，削减未来成本，增加一层私有化的养老金或医疗保险。另一方面，持续的经济增长可能使行动进一步推迟，因为额外的财政收入会增强这些项目的偿付能力。

社会保障

社会保障在将来支付其所承诺福利的能力将更多地取决于联邦政府的财政状况，而不是信托基金的结余。虽然，预计到 2050 年，这些结余将达到 6 兆美元，但社会保障系统将不会把这笔现金掌握在手中。如果按现行做法，它将从政府那里拿到证明政府欠款数额的票据。据推测，到2040年，政府将不得不偿还这笔债务，之后政府将对社会保障的福利负责，即使它不再对信托基金欠债。如果政府无法为这些支付提供资金，社会保障将无法履行其义务和责任。这个例子有力地表明，巩固政府的财政状况至少和使社会保障信托基金形成结余一样重要。一个财政强大的联邦政府将有能力支付保金，即使社会保障信托基金耗尽；如果联邦政府财政疲软，一个拥有大量结余的社会保障系统也不得不放弃它的承诺。

为社会保障提供资金肯定比确保医疗保险未来的财政稳定性容易。据估计，2005年到2080年，社会保障收入的保险精算差额将不到投保工资总额（符合社会保障税的那部分工资收入）的2%，这个缺口在75年的时间中，早期较小，后期较大。这意味着，任何减少2%的社会保障支出或增加2%财政收入的政策变动都可以填补未来约30年的整个缺口（虽然没有预测覆盖的整个时期）。任何变动总量为2%的政策组合（如提高退休者获得全额保金的年龄，对雇主和雇员支付的工资税各增加一个百分点，或减少每年社会保障支出对通货膨胀所作的调整）都将使社会保障在未来处于良好的财政基础之上。

如果社会保障问题的解决方案能够如此轻而易举地得到，那为什么它还没有被采纳？主要的原因在于，虽然对于如何解决社会保障问题有众多建议，但没有哪一个能够得到足够的支持。虽然有一边倒的政治支持，但社会保障将遵循政党路线的政治家和遵循代际路线的美国公众分裂开来。许多共和党人，在乔治·W. 布什总统的领导下，支持用私人退休账户替代部分社会保障。这种转换会明显降低政府未来的财政风险，因为它将不再为私人账户担保一个固定的保金（根据每年的价格指数调整）。在推进的过程中，布什总统声称，通过投资他们自己的储蓄，美国人将获得比传统的社会保障支出更高的保金。然而，大部分民主党人坚持认为，社会保障应该是一个强制的、联邦提供资金的项目，而且信托基金中的资金短缺将通过削减部分受益人的福利或增加政府的支持来解决。

除非两党就分歧达成妥协，否则在社会保障上的一致就不可能实现。因为几乎所有的美国人都与此有利害关系，所以在社会保障税收或福利上的重要改变需要两党合作。即使一个政党能够在国会众参两院获得多数并控制白宫，靠一个政党单独实施也是不可能成功的。

任何解决社会保障问题的企图还将不得不面临青年人和老年人意见与利益的不同。退休者和那些将要退休的人认为社会保障理所当然，并且依靠每月的社会保障金生活。许多年轻人则对于当他们在30年后退休时是否能获得社会保障缺乏信心——他们听到了世界末日的鼓点：社会保障的破产不可避免，虽然他们可能不想削减现在受益人的福利，但很多人并不愿意缴纳更多的社保税。

虽然很难准确预测政治上以及两代人之间的分裂如何解决，但有一点是很明确的，那就是在信托基金大大减少之前，将会采取措施来解决社会保障问题。并且，很可能传统的社会保障制度将对那些已退休的和即将退休的工人保留。我们也可以期望，社会保障制度的改革可能既使税收增加，又使福利减少，同时出现一些伴随着强制性账户的新的义务账户，而这些强制性账户自引入以来，就一直定义着社会保障。综合这些范围广阔的变量，政治家们最终将拼凑成一个能获得广泛支持的一揽子方案。

医疗保险

解决医疗保险问题将会更加困难，一方面是因为财政赤字将大大增加并比预期提前到来，同时还因为美国人喜欢扩大而非缩减从政府那里获得的医疗保险福利。2003 年处方药保险的加入说明政府正在不断增加对医疗保险的支持。但同时，国会和总统已多次努力，力求缩减医疗保险的支出，这通常是通过削减每年给供应商的支付实现的。几乎没有例外，这些削减对医疗保险中长期不平衡的改变无足轻重。未来运用类似的策略根本无法确保医疗保险的偿付能力。虽然，在庞大的医疗保险项目中，所有组成部分都处于财政险境中，但最大的问题出在住院保险信托基金，它支付住院医疗费用，并由工资税提供资金。根据目前的法律，仅该基金的不平衡到 2080 年就将超过 20 兆美元。住院保险信托基金的托管人估计要使该基金实现精算平衡需要增加 120% 的收入，减少 50% 的支出。这些调整拖的时间越长，调整的幅度就将越大。

针对社会保障问题提出的一些建议方案并不一定适用于医疗保险项目。提高享受医疗保险的法定年龄（现在是 65 岁）将使没有医疗保险的美国老年人数量增加几百万。另一个建议方案是授权美国人建立一个他们自己的医疗储蓄账户（MSAs），这一方案已经被乔治・W. 布什总统积极推行，并且正在有限的范围内使用。在医疗储蓄账户问题上的冲突与在社会保障问题上的分歧很类似，共和党人认为这个账户将激励公民成为保健服务的有效率的消费者，而民主党人则认为那些更有钱更健康的人将选择医疗储蓄账户，而医疗保险项目将背负着照顾病人和穷人的重担。

医院和其他供应商提供服务，而医疗保险为这些服务提供资金。正因为如此，医疗保险所经历的趋势和压力与困扰着美国医疗保健总成本的趋势和压力一样。在一个更长的时期内，这些服务成本的增长速度将超过其价格。现在，美国的医疗保健支出约占国内生产总值的 16%，这个比例远远高于其他国家。如果不在供给和私人医疗卫生服务价格上做出根本性变革，医疗保险就不能被重构。最后，医疗保险的命运就会因此和医疗卫生服务的结构与提供缠结在一起。

与社会保障一样，在医疗保险上的根本变化不得不有待于两党合作。在那之前，政治领导人都将试图用边际调整胡乱应付过去，推迟清算的日子，使医疗保险能维持得更久些。一些调整将缩减对供应商的支付，而另一些则将增加投保人的保费和其他费用，对高收入的投保人尤是如此。

若以史为鉴，那么医疗保险将仍是一项繁重的立法项目，每隔几年（或更短）就要做出大量调整。政治家们将力求避免医疗卫生服务的明确配给，设计出能够抑制许多服务使用的隐含的配给形式，并向一些医疗保险的受益者征收更高的费用。然而，这些调整将不能避免更多的在医疗卫生服务的供给和融资上的根本变化。

社会保障和医疗保险的长期生存能力不仅依赖于政策调整，也取决于未来至少三十年的经济形势。一个强劲的经济可能使得这些项目在更长的时期内是可持续的，而一个疲软的经济则使政府对这些需求的满足变得更加困难，即使政府削减了社会保障和医疗保险福利。经济的作用可以说是相当显著的，正如有预测显示社会保障信托基金将被耗尽（见图11－3）。在1999年，社会保障托管者预测，社会保障将有能力支付到2034年，而医疗保险将到2015年用完。2006年预测的社会保障的生存能力延长了6年，医疗保险延长了3年。社会保障的预测更改是因为经济的强劲表现，而医疗保险则是因为总体经济状况和医疗卫生部门通货膨胀将减速的预期。

即使一个看似很小的经济状况的改变也可能导致未来社会保障和医疗保险支付能力的实质性差别。例如，如果从2006年到2036年经济保持每年2.7%的增长，那么国内生产总值（以2006年为标准）将从14兆美元增长到将近31兆美元。这部分增加的资金将极大地减轻社会保障和医疗保险的财务负担。

虽然经济表现由许多因素共同决定，但如果联邦政府节省社会保障信托基金中积累的资金，便很可能保持预算盈余，那么到2035年经济规模将显著扩大。这些盈余将为投资提供一个资金池，并且会随着时间推移提高生产力，并进一步扩大经济规模。

展望未来30到50年，我们可以想象社会保障和医疗保险成功进行了自我修正。在这些项目上，政府投入的资金比现行法律规定的还要少，但占国内生产总值和财政支出的比例将更大。重复之前所言：当老年人占总人口的比例更大时，政府将相应地在他们身上支出更多，这是不可避免的。任何其他结果从政治上讲都是站不住脚的。

延长预算的时间跨度

因为预算过程一年一次，所以它不可避免地缩小了决策者的时间视角。于是政治家们着眼于短期的困境，以期先把一年应付过去，却忽视了长期的政府责任和公民期望。在一年期的框架内，最重要的是做出决定，即使这意味着把难题拖延到以后。当然，存在着一些能够看得长远的方法，但一般都是在预算的时间框架以外。事实上，这正是社会保障和医疗保险信托基金托管者所发布的年度报告的逻辑：在不同的经济和人口假设下，预测75年后这些基金的精算赤字。

虽然总统和国会每年都要处理预算，但双方都在每年财政收入和支出政策的辩论中加入长期观点。国会预算局基线预测的跨度为10年，而国会的预算决议必须涵盖至少5个财年，有时和国会预算局一样覆盖10年。而且，参议院亦有法规，要求在采取立法行动时进行长远考虑，具体如下：（1）量入为出规则规定，在为期十年的三个不同的时间框架内，收入和直接支出立法应当保持赤字中性；（2）伯德规则禁止了那些在超越协调指令时间框架以外导致或增加赤字的协调立法；（3）对长期支出提案的限制：对于四个连续十年期内（直至2055财年）将增加直接支出超过50亿美元的法案不予考虑。此外，为执行预算规则，正在处理的和已通过的法案要由国会预算局与税收联合委员会依据十年期预算基线或其他时间段共同确定拨款额。

在克林顿总统的任期内，管理与预算局将预算预测的时间跨度延长至10年，但小布什总统又将其缩短到5年。他声称未来太不确定，以致不能做出可靠的估计。也有人认为，这样做的真正动机在于，掩盖其欲减免税收和增加开支的长期意图。不管如何，管理与预算局确实发布了一份关于联邦资产和负债的资产负债表以及一份长期的前景展望，刊登在总统预算的“预算分析书”中的“工作职责”一章。这些报告详细分析了政府的财政状况和责任；它们并不是从赞赏的角度去看行政机构的预算政策。资产负债表估计，联邦政府的净负债将从2001年乔治·W.布什总统任期伊始的16.6兆美金增加到2006年的20.6兆美金。由于会计规则，这些估计不包括未来社会保障和医疗保险负债的现值。对于政府暗淡的未来财政状况，管理与预算局提供了一个更加全面的图景，它估计公众持有的债务将从2000年占GDP的35%增加到2080年的260%。虽然报告中警告说长期预算前景非常不确定，但管理与预算局仍然明确断言，“目前的预算走的是一条不可持续的道路”。管理与预算局认为，如果国会采纳总统关于支出削减的提议，那么未来的负债将会减少。然而，总的说来，即使在医疗保险和其他一些权利性项目上做出调整，财政前景仍不容乐观。

国会预算局有时也会发布到2050财年的长期预算推测。这些预测提供了六种可能出现的不同情况，从收入低增长和支出高增长，到收入高增长和支出低增长。国会预算局发布这些报告的主要目的是为了表明，政府未来的财政状况高度依赖于政策选择。在所有这些情况下，政府都面临着增长的赤字，但在最乐观和最不乐观的情况间，赤字规模存在巨大差异。

在预算中建立可持续性分析

在将长期分析引入预算工作方面，美国落后于许多发达国家。澳大利亚每5年制定一份代际报告，英国每年制定一份长期预测。欧盟委员会对其成员国预算政策的长期财政影响进行评估，强调同比改善或衰退。这些研究采用的方法各不相同。有的估算未来支出义务的现值和现有税收系统下收入之间的缺口，或估计填补缺口所需增加的税收总量；还有一些通过制定各种方案来显示未来的预算状况对于各种变化的敏感度。

可持续性分析就政府未来的财政状况提出了三个相关问题：

——偿付能力。如果不改变其现行的预算道路，政府是否有能力支付未来的责任？美国是少数几个在未来的偿付能力上存在问题的发达国家之一。破产的威胁可能会驱使联邦政府在拖欠责任之前早早就对财政收入和支出政策做出重大变革。

——稳定性。政府是否能够一直维持其现行的预算道路不变？特别是政府是否会为了给其义务提供资金而增加税负？一些国家政府已采取了重大措施来稳定财政政策，当养老金出现负债时就为其注资而不是等它们已经花完后才开始投钱。这将使整个或部分社会保障项目从一个福利计划（即保证未来的支付）转变为一个捐助系统，即只保证注入资金的数额，而不保证获得的福利水平。之前提出的公共社会保障账户向私人账户的转变将有类似效果。稳定医疗保险支出有赖于将医疗保健费用的增长限制在与国内生产总值相适应的水平。正如之前提到的，只有实现了医疗卫生服务提供和融资的深远变革，才能实现控制医疗保险支出这一目标。

——公平。未来的公民是否将不得不忍受一个比今天更高的税收负担，或者享受比今天更少的福利？政府是否已将今天受益人的福利成本转嫁给了未来的纳税人？经济学家运用一种被称为“代际核算”的方法得出了如下结论：超过 70 岁的美国人面临的税率非常低，甚至是负税率，而青年和少年人则面临着高于 70% 的税率。在一些国家，确保代际公平是政府预算政策的一个显在因素，但在美国，情况并非如此。

限制未来负债

可持续性分析为更长时间跨度的预算展望提供了信息。然而，这并不能强迫政治领导人去改变他们的预算道路，也不能强迫他们去考虑其行动对财政的长期影响。在年度预算的有限时间内，通常情况下，对政治家而言，将成本或问题转嫁给未来比通过自我约束来达成一致更为有利。

适度考虑未来会得到现有规则的支持，这些规则能够限制政治家采纳会对长期财政状况产生不利影响的政策变动的能力。这种规则可以禁止国会通过会导致未来赤字净现值增加的法案。这类规则可以被强制执行——通过构建一条类似于国会预算局每年做的十年期预测的长期基线，并以此为标准，评估拟议或通过的法案，并将政策变动贴现。这种方法的应用需要解决一些技术难题，包括运用的假设，对不确定性的处理，以及选择贴现率等。

这类规则将限制那些会影响未来预算，但不会减少现有权利性项目长期负担的政策提案。有些人要求政府对所有的权利性项目进行强制性审查，比如以日落法则的形式，即每到一个固定期限（比如每五年或十年）就终止这些项目，除非在国会获得更新。我们没有理由去期望这些日落法则能削减普遍性福利，比如社会保障和医疗保险。从以往采用日落法则的政府经验来看，它们可能加速了一些小项目的取消，但不会对造福大多数美国人的那些昂贵的权利性项目产生影响。

双年度预算和拨款

虽然长期预算目前不可能实现，但将预算过程延长到双年度周期是改革者们不断追求的一个目标。这个预算周期将设立一个最短为期两年的授权法案，并且规定总统每隔一年提交一份完整的预算。国会将其转换为两年期的预算决议和常规预算拨款法案时间表。但总统和国会也可以在预算到期那一年做出补充性的预算决定。由于在双年度提案中，拨款程序是主要症结所在，因此我们现在的讨论焦点就是拨款程序。

来自行政和立法机构的支持者提出了许多赞成双年度程序的观点。大多数有关国会或者联邦机构的内部运作试图疏通在立法日程和机构预算日程表中的堵塞。有些人认为，双年度预算不失为一种好方法，能够使预算程序摆脱在支出细节上的纠缠，而将注意力集中到更大的政策议题上去。还有人认为，联邦机构可以就此从单年度预算周期绷紧的时间期限中解脱出来，有更多的时间用于进行战略规划和项目审查。

支持双年度预算的立法者抱怨说，每年对拨款法案的立法需要耗费大量时间，这可能会挤占处理其他立法任务的时间，并且每年都会在“是否需要解决同样事情”这一问题上产生很多冲突。他们将授权活动的减少归咎于拨款程序，并认为拨款是一个折磨人的过程，其最终完成的日期经常远远滞后于日程表。他们指责说，拨款委员会之所以坚持单年度预算框架，是因为这个框架能使他们自己支持的项目获得专项拨款。

国会的改革者们展望一个为期两年的时间表，在这个表中，第一年考虑实质性法案，第二年考虑支出法案。他们相信，这个安排将使得国会更加积极主动地监督政府机构及其绩效，同时也更加重视那些长期议题。

就预算控制而言，双年度预算的争论落在拨款焦点可预见的变化上。一个单年度拨款程序不可避免地将注意力集中于联邦政府支出项目的逐年变化，而忽略了在联邦项目长期发展方向上的考虑。一个更长的周期可能会减少渐进的成分，更加以变革为导向；减少在投入和细节方面的纠缠，而将注意力更多地集中于产出和结果；对微观管理机构的兴趣会减少，更加关注战略和优先权；减少对即将到来年度的关注，而更关注长期的财政状况。

这些预期现实吗？如果以过去的改革（如20世纪60年代引入的计划项目预算系统、70年代试行的零基预算）为指导，上述问题的答案就是否定的。上述两次改革都试图中断预算的渐进路线，转而构建更加有战略意义的财政决策。但均未成功，问题主要是出在拨款方面。今天的改革者驳回了上述观点，认为过去的预算创新保留了年度拨款；现在的预算创新将变革年度拨款。而且，他们认为，这次的结果将会更加乐观，因为他们要变革国会运作，而不仅仅是在行政部门的预算制定上做些改动。

如果联邦政府真的将单年度拨款转换为双年度拨款，那么，即使美国不是第一个建立多年预算周期的国家，也会是最先实行双年度预算的国家之一。许多国家运用的是一个中期支出框架，这个框架使他们能够在多年期的背景下制定年度预算政策。在有些国家，政府机构已经享有了自由权，可以将这一年没用完的运作费用转移到下一年，还有些国家甚至允许机构提前支出一小部分下一年的拨款经费。有些国家采用多年期预算，详细阐明其后每一年机构分别获得的运作资源以及在时间周期内运作的项目。然而更重要的是，年际的灵活性以及多年期预算安排并没有减少每年的拨款。借鉴其他国家的经验，我们可以得出这样的结论，在延长政策周期的同时每年继续拨款是可行的。

事实上，美国国会已经开始慢慢放开年度支出控制。一方面，选择性拨款只占了联邦支出的三分之一。另一方面，这些拨款中很大一部分是无年度期限的，资金可无限期地用于履行义务。此外，当选择性支出上限设定时，国会就可作出多年支出决定。

看上去奇怪的是，对于预算的大部分内容，选择似乎只有一个，要么选择对年度拨款的短期控制，要么选择对于永久性权利性项目的自由。双年度拨款则将提供一个额外的选择，这个选择有助于许多规划周期较长的项目，比如资本支出、军事采购等。

尽管对于延长预算周期的呼声很高，但是自美国民主制度产生以来，在预算这一关键过程中，在年度拨款的基础上做出的任何变化，都必须考虑其对政治体制可能产生的更广泛的影响。将周期从一年改为两年，将不仅仅关系到拨款程序，而且会对国会的运行以及国会和行政部门的关系产生影响。改革后，国会仍将掌握财政大权，但会相对放松对于财政的控制。至于放松到何种程度，将取决于改革支持者期望双年度拨款所带来的行为变化的程度。行为变化将能回答许多问题。当政治条件或者经济条件的变化使得预算政策的调整合法化，周期改为两年究竟会增加还是会削弱政府自我修正的能力？联邦机构会把双年度拨款的第二年当作是通往争取补充资金之路的铺垫吗？总统和国会是否会在实质上利用第一年的补充拨款，以至于这个拨款过程仅是名义上的两年而已？在国会的运作与委员会的工作中，还需要做哪些必要的改变以保证其对联邦项目和机构的有效监督？在理想状态下，双年度预算可以被看作是迈向一个更广阔的时间视野的一步。

小 结

除非改变预算轨道，否则联邦政府将为忽视预算政策的长期后果而付出惨重代价。我们不需要预设世界末日的剧情就能预感到，将来，纳税人的税负将会增加，而享受到的福利水平却不及现在。这个糟糕的变化将不仅仅是由于美国人年龄结构的改变，更重要的是由于忽视长期预算的议题所导致的。这不是由于信息缺乏造成的（这个国家充满了对未来预算及财政赤字的悲观预期），而是由于缺少政治意愿。

所有的民主政府都有政治动机将今天投票人的成本转嫁到明天的纳税人头上。一些政府会受到会计规则的限制，这些规则要求它们将一部分未来的负债计作当前的费用；还有一些政府采用了一些政策来保护它们未来的财政免遭不可避免的、因老年人口增加而导致的公共福利需求增加的影响，而我们的联邦政府在这方面所做的努力则相对较少。它也将被人口变化的压力迫使去面对等待着这个国家的巨大的财政赤字。

因为政府当初没能直面这个问题，所以滞后的行动将使政府面临一个更加艰难的任务。虽然我们无法精确预知，但有一点是可以肯定的，要增加长期预算的稳定性，就必须将政治性、政策性、程序性因素结合起来。而最重要的政治因素将是民主党与共和党之间的合作（至少是磋商）。任何一个政党都不可能或不应该试图独立地重构社会保障和医疗保险项目。政府政策的改变将对几乎每个美国人都产生巨大影响，因此，任何党派都不应该承担如此大的政治风险。设计专门的政治安排来解决这一问题可能更为适当，如建立党派中立的委员会来向国会推荐政策变动。1983 年，这一策略被成功应用，当时国会在社会保障项目上进行了重大变革。但当比尔·克林顿总统提议重构医疗保险时，没有遵循这条路径，乔治·W. 布什总统试图对社会保障项目做出重大变革时也没有采用这个方法。在上述两个事例中，单边行动都失败了。

大部分的政策变革都在增加税收的同时减少支出，但纳税人和受益人的具体分担方式是不确定的。未来的总统选举和国会选举都可能会对今后政策变革的程度和分布产生重大影响。但无论选举的结果如何，高收入者都将面临更高昂的税负和更少的福利。对于相对富裕的阶层，福利将会屈指可数，而税率却将飙升。但究竟如何变化，还要看主要权利性项目上的政治支持是否会被削弱。

最后，联邦政府将逐渐转变其预算程序，促使预算制定者对长期财政结果给予应有的重视。关于未来影响的相关信息将会更加充分地被整合到预算实践之中；不利于美国财政长期健康发展的行为将会受到限制。但即使有严格的预算规则也不能完全消除预算上的机会主义，因为政治家们会运用策略来增加福利，掩盖成本。对于那些在过去便从事预算的人而言，未来的预算将并不陌生。

联邦预算相关网站

管理与预算局

网址：*www.whitehouse.gov/OMB*

职能部门与国会的联络通讯

法律通过后七天内的拨款报告

公告、报告、新闻简报及听证会证词

行政预算及支持性文件

财务管理政策

《中期评估》

PAYGO（量入为出）报告，及对量入为出余额的估测

政府范围的绩效计划

管理改革/GPRA（政府绩效与结果法案）

《支出扣减更新报告》

行政政策声明（SAPs）

国会预算局

网址：*www.cbo.gov*

预算主题及总统预算分析

成本估算、研究与报告以及听证会证词

《经济与预算展望》

经济与预算预测

选择性拨款现状

预算执行法案中的紧急支出

每月预算审查

收入变动及支出选择

预期联邦税收及税法变动的影响

未授权拨款及过期授权

国会图书馆

网址：*thomas. loc. gov*

自 1973 年以后的国会法案摘要

自 1989 年以后的国会法案原文

国会指南及委员会组成

自 1989 年以后的《国会记录》

自 1995 年以后的委员会报告

众议院委员会听证会记录

自 1990 年以后的唱名表决记录

自 1973 年以后的公法

审计总署

网址：*www. gao. gov*

总审计长决议及意见

绩效及问责

政策与指导材料

联邦部门章程报告

听证会证词

众议院拨款委员会

网址：*www. house. gov/appropriations*

302（b）分配案

委员会和小组委员会组成

委员会致行政部门信函

新闻通稿

自 1996 财年以后的项目终止情况

预算修正与听证会日程安排

当前拨款法案状况及摘要

众议院预算委员会

网址：*www. house. gov/budget*

预算决议

委员会组成

听证会记录

议题报告

新闻简报

日程安排

政府印刷局

网址：*www. access. gpo. gov*

自1997年以后的委员会出版物

自1997年以后的委员会听证会

自1993年以后的国会法案

自1994年以后的《国会记录》

自1995年以后的国会报告

自1995年以后的《总统经济报告》

自1995年以后的行政预算

自1995年以后的公法

美国法典

财政部

网址：*www. treas. gov*

年度报告

国库现金日流量及月流量报表

新闻简报及演讲

《财政部公报》

参议院拨款委员会

网址：*www. senate. gov/ ~ appropriations*

302（b）分配案

委员会和小组委员会组成

听证会、预算修正及协商会议日程安排

新闻简报

当前拨款法案状况及摘要

参议院预算委员会

网址：*www. senate. gov/ ~ budget*

总统预算分析

《预算公报》

主席建议

《经济公报》

听证会记录

新闻简报

日程安排

术 语 表

权责发生制（Accrual Basis）——在收入实现时记录收入，在费用发生时记录支出的会计基础，不考虑资金收到或支出发生的时期。

应付支出（Accrued Expenditures）——反映由于接受服务、收到商品或者其他财产引起的债务的费用，或归属于不需要当前服务或业绩的项目的数额。不管现金支付何时发生，支出都会增加。

提前拨款（Advance Appropriations）——某项拨款法案提供的预算授权，将在法案实施年度的下一财年生效。拨款数额包含在财年的预算总额之中，将用于兑现义务。参见远期资金（forward funding）。

预拨资金（Advance funding）——当前财年要承担义务或支出，但却在下一财年拨款的预算授权。当提前承担义务时，当前财年的预算授权增加，下一财年的预算授权减少。

分配（Allocation）——在执行预算时，分配是指预算授权或者其他资源被转移到另一账户来完成原先账户的目的。在国会预算中的使用参见委员会分配（Committee Allocation）。

配给（Allotment）——一个部门进行的分配行为，授权政府官员或行政单位在特定的金额和时间内承担义务。一个部门分配的总金额不能超过管理与预算局分配的数额。

预算函（Allowance Letter）——在总统预算递交给国会后，管理与预算局发给各部门的一封信函。这封信向各部门建议了预算决议和多年计划估计、就业上限以及其他重要政策和行政事务。

补贴（Allowance）——包含在预算中的一部分资金，用来弥补由于法定支付增加、意外事件以及其他需求而可能产生的额外支出。

年度授权（Annual Authorization）——针对一个财政年度的拨款授权，通常是一个明确的资金数额。年度授权下正在进行的项目每年需要重新授权。如果它们没有被再授权，国会通常会拨款给它们使其继续进行。

分配（Apportionment）——管理与预算局分配给不同义务的可用资金额。分配按照时间（通常是季度）和项目划分这些额度。分配限制了所需承担的责任。根据《反赤字法案》，当某账户被分配后，要保留其中一些资源，或根据《滞留控制法案》建议撤销。

权利性项目拨款（Appropriated Entitlement）——一种权利性项目，其预算授权在年度拨款法案而非实体法律中提供。《预算执行法案》将这些权利性项目归类为直接支出。

拨款（Appropriation）——提供预算授权的法律条款，授予部门为了特定目的在财政部之外承担义务和进行支出的权力。拨款是提供预算授权最常用的手段。年度拨款由拨款法案提供；大部分永久性拨款由实体法律提供。

拨款限制（Appropriation Limitation）——拨款法案里的一项条款，限制了针对特定目的的借款或支出数额。这个限制可能用于直接贷款义务，担保贷款承诺，信用基金提供的行政开支，或其他目的。

拨款法案（Appropriations Act）——一项做出年度拨款的法案。这项法案可能是定期、追加或连续拨款。

授权法案（Authorization Act）——一项法律，它建立或延续一个或多个联邦项目或部门，设立其运行的期间和条件，设置其他政策要求或限制，授权拨款实施，以及规定拨款资金如何使用。

后门支出（Backdoor Spending）——见直接支出（Direct Spending）与支出授权（Spending Authority）。

平衡预算（Balanced Budget）——收入等于或大于支出的预算。

预算授权余额（Balances of Budget Authority）——之前提出但尚未支出的预算授权。债务余额是指没有被清偿的数额；不结转的年终预算结余是指还能用于承担义务的额度。

基线（Baseline）——在假设的经济条件和就业率下，假定现行政策不发生变化，对收入、支出以及其他预算金额的预测。基线通常每年由国会预算局拟定，针对接下来的十年（或较短）。它被用于编制国会预算决议，说明在量入为出规则下立法的预算影响，估计协调议案中条款的预算影响。

两年期预算（Biennial Budget）——一个针对两年时间的预算。联邦政府目前使用的是年度预算，但是已经有提议采用两年期预算。

借款授权（Borrowing Authority）——支出授权的一种形式，允许联邦部门为特定目的向财政部或公共机构借款形成基金来承担义务和支出。除了信托基金和特定的其他实体，借款授权只在拨款法案提供的范畴内有效。

预算修正（Budget Amendment）——在国会完成对最初要求的行动之前，总统递交的针对处理中的预算申请的修订。

预算资源（Budget Resources）——一个基金或账户中可用于承担义务的数额（不论其来源）。这些资源包括新的预算授权，之前提供的预算授权的恢复或重新采用，来自其他账户的转移，存入账户的收费和其他集资，以及不结转的年终预算结余。

预算授权（Budget Authority）——由法律提供的授权，承担通常会导致支出的义务。预算授权的主要形式是拨款、借款授权以及合同授权。预算授权也包括直接贷款和担保贷款的补贴，但不包括无补助的部分。预算授权可以按照有效时间划分（一年、多年、或无期限），按照国会立法的时间划分（当年的，或永久的），或者按照可用数额的明确性划分（明确规定，或无明确规定）。

1990年预算执行法案（Budget Enforcement Act of 1990）——国会颁布的一项法律，为选择性支出设置上限，为收入与直接支出设置量入为出规则。

预算决议（Budget Resolution）——国会两院通过的一致决议，展现了接下来十个（或更少）财年的国会预算。预算决议说明了预算总额和功能性分配，并且可能包括参议院或众议院委员会的协调指令。参见协调指令（reconciliation instruction）。

预算盈余或赤字（Budget Surplus or Deficit）——预算收入和支出之间的差额。赤字是支出超过收入；盈余是收入超过支出。

预算储备（Budgetary Reserves）——管理与预算局从分配资金中预留的基金，由《反赤字法案》授权。除非由其他法律明确授权，留出这些储备金可能仅仅是由于需求和运作效率的变化。根据《扣留控制法案》的要求，储备金需向国会报告。

企业类报表(Business - Type Statements)——政府公司、特定的周转金以及政府主办企业的财务报表(在预算中发布)。这些报表不同于预算计划之处在于:它们首要关注的是资产和债务,而非预算资源。

资本预算(Capital Budget)——将资本投资从经常性支出中分离出来的预算。资本资产的投资不包括在盈余或赤字的计算中,但是,经常性预算被用于支付折旧和/或债务利息。联邦政府没有资本预算,但是投资支出在补充预算计划中体现。

现收现付制(Cash Basis)——一种会计方法,收入在获得时记录,支出在支付时记录,不考虑收入和支出实现时的会计时期。

首席财务官(Chief Financial Officer)——根据1990年《首席财务官法案》任命的官员,负责监督与部门项目和运作有关的财务管理活动,发展和维持一个完整的会计和财务管理系统,并且监督部门预算的财务执行。

已结清账户(Closed Account)——一个余额被取消并且不能再承担义务或进行支出的账户。只能在有限时间内承担义务的账户(例如年度拨款),不再从其中支取的五年后将会关闭。参见过期账户(expired account)。

委员会分配(Committee Allocation)——根据《国会预算法案》第302款的规定,分配新的预算授权、权利性项目授权以及支出给众议院和参议院委员会。这一分配不能超出预算决议中的相关数额,通常在伴随预算决议协商报告的联合解释说明中做出分配。

新预算授权比较表(Comparative Statement of New Budget Authority)——在众议院和参议院拨款委员会关于某项拨款法案的报告中的一个表格,将每个账户的建议金额与上一财年的拨款额和总统申请额进行对比。

预算一致决议(Concurrent Resolution on the Budget)——参见预算决议(Budget Resolution)。

定值美元(Constant Dollars)——商品和服务的美元价值,根据价格变化调整。定值美元系列用于计算根据通货膨胀调整的预算收入和支出。

或有债务(Contingent Liability)——一项有条件的债务,会因某特定事件发生或没有发生而变成实际债务。或有债务包括贷款担保、银行储蓄保险以及价格保险。

持续决议(持续拨款)[Continuing Resolution(Continuing appropriation)]——对常规拨款没有在财年开始前通过的项目或部门的预算授权提供的联合决议。一项持续决议通常是一种暂时的手段，会在一个特定的日期过期，或者是被常规拨款法案取代。然而，作为实施常规拨款的手段，一些持续决议在整个财年内有效。

合同授权（Contract Authority）——允许在拨款之前承担义务的立法。虽然有特殊情况，但合同授权一般只在拨款法案规定的范围内有效。当合同授权被提供时，它所引起的债务由国会拨款基金支付。

成本预算（Cost－Based Budget）——支出根据消费的商品和服务而不是义务和支出额确定的预算。

成本估计（Cost Estimate）——国会预算局准备的有关报告的立法五年支出的估计。《国会预算法案》规定，成本估计通常在伴随立法的报告中公布。

信用项目账户（Credit Program Account）——一个预算账户，拨款给它用于弥补补贴费用以及/或者直接或担保贷款的行政费用。拨款基金随后被支付给一个财务账户。

信用补贴成本（Credit Subsidy Cost）——直接或担保贷款期间的估计成本，在净现值和计划贷款或担保的现金流的基础上计算，不包括行政成本。对于直接贷款，补贴成本是下列现金流的净现值——支出款、支付利息和本金、追回款、费用、以及其他支付款。对于贷款担保，补贴成本是政府为违约、利息补贴、以及其他支出支付的净现值，以及扣除预计支付给政府的收费、罚款和追回款后的净现值。

现值美元（Current Dollars）——以某项商品支付时的价格或服务售出时的价格换算的商品或服务的美元价值。参见定值美元（Constant Dollars）。

当前水平（Current Level）——众议院预算委员会进行302款分配案决策时使用的分类。它涉及源于现有法律的新预算授权与支出，与选择性立法（新预算授权和支出源于新立法）恰成对照。

当前服务评估（Current Service Estimate）——在总统预算中，对下一个及之后财政年度延续现有服务所需的预算授权与支出水平的评估。这种评估反映的是，如果没有政策变化，延续联邦项目的预期成本。

延期（Deferral）——导致预算授权的暂时扣留、推迟或妨碍其义务或支出的作为或不作为。延期可能仅仅是因为反赤字法案（或其他法律）的授权，而不是出于政策原因。

赤字分配（Deficiency Apportionment）——（由管理与预算局）对可用预算资源进

行的分配，分配的预算资源数量可能会导致补充预算授权被迫通过。这种分配只能在反赤字法案允许的情况下进行。

直接贷款（Direct Loan）——一项根据合同规定要归还的资金支付（不是以商品或服务交换的形式）。一项拨款被用于弥补每项直接贷款项目的补贴成本和管理费用。

直接支出（Direct Spending）——依照法律而不是拨款法案提供的预算授权与相应支出，包括每年获得拨款的权利性项目。在预算执行法案中，直接支出与选择性支出区分开来，并适用 PAYGO 规则。

选择性支出（Discretionary Spending）——年度拨款法案中提供的预算授权与相应支出，而非获得拨款的权利性项目。预算执行法案对选择性预算授权与支出进行了限制。

选择性支出上限（Discretionary Spending Limits）——预算执行法案针对选择性项目的预算授权与支出设置了上限，导致预算授权或支出超出此上限的拨款可能会促成一项扣押。

专项（Earmarking）——专项收入由法律规定用于特定目的或项目。这类收入包括信托基金、特殊基金、来自拨款账户的抵销收入。专项支出由拨款法案或相应的委员会报告规定用于特定项目或活动。

紧急支出（Emergency Spending）——总统和国会指定对紧急事件的拨款。在预算执行法案下，紧急拨款会导致相关选择性支出上限的增加，以适应额外的支出。

权利性授权（Entitlement Authority）——授权联邦政府向符合条件的受益人进行支付的法律条款。权利性授权可由年度或永久性拨款提供资金。

过期账户（Expired Account）——结余不能再用于担负新义务的拨款或基金账户，因为可以担负新义务的时间已经期满。可以从过期账户中支出以清算之前发生的义务。参见已结清账户（Closed Account）。

联邦债务（Federal Debt）——国债、部门债务的总额，包括公众持有的债务与信托或特殊基金持有的债务。

联邦基金（Federal Funds）——由联邦政府征收及支出的所有资金，不包括指定为信托基金的部分。联邦基金包括一般基金、特别基金、公营事业基金与政府间基金。

财务报表（Financial Statements）——报告各部门或其他联邦主体财务状况的报表，包括财务状况报表、现金流报表以及预算协调报表。

财务账户（Financing Account）——根据《1990年联邦信贷改革法案》设立的账户，接受来自信贷项目账户的支付，管理其他所有因直接或担保贷款而流向或来自政府的现金流。财务账户不包含在预算总额之中。

财政政策（Fiscal Policy）——有关收入、支出以及赤字的联邦政策，涉及就业、产出、价格、支付结余，旨在促进国家宏观经济目标的实现。

财政年度（Fiscal Year）——预算的会计周期。联邦政府的预算年度从10月1日开始，次年9月30日结束。财政年度根据其结束时的日历年命名，例如，2000财年从1999年10月1日开始，2000年9月30日结束。

固定账户（Fixed Account）——资金只在明确的期限内可用的账户，与那些无限期账户相反。固定账户内未用于履行义务的结余会在资金可用期结束时过期（不可再用于履行义务）。

远期资金（Forward Funding）——在某个财政年度可用于履行义务，且在下一财年仍可继续履行义务的预算授权。预算授权计入拨款产生的财政年度。

完全融资（Full Funding）——针对某一项目或活动提供预算授权（如会在之后年份完成的造船项目），为其全部预期成本提供资金。完全融资也可指针对授权立法中全部授权的拨款。

功能或功能性分类（Function or Functional Classification）——对预算资源按其主要功能进行分类的一种体系。每项功能可以分解为两个或多个子功能。每个账户标识码的最后三位代表它归属的子功能。

政府资助企业（Government - Sponsored Enterprise）——由联邦政府建立，但由私人所有或经营的企业。这些企业被排除在预算总额之外，因为他们属于私人企业。但是，关于这些企业的财务信息包含在预算之内。

格拉姆—拉德曼—霍林斯程序（Gramm - Rudman - Hollings Process）——由1985年平衡预算与紧急赤字控制法案（一般被称为格拉姆—拉德曼—霍林斯法案）建立的一套程序，包括固定的赤字目标，以及预期赤字超过此目标时对预算资源的扣押。1990年预算执行法案取代了这些程序。

国内生产总值（GDP）［Gross Domestic Product（GDP）］——某一年度在一个国家

领土范围内所有最终产品和服务的总市值。国内生产总值可用现值美元或定值美元来表示。

标识码（Identification Code）——为每项拨款或基金账户设定的11位数字编码，用来识别机构、账户、被传送到国会的时间、基金类型以及账户功能分类。

扣押（Impoundment）——政府官员或雇员为阻止或延迟预算授权义务或支出的作为或不作为。参见延期（Deferral）和废除（Rescission）。

内部控制（Internal Control）——机构为了保护资产，确保账户的准确性和可靠性，加强对规定的财政管理政策的服从性所建立的系统和采取的行动。

正当性文件材料（Justification Material）——各部门向拨款委员会提交的用来支持其预算申请的文件和计划。材料主要解释当年拨款和下一财年机构要求拨款数额之间变化的正当性。

分项否决（Line - item Veto）——总统对国会通过的法案有分项否决的权力。1996年通过的《分项否决法案》允许总统可以对立法中有关选择性预算授权、新增直接支出，或有限税收收益的部分进行部分否决。这个法案在1998年被最高法院判为“违宪”。因此，现在总统必须否决或签署整个预算法案。

清算账户（Liquidating Account）——根据《联邦信贷改革法案》设立的账户，用来处理所有1992年之前产生的直接贷款或担保贷款的现金流。

清算拨款（Liquidating Appropriation）——对实质性立法（通常是合同授权）中产生的义务进行拨款。清算拨款不属于预算授权。

贷款担保（Loan Guarantee）——联邦政府承诺在贷方拖欠还款时，联邦政府会向借方支付部分或全额贷款本金或利息。新贷款担保的补助成本被计算在预算授权和预算支出以内。

管理基金（Management Fund）——接受来自两项或两项以上拨款的预算资源的法定授权账户，账户中所有拨款要实现的是非周期性的同一目标或同一活动。

融资手段（Means of Financing）——不计入预算收入或支出的联邦政府固定资金流量。这些融资手段包括向公众举债、征收货币铸造税以及设立信用融资账户。

预算中期评论（Midsession Review of the Budget）——对总统预算更新情况的概述，包括修正了的收入预测、预算授权、支出以及其他信息。预算中期评论应在7月

15 日之前发布。

财政部每月声明（Monthly Treasury Statement）——财政部每月发布的预算声明总结，包括收入数据、支出数据、月盈余/赤字以及至某一节点的财年盈余/赤字，并将这些数据与往年同期进行比较。

多年拨款（Multiyear Appropriation）——为超过一个财年的项目签署的拨款法案中提供的预算授权。项目的始末结点可能与某一财年的始末时间不一致。

多年授权（Multiyear Authorization）——对超过一个财年的时间段进行的拨款授权。多年授权项目必须接受阶段性重新授权。

国民收入和产品账户（National Income and Product Account）——提供总经济活动数据的季度和年度账户。这些账户中的联邦收入和支出数据与预算中报告的数据在某些细节上有所不同。

非年度拨款（No - Year Appropriation）——对履行义务始终有效的拨款法案提供的预算授权。若债务在财年末仍未还清，这些基金不会失效。

支出用途分类（Object Classification）——根据所买商品或服务的性质进行支出分类（比如人员、日用品和设备）。每个拨款账户的预算中都包括一份物品分类计划。

保留余额（Obligated Balance）——尚未完成支付的义务的数量。这份结余通常在债务付清后结转。

义务（Obligation）——需要支付的应遵守的协定（如签订的合同，接受的服务，以及类似交易）。

预算外（Off - Budget）——在法律上属于预算之外的联邦部门的预算授权、支出或收入，通常包括社会保障信托基金和邮政服务。

抵消收入（Offsetting Collections）——来自商业类活动以及其他政府账户的收入。这些收入不被算作实际收入，但可抵消预算授权和支出。

年度拨款（One - Year Appropriation）——针对单一财年的义务所制定的拨款法案中的预算授权。通常这些财年在授权法案的实施条款中有专门说明。

支出（Outlays）——偿付义务的支出（通常通过支票、支付现金或电子转账等形式）。

量入为出（PAYGO，pay - as - you - go）—— 在《预算执行法案》中确立的预算程序，旨在确认直接支出和收入立法没有增加赤字或减少盈余。PAYGO 要求新立法中赤字的增加或盈余的减少必须与其他立法或扣押相抵消。

绩效预算（Performance Budgeting）——将预算资源与可量化结果相关联的一种预算形式。

绩效计划（Performance Plans）——1993 年《政府绩效和结果法案》所规定的年度计划，用来告知国会和公众每个机构的主要项目和活动，衡量绩效的方法，实现目标所需要的战略和资源，以及确认绩效信息的程序。

永久性拨款（Permanent Appropriation）——无需国会每年通过的预算授权。预算授权若来自于国会先前已经通过的立法，它便是永久性的。

项目账户（Program Account）——见信用项目账户（Credit Program Account）。

项目和融资计划（Program and Financing Schedule）——在总统预算中发布的计划，每个账户都有相应的数据。这个计划包括项目义务、总预算资源、新预算授权、支出和补偿。

项目、计划或活动（Program，Project or Activity，PPA）——一个预算账户中的某一要素。对于年度拨款账户而言，PPAs 由拨款法案或相关报告来界定。对于非年度拨款账户而言，PPAs 由在项目和融资计划中所列的项目来界定。

公债（Public Debt）——由财政部向公众或向某一基金或账户所借资金。对于公债的额度有一法定限额，不包括机构债务（其他联邦部门所借资金）。

公共企业基金（Public Enterprise Fund）——为商业活动设立的可循环账户，通过将抵消收入计入账户来融资。

再拨款（Reappropriation）——使全部或部分已经过期或即将过期的未履行预算授权得以继续有效的国会立法。再拨款在财年中被算作新的预算授权，这将使授权的有效性得以延续。

收入（预算收入）（Receipts or Budget Receipts）——来自公众的收入，包括税收收入和社会保险费。预算收入不包括各种抵消收入，抵消收入被算作负支出。

协调法案（Reconciliation Bill）——参议院委员会或众议院委员会依照预算决议中的协调指令对法律进行调整的法案。

协调指令（Reconciliation Instruction）——预算决议中的一项条款。这项条款要求一个或多个参议院委员会或众议院委员会对现行法律进行修改，以使收入、支出或债务上限符合预算决议。协调指令指定了需参与的委员会、所需实现的资金数额变化以及公布立法的最后期限。

协调过程（Reconciliation Process）——在《国会预算法案》中建立的程序。通过实行这个程序，国会可改变现有法律去适应预算决议中设定的收入和支出水平。

再规划（Reprogramming）——在同一拨款账户内将资金从实现一个目标转向另一个目标。再规划通常需要正式通知，同时也存在国会委员会不批准资金转移的可能。

废除（Rescission）——取消国会先前批准的预算授权。《扣押控制法案》规定了废除过程中总统通告和国会行动的程序。

废除法案（Rescission Bill）——依照总统取消国会先前批准的预算授权的废除意愿所发布的法案。

储备（Reserves）——见预算储备（Budgetary Reserves）。

循环基金（Revolving Fund）——账户或基金来自于项目运行中得到的收入，这些基金可以继续支持项目运行而不受财年资金上限的限制。

记录保管（Scorekeeping）——为了跟踪和报告国会影响预算授权、支出、盈余/赤字和公债的预算行为状况所建立的程序。

打分（Scoring）——为实现《预算执行法案》中的法律意图而设立的衡量立法的预算影响力的程序和规则。管理与预算局负责评价已经通过的立法，决定是否需要实施扣押。

302 款（Section 302）——见委员会分配（Committee Allocation）。

扣押（Sequester）——若出现违反选择性支出上限或量入为出原则的情况，将依据《预算执行法案》取消预算资源的拨付。

特殊基金（Special Fund）——法律上为特殊目的专设的基金。特殊基金和信托基金有时几乎没有实质差别，但特殊基金被归类为联邦基金。

支出授权（Spending Authority）——《国会预算法案》中界定的术语。它包括借款授权、合同授权、资格授权以及放弃抵消收入授权（授权法案未提前提供的借款授权）。参见直接支出（Direct Spending）。

耗资率（Spendout Rate）——联邦机构对国会新批准的预算授权的使用比率，因此，耗资率在支出发生时产生。有时又指支出率。

法定债务上限（Statutory Debt Limit）——法律规定的公共债务的最大额度（公共债务可能非常庞大）。上限包括联邦政府的所有举债，包括向信托基金的借债，但不包括一些机构举债。

战略计划（Strategic Plans）——《政府绩效和结果法案》要求制定多年计划，包括使命陈述、总目标、实现目标的战略、战略目标和年度绩效目标的关系、主要外部因素以及项目评估。

补贴成本（Subsidy Cost）——见信用补贴成本（Credit Subsidy Cost）。

补充拨款（Supplemental Appropriation）——对年度拨款或持续性拨款法案进行补充的拨款基金法案。

税式支出（Tax Expenditure）——联邦法律允许收入中的特殊部分可以免税或减税，并规定了特殊的抵免，优惠税率或税收责任延期。这些法律规定所造成的收入损失称之为“税式支出”。税式支出不是政府进行实际支出，而是财政部放弃了本应获得的收入，并使纳税人能享受到更低的税率。

转移（Transfer）——预算资源从一个拨款账户或基金向另一个拨款账户或基金转移。它与“再规划”不同，“再规划”是在同一个拨款账户或基金中转移资源。基金转移只能在法律授权的情况下实行。

转移支付（Transfer Payments）——政府对社会个人的支出，这种支出没有现有或未来产品及服务的回报。转移支出包括社会保障、失业保险、退休老兵福利以及其他福利支出。

信托基金（Trust Funds）——为特定目的指定的收入和支出所设立的法定账户。

非分配性抵消收入（Undistributed Offsetting Receipts）——被记作抵消总支出而不是抵消特殊账户或功能的收入。这些收入包括出售主要资产的收入和近海石油开采权租赁的收入。

统一预算（Unified Budget）——包括所有联邦基金和信托基金收入及支出的全面预算。预算外实体（邮政服务和社会保障）不包括在统一预算内，但相关数据会列在预算之中。

未偿还结余（Unobligated Balance）——未偿还的预算授权部分。未偿还结余在它们不可用时结转。

使用费（User Fees）——因使用政府提供的商品或服务而向使用者收取的费用。在征收或授权这些费用时，国会决定这些收入是回到财政部还是用于提供商品或服务的机构。

审查和估测（Views and Estimates）——每个参议院委员会或众议院委员每年需在总统提交预算的6个星期内撰写一份所辖联邦项目的年度报告。每份审查和估测报告需包含委员会对它们所辖范围内预算事务的评价或建议。

营运基金账户（Working Fund Accounts）——接受来自其他机构或账户提前支付资金的基金账户。合并的营运基金并非直接支持项目运行，它们通过偿还拨款或基金账户来支持项目营运。

译后记

初次接触这本书是1995年的第一版，延续了希克一贯的风格：框架清晰，行文简洁，具体透彻。2007年的这个版本保留了原有的框架，并做了全面更新。

为什么要在这个时候写这么一本书呢？我想，可能是要在威尔达夫斯基去世后，在《预算过程的新政治》之外，对预算过程给出自己的诠释。所以，本书是希克预算思想的集中体现，在梳理预算历史，探讨预算基本问题和预算中的重大关系后，按过程展开，分总统预算、国会预算、收入立法、授权立法、拨款过程等方面揭示政治、分析政策、描述过程。

本书的翻译较为顺利。希克本人非常重视，专门撰写了前言。喻楠、高瑧、季琴、胡业飞、田源源、吴佳忆、王沈浩、林晓昕、张韬等同学翻译了部分初稿，张晓彪编辑在翻译过程中提出了许多宝贵的建议，在此一并表示感谢。

苟燕楠

2011年12月